Buch-Updates
Registrieren Sie dieses Buch
auf unserer Verlagswebsite.
Sie erhalten dann
Buch-Updates und weitere,
exklusive Informationen
zum Thema.

Galileo
BUCH UPDATE

Und so geht's
> Einfach **www.galileocomputing.de** aufrufen
<<< Auf das Logo **Buch-Updates** klicken
> Unten genannten **Zugangscode** eingeben

**Ihr persönlicher Zugang
zu den Buch-Updates**

06GP60920296

Thomas Theis

Einstieg in
PHP 5

Galileo Computing

Liebe Leserin, lieber Leser,

ich freue mich, dass Sie sich für ein Galileo Computing-Buch entschieden haben.
Sie möchten PHP lernen und haben bestenfalls schon gute HTML-Kenntnisse?
Dann finden Sie mit diesem Buch den richtigen Einstieg. Es führt Sie Schritt für
Schritt an die Webprogrammierung heran und arbeitet mit vielen Beispielen, die
Sie sofort am Rechner nachvollziehen können. Grundlage bildet die Version 5 von
PHP, die Sie auch auf der beiliegenden Buch-CD finden. Ebenso natürlich den
gesamten Beispielcode.

Als Arbeitshilfe haben wir für Sie eine Referenzkarte erstellt; hier finden Sie alle
wichtigen Funktionen auf einen Blick.

Unser PHP-Einstieg konnte sich in seiner ersten Auflage bereits als Standardwerk
etablieren. Wir haben versucht, das Werk noch weiter zu verbessern und liefern
Ihnen mit der mittlerweile 3. Auflage wieder aktuelles und umfangreiches Wissen.
Das Buch wurde nicht nur überarbeitet, sondern auch um wertvolle Kapitel zu
Cookies, Sessions, regulären Ausdrücken, SQLite und XAMPP erweitert. Sollten
Sie nach der Lektüre dieses Buches so richtig Geschmack gefunden haben an PHP,
dann empfehle ich Ihnen unsere Profibücher. Informieren Sie sich auf unserer
Website über unser umfangreiches PHP-Programm.

Dieses Buch wurde sorgfältig geschrieben, lektoriert und produziert. Sollten sich
dennoch Fehler eingeschlichen haben, so bin ich dankbar über Ihre Rückmeldung.
Ihre freundlichen Anregungen sind immer willkommen!

Und nun viel Spaß beim Programmieren!

Judith Stevens-Lemoine
Lektorat Galileo Computing

judith.stevens@galileo-press.de
www.galileocomputing.de

Galileo Press • Rheinwerkallee 4 • 53227 Bonn

Auf einen Blick

A Einführung 15

B PHP-Programmierkurs 21

C Daten senden und auswerten 113

D Datenbanken 175

E Erweiterungen in PHP 5 267

F Weitere Themen 317

G Projekte 491

H HTML 527

I Anhang 537

   Index 545

Bibliografische Information Der Deutschen Bibliothek
Die Deutsche Bibliothek verzeichnet diese Publikation in der Deutschen Nationalbibliografie; detaillierte bibliografische Daten sind im Internet über http://dnb.ddb.de abrufbar.

ISBN 3-89842-609-2

© Galileo Press, Bonn 2005
3., aktualisierte Auflage 2005, 1. Nachdruck 2006

Der Name Galileo Press geht auf den italienischen Mathematiker und Philosophen Galileo Galilei (1564–1642) zurück. Er gilt als Gründungsfigur der neuzeitlichen Wissenschaft und wurde berühmt als Verfechter des modernen, heliozentrischen Weltbilds. Legendär ist sein Ausspruch **Eppur se muove** (Und sie bewegt sich doch). Das Emblem von Galileo Press ist der Jupiter, umkreist von den vier Galileischen Monden. Galilei entdeckte die nach ihm benannten Monde 1610.

Lektorat   Judith Stevens-Lemoine
Korrektorat   Katrin Fischer, Baden-Baden
Einbandgestaltung   Barbara Thoben, Köln
Titelfoto   getty images
Herstellung   Vera Brauner
Satz   Typographie & Computer, Krefeld
Druck und Bindung   Koninklijke Wöhrmann, Zutphen, NL

Galileo Computing

Inhalt

A   Einführung   15

A.1   Zu diesem Buch 15
A.2   PHP – eine Beschreibung 15
A.3   PHP – Vorzüge 16
       A.3.1   Erlernbarkeit 16
       A.3.2   Einsatzbereich 17
       A.3.3   Preis 17
       A.3.4   Ausführungsort 17
A.4   Aufbau dieses Buchs 17
A.5   Systemvoraussetzungen 18

B   PHP-Programmierkurs   21

B.1   Einbettung von PHP in HTML 21
       B.1.1   Kommentare 23
B.2   Variablen, Datentypen und Operatoren 25
       B.2.1   Namen 25
       B.2.2   Variablen für Zahlen 26
       B.2.3   Rechenoperatoren für Zahlen 27
       B.2.4   Variablen und Operatoren für Zeichenketten 29
B.3   Einfache Formularauswertung 32
       B.3.1   Eingabeformular 32
       B.3.2   Auswertung mit globalen Variablen 34
       B.3.3   Auswertung mit $_POST 35
       B.3.4   Umwandlung von Zeichenketten in Zahlen 37
B.4   Verzweigungen 41
       B.4.1   if-Anweisung 42
       B.4.2   if-else-Anweisung 43
       B.4.3   Logische Operatoren 47
       B.4.4   Rangordnung der Operatoren 50
       B.4.5   Mehrfache Verzweigung 50
       B.4.6   switch-case-Anweisung 52
       B.4.7   HTML in Verzweigungsblöcken 54
B.5   Schleifen 55
       B.5.1   for-Schleife 55
       B.5.2   Beispiele für for-Schleifen 57
       B.5.3   Geschachtelte for-Schleifen 58
       B.5.4   Schleifen und Tabellen 60

B.5.5   while-Schleife 62
B.5.6   Schleifenabbruch mit break 64
B.5.7   Weitere Schleifenanweisungen 66

B.6   **Felder** 67
B.6.1   Numerisch indizierte Felder 67
B.6.2   Assoziative Felder 70

B.7   **Funktionen** 73
B.7.1   Ein erstes Beispiel 74
B.7.2   Definition, Aufruf, Funktionstypen 76
B.7.3   Funktionen mit einem Parameter 77
B.7.4   Funktionen mit mehreren Parametern 79
B.7.5   Rückgabewert einer Funktion 82
B.7.6   Kopie und Referenz 84
B.7.7   Gültigkeitsbereich von Variablen 88
B.7.8   Variable Parameterlisten 92
B.7.9   include-Anweisung 94

B.8   **Beispiele** 97
B.8.1   Formatierung von Zahlen 97
B.8.2   Geldanlage 98
B.8.3   Steuertabelle 101
B.8.4   Bestimmung des Ostersonntags 104

C   Daten senden und auswerten   113

C.1   **Text-Elemente** 113
C.1.1   Einzeilige Text-Eingabefelder 113
C.1.2   Mehrzeilige Text-Eingabefelder 116
C.1.3   Passwort-Eingabefeld, verstecktes Element 118

C.2   **Auswahl-Elemente** 121
C.2.1   Radio-Button-Gruppe 122
C.2.2   Einfaches Auswahlmenü 125
C.2.3   Kontrollkästchen 126
C.2.4   Mehrfaches Auswahlmenü 128

C.3   **Aktions-Elemente** 131
C.3.1   Absenden und Zurücksetzen 131
C.3.2   Allgemeiner Button 135

C.4   **Weitere Möglichkeiten** 139
C.4.1   Auswertung in anderem Frame 139
C.4.2   Felder von Formular-Elementen 142
C.4.3   Formular und Programm in einer Datei 145
C.4.4   PHP_SELF 148
C.4.5   Submit über Hyperlink, CSS 148
C.4.6   Daten an Formularziel anhängen 151
C.4.7   Daten an Hyperlink-Ziel anhängen 154
C.4.8   Dateien auf den Server hochladen 157

C.5   Beispiele 160
     C.5.1   Grundrechenarten 160
     C.5.2   Pizzabestellung 163
C.6   PHP-Programme publizieren 166
     C.6.1   Verbindung herstellen 167
     C.6.2   Dateien und Verzeichnisse hochladen ... 168
     C.6.3   Arbeiten mit Verzeichnissen 169
     C.6.4   Verschieben von Dateien 170

D   Datenbanken   175

D.1   MySQL und PHPMyAdmin 176
     D.1.1   PHPMyAdmin 177
     D.1.2   Beispieldatenbank und -tabelle 177
     D.1.3   Datenbank erzeugen 178
     D.1.4   Datenbank umbenennen 180
     D.1.5   Datenbank löschen 180
     D.1.6   Tabelle erzeugen 181
     D.1.7   Tabellenstruktur verändern 183
     D.1.8   Index erzeugen 187
     D.1.9   Index löschen 188
     D.1.10   Tabellennamen ändern 189
     D.1.11   Tabelle optimieren 189
     D.1.12   Tabelle löschen 190
     D.1.13   Datensätze eintragen 191
     D.1.14   Datensatzauswahl 192
     D.1.15   Vergleichsoperatoren, logische Operatoren ... 198
     D.1.16   Vergleichsoperator like 199
     D.1.17   Sortierung 202
     D.1.18   Datensätze ändern 204
     D.1.19   Datensätze löschen 207
     D.1.20   Verwendete SQL-Anweisungen 208
D.2   PHP und MySQL 209
     D.2.1   Verbindung aufnehmen, Datensätze anzeigen ... 209
     D.2.2   Datensätze auswählen 212
     D.2.3   Ausgabe in eine HTML-Tabelle 216
     D.2.4   Auswahl von Daten über ein Suchformular ... 217
     D.2.5   Datensätze erzeugen 227
     D.2.6   Änderung mehrerer Datensätze 231
     D.2.7   Änderung eines bestimmten Datensatzes ... 232
     D.2.8   Datensätze löschen 238
     D.2.9   Benutzeroberfläche mit JavaScript und CSS ... 240
     D.2.10   Ein Datenbank-Browser 247
D.3   MySQL-Datenbanken publizieren 255
     D.3.1   Verbindung aufnehmen 257
     D.3.2   Export einer Tabelle 258
     D.3.3   PHPMyAdmin im Internet 260
     D.3.4   Eigenes PHP-Programm schreiben 262

E   Erweiterungen in PHP 5   267

E.1   Was ist objektorientierte Programmierung? 267
E.2   Änderungen in PHP5 268
E.3   Klassen und Objekte 268
    E.3.1   private, protected und public 270
    E.3.2   Anwendung der Klasse 270
E.4   Konstruktor 272
E.5   Destruktor 275
E.6   Optionale Parameter 277
E.7   Handles und Kopien 279
    E.7.1   Vordefiniertes Klonen 280
    E.7.2   Benutzerdefiniertes Klonen 283
    E.7.3   Übergabe eines Objektes an eine Funktion 284
E.8   Vererbung 285
    E.8.1   Konstruktoren bei Vererbung 289
E.9   Dereferenzierung von Objekten 290
E.10 Konstanten, statische Eigenschaften und Methoden 291
E.11 Abstrakte Klassen und Methoden 294
E.12 Systemvariablen __METHOD__, __FILE__, __LINE__ 296
E.13 Operator instanceof 298
E.14 Hilfsfunktionen 299
E.15 Ausgabe-Methode __toString 300
E.16 autoload-Funktion 302
E.17 Sonstige Erweiterungen 303
    E.17.1 Parameter mit Voreinstellung 303
    E.17.2 Exception-Handling 304
E.18 Beispiel zur Objektorientierung 309

F   Weitere Themen   317

F.1   Zeichenketten 317
    F.1.1   Länge, Umwandlungsfunktionen 317
    F.1.2   Zeichenketten und Felder 320
    F.1.3   Teil-Zeichenketten 322
    F.1.4   Suchen nach Position 324
    F.1.5   Vergleich von Zeichenketten 325
    F.1.6   Codierung von Zeichen 327
    F.1.7   Einfache Verschlüsselung 328
    F.1.8   Weitere Verschlüsselungsmethoden 331
    F.1.9   Alle Zeichenketten-Funktionen 332

F.2	Dateien und Verzeichnisse	336
F.2.1	Dateitypen	336
F.2.2	Lesen einer Zeile aus einer sequenziellen Datei	337
F.2.3	Lesen aller Zeilen einer sequenziellen Datei	339
F.2.4	Vereinfachtes Lesen einer Datei	341
F.2.5	Überschreiben einer sequenziellen Datei	342
F.2.6	Anhängen an eine sequenzielle Datei	344
F.2.7	Ein einfacher Zugriffszähler	347
F.2.8	Wahlfreier Zugriff	348
F.2.9	Informationen über Dateien	352
F.2.10	Informationen über einzelnes Verzeichnis	353
F.2.11	Informationen über Verzeichnisbaum	356
F.2.12	Alle Funktionen für Dateien und Verzeichnisse	358
F.3	Felder	361
F.3.1	Operationen für numerisch indizierte Felder	361
F.3.2	Operationen für assoziative Felder	368
F.3.3	Zweidimensionale Felder, allgemein	371
F.3.4	Zweidimensionale numerische Felder	372
F.3.5	Zweidimensionale gemischte Felder	374
F.3.6	Zweidimensionale assoziative Felder	377
F.3.7	Alle Funktionen für Felder	380
F.4	Datum und Zeit	383
F.4.1	Zeit ermitteln und ausgeben	383
F.4.2	Zeit formatiert ausgeben	384
F.4.3	Zeitangabe auf Gültigkeit prüfen	387
F.4.4	Absolute Zeitangabe erzeugen	388
F.4.5	Relative Zeitangabe erzeugen	390
F.4.6	Mit Zeitangaben rechnen	392
F.4.7	Zeitangaben in Datenbanken	395
F.4.8	Beispiel Feiertagsberechnung	397
F.4.9	Alle Funktionen für Datum und Zeit	400
F.5	Mathematische Funktionen	401
F.5.1	Taschenrechnerfunktionen	402
F.5.2	Mathematische Konstanten	403
F.5.3	Ganzzahlermittlung, Extremwerte	404
F.5.4	Trigonometrische Funktionen	406
F.5.5	Prüffunktionen für Zahlen	407
F.5.6	Zufallszahlen	409
F.5.7	Mischen	412
F.5.8	Stellenwertsysteme	415
F.5.9	Alle mathematischen Funktionen	418
F.6	Sessions und Cookies	420
F.6.1	Session-Management	421
F.6.2	Session-Beispiel Zugriffszähler	421
F.6.3	Session-Beispiel geschützte Website	423
F.6.4	Session-Beispiel Webshop	429
F.6.5	Cookies	439
F.6.6	Cookie-Beispiel Besuch	440
F.6.7	Cookie-Beispiel Adress-Speicherung	443

F.7   **SQLite** 446

      F.7.1   Eingaben von der Kommandozeile 447

      F.7.2   Datenbank-Datei, Tabelle und Datensätze erzeugen 447

      F.7.3   Abfrage der Datensätze 449

      F.7.4   Schnelle Abfrage der Datensätze 450

      F.7.5   Benutzeroberfläche mit JavaScript und CSS 452

F.8   **XML** 455

      F.8.1   Einlesen eines einzelnen Objekts 456

      F.8.2   Einlesen mehrerer Objekte 458

      F.8.3   Zugriff auf Attribute 461

      F.8.4   Interne XML-Daten 463

      F.8.5   Speicherung von Objekten 464

F.9   **Reguläre Ausdrücke** 465

      F.9.1   Einfache Suche 465

      F.9.2   Tabellenausgabe 466

      F.9.3   Suche nach Position 469

      F.9.4   Suche nach Häufigkeit 471

      F.9.5   Suche nach Häufigkeit für mehrere Zeichen 474

      F.9.6   Oder-Verknüpfung 475

      F.9.7   Beliebige Zeichen, Buchstaben oder Ziffern 476

      F.9.8   Suche nach Sonderzeichen 478

      F.9.9   Logische Negation 479

      F.9.10   Beispiel Geldbetrag 479

      F.9.11   Beispiel IP-Adresse 481

      F.9.12   Beispiel Datum 482

      F.9.13   Beispiel E-Mail-Adresse 483

      F.9.14   Ersetzen von Text 484

      F.9.15   Ersetzen von Suchmustern 486

G   Projekte   491

G.1   **Projekt Chat** 491

      G.1.1   Frame-Aufbau 491

      G.1.2   CSS-Formatierung 493

      G.1.3   Ausgabe, Version Textdatei 493

      G.1.4   Darstellung der Textdatei 494

      G.1.5   Ausgabe, Version Datenbank 495

      G.1.6   Darstellung der Datenbanktabellen 496

      G.1.7   Eingabe, Head 497

      G.1.8   Eingabe, PHP zum Speichern, Version Textdatei 498

      G.1.9   Eingabe, PHP zum Speichern, Version Datenbank 499

      G.1.10   Eingabe, Formular 500

      G.1.11   Mögliche Erweiterungen 501

G.2   **Projekt Forum** 502

      G.2.1   Darstellung, Anmeldung 503

      G.2.2   Darstellung, Hauptbildschirm 503

      G.2.3   Darstellung, Neuer Beitrag 505

      G.2.4   Datenbank, Tabelle der Teilnehmer 506

      G.2.5   Datenbank, Tabelle der Beiträge 507

G.2.6   Passwort-Vergabe 508
G.2.7   Forum, CSS 511
G.2.8   Forum, JavaScript-Funktion 512
G.2.9   Forum, Anmeldung 514
G.2.10   Forum, Zugangsprüfung und Überschrift 515
G.2.11   Forum, neuen Beitrag speichern 517
G.2.12   Forum, Filterung auswählen 517
G.2.13   Forum, Sortierung durchführen 519
G.2.14   Forum, Filterung durchführen 520
G.2.15   Forum, Sortierung auswählen 522
G.2.16   Forum, Beiträge darstellen 523
G.2.17   Forum, Neuen Beitrag eingeben 524

H   HTML   527

H.1   HTML für PHP 527
       H.1.1   Die erste Seite 528
       H.1.2   Formulare 529
       H.1.3   Tabellen 531
       H.1.4   Hyperlinks 533

I   Anhang   537

I.1   Installation und Konfiguration 537
       I.1.1   Apache Web Server 538
       I.1.2   PHP 539
       I.1.3   Texteditor TextPad 540
       I.1.4   FTP-Programm WS_FTP LE 541
       I.1.5   Datenbank-Server MySQL 542
       I.1.6   PHPMyAdmin 543

Index   545

A Einführung

A.1 Zu diesem Buch 15

A.2 PHP – eine Beschreibung 15

A.3 PHP – Vorzüge 16

A.4 Aufbau dieses Buchs 17

A.5 Systemvoraussetzungen 18

A Einführung

B PHP-Programmierkurs

C Daten senden und auswerten

D Datenbanken

E Erweiterungen in PHP 5

F Weitere Themen

G Projekte

H HTML

I Anhang

A   Einführung

In diesem Abschnitt wird erläutert, warum Sie PHP erlernen sollten. Die Vorzüge von PHP werden dargestellt, zudem wird der Aufbau des Buches beschrieben.

A.1   Zu diesem Buch

Das Vorgängerbuch zu PHP 4 ist eine leicht verständliche Einführung in die wichtigsten Einsatzgebiete von PHP, dieser populären Sprache zur Entwicklung von dynamischen Internetanwendungen. Zahlreiche Kommentare und Mails zu diesem Bestseller haben gezeigt, dass es als Lehrbuch sehr gut angenommen wurde. Viele Leser fühlten sich erfolgreich an die Hand genommen und in die PHP-Welt eingeführt. **Bestseller**

Diese Ausgabe zur Einführung von PHP 5 wurde vollständig überarbeitet und erweitert:

▶ Die Beispiele sind zahlreicher, praxisnäher und anschaulicher,

▶ einige Gebiete sind neu hinzugekommen,

▶ die Erweiterungen von PHP 5, besonders im objektorientierten Bereich, werden behandelt.

Seit der ersten Einführung von PHP steigt die Nutzung dieser Sprache auf Websites stetig an. Derzeit (Anfang 2004) wird PHP auf circa 14,7 Millionen Websites weltweit eingesetzt.

Zum Erlernen von PHP anhand des vorliegenden Buches werden von Ihnen, dem künftigen PHP-Programmierer, lediglich Grundkenntnisse auf Anwenderebene von MS Windows oder Linux verlangt. Sie sollten mit Dateien und Verzeichnissen sowie mit einem Browser arbeiten können. **PHP lernen**

Machen Sie sich mit dieser erfolgreichen und einfachen Sprache vertraut!

A.2   PHP – eine Beschreibung

PHP ist eine Abkürzung für PHP Hypertext Preprocessor. PHP ermöglicht Entwicklern die Erzeugung von dynamischen Internetseiten, mit denen so genannte Web Applications erstellt werden. Im Unterschied zu statischen Internetseiten kann sich der Inhalt als Folge von Aktionen **dynamische Internetseiten** des Betrachters oder aufgrund neuer Basisinformationen wie zum Beispiel aus Datenbanken ändern.

MySQL PHP unterstützt insbesondere die einfache Auswertung von Formularen, mit denen ein Benutzer Daten zu einer Website senden kann. Es ermöglicht die Zusammenarbeit mit vielen verschiedenen Datenbanksystemen. Laut einer Umfrage aus dem Juni 2003 (**http://www.zend .com/zend/php_survey_results.php**) setzen 93 Prozent der PHP-Entwickler *MySQL*-Datenbanken ein. Der Arbeit mit PHP und *MySQL* ist in diesem Buch ein besonderer Abschnitt gewidmet.

A.3 PHP – Vorzüge

Gründe für die Verwendung von PHP PHP bietet im Vergleich zu anderen Programmiersprachen einige Vorteile. Aus der bereits erwähnten Umfrage, an der sich mehr als 10.000 Entwickler beteiligt haben, ergeben sich als wichtigste Gründe für die Nutzung von PHP:

► Der Schwerpunkt der Sprache liegt bei der Entwicklung von Internetanwendungen,

► es ermöglicht die einfache Entwicklung von Programmen,

► es unterstützt verschiedene Plattformen,

► es läßt sich leicht in Apache, den weit verbreiteten Webserver, integrieren,

► es ist erschwinglich und flexibel,

► es hat eine gute Performance.

Im Folgenden sollen einige Eigenschaften von PHP näher untersucht werden: Erlernbarkeit, Einsatzbereich, Preis und Ausführungsort.

A.3.1 Erlernbarkeit

leicht erlernbar Im Vergleich zu anderen Sprachen ist PHP relativ leicht erlernbar. Dies liegt hauptsächlich daran, dass PHP ausschließlich für die Webserver-Programmierung entwickelt wurde und nur die dafür notwendigen Bestandteile enthält. Mit Hilfe anderer Sprachen können auch herkömmliche Anwendungsprogramme entwickelt werden. Dies bedingt bei diesen Sprachen einen gewissen Overhead, der sich bei der Entwicklung von reinen Webseiten störend auswirkt.

A.3.2 Einsatzbereich

PHP wird von vielen verschiedenen Typen von Webservern einheitlich unterstützt. Andere Sprachen kommen nur auf bestimmten Server-Typen zum Einsatz. Der künftige PHP-Programmierer kann also seine Kenntnisse später auf den unterschiedlichsten Systemen nutzen.

auf vielen Systemen einsetzbar

A.3.3 Preis

PHP kostet nichts, es muss kein Compiler oder Entwicklungssystem gekauft werden. Es kann unter anderem auf dem ebenfalls frei verfügbaren und weit verbreiteten Apache Web Server unter verschiedenen Betriebssystemen eingesetzt werden.

frei verfügbar

A.3.4 Ausführungsort

Eine Internetanwendung kann entweder auf einem Webserver (Server-Programm) oder beim Betrachter der Internetseite (Client-Programm) ausgeführt werden. PHP-Programme sind Server-Programme.

Server-Programm

Server-Programme haben den Vorteil, dass dem Betrachter lediglich die Ausgabe der Programme zugesandt wird. Das Browser-Programm des Betrachters muss nur den ausgeführten HTML-Code umsetzen können. Es muss keine besonderen Eigenschaften besitzen, die mit der Programmiersprache des Webservers zusammenhängen. Die Seiten können also auch von älteren Browsern dargestellt werden.

Darüber hinaus haben Server-Programme im Unterschied zu Client-Programmen Zugriff auf Textdateien und Datenbanken. Dies ermöglicht erst die Durchführung häufig vorkommender Vorgänge wie zum Beispiel die Suche nach bestimmten Daten, die Auswahl spezifischer Informationen oder die Übermittlung von Daten an den Server.

Dateien und Datenbanken

Der Betrachter kann keine Rückschlüsse auf den erzeugenden Programmcode oder auf die Quelldaten ziehen. Die Programme können also vom Betrachter nicht kopiert und zu eigenen Zwecken weiter verwendet werden.

Sicherheit

A.4 Aufbau dieses Buchs

Alle Abschnitte dieses Buches haben den folgenden, lernfreundlichen Aufbau:

▶ Den bis zum jeweiligen Zeitpunkt vorhandenen Grundlagen und Kenntnissen werden neue Elemente hinzugefügt. Die Theorie wird beschrieben und anhand von vollständigen, anschaulichen und ausführlich kommentierten Beispielen erläutert.

▶ Sie haben die Möglichkeit, Übungsaufgaben zum Thema zu lösen. Sie sollen dabei das soeben erworbene Wissen umsetzen und haben damit eine unmittelbare Erfolgskontrolle. Sie können selbst feststellen, ob Sie den betreffenden Abschnitt verstanden haben.

▶ Die Lösungen zu allen Übungsaufgaben finden sich über ein übersichtliches Menü auf der CD. Sollten Sie eine Übungsaufgabe nicht vollständig gelöst haben, so kann Ihnen die Lösung als Hilfestellung dienen.

▶ Sofern Sie selbst eine lauffähige Lösung gefunden haben, können Sie sie mit der vorgeschlagenen Lösung vergleichen. Beim Programmieren gilt der Grundsatz: Es gibt beliebig viele richtige Lösungen, nicht nur eine so genannte Musterlösung. Allerdings soll mit dem Aufbau der Beispiel- und Übungsprogramme auch ein übersichtlicher und lesbarer Programmierstil vermittelt werden, der dem strukturierten Erlernen und der professionellen Programmierung dient.

Ein persönlicher Hinweis an dieser Stelle: Die Schaffung einfacher und zügig codierbarer Lösungen (Rapid Application Development) sorgt dafür, dass der Benutzer schnell eine funktionierende Software testen und erste Erfahrungen sammeln kann, während noch an der Weiterentwicklung gearbeitet wird. Das Feedback des Benutzers kann somit unmittelbar einfließen und das Endprodukt spürbar verbessern.

A.5 Systemvoraussetzungen

Neben dem Betriebssystem (MS Windows oder Linux) und einem Browser zum Betrachten beziehungsweise Benutzen der Seiten werden benötigt:

▶ ein PHP-fähiger Webserver, zum Beispiel Apache,

▶ PHP selbst,

▶ das Datenbanksystem MySQL,

▶ einige nützliche Tools, wie zum Beispiel ein Texteditor.

Alles Notwendige finden Sie auf der CD zum Buch. Die Installation wird in einem eigenen Abschnitt in Kapitel I, Anhang, beschrieben.

B PHP-Programmierkurs

B.1 Einbettung von PHP in HTML 21

B.2 Variablen, Datentypen und Operatoren 25

B.3 Einfache Formularauswertung 32

B.4 Verzweigungen 41

B.5 Schleifen 55

B.6 Felder 67

B.7 Funktionen 73

B.8 Beispiele 97

A Einführung

B PHP-Programmierkurs

C Daten senden und auswerten

D Datenbanken

E Erweiterungen in PHP 5

F Weitere Themen

G Projekte

H HTML

I Anhang

B PHP-Programmierkurs

In diesem Kapitel werden Sie in die Lage versetzt, erfolgreich Programme in PHP zu schreiben. Sie lernen Variablen und Felder, Operatoren, Kontrollstrukturen und Funktionen kennen. Die Auswertung von Formularen und einige umfangreichere Beispiele runden das Kapitel ab.

Eine grundsätzliche Bemerkung zum Beginn des Programmierkurses: In diesem Buch sollen nur nicht nur die Kenntnisse der Sprache PHP vermittelt werden, sondern auch ein übersichtlicher, strukturierter Programmierstil. Nach meiner Erfahrung vereinfacht dies sowohl die Arbeit eines einzelnen Entwicklers als auch die Zusammenarbeit eines Entwickler-Teams.

Programmierstil

Es wird nicht jede Einzelheit und Komponente der Sprache PHP und ihrer Möglichkeiten erklärt, sondern es werden für viele denkbare Anwendungsfälle jeweils Lösungen angeboten und der typische Einsatzzweck erläutert, ohne durch die Vielfalt zu verwirren.

typischer Einsatzzweck

B.1 Einbettung von PHP in HTML

Grundsätzlich gibt es mehrere Wege, PHP-Programme in HTML-Dateien einzubetten. In den meisten PHP-Programmen wird jedoch die folgende Methode verwendet:

```
<?php
    [PHP-Anweisung]
    [PHP-Anweisung]
    [PHP-Anweisung]
?>
```

Die Markierung `<?php` leitet eine einzelne PHP-Anweisung oder einen Block von PHP-Anweisungen ein. Diese werden bearbeitet bis zur Markierung `?>`, die das Ende des Blocks darstellt.

`<?php ... ?>`

PHP-Blöcke können sowohl vollständig innerhalb des Dokumentkopfes (`head`) als auch vollständig innerhalb des Dokumentrumpfes (`body`) einer HTML-Seite untergebracht werden. Sie dürfen allerdings nicht im `head` beginnen und erst im `body` enden. Die gesamte Datei wird von oben nach unten abgearbeitet, es kann mehrmals zwischen HTML und PHP gewechselt werden.

HTML-Kurs Zur Auffrischung bzw. Vertiefung der HTML-Kenntnisse soll an dieser Stelle auf zwei Möglichkeiten verwiesen werden:

▶ ein Schnellkurs »HTML für PHP« im Anhang des Buches, in dem die notwendigsten HTML-Themen, die zur PHP-Programmierung notwendig sind, erläutert werden.

▶ ein ausführlicher HTML-Kurs auf der CD zum Buch

Das nachfolgende, vollständige Beispiel verdeutlicht die Einbettung von PHP-Code in HTML:

```
<html>
<head>
<title> Titelzeile der Datei </title>
</head>
<body>
Die erste Zeile in HTML <p>
<?php echo "Die zweite Zeile in PHP<p>"; ?>
Die dritte Zeile in HTML <p>
<?php
   echo "Die vierte Zeile in PHP<p>";
   echo "Die fünfte Zeile in PHP<p>";
?>
</body>
</html>
```

Listing B.1 Datei ub01.php

echo Die PHP-Anweisung echo gibt den angegebenen Text auf dem Bildschirm aus. Der Text muss in Anführungsstrichen geschrieben werden. Falls der Text HTML-Markierungen beinhaltet (hier <p> für einen Absatzumbruch), werden diese ausgeführt.

Die Ausgabe des Programms im Browser:

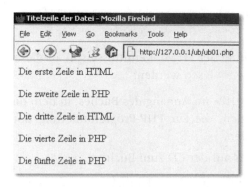

Abbildung B.1 Einbettung von PHP in HTML

B.1.1 Kommentare

Mit Hilfe von Kommentaren wird ein Programm lesbarer. Kommentare werden nicht ausgeführt, sondern dienen nur der Information des Entwicklers, besonders bei umfangreichen Programmen. Sollte es sich um eine Gruppe von Entwicklern handeln oder sollte das Programm später von anderen Entwicklern weiter bearbeitet werden, so ist die Notwendigkeit der Kommentierung der eigenen Programmzeilen für die Kollegen noch größer.

Kommentare

Hinweis: Erfahrungsgemäß gibt es immer wieder Entwickler, die ihre Programme nur minimal kommentieren. Dies stellt sich nach kurzer Zeit als Nachteil für sie selbst und ihre Kollegen heraus.

Man unterscheidet zwischen einzeiligen und mehrzeiligen Kommentaren:

► Ein einzeiliger Kommentar beginnt mit den Zeichen // und endet am Ende der Zeile. Er wird im Allgemeinen zur Kommentierung einzelner Begriffe verwendet.

//

► Ein mehrzeiliger Kommentar beginnt mit den Zeichen /* und endet mit den Zeichen */. Er wird üblicherweise zur Erläuterung eines ganzen Programmblocks verwendet.

/ ... */*

Ein Beispiel:

```
<html>
<body>
<?php
   echo "Das ist der Anfang";    // Kommentar
                                  // bis zum Zeilenende
```

```
        /* Ein Kommentar über
           mehrere Zeilen hinweg */
        echo " und hier das Ende des Programms";
    ?>
    </body>
    </html>
```

Listing B.2 Datei ub02.php

Die Ausgabe des Programms im Browser:

Abbildung B.2 Programm (ohne sichtbare Kommentare)

Übung UB03

Schreiben Sie ein PHP-Programm innerhalb einer Webseite (Datei `ub03.php`) mit Kommentarzeilen. Speichern Sie die Datei im Hauptverzeichnis Ihres Webservers und testen Sie das Programm, indem Sie einen Browser aufrufen und die passende Adresse eingeben:

▶ Unter Linux ist das Hauptverzeichnis des Webservers `/usr/local/httpd/htdocs`.

▶ Unter Windows mit dem Apache Web Server ist das Hauptverzeichnis des Webservers `c:\apache\htdocs`.

▶ Als Adresse zum Aufruf des oben angegebenen Programms ist in beiden Fällen `http://localhost/ub03.php` einzugeben.

Die Ausgabe des Programms im Browser sollte wie folgt aussehen:

Abbildung B.3 Ergebnis Übung UB03

B.2 Variablen, Datentypen und Operatoren

Innerhalb eines Programms können Informationen zur späteren Ver- Variable
wendung in Variablen gespeichert werden. Diese Variablen unterscheiden sich in ihren Datentypen. PHP unterstützt Datentypen für:

▶ ganze Zahlen,

▶ Zahlen mit Nachkommastellen,

▶ Zeichenketten (Strings),

▶ Felder (ein- und mehrdimensionale Felder von Variablen),

▶ Objekte.

Der Datentyp für eine Variable wird nicht vom Programmierer festge- Datentyp
legt, sondern richtet sich nach dem Zusammenhang, in dem die Variable genutzt wird. Eine Variable kann ihren Datentyp innerhalb eines
Programms wechseln. Im Unterschied zu vielen anderen Programmiersprachen findet in PHP keine Variablendeklaration statt. Dies bedeutet,
dass eine Variable bei ihrem ersten Erscheinen sofort benutzt werden
kann und dem Programm nicht vorher bekannt gemacht werden muss.

Zunächst geht es um die so genannten »einfachen Datentypen« (Zahlen
und Zeichenketten), mit denen viele Aufgaben im Zusammenhang mit
der Programmierung bereits erledigt werden können. Später kommen
dann die Felder und Objekte hinzu.

B.2.1 Namen

Für die Namen von Variablen (und später auch Funktionen) gelten Variablennamen
einige Regeln:

▶ Sie müssen mit einem Dollarzeichen beginnen. $

▶ Sie dürfen keine Leerzeichen enthalten.

▶ Sie dürfen nur aus Buchstaben und Ziffern bestehen, dabei muss das
erste Zeichen ein Buchstabe sein; es sind Groß- und Kleinbuchstaben
erlaubt. Es wird zwischen Groß- und Kleinschreibung unterschieden
(`$HokusPokus` ist nicht das Gleiche wie `$hokuspokus`).

▶ Sie dürfen keine deutschen Umlaute oder scharfes ß enthalten.

▶ Sie dürfen als einziges Sonderzeichen den Unterstrich »_« enthalten.

▶ Sie dürfen nicht mit einem reservierten Wort identisch sein, also
zum Beispiel mit einem Befehl aus der Sprache PHP.

Man sollte selbsterklärende Namen vergeben. Das hat den Vorteil, dass sich jeder, der sich später mit dem Programm befasst, sofort zurechtfindet. Einige Beispiele: `$Startmeldung`, `$Temperaturwert`, `$XKoordinate`, `$Ywert`

B.2.2 Variablen für Zahlen

Betrachten wir einmal das folgende Programm, in dem der Preis für eine Tankfüllung Benzin berechnet wird:

```
<html>
<body>
<?php
    $liter = 14;
    $preis = 1.15;
    $zahlung = $liter * $preis;
    echo $zahlung;
?>
</body>
</html>
```

Listing B.3 Datei ub04.php

Die Aufgabe dieses Programms ist die Multiplikation von zwei Zahlen und die Ausgabe des Rechenergebnisses. Dies wird wie folgt durchgeführt:

Zahlenvariable

▶ Die Variable `$liter` wird eingeführt, und es wird ihr der Wert 14 zugewiesen, wodurch `$liter` zu einer Variablen für eine ganze Zahl wird.

▶ Die Variable `$preis` wird eingeführt, und es wird ihr der Wert 1.15 zugewiesen, also wird `$preis` zu einer Variablen für eine Zahl mit Nachkommastellen (dabei muss ein Punkt als Dezimaltrennzeichen verwendet werden).

▶ Die Variable `$zahlung` wird eingeführt, `$liter` und `$preis` werden multipliziert und das Ergebnis wird `$zahlung` zugewiesen, damit wurde `$zahlung` ebenfalls zu einer Variablen für eine Zahl mit Nachkommastellen.

▶ Der Wert von `$zahlung`, also 16.1, wird ausgegeben.

Die Ausgabe des Programms im Browser:

Abbildung B.4 Ergebnis einer einfachen Berechnung

Hinweis: Eine Zahl mit Nachkommastellen kann auch als so genannte Exponentialzahl ausgedrückt werden. Im oben angegebenen Programm hätte man eine der folgenden Schreibweisen verwenden können, dies hätte zum gleichen Ergebnis geführt:

Schreibweise	Berechnung	Ergebnis
$preis = 0.115e1;	0.115 * 101 = 0.115 * 10	1.15
$preis = 115e-2;	115 * 10-2 = 115 * 0.01	1.15

B.2.3 Rechenoperatoren für Zahlen

Bei Zahlen können die folgenden Rechenoperatoren (= arithmetischen Operatoren) verwendet werden:

Rechenoperatoren
+ – * / %

Operator	Bedeutung
+	Addition
–	Subtraktion
*	Multiplikation
/	Division
%	Modulo, Rest bei einer ganzzahligen Division, zum Beispiel ergibt 7%3 den Wert 1, denn 7 durch 3 ergibt 2 Rest 1

Ein weiteres Beispiel mit einer etwas umfangreicheren Berechnung:

```
<html>
<body>
<?php
    $liter1 = 16;
    $liter2 = 23;
    $liter3 = 34;
    $preis = 1.15;
```

```
        $gesamtzahlung = ($liter1 + $liter2 + $liter3)
            * $preis;
        echo $gesamtzahlung;
    ?>
</body>
</html>
```

Listing B.4 Datei ub05.php

Priorität der Operatoren

Es ist zu beachten, dass (wie in der Mathematik üblich) Multiplikation und Division eine höhere Priorität als Addition und Subtraktion haben, also zuerst ausgeführt werden. Außerdem findet bei Berechnungsausdrücken die Bearbeitung von links nach rechts statt. Mit dem Setzen von Klammern kann der Entwickler allerdings die Reihenfolge beeinflussen. Ausdrücke in Klammern werden zuerst vollständig ausgerechnet, das Ergebnis fließt später in die restliche Berechnung ein.

Zum vorliegenden Programm: Die Variablen $liter1, $liter2, $liter3 und $preis werden eingeführt und mit Werten belegt. Die Variable $gesamtzahlung wird wie folgt errechnet:

▶ Die drei Literzahlen werden addiert (ergibt 73).

▶ Die Gesamt-Literzahl wird mit dem Preis multipliziert (ergibt 83.95).

Die Ausgabe des Programms im Browser:

Abbildung B.5 Ergebnis einer umfangreicheren Berechnung

Der Ausdruck $gesamtzahlung = $liter1 + $liter2 + $liter3 * $preis, also ohne Klammern, führt nicht zum richtigen Ergebnis, da in diesem Falle:

▶ die Multiplikation zuerst ausgeführt wird, es ergibt sich der Preis für 34 Liter,

▶ anschließend zu diesem Preis die beiden anderen Literzahlen addiert werden.

Übung UB06

Berechnen Sie in einem PHP-Programm (Datei `ub06.php`) den Brutto-Preis eines Einkaufs. Es wurden drei Artikel eingekauft, die Netto-Preise der einzelnen Artikel betragen: `22.50 Euro`, `12.30 Euro` und `5.20 Euro`. Der Brutto-Preis berechnet sich bekanntlich aus dem Netto-Preis zuzüglich 16 Prozent Umsatzsteuer. Es muss also der Faktor `1.16` in die Berechnung einbezogen werden. Speichern Sie die Datei im Hauptverzeichnis Ihres Webservers und testen Sie das Programm, indem Sie einen Browser aufrufen und die Adresse `http://local-host/ub06.php` eingeben.

Die Ausgabe des Programms im Browser sollte wie folgt aussehen:

Abbildung B.6 Ergebnis Übung UB06

B.2.4 Variablen und Operatoren für Zeichenketten

Zeichenketten (Strings) müssen in doppelte Hochkommata (" ") oder in einfache Hochkommata (' ') eingeschlossen werden.

Strings

Das Zeichen . (Punkt) dient zur Verkettung mehrerer Zeichenketten miteinander beziehungsweise mehrerer Zahlen und Zeichenketten. Dies wird zum Beispiel für eine kommentierte Ergebnisausgabe genutzt. Der Operator .= (Punkt gleich) kann zur Vergrößerung einer Zeichenkette eingesetzt werden. Falls die Zeichenketten HTML-Code enthalten, so gelangt dieser HTML-Code zur Ausführung. Ein Beispiel-programm:

Hochkomma, Punkt

```
<html>
<body>
<?php
$liter = 14;
$preis = 1.15;
$zahlung = $liter * $preis;
$einheit1 = "Liter";
$einheit2 = 'Euro';
$gesamt = "Tankfüllung: " . $liter . " " . $einheit1;
$gesamt .= " kosten " . $zahlung . " " .
```

```
        $einheit2."<p>";
echo $gesamt;
echo "Tankfüllung: $liter $einheit1 kosten $zahlung
        $einheit2<p>";
echo 'Tankfüllung: $liter $einheit1 kosten $zahlung
        $einheit2<p>';?>
</body>
</html>
```

Listing B.5 Datei ub07.php

Zur Erläuterung:

▶ Im ersten Teil des Programms findet die Berechnung des Preises statt.

▶ Den Variablen `$einheit1` und `$einheit2` werden Zeichenketten zugewiesen, in doppelten Hochkommata beziehungsweise in einfachen Hochkommata.

▶ Der Variablen `$gesamt` wird eine Zeichenkette zugewiesen, die sich aus einzelnen Zeichenketten, Zahlenvariablen, Zeichenkettenvariablen und HTML-Code zusammensetzt (Operator .).

▶ Die Zeichenkette `$gesamt` wird verlängert (Operator .=).

▶ Die Zeichenkette `$gesamt` wird ausgegeben.

▶ Der gleiche Ausgabetext soll auf zwei weitere Arten ausgegeben werden. Der Wert einer einzelnen Variablen wird auch dann ausgegeben, falls die Variable innerhalb einer Zeichenkette untergebracht wurde. Diese Form wird häufig verwendet. Es ist allerdings darauf zu achten, dass die Zeichenkette zwischen doppelte Hochkommata gesetzt wurde.

▶ Falls die Variable innerhalb einer Zeichenkette mit einfachen Hochkommata steht, wird nur der Name der Variablen, aber nicht der Wert der Variablen im Text ausgegeben, siehe Ausgabe. Das ist normalerweise nicht erwünscht.

Ein Tipp zum besseren Verständnis: Verfolgen Sie jeden einzelnen Schritt des Programms und notieren Sie den aktuellen Wert jeder Variablen, sobald sich dieser ändert.

Hinweis: Beim Schreiben eines Programms im Editor sollte innerhalb einer Zeichenkette, also innerhalb von einfachen oder doppelten Hochkommata, kein Zeilenumbruch erfolgen. In diesem Buch ist dies aber aus drucktechnischen Gründen an einigen Stellen notwendig, einige Zeichenketten sind einfach zu lang. Sie erkennen zusammengehörige, lange Zeichenketten leicht an dem geringeren Abstand zwischen den einzelnen Zeilen und an der Einrückung ab der zweiten Zeile. An diesen Stellen wurde kein Absatzumbruch, sondern ein manueller Zeilenwechsel durchgeführt. Falls Sie die betreffende Programmstelle übernehmen, sollten Sie diese Zeilen unbedingt in einer einzigen Zeile schreiben.

Die Ausgabe des Programms im Browser:

Abbildung B.7 Arbeiten mit Zeichenketten

Übung UB08

Schreiben Sie das Programm aus der vorherigen Übung UB06 um (Datei ub08.php). Zwischenergebnis und Endergebnis sollen errechnet werden. Speichern Sie die Datei im Hauptverzeichnis Ihres Webservers und testen Sie das Programm, indem Sie einen Browser aufrufen und die Adresse http://localhost/ub08.php eingeben.

Die Ausgabe des Programms im Browser sollte wie folgt aussehen:

Abbildung B.8 Ergebnis Übung UB08

B.3 Einfache Formularauswertung

Formulare
auswerten

In den bisher gezeigten Beispielen hatte der Benutzer eines Programms noch keine Möglichkeit, eigene Eingaben vorzunehmen. Er konnte das Programm nur aufrufen und das Ergebnis betrachten.

Eine besondere Stärke und ein typischer Einsatzzweck von PHP ist jedoch die Auswertung von Benutzereingaben aus Formularen. Durch eine solche Auswertung wird die dynamische Informationsübermittlung zwischen Benutzer und Webserver erst ermöglicht.

Dem Betrachter wird zunächst ein Formular vorgelegt, in dem er eigene Einträge vornehmen kann beziehungsweise bei dem er unter vorgefertigten Einträgen auswählen kann. Er füllt das Formular aus, sendet es ab und erhält nach der Auswertung eine Antwort vom Webserver.

B.3.1 Eingabeformular

Text-Eingabefeld

In diesem Abschnitt soll eine Informationsübermittlung mit Hilfe von einzeiligen Text-Eingabefeldern ermöglicht werden. Formulare können noch aus einer Reihe weiterer Elemente bestehen. Diese werden ausführlich in Kapitel C, Daten senden und auswerten, besprochen.

Der HTML-Programmcode des Formulars:

```
<html>
<body>
Bitte tragen Sie Ihren Vornamen und Ihren Nachnamen
ein.<br>
Senden Sie anschließend das Formular ab.<p>
<form action = "ub09a.php" method = "post">
    <input name = "vor"> Vorname<p>
    <input name = "nach"> Nachname<p>
    <input type = "submit">
    <input type = "reset">
</form>
</body>
</html>
```

Listing B.6 Datei ub09.htm

form, action,
method

Innerhalb des HTML-Dokumentes befindet sich ein `form`-Container. Die Markierung `<form>` beinhaltet:

- das Attribut `action`, dieses verweist auf die Datei mit dem PHP-Auswertungsprogramm (hier: `u09a.php`),
- das Attribut `method`, dieses verweist auf die Übermittlungsmethode zum Webserver (hier: `post`).

Der `form`-Container beinhaltet die verschiedenen Formularelemente. Dabei handelt es sich um:

- zwei einzeilige Text-Eingabefelder mit den Namen `vor` beziehungsweise `nach` für die Eintragung von Vornamen beziehungsweise Nachnamen,
- eine Schaltfläche zum Absenden (engl.: `submit`). Bei Betätigung werden die eingetragenen Daten an den Server gesendet und es wird das genannte PHP-Auswertungsprogramm angefordert,

submit, reset

- eine Schaltfläche zum Zurücksetzen (engl.: `reset`) des Formulares. Bei Betätigung wird das Formular wieder in den Anfangszustand versetzt, wie es zum Beispiel bei einer Fehleingabe notwendig werden kann.

Die Ausgabe des Formulars im Browser, mit eingegebenen Beispieldaten:

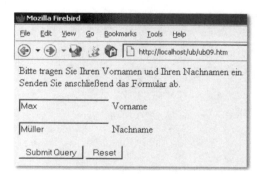

Abbildung B.9 Eingabeformular mit Beispieldaten

Die Auswertung der Eingabedaten kann in PHP grundsätzlich auf zwei verschiedene Arten geschehen, beide werden in den folgenden Abschnitten vorgestellt.

Übung UB10, Teil 1

Erweitern Sie das Beispiel dahingehend, dass eine ganze Adresse eingegeben werden kann (Datei `ub10.htm`). Es soll zusätzlich vier weitere

Eingabefelder für die Angaben Straße, Hausnummer, Postleitzahl und Ort innerhalb des Formulars geben.

Das Formular sollte das folgende Aussehen haben (mit Beispieldaten):

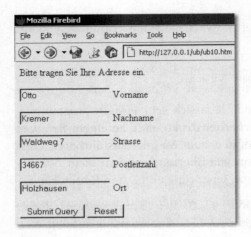

Abbildung B.10 Erweitertes Eingabeformular mit Beispieldaten

B.3.2 Auswertung mit globalen Variablen

globale Variable Das antwortende PHP-Programm mit globalen Variablen sieht wie folgt aus:

```
<html>
<body>
<?php
   echo "Guten Tag, $vor $nach";
?>
</body>
</html>
```

Listing B.7 Datei ub09a.php

Innerhalb der Antwort-Datei werden die Werte der beiden Variablen $vor und $nach ausgewertet beziehungsweise ausgegeben. Ihre Werte wurden gemeinsam mit den Namen der beiden Eingabefelder vom aufrufenden Formular aus übermittelt. Aus dem Namen der Eingabefelder werden dabei automatisch globale PHP-Variablen, indem jeweils ein Dollarzeichen davor gesetzt wird. Die Eintragung im Text-Eingabefeld vor wird also zum Wert der Variablen $vor im Programm.

Falls der Benutzer das oben angegebene Beispiel eingegeben hat, antwortet der Server wie folgt:

Abbildung B.11 Auswertung der globalen Variablen

Mit dieser Auswertungsmethode lässt sich sehr einfach programmieren. Sie birgt allerdings ein Sicherheitsrisiko, da man einem Benutzer potenziell die Möglichkeit eröffnet, zum Beispiel ausführbaren Code zum Server zu senden, der dort zur Übermittlung von nicht öffentlichen Daten beziehungsweise zur Zerstörung von Daten führen kann.

Daher wurde ab PHP-Version 4.2.0 der Konfigurationsschalter `register_globals` in der Datei `php.ini` standardmäßig auf den Wert `Off` gestellt. Dies bedeutet, dass die Namen und Werte der Eingabefelder nicht mehr automatisch als globale Variablen im PHP-Programm bekannt sind. Der Betreiber eines Webservers könnte diesen Schalter zwar wieder auf `On` stellen, würde sich damit aber das beschriebene Sicherheitsproblem einhandeln.

register globals

B.3.3 Auswertung mit $_POST

Man löst das genannte Problem, falls man das superglobale, vordefinierte Feld `$_POST` benutzt. Das antwortende PHP-Programm sieht in diesem Falle wie folgt aus:

$_POST

```
<html>
<body>
<?php
   echo "Guten Tag, " . $_POST["vor"] .
       " " . $_POST["nach"];
?>
</body>
</html>
```

Listing B.8 Datei ub09b.php

Das Programm erzeugt die gleiche Ausgabe. Falls diese Version aufgerufen werden soll, muss im HTML-Eingabeformular (Datei `u09.htm`) der Wert des Attributes `action` von `u09a.php` auf `u09b.php` geändert werden!

Es gibt in PHP einige vordefinierte Variablen, unter anderem das assoziative Feld `$_POST`. Aus den Namen der Eingabefelder werden automatisch Elemente dieses Feldes, falls die Übermittlungsmethode `post` verwendet wurde. Diese Elemente können angesprochen werden, indem man ihren Namen in Anführungszeichen und eckigen Klammern hinter dem Namen des Feldes `$_POST` angibt. Die Eintragung im Text-Eingabefeld `vor` wird also zum Wert der Variablen `$_POST["vor"]` im Programm.

Feld-Elemente können allerdings nicht unmittelbar innerhalb einer Zeichenkette ausgegeben werden, wie dies bei einzelnen Variablen der Fall ist. Daher ist die Ausgabezeile mit `echo` etwas umfangreicher. Weitere Einzelheiten zu Feldern und speziell zu assoziativen Feldern in Abschnitt B.6.2, Assoziative Felder.

Im weiteren Verlauf dieses Buches wird mal die eine, mal die andere Methode verwendet. Die Variante in der jeweils anderen Methode kann leicht entwickelt werden. In bestehenden PHP-Projekten, die (noch) nicht umgestellt wurden, beziehungsweise in PHP-Anwendungen für ein Intranet, auf die nur ein begrenzter, kontrollierter Benutzerkreis Zugriff hat, kommt auch die »bequemere« Methode zum Einsatz.

$_GET   Ein Formular kann statt mit der Methode `post` auch mit der Methode `get` versendet werden. Auf die Auswertung mit Hilfe von globalen Variablen hat dies keinen Einfluss. Bei der Auswertung mit Hilfe eines superglobalen, vordefinierten Feldes ist zu beachten, dass das Feld `$_GET` statt des Feldes `$_POST` verwendet werden muss. Die Methode `post` ist im Allgemeinen zu bevorzugen, da sie sicherer und universeller ist.

Übung UB09

Dieses Zusammenspiel von HTML-Datei und PHP-Datei stellt einen wichtigen Schritt dar. Daher zunächst nur eine »einfache« Aufgabe: Geben Sie beide Versionen des angegebenen Beispiels mit Hilfe eines Texteditors ein und speichern Sie es unter den genannten Dateinamen ab (`ub09.htm`, `ub09a.php` und `ub09b.php`). Füllen Sie das Formular aus, senden Sie es in den verschiedenen Versionen ab und kontrollieren Sie die Reaktion des Webservers.

Übung UB10, Teil 2

Erstellen Sie (passend zum Formular aus Übung UB10, Teil 1) jeweils ein PHP-Programm für beide Auswertungsmethoden (ub10a.php und ub10b.php), das die Daten des Benutzers bestätigt. Falls der Benutzer die oben angegebenen Beispieldaten eingegeben hat, sollte die Ausgabe des Programms im Browser wie folgt aussehen:

Abbildung B.12 Auswertung des erweiterten Eingabeformulars

B.3.4 Umwandlung von Zeichenketten in Zahlen

Ein Text-Eingabefeld eines Formulars nimmt eine Zeichenkette auf, und es wird auch eine Zeichenkette an das PHP-Programm übermittelt. Häufig sollen jedoch Zahlen, zum Beispiel zur Ausführung von Berechnungen, übermittelt werden. Dabei sind für den Entwickler die folgenden Regeln zu beachten.

Bei der Umwandlung einer Zeichenkette (Konvertierung) ist der Beginn der Zeichenkette wichtig. Falls die Zeichenkette mit gültigen numerischen Zeichen beginnt, so werden diese numerischen Zeichen genutzt. Anderenfalls ergibt sich der Wert 0. Eine gültige Folge von numerischen Zeichen beinhaltet:

Umwandlung, Konvertierung

▶ ein Vorzeichen (optional),

▶ eine oder mehrere Ziffern,

▶ einen Dezimalpunkt (optional),

▶ einen Exponenten (optional), der Exponent ist ein kleines »e« oder ein großes »E«, gefolgt von einer oder mehreren Ziffern.

Die Zeichenkette wird interpretiert als:

▶ ganze Zahl, falls sie nur Ziffern beinhaltet,

▶ Zahl mit Nachkommastellen, falls sie neben den Ziffern die Zeichen . (Punkt), e oder E beinhaltet.

Einige Beispiele:

Zeichenkette	Wert	Datentyp
"352"	352	ganze Zahl
"352xz"	352	ganze Zahl
"xz352"	0	Zeichenkette
"35.2"	35.2	Zahl mit Nachkommastellen
"35.2xz"	35.2	Zahl mit Nachkommastellen
"xz35.2"	0	Zeichenkette
"-352"	-352	ganze Zahl
"35e2"	3500	Zahl mit (möglichen) Nachkommastellen
"35e-2"	0.35	Zahl mit Nachkommastellen

Falls man Zeichenkettenvariablen der Sicherheit halber explizit (also vom Programmentwickler gesteuert) in Zahlen umwandeln möchte, kann man die beiden Funktionen doubleval() beziehungsweise intval() anwenden. Ein kleines Beispiel für zwei Umwandlungen:

```
$a = "435";
$a = intval($a);
$b = "22.6";
$b = doubleval($b);
```

Nach Bearbeitung dieses Programmteiles stehen die Variablen $a und $b auf jeden Fall als Zahlenvariablen mit dem ganzzahligen Wert 435 beziehungsweise dem Wert 22.6 für weitere Berechnungen zur Verfügung.

In den Einführungsbeispielen dieses Buches werden Eingabefehler des Benutzers nicht immer abgefangen. Die Programme würden sonst unnötig umfangreich und unverständlich. Später wird man in den Programmen Routinen einbauen, die möglichst alle Eingabefehler abfangen, aber es gilt immer der Grundsatz: Kein Programm ist vollständig gegen Eingabefehler gesichert.

Im nachfolgenden Beispiel wird der Benutzer aufgefordert, in einem Formular zwei Zahlen einzugeben und das Formular abzusenden. Ein PHP-Programm berechnet die Summe dieser beiden Zahlen und gibt das Ergebnis bekannt.

Der HTML-Code des Formulars:

```
<html>
<body>
Bitte tragen Sie zwei Zahlen ein und senden Sie das
    Formular ab.<p>
<form action = "ub11a.php" method = "post">
    Wert 1: <input name = "w1"><p>
    Wert 2: <input name = "w2"><p>
    <input type = "submit">
    <input type = "reset">
</form>
</body>
</html>
```

Listing B.9 Datei ub11.htm

Die beiden Versionen des PHP-Programms:

```
<html>
<body>
<?php
    $erg = $w1 + $w2;
    echo "Die Summe von $w1 und $w2 ist $erg";
?>
</body>
</html>
```

Listing B.10 Datei ub11a.php

```
<html>
<body>
<?php
    $erg = $_POST["w1"] + $_POST["w2"];
    echo "Die Summe von " . $_POST["w1"] . " und " .
        $_POST["w2"] . " ist $erg";
?>
</body>
</html>
```

Listing B.11 Datei ub11b.php

Ein Aufruf mit folgenden Eingabewerten:

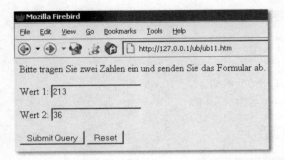

Abbildung B.13 Senden von Zahlen

ergibt in beiden Fällen die Antwort:

Abbildung B.14 Umwandlung und Berechnung des Ergebnisses

In beiden Versionen des Antwort-Programms werden die eingegebenen Zeichenketten nach den oben angegebenen Regeln automatisch in Zahlen umgewandelt.

Übung UB12

Erstellen Sie ein Eingabeformular (Datei ub12.htm) und ein dazu passendes PHP-Programm (Datei ub12.php), mit dessen Hilfe das Quadrat einer Zahl berechnet werden kann. Die Zahl soll also mit sich selbst multipliziert werden. Wählen Sie eine der beiden genannten Methoden zur Auswertung der Eingabedaten.

Formular und Ergebnis sollten wie folgt aussehen:

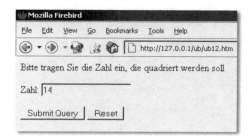

Abbildung B.15 Eingabe Übung 12

Abbildung B.16 Ergebnis Übung 12

B.4 Verzweigungen

Bisher wurden die Dateien mit dem HTML-Code und dem PHP-Code rein sequenziell abgearbeitet, das heißt, eine Anweisung nach der anderen wurde durchgeführt. Tatsächlich sind aber Programme auch in der Lage, auf unterschiedliche Bedingungen zu reagieren. Einzelne Anweisungen werden nur in bestimmten Situationen ausgeführt.

Die Ausführung dieser Anweisungen wird in solchen Fällen von einer oder mehreren Bedingungen abhängig gemacht (if-Anweisung). Je nachdem, ob die Bedingung zutrifft, werden die entsprechenden Anweisungen ausgeführt oder nicht. Darüber hinaus können bei Nichterfüllung der Bedingung alternative Anweisungen bearbeitet werden (if-else-Anweisung). Man nennt diese Stellen in Programmen »Verzweigungen«.

if, if-else

Bedingungen werden mit Hilfe von Wahrheitswerten (wahr oder falsch beziehungsweise true oder false) und Vergleichsoperatoren erstellt. Eine Tabelle der Vergleichsoperatoren schließt sich an.

Bedingung, wahr, falsch

Operator	Bedeutung	gilt
==	Gleichheit	für Zahlen und Zeichenketten
!=	Ungleichheit	für Zahlen und Zeichenketten

Operator	Bedeutung	gilt
>	größer als	nur für Zahlen
<	kleiner als	nur für Zahlen
>=	größer oder gleich	nur für Zahlen
<=	kleiner oder gleich	nur für Zahlen

Vergleichso-peratoren Bei der Überprüfung auf Gleichheit ist besonders auf das doppelte Gleichheitszeichen zu achten. Es handelt sich um eine Bedingung und nicht um eine Zuweisung.

B.4.1 if-Anweisung

Ein Beispiel für eine Verzweigung mit der if-Anweisung:

```
<html>
<body>
<?php
    $preis = 0.98;
    if ($preis < 1) echo "Der Preis liegt unter 1 Euro";
?>
</body>
</html>
```

Listing B.12 Datei ub13.php

Falls $preis kleiner als 1 ist, wird der entsprechende Text in das Dokument geschrieben, anderenfalls geschieht nichts. Die Bedingung ($preis < 1) muss in Klammern stehen.

Die Ausgabe sieht wie folgt aus:

Abbildung B.17 Einfache if-Bedingung

Ein weiteres Beispiel:

```
<html>
<body>
```

```
<?php
   $preis = 0.98;
   if ($preis < 1)
   {
      echo "Der Preis liegt unter 1 Euro<br>";
      echo "Das ist günstig";
   }
?>
</body>
</html>
```

Listing B.13 Datei ub14.php

Falls aufgrund einer Bedingung mehrere Anweisungen ausgeführt wer-   **Anweisungsblock**
den sollen, so müssen sie innerhalb von geschweiften Klammern ste-   **{..}**
hen. Dies nennt man einen Anweisungsblock. In diesem Programm
werden zwei Ausgaben erzeugt, da $preis kleiner als 1 ist.

Die Ausgabe sieht wie folgt aus:

Abbildung B.18 Verzweigung mit Anweisungsblock

B.4.2 if-else-Anweisung

Ein Beispiel für eine Verzweigung mit der if-else-Anweisung:

```
<html>
<body>
<?php
   $preis = 1.02;
   if ($preis < 1)
   {
      echo "Der Preis liegt unter 1 Euro<br>";
      echo "Das ist günstig";
   }
   else
   {
```

```
        echo "Der Preis liegt bei 1 Euro oder mehr<br>";
        echo "Langsam wird es teuer";
    }
?>
</body>
</html>
```

Listing B.14 Datei ub15.php

Falls die Bedingung hinter dem `if` nicht zutrifft, werden die Anweisungen hinter dem `else` ausgeführt. Auch hier gilt, dass bei mehreren Anweisungen geschweifte Klammern benutzt werden müssen.

Die Ausgabe sieht wie folgt aus:

Abbildung B.19 Verzweigung mit else

Passwort Ein weiteres Beispiel (mit Eingabeformular) verdeutlicht den Vergleich von Zeichenketten bei einer Bedingung. Der Benutzer soll ein Zugangs-Passwort eintragen (ausnahmsweise in sichtbarer Form). Das PHP-Programm vergleicht die Eingabe mit dem gespeicherten Passwort und reagiert entsprechend.

Der HTML-Code des Formulars:

```
<html>
<body>
Bitte tragen Sie das Zugangs-Passwort ein<br>
<form action = "ub16.php" method = "post">
    <input name = "pw"><p>
    <input type = "submit">
    <input type = "reset">
</form>
</body>
</html>
```

Listing B.15 Datei ub16.htm

Das Auswertungsprogramm:

```
<html>
<body>
<?php
   if ($pw == "bingo")
      echo "Zugang gestattet";
   else
      echo "Zugang verweigert";
?>
</body>
</html>
```

Listing B.16 Datei ub16.php

Falls der Benutzer Folgendes eingibt:

Abbildung B.20 Eingabe Passwort

bekommt er Zugang, anderenfalls nicht:

Abbildung B.21 Auswertung der Verzweigung

Übung UB17

Erstellen Sie ein Eingabeformular (Datei `ub17.htm`) und ein dazu passendes PHP-Programm (Datei `ub17.php`). Es soll der Preis für eine Tankfüllung berechnet werden. Es gibt zwei Sorten Benzin: Normal (Preis: `1.05 Euro`) und Super (Preis: `1.15 Euro`).

Der Benutzer gibt im ersten Eingabefeld die getankte Literzahl und im zweiten Eingabefeld entweder ein N oder ein S ein. Das PHP-Programm ermittelt abhängig von der Sorte und der Menge den zu zahlenden Betrag. Es wird davon ausgegangen, dass der Benutzer keine Fehleingaben macht.

Falls der Benutzer 15 Liter Super tankt:

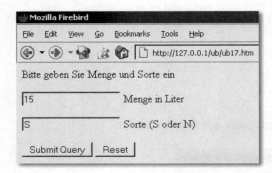

Abbildung B.22 Eingabe Tankvorgang

sollte die Ausgabe des Programms wie folgt aussehen:

Abbildung B.23 Ergebnis Tankvorgang

Übung UB18

Erweitern Sie die vorherige Übung. Großkunden, die 100 Liter oder mehr tanken, bekommen unabhängig von der Sorte bei dieser Tankstelle 2 Prozent Rabatt. Benutzen Sie zur Auswertung der Benutzereingaben keine globalen Variablen, sondern das Feld $_POST.

Falls der Benutzer `120` Liter Normal tankt:

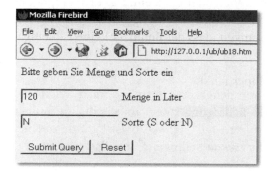

Abbildung B.24 Eingabe Übung 18

sollte die Ausgabe des Programms wie folgt aussehen:

Abbildung B.25 Ergebnis Übung 18

B.4.3 Logische Operatoren

Logische Operatoren dienen zur Verknüpfung von mehreren Bedingungen.

Logische Operatoren

Logisches ODER

Das logische ODER (Zeichen `||`) wird verwendet, falls nur eine von mehreren Bedingungen zutreffen muss. Zur Verdeutlichung wird das Beispiel mit der Passworteingabe (`ub16.htm` und `ub16.php`) erweitert. Es gibt nun zwei Passwörter, die zum erfolgreichen Zugang führen. Das Eingabeformular bleibt gleich, das Auswertungsprogramm sieht wie folgt aus:

logisches oder, ||

```
<html>
<body>
<?php
  if ($pw == "bingo" || $pw == "kuckuck")
    echo "Zugang gestattet";
  else
```

```
        echo "Zugang verweigert";
?>
</body>
</html>
```

Listing B.17 Datei ub19.php

Es gibt zwei Bedingungen, von denen eine zutreffen muss, damit der Zugang gestattet wird. Jede Bedingung muss vollständig formuliert werden. Der Ausdruck $pw == "bingo" || "kuckuck" würde zu einer Fehlermeldung führen, da die zweite Bedingung unvollständig ist.

Logisches UND

logisches und, && Das logische UND (Zeichen &&) wird verwendet, falls alle Bedingungen zutreffen müssen. Dies wird wiederum an einem erweiterten Beispiel der Passworteingabe verdeutlicht. Der Benutzer muss Namen und Passwort eingeben. Der Zugang wird nur gestattet, falls beide richtig sind, es sich also um einen berechtigten und bekannten Benutzer handelt. Zunächst das geänderte Eingabeformular:

```
<html>
<body>
Bitte tragen Sie Namen und Zugangs-Passwort ein<p>
<form action = "ub20.php" method = "post">
    <input name = "bname"> Name<p>
    <input name = "pw"> Passwort<p>
    <input type = "submit">
    <input type = "reset">
</form>
</body>
</html>
```

Listing B.18 Datei ub20.htm

Das Auswertungsprogramm sieht wie folgt aus:

```
<html>
<body>
<?php
  if ($bname == "Maier" && $pw == "kuckuck")
    echo "Zugang gestattet";
  else
    echo "Zugang verweigert";
```

```
?>
</body>
</html>
```

Listing B.19 Datei ub20.php

Gibt der Benutzer zwar den Namen `Maier`, aber ein falsches Passwort ein, so wird der Zugang verweigert, da beides stimmen muss. Das Gleiche trifft zu, falls er den Namen `Meier` (mit e) und das Passwort `kuckuck` eingibt, da in diesem Falle nur die zweite Bedingung zutrifft, siehe Formular und Ausgabe:

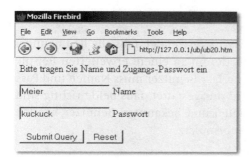

Abbildung B.26 Eingabe von Namen und Passwort

Abbildung B.27 Richtiges Passwort, falscher Name

Logisches NICHT

Mit Hilfe des Operators NICHT (Zeichen !) kann man den Wahrheitswert von Bedingungen umkehren. Dies kann bei komplexeren logischen Verknüpfungen helfen.

logisches Nicht, !

Übung UB20

Testen Sie die Beispiele `UB19` und `UB20` mit verschiedenen Passwörtern beziehungsweise Namens- und Passwort-Kombinationen.

B.4.4 Rangordnung der Operatoren

Ausdrücke mit mehreren Operatoren werden von links nach rechts aufgelöst unter Beachtung der Rangordnung. Nachfolgend eine Tabelle mit der Rangordnung der bisher verwendeten Operatoren. Es wird mit der höchsten Stelle der Rangordnung begonnen.

Operator	Bedeutung
()	Klammern
! -	logisches NICHT, negatives Vorzeichen
* / %	Multiplikation, Division, Modulo
+ -	Addition, Subtraktion
< <= > >=	kleiner, kleiner oder gleich, größer, größer oder gleich
== !=	gleich, ungleich
&&	logisches UND
||	logisches ODER
=	Zuweisung

Klammern stehen an der höchsten Stelle der Rangordnung. Mit ihrer Hilfe kann man die Rangfolge bei den Operatoren beeinflussen und Ausdrücke so bewerten, wie man es wünscht. Zusätzlich kann man Klammern verwenden, falls man sich bei der Rangfolge momentan nicht sicher ist.

Übung UB21

Erweitern Sie das Beispielprogramm aus dem vorherigen Abschnitt. Nur die beiden Benutzer Marten (Passwort Hamburg) und Schmitz (Passwort Berlin) sollen Zugang haben (Dateien ub21.htm und ub21.php). Benutzen Sie zur Auswertung der Benutzereingaben keine globalen Variablen, sondern das Feld $_POST.

B.4.5 Mehrfache Verzweigung

Verzweigungen mit if und else lassen sich auch verschachteln, so dass eine mehrfache Verzweigung (für mehr als zwei Fälle) möglich wird. Ein Beispiel:

```
<html>
<body>
```

```php
<?php
  $preis = 1.12;
  if ($preis < 1)
  {
     echo "Der Preis liegt unter 1 Euro<br>";
     echo "Das ist günstig";
  }
  else
  {
     if ($preis <= 1.2)
     {
        echo "Der Preis liegt zw. 1 und 1.2 Euro<br>";
        echo "Langsam wird es teuer";
     }
     else
     {
        echo "Der Preis liegt über 1.20 Euro<br>";
        echo "Das ist viel zu teuer";
     }
  }
?>
</body>
</html>
```

Listing B.20 Datei ub22.php

Falls $preis kleiner als 1 ist, trifft die erste Bedingung zu. Die restlichen Bedingungen müssen dann nicht mehr geprüft werden. Falls nicht, kann $preis nur noch größer oder gleich 1 sein. Es wird die nächste Bedingung ($preis <= 1.2) geprüft. Falls diese auch nicht zutrifft, kann $preis nur noch größer als 1.2 sein.

Die Ausgabe sieht wie folgt aus:

Abbildung B.28 Ergebnis mehrfacher Verzweigung

Übung UB23

Erweitern Sie das Programm aus Übung UB17. Es soll der Preis für eine Tankfüllung berechnet werden, ohne Rabatt für Großkunden. Es gibt drei Sorten Benzin: Normal (Preis: 1.05 Euro), Super (Preis: 1.15 Euro) und Diesel (Preis: 0.90 Euro).

Der Benutzer gibt im ersten Eingabefeld die getankte Literzahl und im zweiten Eingabefeld entweder ein N, ein S oder ein D ein. Das PHP-Programm ermittelt in Abhängigkeit von der Sorte und der Menge den zu zahlenden Betrag. Es wird davon ausgegangen, dass der Benutzer keine Fehleingaben macht.

Falls der Benutzer 35 Liter Diesel tankt:

Abbildung B.29 Eingabe Übung UB23

sollte die Ausgabe wie folgt aussehen:

Abbildung B.30 Ergebnis Übung UB23

B.4.6 switch-case-Anweisung

switch-case Die switch-case-Anweisung bietet für einen bestimmten Typ von mehrfachen Verzweigungen eine andere Schreibweise. Sie kann eingesetzt werden, falls die gleiche Variable auf mehrere, feste Werte geprüft werden soll. Diese Form der mehrfachen Verzweigung ist besonders bei vielen verschiedenen Fällen übersichtlicher als eine geschachtelte Verzweigung.

Ein Beispiel bietet die Übungsaufgabe UB23 (siehe oben). Das Eingabe-formular aus Datei ub23.htm kann übernommen werden (in ub24.htm). Das Auswertungsprogramm mit switch-case sieht wie folgt aus:

```
<html>
<body>
<?php
   switch($sorte)
   {
     case "N":
        $zahlung = $liter * 1.05;
        echo "$liter L Normal kosten $zahlung Euro";
        break;
     case "S":
        $zahlung = $liter * 1.15;
        echo "$liter L Super kosten $zahlung Euro";
        break;
     case "D":
        $zahlung = $liter * 0.9;
        echo "$liter L Diesel kosten $zahlung Euro";
        break;
     default:
        echo "Als Sorte nur N, S oder D eingeben!";
   }
?>
</body>
</html>
```

Listing B.21 Datei ub24.php

Es wird ein so genannter switch-Block erzeugt. Innerhalb dieses switch-Blocks wird der Wert der Variablen $sorte untersucht. Die vor-handenen Fälle (engl.: case) werden der Reihe nach verglichen. Sobald einer der Fälle zutrifft, werden alle weiteren Anweisungen bearbeitet, bis man auf die Anweisung break trifft. Die Anweisungen nach dem break werden nicht mehr ausgeführt.

break, default

Optional kann die Anweisung default benutzt werden. Diese ist dann nützlich, falls keiner der genannten Fälle zutraf. Dies wäre im oben angegebenen Programm der Fall, falls der Benutzer als Sorte weder N noch S noch D eingibt.

Falls der Benutzer die Eingaben 15 und P macht:

Abbildung B.31 Eingabe für switch-case

so ergibt sich die Ausgabe:

Abbildung B.32 Default-Fall

B.4.7 HTML in Verzweigungsblöcken

HTML und PHP
gemischt

Falls innerhalb einer einfachen oder mehrfachen Verzweigung jeweils nur reiner HTML-Code ohne PHP-Variablen ausgegeben werden muss, so ist eine gemischte Schreibweise mit PHP und HTML recht nützlich. Ein Beispiel:

```
<html>
<body>
<?php
$preis = 1.12;
if ($preis < 1):
?>
Der Preis liegt unter 1 Euro<br>
Das ist günstig
<?php else: ?>
Der Preis liegt bei 1 Euro oder darüber<br>
Langsam wird es teuer
<?php endif; ?>
</body>
</html>
```

Listing B.22 Datei ub25.php

Der Ablauf der Verzweigung wird auf mehrere PHP-Blöcke verteilt. Dazwischen kann der HTML-Code ohne `echo`, Anführungsstriche, Semikolon usw. notiert werden.

▶ Nach der Bedingung `if ($preis < 1)` wird ein Doppelpunkt notiert. Dies bedeutet, dass die Verzweigung noch »offen« ist. Der anschließende HTML-Code bis zum nächsten Teil der Verzweigung wird nur ausgeführt, falls die Bedingung zutrifft.

▶ Es folgt die `else`-Anweisung, ebenfalls mit einem Doppelpunkt. Für den darauf folgenden HTML-Code gilt das Gleiche. Die Verzweigung ist nach wie vor »offen«.

▶ Sie wird erst durch die Anweisung `endif` abgeschlossen.

Diese gemischte Schreibweise aus PHP und HTML kann auch für andere Formen der Verzweigung und andere Kontrollstrukturen angewendet werden.

B.5 Schleifen

Falls sich innerhalb eines Programms einzelne Anweisungen oder Blöcke von Anweisungen wiederholen, werden Schleifen verwendet. In PHP (wie in jeder anderen Programmiersprache) gibt es dafür grundsätzlich zwei Möglichkeiten. Welche Variante bei der Lösung des vorliegenden Problems die richtige ist, kann man leicht entscheiden.

Schleife, Wiederholung

▶ Man verwendet die `for`-Schleife, falls die Anzahl der Wiederholungen dem Programmierer bekannt ist oder sie sich eindeutig im Verlauf des Programms vor der Schleife ergibt (Zählschleife).

▶ Man verwendet die `while`-Schleife, falls die Anzahl der Wiederholungen dem Programmierer nicht bekannt ist und sie sich nicht eindeutig im Verlauf des Programms vor der Schleife ergibt. Die Wiederholung oder der Abbruch der Schleife ergeben sich erst zur Laufzeit des Programms (bedingungsgesteuerte Schleife).

B.5.1 for-Schleife

Die `for`-Schleife wird dazu benutzt, eine feste Anzahl an Wiederholungen zu erzeugen. Entweder ist die Anzahl vorher bekannt oder Start und Ende der Wiederholung sind bekannt beziehungsweise können errechnet werden. Ein Beispiel:

for

```
<html>
<body>
```

```php
<?php
  for ($i=1; $i<=5; $i++)
  {
    echo "Zeile $i <p>";
  }
?>
</body>
</html>
```

Listing B.23 Datei ub26.php

Mit Hilfe des Programms werden fünf Zeilen in das Dokument geschrieben, jeweils mit dem Inhalt Zeile: <Nummer>. Die Ausgabe sieht wie folgt aus:

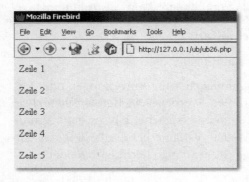

Abbildung B.33 Schleife

Die for-Schleife besteht aus Kopf und Rumpf. Der Kopf der for-Schleife besteht aus drei Teilen, die durch Semikola voneinander getrennt sind:

▶ Startwert,

▶ Bedingung zur Wiederholung,

▶ Veränderung der Schleifenvariablen.

In diesem Beispiel wird die Variable $i als so genannte »Schleifenvariable« verwendet, das heißt, mit Hilfe von $i wird die Schleife gesteuert. $i bekommt zunächst den Wert 1. Es wird geprüft, ob die Bedingung zur Wiederholung erfüllt ist. Ist dies der Fall, wird mit dem Anfangswert der Rumpf der Schleife durchlaufen, es ergibt sich also die Ausgabe: Zeile 1. Anschließend wird die Variable durch die Veränderung der Schleifenvariablen erhöht (auf 2).

Es wird geprüft, ob die Bedingung zur Wiederholung noch erfüllt ist. Ist dies der Fall, wird der Rumpf der Schleife mit dem Wert $i (Ausgabe: Zeile 2) durchlaufen usw. Nach dem fünften Durchlauf wird $i auf 6 erhöht. Damit trifft die Bedingung zur Wiederholung nicht mehr zu, das Programm beendet die Schleife und läuft dahinter weiter. Im vorliegenden Programm ist dann das Ende erreicht.

Anmerkung: $i++ ist eine Kurzform der Zuweisung $i=$i+1. Häufig verwendet wird auch $i--, dies ist eine Kurzform der Zuweisung $i=$i-1, also eine Verminderung von $i um 1.

++, --

Auch bei Schleifen gilt: Falls sich die Schleife auf mehrere Anweisungen bezieht, müssen diese in geschweifte Klammern gesetzt werden. Streng genommen wäre dies also beim oben genannten Beispiel nicht notwendig gewesen, aber es schadet auch nicht.

B.5.2   Beispiele für for-Schleifen

Einige Beispiele für Schleifensteuerungen:

Kopf der for-Schleife	$i bekommt nacheinander die Werte
for ($i=10; $i<=15; $i++)	10, 11, 12, 13, 14, 15
for ($i=10; $i<15; $i++)	10, 11, 12, 13, 14
for ($i=10; $i>=5; $i--)	10, 9, 8, 7, 6, 5
for ($i=10; $i>5; $i--)	10, 9, 8, 7, 6
for ($i=3; $i<=22; $i=$i+3)	3, 6, 9, 12, 15, 18, 21
for ($i=32; $i>12; $i=$i-4)	32, 28, 24, 20, 16
for ($i=12; $i<13; $i=$i+0.2)	12.0, 12.2, 12.4, 12.6, 12.8
$a=6, $b=16, $c=2; for ($i=$a; $i<$b; $i=$i+$c)	6, 8, 10, 12, 14

Man sollte immer darauf achten, dass nicht aus Versehen eine Endlosschleife erzeugt wird. Dies könnte man zum Beispiel mit dem folgenden Schleifenkopf erreichen: for ($i=3; $i>2; $i=$i+3). Die Bedingung $i>2 ist für alle Zahlen, die erzeugt werden, erfüllt. Demnach wird diese Schleife niemals beendet, und das Programm »hängt sich auf«.

Übung UB27

Schreiben Sie ein Programm (Datei ub27.php), in dem mit Hilfe von mehreren for-Schleifen die nachfolgend angegebenen Zeilen ausgegeben werden. Ein Tipp: Für die letzte Zahlenreihe wird zusätzlich eine if-Bedingung benötigt.

Abbildung B.34 Übung UB27

B.5.3 Geschachtelte for-Schleifen

geschachtelte Schleife

Schleifen können geschachtelt werden. Dabei befindet sich eine Schleife innerhalb einer anderen Schleife (Schachtelung). Dadurch wird später die Bearbeitung einer zweidimensionalen Struktur wie zum Beispiel einer Tabelle (siehe HTML) oder eines zweidimensionalen Feldes (siehe ein- und mehrdimensionale Felder) möglich. Ein Beispiel:

```
<html>
<body>
<?php
    for ($z=1; $z<=5; $z=$z+1)
    {
        for ($s=1; $s<=3; $s=$s+1)
        {
            echo "Ze$z/Sp$s ";
        }
        echo "<p>";
    }
?>
```

```
</body>
</html>
```

Listing B.24 Datei ub28.php

Die erste (äußere) Schleife wird fünfmal durchlaufen. Innerhalb dieser Schleife steht wiederum eine (innere) Schleife, die bei jedem Durchlauf der äußeren Schleife dreimal durchlaufen wird. Anschließend wird ein Umbruch erzeugt. Es gibt insgesamt 5 mal 3 = 15 Wiederholungen. Die Programmausgabe sieht wie folgt aus:

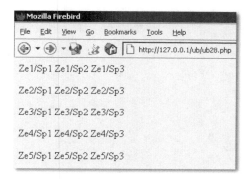

Abbildung B.35 Geschachtelte Schleife

Übung UB29

Schreiben Sie ein Programm (Datei ub29.php), in dem mit Hilfe von zwei geschachtelten for-Schleifen das kleine Einmaleins ausgegeben wird. Die Ausgabe soll wie folgt aussehen:

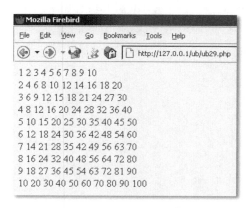

Abbildung B.36 »Kleines Einmaleins«

B.5.4 Schleifen und Tabellen

Schleife mit
HTML-Tabelle

Schleifen werden häufig im Zusammenhang mit HTML-Tabellen einge-setzt. Das erweiterte Beispiel aus Datei ub26.php kann innerhalb einer Tabellenstruktur zum Beispiel wie folgt angegeben werden:

```
<html>
<body>
<table border>
<?php
   for ($i=8; $i<=15; $i++)
   {
      echo "<tr> <td>Zeile</td>
         <td align='right'>$i</td> </tr>";
   }
?>
</table>
</body>
</html>
```

Listing B.25 Datei ub30.php

Tabellenbeginn und -ende werden hier im HTML-Bereich angegeben. Die veränderlichen Bestandteile (Anzahl der Zeilen und Inhalt der zweiten Spalte) werden im PHP-Bereich angegeben. Bei jedem Durchlauf der Schleife wird eine Tabellenzeile mit jeweils zwei Zellen ausgegeben.

Hinweis: Die Ausrichtung der Zellen (align='right') muss innerhalb der Zeichenkette (die zwischen doppelten Hochkommata steht) zwischen einfachen Hochkommata angegeben werden, da ansonsten für PHP die Zeichenkette zu früh beendet wird.

Die Ausgabe sieht wie folgt aus:

Abbildung B.37 Schleife und Tabelle

Das erweiterte Beispiel aus Datei `ub28.php` mit einer geschachtelten Schleife innerhalb einer Tabellenstruktur:

```
<html>
<body>
<table border>
<?php
   for ($z=8; $z<=15; $z=$z+1)
   {
      echo "<tr>";
      for ($s=1; $s<=5; $s=$s+1)
      {
         echo "<td align='right'>$z/$s</td>";
      }
      echo "</tr>";
   }
?>
</table>
</body>
</html>
```

Listing B.26 Datei ub31.php

Tabellenbeginn und -ende werden hier wiederum im HTML-Bereich angegeben. Die äußere Schleife sorgt für die Erzeugung der Tabellenzeilen, die innere Schleife für die Erzeugung und Füllung der Zellen.

Die Ausgabe sieht wie folgt aus:

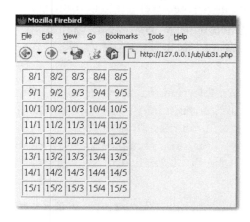

Abbildung B.38 Geschachtelte Schleife und Tabelle

Übung UB32

Erweitern Sie das Programm aus Übung UB29. Betten Sie das kleine Einmaleins in eine Tabelle ein (ub32.php). Die Ausgabe soll wie folgt aussehen:

Abbildung B.39 »Kleines Einmaleins« in Tabelle

B.5.5 while-Schleife

while
Die while-Schleife wird dazu benutzt, eine unbestimmte Anzahl an Wiederholungen zu erzeugen. Das Ende der Wiederholungen wird bei einem der Schleifendurchläufe erreicht, es kann nicht vorher errechnet werden. while-Schleifen werden häufig bei Datenbankabfragen eingesetzt (siehe Abschnitt D.3, MySQL-Datenbanken).

Im nachfolgenden Beispiel wird gewürfelt. Die gewürfelten Zahlen werden addiert. Dies wird wiederholt, solange die Summe der gewürfelten Zahlen kleiner als 30 ist.

Zufallsgenerator
Zum Erzeugen der »zufälligen« Würfelergebnisse wird der Zufallsgenerator von PHP verwendet. Er muss zunächst initialisiert werden, damit er »tatsächlich zufällige« Ergebnisse produziert. Innerhalb der Schleife wird jeweils ein Würfelergebnis erzeugt. Die dazu notwendigen Funktionen srand() und rand() werden in Abschnitt F.4, Mathematische Funktionen, noch näher erläutert.

Die Anzahl der Würfe ist sowohl dem Entwickler als auch dem Benutzer unbekannt, daher kann keine for-Schleife verwendet werden. Das Programm sieht wie folgt aus:

```
<html>
<body>
<?php
  /* Initialisierung */
  srand((double)microtime()*1000000);
  $summe = 0;
  while ($summe < 30)
  {
     $zufallszahl = rand(1,6);      // Würfel
     $summe = $summe + $zufallszahl;
     echo "Zahl $zufallszahl, Summe $summe<br>";
  }
?>
</body>
</html>
```

Listing B.27 Datei ub33.php

Die Bedingung zur Wiederholung muss in Klammern stehen. Bei der ersten Prüfung der Bedingung hat $summe noch den Wert 0, deshalb darf die Schleife durchlaufen werden. Innerhalb der Schleife wird die gewürfelte Zufallszahl zur Variablen $summe addiert. Die gewürfelte Zahl und die aktuelle Zwischensumme werden ausgegeben.

Es wird wiederum daraufhin überprüft, ob die Summe noch kleiner als 30 ist. Ist dies der Fall, so wird die Schleife erneut durchlaufen. Anderenfalls wird mit der Anweisung hinter dem Schleifenende fortgefahren. Falls dort keine Anweisung mehr steht, ist das Programm zu Ende. Es wird also so lange (engl.: while) eine Zahl addiert, bis die Bedingung für die Wiederholung nicht mehr gilt.

Die Seite hat zum Beispiel folgendes Aussehen, natürlich abhängig von den zufällig ermittelten Werten:

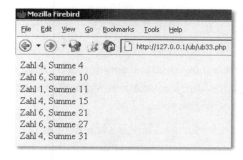

Abbildung B.40 while-Schleife

Übung UB34

Erstellen Sie ein kleines Computerspiel. Zwei Spieler würfeln gegeneinander (Zufallsgenerator), die Würfe jedes Spielers werden addiert. Sobald einer der beiden Spieler oder beide Spieler in einer Spielrunde die Zahl 30 erreicht oder überschritten haben, ist das Spiel zu Ende (Datei ub34.php). Der Name des Gewinners soll anschließend ausgegeben werden. Die Ausgabe könnte wie folgt aussehen:

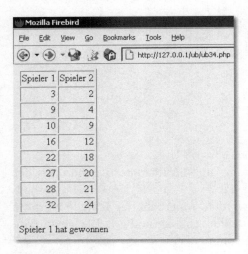

Abbildung B.41 Spiel

B.5.6 Schleifenabbruch mit break

break Mit Hilfe der Anweisung break, die bereits aus der switch-case-Verzweigung bekannt ist, kann eine Schleife vorzeitig beendet werden. Damit wird eine zusätzliche Möglichkeit für eine Schleifensteuerung geschaffen, die ein Programm unter Umständen besser lesbar machen kann.

Hinweis: Eine break-Anweisung innerhalb einer Schleife wird immer gemeinsam mit einer if-Bedingung auftreten, da der vorzeitige Abbruch einer Schleife nur in einem »Sonderfall« erfolgen sollte.

Im nachfolgenden Beispiel wird wiederum gewürfelt, solange die Summe kleiner als 30 ist. Es soll allerdings maximal neun Mal gewürfelt (Sonderfall) und dann abgebrochen werden.

```
<html>
<body>
<?php
```

```
srand((double)microtime()*1000000);
$summe = 0;
$zaehler = 0;
while ($summe < 30)
{
    $zufallszahl = rand(1,6);
    $summe = $summe + $zufallszahl;
    $zaehler = $zaehler + 1;
    echo "Nr. $zaehler, Zahl $zufallszahl,";
    echo " Summe $summe<p>";
    if ($zaehler >= 9) break;          // Sonderfall
}
?>
</body>
</html>
```

Listing B.28 Datei ub35.php

Es wird ein zusätzlicher Zähler verwendet (Variable $zaehler). Diese Variable wird zunächst auf 0 gesetzt. Innerhalb der Schleife wird ihr Wert immer um 1 erhöht. Sie zählt also die Anzahl der Schleifendurchläufe. Falls dabei die Zahl 9 erreicht beziehungsweise überschritten wird, bricht die Schleife unmittelbar ab. Dies geschieht auch dann, wenn die Summe noch kleiner als 30 ist.

Die Seite hat zum Beispiel folgendes Aussehen, natürlich abhängig von den zufällig ermittelten Werten:

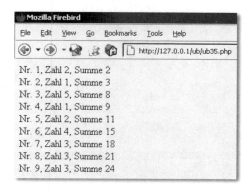

Abbildung B.42 Beispiel zu break

Hinweis: Der Vergleich if ($zaehler == 9) hätte auch zu einem Abbruch geführt, allerdings nur bei einer Erhöhung um 1. Falls man zum Beispiel den Zähler immer um 2 erhöhen würde, könnte der Wert 9 nicht genau erreicht werden. Die Schleife würde über die vorgesehene Abbruchstelle hinausgehen. Daher arbeitet man an diesen Stellen normalerweise mit Bereichsangaben (>= oder <=).

B.5.7 Weitere Schleifenanweisungen

Im Zusammenhang mit Schleifen existieren in der Sprache PHP noch die nachfolgenden Anweisungen. Sie sind als Alternativen zu sehen und bieten für bestimmte Fälle Vorteile.

do-while

do-while   Die do-while-Schleife verhält sich wie eine while-Schleife, zusätzlich aber gilt: Die Schleife wird mindestens einmal durchlaufen, da die Bedingung für die Wiederholung erst am Ende geprüft wird. Die Syntax lautet:

```
do
{
[Anweisungen]
}
while(Bedingung);
```

foreach

foreach   Die foreach-Schleife wird im Zusammenhang mit assoziativen Feldern verwendet. Sie ermöglicht die Bearbeitung aller Elemente eines solchen Feldes mit einer Schleife (siehe Abschnitt B.6, Felder). Die Syntax lautet:

```
foreach([Feld-Ausdruck])
{
[Anweisungen]
}
```

continue

continue   Die Anweisung continue wird verwendet, um aufgrund einer Bedingung den Rest einer Schleife zu überspringen und unmittelbar mit dem nächsten Schleifendurchlauf fortzusetzen.

B.6 Felder

Zur Speicherung einer größeren Menge von zusammengehörigen Daten kann man entweder viele einzelne Variablen, jeweils mit einem eigenen Namen, oder ein Feld von Variablen mit einem einheitlichen Namen nutzen. Felder sind dabei zu bevorzugen, da sie eine schnellere und komfortablere Verarbeitung bieten. PHP unterstützt zwei Typen von Feldern:

▶ numerisch indizierte Felder: Die einzelnen Variablen in einem numerisch indizierten Feld werden über eine laufende Nummer innerhalb des Feldes angesprochen, **numerisch indizierte Felder**

▶ assoziative Felder (auch Hash-Tabelle genannt): Die einzelnen Variablen in einem assoziativen Feld werden über eine eindeutige Bezeichnung innerhalb des Feldes angesprochen. **assoziative Felder**

Beide genannten Feldtypen werden in diesem Abschnitt angesprochen. Ein ausführlicher Abschnitt über Felder findet sich in Kapitel F, Weitere Themen.

Felder können eine oder mehrere Dimensionen haben.

▶ Ein eindimensionales Feld kann man sich als einen mathematischen Vektor oder einfach als eine Art Liste vorstellen. Dies könnte zum Beispiel eine Preisliste oder die Namensliste von Mitgliedern einer Gruppe sein. **Feldmodell**

▶ Ein zweidimensionales Feld kann man sich als eine mathematische Matrix oder einfach als eine Tabelle vorstellen. Dies könnte zum Beispiel der Inhalt einer Datenbanktabelle mit verschiedenen Feldern und Datensätzen sein. Zweidimensionale Felder gibt es in drei Varianten: rein numerisch indiziert, rein assoziativ oder gemischt (numerisch indiziert/assoziativ).

▶ Es können auch Felder mit mehr als zwei Dimensionen zum Einsatz kommen. Eine geeignete Modellvorstellung wird mit wachsender Dimensionszahl allerdings immer schwerer.

B.6.1 Numerisch indizierte Felder

Nehmen wir an, es wäre eine Woche lang jeden Tag an einem bestimmten Ort eine Temperatur gemessen worden. Es stehen somit sieben Temperaturwerte zur weiteren Betrachtung und Untersuchung zur Verfügung. Diese Werte werden zunächst in einem numerisch indizierten Feld gespeichert und ausgegeben:

```
<html>
<body>
<?php
    $tp = array(17.5, 19.2, 21.8, 21.6, 17.5);
    $tp[5] = 20.2;
    $tp[6] = 16.6;
    for($i=0; $i<=6; $i = $i+1)
    {
        echo "$tp[$i] <br>";
    }
?>
</body>
</html>
```

Listing B.29 Datei ub36.php

In diesem Programm werden zwei häufig eingesetzte Techniken zur Erzeugung beziehungsweise Vergrößerung von Feldern gezeigt:

array()
- ▶ Mit Hilfe der Funktion array() wird die Variable $tp zu einem Feld (engl.: array) mit fünf Elementen. Diese Elemente sind automatisch durchnummeriert worden, beginnend bei 0.

- ▶ Felder können auch einfach durch die Zuweisung einzelner Elemente erzeugt oder vergrößert werden. Dies ist hier mit den beiden Zuweisungen $tp[5] = 20.2; und $tp[6] = 16.6; geschehen. Dabei ist die bisherige Nummerierung zu beachten, sonst könnten vorhandene Elemente überschrieben werden.

Feldindex
- ▶ Ein einzelnes Feld-Element wird angesprochen, indem man nach dem Namen des Feldes in eckigen Klammern die laufende Nummer des Elementes angibt. Diese wird auch Index genannt.

Insgesamt hat das Feld nun sieben Elemente und die folgende Struktur:

Name des Elementes	Nummer (= Index) des Elementes	Wert des Elementes
$tp[0]	0	17.5
$tp[1]	1	19.2
$tp[2]	2	21.8
$tp[3]	3	21.6
$tp[4]	4	17.5

Name des Elementes	Nummer (= Index) des Elementes	Wert des Elementes
$tp[5]	5	20.2
$tp[6]	6	16.6

Diese Elemente werden anschließend mit Hilfe einer `for`-Schleife untereinander ausgegeben. Dabei nimmt die Schleifenvariable `$i` nacheinander die verwendeten Indexwerte an (0 bis 6).

Die Ausgabe sieht wie folgt aus:

Abbildung B.43 Numerisch indiziertes Feld

Übung UB37

Es sollen Vorname und Alter von sechs verschiedenen Personen in zwei Feldern gespeichert werden. Das erste Feld soll die Vornamen enthalten, das zweite Feld die zugehörigen Altersangaben. Die Elemente der beiden Felder sollen paarweise in der folgenden Form als Tabelle auf dem Bildschirm ausgegeben werden (Datei `ub37.php`):

Abbildung B.44 Ergebnis Übung UB37

B.6.2 Assoziative Felder

Die Temperaturwerte aus dem vorherigen Abschnitt sollen nun in einem assoziativen Feld angeordnet werden. Die Elemente eines solchen Feldes werden nicht über eine laufende Nummer, sondern über eine Schlüsselbezeichnung (Key) identifiziert. Dadurch wird es möglich, den Feld-Elementen eindeutige Begriffe zuzuordnen und die Suche nach bestimmten Feld-Elementen zu vereinfachen.

Zunächst sollen die Werte wiederum gespeichert und ausgegeben werden:

```
<html>
<body>
<?php
   $tp = array("Montag"=>17.5,
       "Dienstag"=>19.2, "Mittwoch"=>21.8);
   $tp["Donnerstag"] = 21.6;
   $tp["Freitag"] = 17.5;
   $tp["Samstag"] = 20.2;
   $tp["Sonntag"] = 16.6;

   // Ein bestimmtes Element
   echo $tp["Montag"] . "<p>";

   // Tabellenkopf
   echo "<table border>";
   echo "<tr><td><b>Wochentag</b></td>";
   echo "<td><b>Temperatur</b></td></tr>";

   // Alle Keys und Values aus dem Feld
   foreach($tp as $name=>$wert)
   {
      echo "<tr> <td>$name</td>
        <td align='right'>$wert</td> </tr>";
   }
   echo "</table>";

   // Nur alle Values aus dem Feld, zum Summieren
   $summe = 0;
   foreach($tp as $wert)
   {
```

```
    $summe = $summe + $wert;
  }
  echo "<br>Summe: $summe";
?>
</body>
</html>
```

Listing B.30 Datei ub38.php

Die Verwendung von assoziativen Feldern erscheint zunächst etwas unübersichtlich. Nachdem man sich aber mit der Vorgehensweise vertraut gemacht hat, können assoziative Felder je nach Problemstellung einige Vorteile mit sich bringen.

Auch hier werden gleich zwei Techniken zur Erzeugung eines Feldes gezeigt:

▶ Mit Hilfe der Funktion `array()` wird die Variable `$tp` zu einem Feld **Key, Value** mit drei Elementen. Diese Elemente haben eindeutige Schlüsselbezeichnungen (Keys) und zugehörige Werte (Values). Diese Paare werden einander mit dem Operator `=>` zugeordnet. Der Key muss dabei zwischen doppelte Hochkommata geschrieben werden.

▶ Felder können auch einfach durch die Zuweisung einzelner Elemente erzeugt oder vergrößert werden. Dies ist hier mit den Zuweisungen in der Form `$tp["Samstag"] = 20.2;` usw. geschehen.

Insgesamt hat das Feld nun sieben Elemente und die folgende Struktur:

Name des Elementes	Schlüsselbezeichnung (Key) des Elementes	Wert (Value) des Elementes
`$tp["Montag"]`	Montag	17.5
`$tp["Dienstag"]`	Dienstag	19.2
`$tp["Mittwoch"]`	Mittwoch	21.8
`$tp["Donnerstag"]`	Donnerstag	21.6
`$tp["Freitag"]`	Freitag	17.5
`$tp["Samstag"]`	Samstag	20.2
`$tp["Sonntag"]`	Sonntag	16.6

Eine Möglichkeit, ein Element eines assoziativen Feldes auszugeben:

```
echo $tp["Montag"] . "<p>";
```

Hinweis: Da der Name des Keys zwischen doppelte Hochkommata geschrieben werden muss, ist die Ausgabe innerhalb einer Zeichenkette nicht möglich. Eine der folgenden Vorgehensweisen hätte also nicht zum Erfolg geführt:

► Es werden überall doppelte Hochkommata gesetzt, dadurch wird die Zeichenkette zu früh beendet. Beispiel: `echo "$tp["Montag"]<p>";`

► Es werden statt doppelter Hochkommata bei den Keys einfache Hochkommata gesetzt. Dies ist ein Fehler bei der Benutzung des assoziativen Feldes und führt dazu, dass der Index nicht erkannt wird. Beispiel: `echo "$tp['Montag']<p>";`

► Es werden bei der echo-Anweisung einfache Hochkommata gesetzt. Dies ist erlaubt, liefert aber nur den Namen des Feld-Elementes, nicht jedoch seinen Wert. Beispiel: `echo '$tp["Montag"]<p>';`

foreach, as Die `foreach`-Schleife bietet eine Möglichkeit, alle Elemente eines assoziativen Feldes auszugeben:

► In der ersten Schleife sorgt die Anweisung `foreach($tp as $name=>$wert)` dafür, dass bei jedem Schleifendurchlauf jeweils ein einzelnes Key-Value-Paar in den Variablen `$name` und `$wert` bereitgestellt wird. Beide Variablen werden ausgegeben.

► In der zweiten Schleife sorgt die Anweisung `foreach($tp as $wert)` dafür, dass bei jedem Schleifendurchlauf jeweils nur der Value jedes Elementes in der Variablen `$wert` bereitgestellt wird. Dieser Wert wird zum Summieren aller Feld-Elemente genutzt.

Die Ausgabe sieht wie folgt aus:

Abbildung B.45 Assoziatives Feld

Hinweis: Falls man einem bestimmten Key bei der Erzeugung des Feldes oder später einen neuen Wert zuordnet, so wird nicht etwa ein neues Element hinzugefügt, sondern der erste Wert wird überschrieben. Die folgende Anweisung erzeugt also nur die beiden Feld-Elemente mit den Keys Montag und Dienstag und den Values 19.2 und 21.8:

```
$tp = array("Montag"=>17.5, "Dienstag"=>19.2,
      "Montag"=>21.8);
```

Übung UB39

Es sollen Vorname und Alter von sechs verschiedenen Personen untersucht werden. Diese sechs Angaben werden in einem assoziativen Feld gespeichert. Die Vornamen sollen die Keys, die Altersangaben die Values darstellen. Key und Value der Elemente des Feldes sollen paarweise in der folgenden Form als Tabelle auf dem Bildschirm ausgegeben werden (Datei ub39.php):

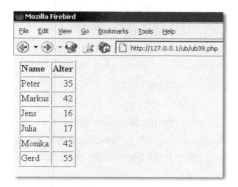

Abbildung B.46 Ergebnis Übung UB39

B.7   Funktionen

Es gibt in PHP zahlreiche vordefinierte Funktionen, die vom Entwickler eingesetzt werden können. Diese werden in einem eigenen Kapitel beschrieben. Darüber hinaus hat der Entwickler die Möglichkeit, eigene Funktionen zu schreiben, so genannte benutzerdefinierte Funktionen. Diese bringen folgende Vorteile:

▶ Gleiche oder ähnliche Vorgänge müssen nur einmal beschrieben werden und können beliebig oft ausgeführt werden.

▶ Programme werden modularisiert, das heißt, sie werden in kleinere Bestandteile zerlegt, die übersichtlicher sind und einfacher gewartet werden können.

Modularisierung

Eine besondere Variante von Funktionen, die so genannten rekursiven Funktionen, werden in einem anschaulichen Beispiel im Abschnitt F.2.11, Informationen über Verzeichnisbaum, erläutert.

B.7.1 Ein erstes Beispiel

Ein Beispiel für eine einfache, benutzerdefinierte Funktion:

```
<html>
<head>
<?php
   function trennstrich()
   {
      echo "<br>";
      for ($i=1; $i<=40; $i=$i+1)
         echo "-";
      echo "<br>";
   }
?>
</head>
<body>
<?php
   trennstrich();
   echo "Dies ist ein Programm,";
   trennstrich();
   echo "in dem mehrmals";
   trennstrich();
   echo "eine Funktion verwendet wird,";
   trennstrich();
   echo "die zu Beginn definiert wurde";
   trennstrich();
?>
</body>
</html>
```

Listing B.31 Datei ub40.php

function ()   Eigene Funktionen werden mit Hilfe von function ... () { ... } definiert. Der Name der Funktion folgt nach dem Schlüsselwort function, in runden Klammern folgen die Parameter, falls vorhanden. Anschließend folgt in geschweiften Klammern der eigentliche Funktionsrumpf. Meist erfolgt die Definition einer Funktion im Kopf eines HTML-Dokumentes, wie hier bei der Funktion `trennstrich()`.

Aufgabe der Funktion `trennstrich()` ist die Darstellung eines Zeilenumbruchs, von 40 Bindestrichen und wiederum eines Zeilenumbruchs. Jedes Mal, wenn sie vom eigentlichen Programm im Rumpf des Dokumentes aufgerufen wird (mit `trennstrich()`), führt sie die genannte Aufgabe aus.

Die Seite hat das folgende Aussehen:

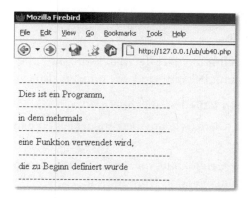

Abbildung B.47 Funktion trennstrich()

Übung UB41

Erstellen Sie eine Funktion `vermerk()`, die einen Entwicklervermerk erzeugt: Jedes Mal, wenn die Funktion aufgerufen wird, erscheint Ihr Name in einer Tabellenzelle mit Rahmen, wie nachfolgend dargestellt. Testen Sie Ihre Funktion mit einem geeigneten Programm, in dem die Funktion mehrmals aufgerufen wird (Datei `ub41.php`). Die Ausgabe könnte wie folgt aussehen:

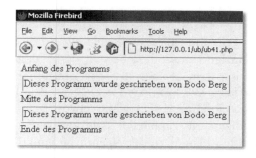

Abbildung B.48 Ergebnis Übung UB41

B.7.2 Definition, Aufruf, Funktionstypen

Falls der Entwickler bestimmte nützliche Funktionen geschrieben hat, die er in mehreren Programmen verwenden möchte, so können diese Funktionen auch in externen Dateien untergebracht werden. Diese externen Dateien können mit den Anweisungen `require` beziehungsweise `include` in die jeweiligen Programme eingebunden werden.

Aufruf Der Aufruf einer eigenen oder einer vordefinierten Funktion erfolgt

- ▶ entweder aus dem Rumpf des Dokumentes heraus, im oben angegebenen Beispiel mit `trennstrich()`, oder
- ▶ aus anderen Funktionen heraus.

Definition Dabei ist der Ort der Funktionsdefinition wichtig. Man kann nur Funktionen aufrufen, die dem Programm bekannt sind. Sie müssen also

- ▶ entweder zu den vordefinierten Funktionen gehören oder
- ▶ im Dokument definiert worden sein, wie im oben angegebenen Beispiel, oder

require, include ▶ aus eigenen, externen Dateien stammen, die mit `require` beziehungsweise `include` bereits eingebunden worden sind.

Man unterscheidet zwischen folgenden Funktionstypen:

- ▶ Funktionen ohne Parameter: Diese Funktionen führen bei jedem Aufruf immer genau die gleiche Aufgabe aus, wie im oben angegebenen Beispiel.
- ▶ Funktionen mit einem oder mehreren Parametern: Diese Funktionen führen bei jedem Aufruf in Abhängigkeit von den Parametern ähnliche Aufgaben aus.
- ▶ Funktionen mit Rückgabewerten: Diese Funktionen führen gleiche oder ähnliche Aufgaben aus und liefern ein Ergebnis an die aufrufende Stelle zurück.

Für den Namen einer Funktion gelten die gleichen Regeln wie für den Namen einer Variablen. Der einzige Unterschied besteht darin, dass Namen von Funktionen nicht mit dem Zeichen $ (Dollar) beginnen dürfen. Die Regeln wurden bereits in Abschnitt B.2.1, Namen, erwähnt (siehe dort).

B.7.3 Funktionen mit einem Parameter

Parameter

Eine Funktion mit einem Parameter führt bei jedem Aufruf in Abhängigkeit vom Parameterwert ähnliche Aufgaben aus. Das vorherige Beispiel wurde etwas erweitert, die Funktion erzeugt nun unterschiedlich lange Trennstriche, wie nachfolgend zu erkennen ist:

```php
<html>
<head>
<?php
   function trennstrich($anzahl)
   {
      echo "<br>";
      for ($i=1; $i<=$anzahl; $i=$i+1)
         echo "-";
      echo "<br>";
   }
?>
</head>
<body>
<?php
   trennstrich(30);
   echo "In diesem Programm,";
   trennstrich(40);
   echo "sind die Trennstriche";
   $x = 20;
   trennstrich($x);
   echo "unterschiedlich lang";
   trennstrich($x * 3);
?>
</body>
</html>
```

Listing B.32 Datei ub42.php

Die Funktion `trennstrich()` wird insgesamt vier Mal aufgerufen, jedes Mal mit einem anderen Wert in den Klammern hinter dem Funktionsnamen. Dies ist der Parameter; er kann eine Zahl, eine Variable oder das Ergebnis einer Berechnung sein.

Er wird an die Funktion übergeben, dort wird dieser Wert in der Variablen `$anzahl` gespeichert. Der Wert von `$anzahl` steuert die Ausführung der `for`-Schleife mit dem Ergebnis, dass die Trennstriche unterschiedlich lang sind. Es wird also bei jedem Aufruf fast die gleiche Aktion durchgeführt, beeinflusst durch den Wert des Parameters.

Die Ausgabe sieht wie folgt aus:

Abbildung B.49 Ergebnis Funktion trennstrich() mit Parameter

Übung UB43

Erweitern Sie die Funktion `vermerk()` aus Übung UB41. Sie soll von verschiedenen Entwicklern genutzt werden können. Der Name des Entwicklers wird als Parameter an die Funktion übergeben. Jedes Mal, wenn die Funktion aufgerufen wird, erscheint der betreffende Name in einer Tabellenzelle mit Rahmen und fester Größe, wie nachfolgend dargestellt. Testen Sie Ihre Funktion mit einem geeigneten Programm, in dem die Funktion mehrmals mit verschiedenen Namen aufgerufen wird (Datei `ub43.php`).

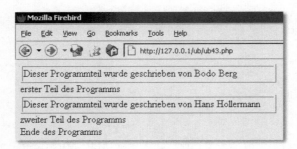

Abbildung B.50 Ergebnis Übung UB43

Übung UB44

Erstellen Sie eine Funktion `quadrat()`, die das Quadrat einer Zahl berechnet und ausgibt. Die betreffende Zahl wird als Parameter an die Funktion übergeben. Testen Sie Ihre Funktion mit einem geeigneten

Programm, in dem die Funktion mehrmals mit verschiedenen Zahlen aufgerufen wird (Datei ub44.php). Nachfolgend ein Beispiel:

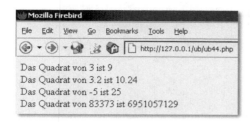

Abbildung B.51 Ergebnis Übung UB44

B.7.4 Funktionen mit mehreren Parametern

Falls einer Funktion mehrere Parameter übergeben werden, sind Anzahl und Reihenfolge der Parameter wichtig. Der erste Wert wird an den ersten Parameter, der zweite Wert an den zweiten Parameter übergeben usw. Ein Beispiel für eine eigene Funktion mit mehreren Parametern:

mehrere Parameter

```
<html>
<head>
<?php
   function flexloop($von, $bis, $schritt)
   {
      echo "<br>Es folgt eine Schleife von $von";
      echo " bis $bis mit der S.-Weite $schritt<br>";

      for ($i = $von; $i <= $bis; $i = $i + $schritt)
      {
         echo "$i ";
      }
   }
?>
</head>
<body>
<?php
   echo "<p>Nummer 1";
   flexloop(5,27,3);

   echo "<p>Nummer 2";
   flexloop(-10,10,4);
```

```
        echo "<p>Nummer 3";
        $x = 100;
        $y = 200;
        $z = 10;
        flexloop($x,$y,$z);

        echo "<p>Nummer 4";
        flexloop($x,$y,($y-$x)/8);
    ?>
    </body>
    </html>
```

Listing B.33 Datei ub45.php

Beim Aufruf der Funktion `flexloop()` müssen jeweils drei Parameter übergeben werden, und zwar durch Kommata voneinander getrennt. Diese werden in der vorliegenden Reihenfolge den Variablen `$von`, `$bis` und `$schritt` zugeordnet. Diese Variablen werden zur Steuerung der for-Schleife in der Funktion verwendet. Es wird also bei jedem Aufruf eine ähnliche Aktion durchgeführt, beeinflusst durch den Wert der Parameter. Die Ausgabe sieht folgendermaßen aus:

Abbildung B.52 Funktion mit mehreren Parametern

Übung UB46

Schreiben Sie ein Programm (Datei `ub46.php`), in dem eine Funktion `mittel()` definiert und benutzt wird, die den arithmetischen Mittelwert von drei Zahlen berechnet und ausgibt. Die drei Zahlen werden der Funktion als Parameter übergeben. Testen Sie die Funktion mit mehreren verschiedenen Aufrufen innerhalb des Programms. Hinweis: Der arithmetische Mittelwert von drei Zahlen wird berechnet, indem man die Summe der drei Zahlen durch drei teilt. Die Ausgabe könnte wie folgt aussehen:

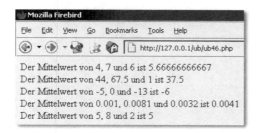

Abbildung B.53 Ergebnis Übung UB46

Übung UB47

Erweitern Sie die Funktion `vermerk()` aus Übung UB43. Sie soll von verschiedenen Entwicklern genutzt werden können. Vorname, Nachname und Abteilung werden als Parameter an die Funktion übergeben. Jedes Mal, wenn die Funktion aufgerufen wird, erscheint eine Ausgabezeile mit diesen Informationen und der E-Mail-Adresse. Die E-Mail-Adresse setzt sich wie folgt zusammen: `vorname.nachname@abteilung.phpdevel.de`. Testen Sie Ihre Funktion mit einem geeigneten Programm, in dem die Funktion mehrmals mit verschiedenen Informationen aufgerufen wird (Datei `ub47.php`). Eine mögliche Ausgabe:

Abbildung B.54 Ergebnis Übung UB47

B.7.5 Rückgabewert einer Funktion

Rückgabewert Funktionen mit Rückgabewert dienen dazu, ein Ergebnis zu ermitteln und dieses an die aufrufende Stelle zurückzuliefern. Der zurückgelieferte Wert muss entweder in einer Variablen gespeichert oder direkt ausgegeben werden, anderenfalls geht er verloren. Ein Beispiel für eine Funktion mit Rückgabewert:

```
<html>
<head>
<?php
   function add($z1, $z2)
   {
      $summe = $z1 + $z2;
      return $summe;
   }
?>
</head>
<body>
<?php
   $c = add(3,4);     // aufrufende Stelle
   echo "Summe: $c<br>";

   $x = 5;
   $c= add($x,12);    // aufrufende Stelle
   echo "Summe: $c<br>";

   // aufrufende Stelle innerhalb der Ausgabe
   echo "Summe: " . add(13,2) . "<br>";

   // Ausgabe in Zeichenkette, falsch!
   echo "Summe: add(13,2)<br>";
?>
</body>
</html>
```

Listing B.34 Datei ub48.php

Die Funktion add() hat die beiden Parameter $z1 und $z2. Innerhalb der Funktion werden diese beiden Parameter addiert und in der Variablen $summe gespeichert.

Mit Hilfe der Anweisung `return` wird dieser Wert an die aufrufende Stelle zurückgeliefert und kann dort weiter verarbeitet werden. In den ersten beiden Fällen wird der Wert in der Variablen $c gespeichert, im dritten Fall ohne Zwischenspeicherung direkt ausgegeben.

Die Ausgabe sieht wie folgt aus:

Abbildung B.55 Funktion mit Rückgabewert

Hinweis: Eine solche direkte Ausgabe eines Funktionsergebnisses darf nicht innerhalb einer Zeichenkette stehen. Die letzte Zeile der Ausgabe zeigt, dass dann nur der Name der Funktion und ihre Parameter genannt werden, aber die Funktion nicht aufgerufen wird.

Hinweis: Mit Hilfe der Anweisung `return` kann eine Funktion auch vorzeitig verlassen werden. Dies ist unabhängig davon, ob sie einen Wert zurückliefert oder nicht.

Hinweis: Mit Hilfe der Anweisung `return` kann nicht nur eine Einzelvariable, sondern auch ein Feld einer Funktion zurückgeliefert werden. Ein Beispiel: Der Aufruf $x = `feldfunc()`; sorgt dafür, dass $x zu einem Feld mit mehreren Elementen wird. Dies setzt voraus, dass in der Funktion `feldfunc()` eine Anweisung wie zum Beispiel `return $p` existiert und $p ein (numerisch indiziertes oder assoziatives) Feld mit mehreren Elementen ist.

Übung UB49

Schreiben Sie ein Programm (Datei `ub49.php`), in dem eine Funktion `bigger()` definiert und aufgerufen wird. Diese Funktion ermittelt die größere von zwei übergebenen Zahlen und liefert diese Zahl zurück. Testen Sie die Funktion mit mehreren verschiedenen Aufrufen innerhalb des Programms und geben Sie das Ergebnis zur Kontrolle aus.

Ein Aufruf der Funktion könnte lauten:

```
$c = bigger(3,4);
```

Die Ausgabe des Programms wäre in diesem Falle:

```
Maximum: 4
```

B.7.6   Kopie und Referenz

Bei der Übergabe von Parametern an eine Funktion muss man sich noch die Frage stellen: Was passiert, falls ich in der Funktion einen der Parameter verändere ?

PHP bietet hier mehrere Möglichkeiten an:

call-by-value
> ▶ Übergabe der Parameter als Kopie (call-by-value), eine Veränderung der Kopien hat keine Rückwirkung auf das Original: Diese Methode wird angewendet, falls man der Funktion nur Werte übergeben möchte. Sie wurde bei den bisherigen Programmen für Funktionen angewendet.

call-by-reference
> ▶ Übergabe der Parameter als Referenz auf das Original (call-by-reference), eine Veränderung hat Rückwirkung auf das Original: Diese Methode wird angewendet, wenn mehr als ein Wert aus einer Funktion zurückgeliefert werden soll. Über einen Rückgabewert (siehe Kapitel B.7.5, Rückgabewert einer Funktion) könnte nur ein einziger Wert zurückgeliefert werden.

> ▶ Übergabe von Referenzen auf die Original-Parameter (ebenfalls: call-by-reference), eine Veränderung hat Rückwirkung auf das Original: Möchte man die Änderungsmöglichkeiten der zweiten Methode mit der Sicherheit der ersten Methode verbinden, so kann man diese Vorgehensweise anwenden. Dabei kann der Entwickler von Fall zu Fall entscheiden, ob er beim Aufruf einer Funktion den Wert oder eine Referenz übergibt.

Alle drei Methoden sollen zum Vergleich an einem Beispiel dargestellt werden. Der Funktion `rtauschen()` beziehungsweise `vtauschen()` werden zwei Parameter übergeben. Innerhalb der Funktionen sollen die beiden übergebenen Parameter miteinander vertauscht werden. Abhängig von den verschiedenen angewendeten Methoden wird dieses Tauschen Rückwirkungen auf die Original-Variablen im Hauptprogramm haben. Die Werte werden jeweils vor und nach dem Tauschen angezeigt.

```
<html>
<head>
<?php
```

```
function vtauschen($a, $b)
{
    $temp = $a;
    $a = $b;
    $b = $temp;
}
function rtauschen(&$a, &$b)
{
    $temp = $a;
    $a = $b;
    $b = $temp;
}
?>
</head>
<body>
<?php
    $x = 12;    $y = 18;
    echo "Methode 1, vorher: $x, $y <br>";
    vtauschen($x,$y);
    echo "Methode 1, nachher: $x, $y <p>";

    $x = 12;    $y = 18;
    echo "Methode 2, vorher: $x, $y <br>";
    rtauschen($x,$y);
    echo "Methode 2, nachher: $x, $y <p>";

    $x = 12;    $y = 18;
    echo "Methode 3, vorher: $x, $y <br>";
    vtauschen(&$x,&$y);
    echo "Methode 3, nachher: $x, $y <p>";
?>
</body>
</html>
```

Listing B.35 Datei ub50.php

Methode 1: Der Wert der Variablen $x wird bei Aufruf der Funktion vtauschen() an die Variable $a übergeben. Der Wert der Variablen $y wird an die Variable $b übergeben. Innerhalb der Funktion vtauschen() werden $a und $b getauscht. Da aber nur die Kopien getauscht wurden, hat dies auf die Originale $x und $y keine Auswirkungen.

Referenz &
Methode 2: Den Unterschied sieht man im Funktionskopf `function rtauschen(&$a, &$b)`. Die Variable $x wird bei Aufruf der Funktion `rtauschen()` an eine Referenz (Zeichen &) übergeben, dies ist $a. Die Variable $y wird ebenfalls an eine Referenz übergeben, dies ist $b. Innerhalb der Funktion werden die Referenzen vertauscht. Dadurch werden auch die Originale $x und $y vertauscht.

Methode 3: Den Unterschied sieht man beim Aufruf der Funktion: `vtauschen(&$x, &$y);` Beim Aufruf der Funktion `vtauschen()` wird eine Referenz auf die Variable $x an die Variable $a übergeben. Außerdem wird eine Referenz auf die Variable $y beim Aufruf an die Variable $b übergeben. Innerhalb der Funktion werden $a und $b vertauscht. Dadurch werden auch die Originale $x und $y vertauscht.

Die Ausgabe der Seite, jeweils mit den Werten vor und nach der (erfolgreichen) Vertauschung:

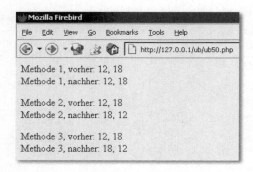

Abbildung B.56 Kopie und Referenz

Felder übergeben
Das nachfolgende Programm zeigt, dass bei Feldern die gleichen Möglichkeiten zur Verfügung stehen. Wird also nur das Original des Feldes an eine Kopie übergeben (Methode 1), so wird durch eine Veränderung der Kopie des Feldes das Original-Feld nicht verändert. Bei einer Übergabe per Referenz (Methode 2 und 3) zeigt sich das gleiche Verhalten wie oben beschrieben.

```
<html>
<head>
<?php
   function vtauschen($f)
```

```
   {
      $temp = $f[0];
      $f[0] = $f[1];
      $f[1] = $temp;
   }
   function rtauschen(&$f)
   {
      $temp = $f[0];
      $f[0] = $f[1];
      $f[1] = $temp;
   }
?>
</head>
<body>
<?php
   $f[0] = 12;   $f[1] = 18;
   echo "Methode 1, vorher: $f[0], $f[1] <br>";
   vtauschen($f);
   echo "Methode 1, nachher: $f[0], $f[1] <p>";

   $f[0] = 12;   $f[1] = 18;
   echo "Methode 2, vorher: $f[0], $f[1] <br>";
   rtauschen($f);
   echo "Methode 2, nachher: $f[0], $f[1] <p>";

   $f[0] = 12;   $f[1] = 18;
   echo "Methode 3, vorher: $f[0], $f[1] <br>";
   vtauschen(&$f);
   echo "Methode 3, nachher: $f[0], $f[1] <p>";
?>
</body>
</html>
```

Listing B.36 Datei ub51.php

Übung UB52

Schreiben sie ein PHP-Programm (Datei ub52.php) mit einer Funktion
rechne(). Dieser Funktion werden zwei Zahlen übergeben. Sie soll
zwei Ergebnisse über die Parameterliste zurückliefern, zum einen die
Summe der beiden übergebenen Zahlen, zum anderen das Produkt der
beiden übergebenen Zahlen.

Alle beteiligten Zahlen sollen im Hauptteil des Programms, also außerhalb der Funktion, ausgegeben werden. Verwenden Sie zur Übergabe die dritte Methode (Übergabe von Verweisen auf die Original-Parameter).

Nach einem Funktionsaufruf mit den Parametern 5 und 7 und der anschließenden Ausgabe erscheint Folgendes:

Abbildung B.57 Ergebnis Übung UB52

B.7.7 Gültigkeitsbereich von Variablen

Variablen werden auch nach ihrem Gültigkeitsbereich unterschieden. Dies ist der Bereich, in dem die betreffende Variable mit ihrem Wert bekannt ist. Es gibt

lokal
- ▶ lokale Variablen: Diese werden innerhalb einer Funktion definiert und stehen nur innerhalb dieser Funktion zur Verfügung,

global
- ▶ globale Variablen: Diese werden außerhalb von Funktionen definiert und stehen nur außerhalb derselben zur Verfügung. Dies ist ein Unterschied zu vielen anderen Programmiersprachen,

superglobal
- ▶ superglobale Variablen: Bei diesen handelt es sich um PHP-System-variablen. Sie stehen sowohl innerhalb als auch außerhalb von Funktionen zur Verfügung. Zu diesen zählt das assoziative Feld $_POST, das die Namen und Werte von Formularfeldern zur Verfügung stellt.

Einige Regeln im Zusammenhang mit dem Gültigkeitsbereich von Variablen:

- ▶ Die Benutzung lokaler Variablen bietet den Vorteil, dass Variablen nicht so leicht aus Versehen an weit voneinander entfernten Stellen verändert werden können.

- ▶ Ein Parameter, der als Kopie an eine Funktion übergeben wird, ist dort lokal.

- ▶ Lokale Variablen gleichen Namens in unterschiedlichen Funktionen oder globale Variablen gleichen Namens haben nichts miteinander zu tun.

▶ Falls man eine globale Variable innerhalb einer Funktion benutzen möchte, so muss sie dort entweder mit dem Schlüsselwort `global` bekannt gemacht oder als Parameter übergeben werden.

Hinweis: Die Variablen der Funktionen eines Programms sollten immer »so lokal wie möglich« sein:

▶ Zum einen wird die Modularisierung des Programms verbessert, das heißt die Zerlegung eines Programms in übersichtliche Programmteile mit klar definierten Schnittstellen zwischen den Teilen.

▶ Zum anderen wird die Wiederverwendbarkeit der Funktionen für andere Programme erleichtert.

Ein Beispiel mit lokalen und globalen Variablen und dem Schlüsselwort `global`:

Schlüsselwort
global

```html
<html>
<head>
<?php
   function summiere()
   {
      echo "Variable z: $z<p>";
      global $x;
      $y = 35;
      $z = $x + $y;
      echo "Variable z: $z<p>";
   }
?>
</head>
<body>
<?php
      $x = 6;
      $y = 52;
      $z = $x + $y;
      summiere();
      echo "Variable z: $z<p>";
?>
</body>
</html>
```

Listing B.37 Datei ub53.php

In diesem Programm existieren insgesamt fünf unterschiedliche Variablen:

▶ Die beiden Variablen $y und $z in der Funktion summiere() sind nur dort lokal bekannt.

▶ Zum Zeitpunkt des ersten Ausgabebefehles in der Funktion existiert $z noch nicht. Daher kann für $z kein Wert ausgegeben werden.

▶ Anschließend bekommen $y und $z innerhalb der Funktionen einen Wert, $z kann nun ausgegeben werden.

▶ Nach Verlassen der Funktion summiere() sind beide Werte nicht mehr verfügbar.

▶ Im Hauptprogramm gibt es insgesamt drei Variablen: $x, $y und $z. Das Schlüsselwort global sorgt dafür, dass $x auch in der Funktion summiere() mit seinem Wert bekannt ist.

▶ $y und $z sind nur außerhalb von Funktionen bekannt. Sie haben hier auch andere Werte als zum Beispiel in der Funktion summiere().

Die Ausgabe des Programms sieht wie folgt aus:

Abbildung B.58 Gültigkeitsbereich von Variablen

Es folgt ein Beispiel zur Gegenüberstellung von globalen und superglobalen Variablen aus einem Formular. Zunächst der Programmcode des Formulars:

```
<html>
<body>
Bitte tragen Sie Ihren Vornamen und Ihren Nachnamen
ein.<br>
Senden Sie anschließend das Formular ab.<p>
<form action = "ub54.php" method = "post">
    <input name = "vor"> Vorname<p>
    <input name = "nach"> Nachname<p>
```

```
    <input type = "submit">
    <input type = "reset">
</form>
</body>
</html>
```

Listing B.38 Datei ub54.htm

Der PHP-Code des Auswertungsprogramms, das beide Auswertungsmethoden nutzt:

```
<html>
<body>
<?php
   function ausgabe()
   {
      global $vor;
      echo "Guten Tag, $vor $nach<br>";
      echo "Guten Tag, " . $_POST["vor"] . " " .
         $_POST["nach"] . "<br>";
   }

   echo "Guten Tag, $vor $nach<br>";
   echo "Guten Tag, " . $_POST["vor"] . " " .
      $_POST["nach"] . "<br>";
   ausgabe();
?>
</body>
</html>
```

Listing B.39 Datei ub54.php

Die Variablen $vor und $nach sind global, daher im Hauptprogramm
bekannt, und können ausgegeben werden. Innerhalb der Funktion
ausgabe() sind sie nur bekannt, falls sie dort mit dem Schlüsselwort
global bekannt gemacht werden. Da $nach nicht bekannt gemacht
wurde, erfolgt eine Meldung statt einer Ausgabe dieser Variablen.

Die Elemente vor und nach des superglobalen Feldes $_POST sind im
Hauptprogramm und in der Funktion ausgabe() bekannt und können
an beiden Stellen ausgegeben werden.

Nach folgender Eingabe:

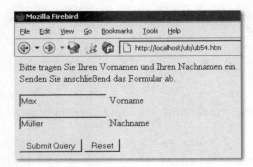

Abbildung B.59 Eingabeformular

sieht die Ausgabe wie folgt aus:

Abbildung B.60 Globale und superglobale Variablen

B.7.8 Variable Parameterlisten

Der Einsatz von Funktionen mit variablen Parameterlisten erhöht die Flexibilität von Funktionen, allerdings auch den Programmieraufwand.

variable Parameter-Anzahl

Bisher musste die Anzahl der Parameter bei einem Funktionsaufruf genau der Anzahl der Parameter entsprechen, die bei der Definition der Funktion vorgegeben wurden. Mit Hilfe der folgenden Funktionen ist dies nicht mehr zwingend notwendig:

func_num_args()

► Die Funktion `func_num_args()` liefert die Anzahl der übergebenen Parameter.

func_get_arg()

► Die Funktion `func_get_arg()` liefert einen bestimmten Parameter aus der Parameterliste.

func_get_args()

► Die Funktion `func_get_args()` (mit s am Ende) liefert ein numerisch indiziertes Feld mit allen übergebenen Parametern.

Das nachfolgende Programm verdeutlicht den Einsatz von `func_num_args()` und `func_get_arg()`.

```
<html>
<body>
<?php
   function addiere()
   {
      $anz = func_num_args();
      echo "Anzahl der Werte: $anz<br>";
      $sum = 0;
      for($i=0; $i<$anz; $i++)
      {
         $sum = $sum + func_get_arg($i);
      }
      echo "Summe der Werte: $sum<p>";
   }
   addiere(2,3,6);
   addiere(13,26);
   addiere(65,-3,88,31,12.5,7);
?>
</body>
</html>
```

Listing B.40 Datei ub55.php

Die Funktion addiere() wird insgesamt dreimal aufgerufen, jedes Mal mit einer anderen Anzahl an Parametern. Mit Hilfe von func_num_args() wird diese Anzahl ermittelt. Sie wird zur Steuerung einer for-Schleife verwendet. Innerhalb der for-Schleife werden alle gelieferten Parameter mit Hilfe von func_get_arg() ermittelt und anschließend addiert. Nach Beendigung der Schleife wird die Summe der Werte ausgegeben, siehe Darstellung:

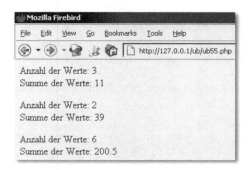

Abbildung B.61 Variable Parameterlisten mit func_get_arg()

Eine alternative Lösung mit der Funktion `func_get_args()` bietet das folgende Programm:

```
<html>
<body>
<?php
   function addiere()
   {
      $param = func_get_args();
      $anz = func_num_args();
      echo "Anzahl der Werte: $anz<br>";
      $sum = 0;
      for($i=0; $i<$anz; $i++)
      {
         $sum = $sum + $param[$i];
      }
      echo "Summe der Werte: $sum<p>";
   }
   addiere(2,3,6);
   addiere(13,26);
   addiere(65,-3,88,31,12.5,7);
?>
</body>
</html>
```

Listing B.41 Datei ub56.php

Mit Hilfe der Anweisung `$param = func_get_args();` werden alle Parameter im Feld `$param` gespeichert. Die Funktion `func_num_args()` ermittelt wiederum die Anzahl der Parameter. Innerhalb der `for`-Schleife werden alle gelieferten Parameter aus dem Feld `$param` abgerufen und anschließend addiert.

Eine ähnliche Möglichkeit wird durch Parameter mit Voreinstellung (Default-Werte) geboten. Dazu Näheres in Abschnitt E.6, Optionale Parameter.

B.7.9 include-Anweisung

externe Funktionsbibliotheken

Benutzerdefinierte Funktionen, die von mehreren Programmen benutzt werden sollen, können in externe Dateien ausgelagert werden. Mit Hilfe der `include`-Anweisung wird der Inhalt dieser Dateien in das Programm eingebunden, welches sie benötigt. Dabei ist zu beachten, dass der Programmcode in den externen Dateien in gültige PHP-Markierungen eingeschlossen sein muss.

Hinweis: Es ist zu empfehlen, einer solchen Datei die Endung `.inc.php` zu geben. Zum einen ist sie damit als eine Datei erkennbar, die externe Funktionen beinhaltet. Zum anderen wird sie besser vor einem unberechtigten Aufruf geschützt:

.inc.pcp

▶ Abhängig von den Einstellungen des Webservers werden Dateien mit bestimmten Endungen einfach auf dem Bildschirm ausgegeben, so dass der Quellcode eingesehen werden kann.

▶ Dateien mit der Endung PHP werden vom Webserver als PHP-Code angesehen, intern gelesen und ausgeführt, so dass das Problem nicht entsteht.

Im nachfolgenden Beispiel wird zunächst innerhalb der Datei `ub57math.inc.php` eine Funktion `maxi()` definiert. Diese ermittelt aus den beiden übergebenen Parametern das Maximum, speichert ihn in die Variable `$erg` und liefert diesen Wert mit Hilfe der `return`-Anweisung zurück. Die `return`-Anweisung steht im vorliegenden Fall innerhalb des `if`-Blocks beziehungsweise innerhalb des `else`-Blocks.

```php
<?php
   function maxi($x, $y)
   {
      if ($x > $y)
      {
         $erg = $x;
         return $erg;
      }
      else
      {
         $erg = $y;
         return $erg;
      }
   }
?>
```

Listing B.42 Datei ub57math.inc.php

Die Funktion wird vom nachfolgenden Programm aufgerufen. Dort wird zunächst die Datei `ub57math.inc.php` mit Hilfe der `include`-Anweisung eingebunden. Damit sind alle Funktionen aus der Datei `ub57math.inc.php` im aktuellen Programm bekannt und können verwendet werden.

```
<html>
<body>
<?php
  include "ub57math.inc.php";
  $a = 2;
  $b = 6;
  $c = maxi($a, $b);
  echo "Das Maximum von $a und $b ist $c";
?>
</body>
</html>
```

Listing B.43 Datei ub57.php

Die Ausgabe des Programms:

Abbildung B.62 Nutzung einer include-Datei

Übung UB58

Erstellen Sie eine kleine Funktionsbibliothek mit zwei Funktionen (Datei `ub58stat.inc.php`). Beide Funktionen sollen mit variablen Parameterlisten arbeiten.

▶ Die erste Funktion mit dem Namen `mittelwert()` soll den arithmetischen Mittelwert einer beliebigen Menge von Zahlen berechnen und per Rückgabewert zurückliefern können. Es muss also die Summe dieser Zahlen durch die Anzahl geteilt werden.

▶ Die zweite Funktion mit dem Namen `maximum()` soll die größte Zahl aus einer beliebigen Menge von Zahlen berechnen und per Rückgabewert zurückliefern können. Dazu ist folgende Vorgehensweise notwendig: Zunächst wird die erste übergebene Zahl einer lokalen Variablen (zum Beispiel `$mx`) der Funktion zugewiesen. Anschließend werden alle anderen übergebenen Zahlen mit `$mx` verglichen. Sollte eine der Zahlen größer als `$mx` sein, so hat man ein neues

Maximum gefunden und dieser Wert wird $mx zugewiesen. Am Ende der Funktion wird $mx zurückgeliefert.

Testen Sie Ihre Bibliothek durch einige Aufrufe der beiden Funktionen mit unterschiedlichen Mengen an Zahlen (Datei ub58.php). Diese Bibliothek können Sie später erweitern und auch für andere Programme nutzen.

B.8   Beispiele

In diesem Abschnitt finden sich einige umfangreichere Beispiele, in denen Sie Ihre Kenntnisse aus dem Programmierkurs anwenden können. Sie beinhalten keine neuen Programmierelemente, sondern dienen zur Darstellung des Zusammenspiels der verschiedenen Elemente.

Zur übersichtlichen und einheitlichen Darstellung von Zahlen (zum Beispiel in einigen Tabellen dieses Abschnitts) wird allerdings zunächst die Formatierung von Zahlen eingeführt.

B.8.1   Formatierung von Zahlen

Die formatierte Ausgabe von Zahlen wird mit Hilfe der Funktion number_format() durchgeführt. Ein Beispiel:

number_format()

```
<html>
<body>
<?php
   echo "<b>Zahlen-Formatierung:</b><br>";
   $d = 12.3 * 3098.55397 * 445.2;
   echo "Variable d: $d<br>";
   echo "Mit Tausender-Teilung (englisch),<br> ohne
      Dezimalstellen: " . number_format($d) . "<br>";
   echo "Mit Tausender-Teilung, <br> auf drei
       Dezimalstellen gerundet (englisch): "
       . number_format($d,3) .
      "<br>";
   echo "Mit Tausender-Teilung,<br> auf drei
       Dezimalstellen gerundet (deutsch): "
       . number_format($d,3,",",".") . "<p>";
?>
</body>
</html>
```

Listing B.44 Datei ub59.php

Die Funktion `number_format()` kann mit einem, zwei oder vier Parametern aufgerufen werden:

► Falls sie mit einem Parameter aufgerufen wird, wird die Zahl mit Kommata als Tausendertrennzeichen ausgegeben, und zwar ohne Nachkommastellen.

► Falls sie mit zwei Parametern aufgerufen wird, wird die Zahl mit Kommata als Tausender-Trennzeichen ausgegeben, und zwar mit der Anzahl an Nachkommastellen, die im zweiten Parameter angegeben ist.

► Falls sie mit vier Parametern aufgerufen wird, wird die Zahl mit dem vierten Parameter als Tausender-Trennzeichen, der gewünschten Anzahl an Nachkommastellen und dem dritten Parameter als Dezimaltrennung ausgegeben.

Die Bildschirmausgabe hat folgendes Aussehen:

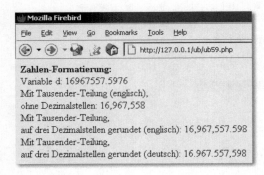

Abbildung B.63 Formatierung von Zahlen

B.8.2 Geldanlage

Der Benutzer besucht die Website einer Bank, die verschiedene Möglichkeiten zur Geldanlage bietet. Eine dieser Möglichkeiten ist die Anlage eines bestimmten Betrages über eine festgelegte Laufzeit. Je länger das Geld angelegt wird, desto höher ist der Zinssatz. Der Benutzer gibt den angelegten Betrag und die Laufzeit ein und bekommt als Antwort eine Tabelle, in der die Entwicklung seiner Geldanlage von Jahr zu Jahr dargestellt wird.

Der Zinssatz in Abhängigkeit von der Laufzeit:

```
<= 3 Jahre    3 %
<= 5 Jahre    4 %
```

```
<=10 Jahre    5 %
>10 Jahre     6 %
```

Das Eingabeformular:

```
<html>
<body>
<h2>Geldanlage</h2>
Geben Sie bitte die folgenden Werte ein<p>
<form action="ub60.php" method="post">
<input name="grundbetrag"> Grundbetrag (in Euro)<p>
<input name="laufzeit"> Laufzeit (in Jahren)<p>
<input type="submit"><p>
<input type="reset">
</form>
</body>
</html>
```

Listing B.45 Datei ub60.htm

Das Formular sieht wie folgt aus (mit Beispieldaten):

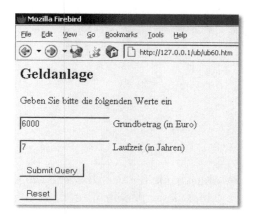

Abbildung B.64 Eingabeformular Geldanlage

Im PHP-Auswertungsprogramm wird zunächst mit einer mehrfachen Verzweigung aus der Laufzeit der Zinssatz bestimmt. Anschließend wird eine Schleife durchlaufen, pro Jahr der Geldanlage ein Durchlauf. Bei jedem Durchlauf wird der bis dahin entstandene Gesamtbetrag berechnet, formatiert und ausgegeben. Das Programm:

```
<html>
<body>
<h2>Geldanlage</h2>

<table border>
<tr>
<td align="right"><b>nach Jahr</b></td>
<td align="right"><b>Betrag</b></td>
</tr>

<?php
/* Zinssatz in Abhängigkeit der Laufzeit */
if ($laufzeit <= 3)
    $zinssatz = 3;
else if ($laufzeit <= 5)
    $zinssatz = 4;
else if ($laufzeit <= 10)
    $zinssatz = 5;
else
    $zinssatz = 6;

/* Anlageberechnung und Ausgabe */
$betrag = $grundbetrag;
for($i=1; $i<=$laufzeit; $i=$i+1)
{
    echo "<tr>";
    echo "<td align='right'>$i</td>";
    $betrag = $betrag + $betrag * $zinssatz / 100;
    $ausgabe = number_format($betrag,2,",",".");
    echo "<td align='right'>$ausgabe Euro</td>";
    echo "</tr>";
}
?>

</table>
</body>
</html>
```

Listing B.46 Datei ub60.php

Die Ausgabe des oben angegebenen Beispiels sieht wie folgt aus:

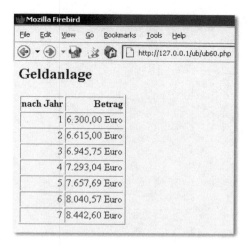

Abbildung B.65 Ausgabe Geldanlage

B.8.3 Steuertabelle

Es soll eine (stark vereinfachte) Berechnung und Ausgabe von Steuersätzen, Steuerbeträgen und Netto-Einkommen vorgenommen werden. Der Steuersatz wird aus dem Brutto-Einkommen nach folgender Tabelle berechnet:

Brutto-Einkommen	Steuersatz
<= 12000	12 %
<= 20000	15 %
<= 30000	20 %
> 30000	25 %

Der Benutzer hat die Möglichkeit zur Eingabe der folgenden Daten:

▶ Startwert (erster Wert, für den die genannten Beträge berechnet werden),

▶ Endwert (letzter Wert, für den die genannten Beträge berechnet werden),

▶ Intervall (Abstand der einzelnen Werte voneinander).

Das Eingabeformular:

```
<html>
<body>
<h2>Steuertabelle</h2>
Geben Sie bitte die folgenden Werte ein<p>
<form action="ub61.php" method="post">
<input name="start"> Startwert (in &euro;)<p>
<input name="ende"> Endwert (in &euro;)<p>
<input name="intervall"> Intervall (in &euro;)<p>
<input type="submit"><p>
<input type="reset">
</form>
</body>
</html>
```

Listing B.47 Datei ub61.htm

Das Euro-Zeichen wird mit der HTML-Entity € erzeugt. Das Formular sieht wie folgt aus:

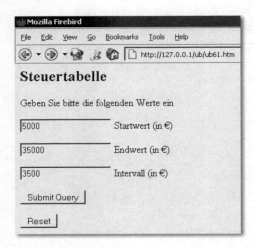

Abbildung B.66 Eingabeformular Steuertabelle

Im PHP-Auswertungsprogramm wird eine Schleife durchlaufen, pro Brutto-Einkommen ein Durchlauf. Innerhalb der Schleife wird zunächst mit einer mehrfachen Verzweigung aus dem Brutto-Einkommen der Steuersatz bestimmt. Abhängig vom Steuersatz werden Steuerbetrag und Netto-Einkommen berechnet. Alle vier Informationen werden formatiert und ausgegeben. Die Ausgabe bietet eine Tabelle mit vier Spalten:

- ▶ Brutto-Einkommen in Euro,
- ▶ Steuersatz in Prozent,
- ▶ Steuerbetrag in Euro,
- ▶ Netto-Einkommen in Euro.

Das Programm:

```html
<html>
<body>
<h2>Steuertabelle</h2>

<table border>
<tr>
<td align="center"><b>Gehalt</b></td>
<td align="center"><b>Steuersatz</b></td>
<td align="center"><b>Steuerbetrag</b></td>
<td align="center"><b>Netto</b></td>
</tr>

<?php
for($brutto = $start; $brutto <= $ende;
    $brutto = $brutto + $intervall)
{
  /* Berechnung des Steuersatzes */
  if($brutto <= 12000)
    $satz = 12;
  else if($brutto <= 20000)
    $satz = 15;
  else if($brutto <= 30000)
    $satz = 20;
  else
    $satz = 25;

  $steuerbetrag = $brutto * $satz / 100;
  $netto = $brutto - $steuerbetrag;
  echo "<tr>";
  echo "<td align='right'>" .
        number_format($brutto,2,",",".") .
        " &euro;</td>";
  echo "<td align='right'>" .
        number_format($satz,1,",",".") . " %</td>";
```

```
  echo "<td align='right'>" .
           number_format($steuerbetrag,2,",",".") .
           " &euro;</td>";
  echo "<td align='right'>" .
           number_format($netto,2,",",".") .
           " &euro;</td>";
  echo "</tr>";
}
?>

</table>
</body>
</html>
```

Listing B.48 Datei ub61.php

Die Ausgabe des oben angegebenen Beispiels:

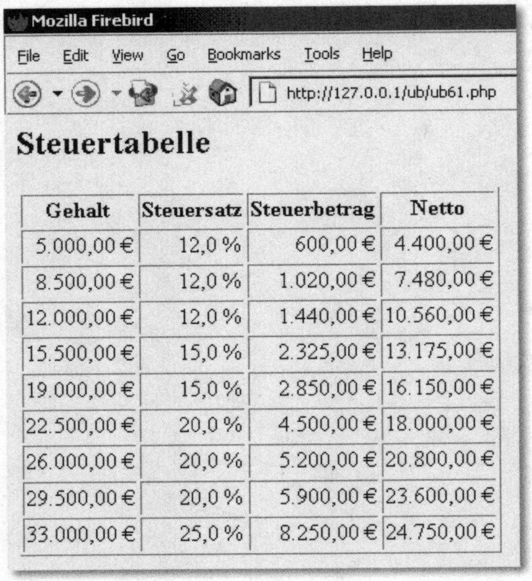

Gehalt	Steuersatz	Steuerbetrag	Netto
5.000,00 €	12,0 %	600,00 €	4.400,00 €
8.500,00 €	12,0 %	1.020,00 €	7.480,00 €
12.000,00 €	12,0 %	1.440,00 €	10.560,00 €
15.500,00 €	15,0 %	2.325,00 €	13.175,00 €
19.000,00 €	15,0 %	2.850,00 €	16.150,00 €
22.500,00 €	20,0 %	4.500,00 €	18.000,00 €
26.000,00 €	20,0 %	5.200,00 €	20.800,00 €
29.500,00 €	20,0 %	5.900,00 €	23.600,00 €
33.000,00 €	25,0 %	8.250,00 €	24.750,00 €

Abbildung B.67 Ausgabe Steuertabelle

B.8.4 Bestimmung des Ostersonntags

Ostersonntag

In diesem Abschnitt soll eine Funktion `ostersonntag()` zur Bestimmung des Termins des Ostersonntags in einem vorgegebenen Jahr entwickelt werden. Auf Basis des Ostersonntags können alle beweglichen Feiertage eines Bundeslandes berechnet werden. Eine Liste der (beweglichen und festen) Feiertage wird häufig im Zusammenhang mit Terminplanungsprogrammen benötigt (siehe Beispiel in Abschnitt F.4, Datum und Zeit).

Die Funktion `ostersonntag()` soll in der Funktionsbibliothek `ub62datum.inc.php` bereitgestellt werden. Sie soll mit Hilfe eines Formulars (Datei `ub62.htm`) und eines PHP-Programms (Datei `ub62.php`) getestet werden. Im Formular werden vom Benutzer in zwei Eingabefeldern zwei Jahreszahlen angegeben. Das Programm liefert eine Tabelle, in der zu jedem Jahr im angegebenen Jahresbereich der jeweilige Termin des Ostersonntags ausgegeben wird.

Falls der Benutzer zum Beispiel die folgende Eingabe vornimmt:

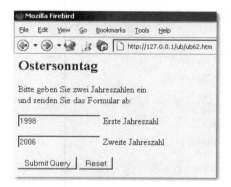

Abbildung B.68 Eingabe Jahresbereich

wird die folgende Tabelle geliefert:

Abbildung B.69 Ausgabe der Ostersonntage im Bereich

Zur Bestimmung des Ostersonntags:

Ostern ist stets am ersten Sonntag nach dem ersten Vollmond des Frühlings. So hat es das erste Kirchenkonzil im Jahre 325 festgelegt, und dies gilt bis heute. Im Jahre 1800 entwickelte der große deutsche Mathematiker Carl Friedrich Gauß (1777 bis 1855) eine Formel zur Berechnung des Ostersonntags. Sie ist so genau, dass erst im Jahre 8202 ein Fehler auftritt.

Die Formel des Mathematikers: Ostern fällt im Jahre J auf den (e+D+1)ten Tag nach dem 21. März, wobei gilt:

▶ e = (2 * (J mod 4) + 4 * (J mod 7) + 6 * D + (6 + J/100 - J/400 - 2) mod 7) mod 7.

▶ Falls d = 29, dann ist D = 28.

▶ Falls d = 28 und J mod 17 >= 11, dann ist D = 27.

▶ Falls d weder 28 noch 29: dann ist D = d.

▶ d = ((15 + J/100 - J/400 - (8 * J/100 + 13) / 25) mod 30 + 19 * (J mod 19)) mod 30.

Zur Umsetzung in ein Programm muss man wissen:

▶ mod entspricht dem Modulo-Operator aus PHP. Dies ist also der Rest einer Division.

▶ Alle vorkommenden Divisionen (zum Beispiel J/100) sind Ganzzahldivisionen, die Stellen hinter dem Komma werden abgeschnitten. Zum Abschneiden kann man die mathematische Funktion floor() benutzen. Der Ausdruck 1952/100 ergibt den Wert 19.52 (mit Nachkommastellen). Der Ausdruck floor(1952/100) ergibt den Wert 19 (ohne Nachkommastellen, also Ganzzahldivision).

Die Funktion ostersonntag() in der Bibliothek ergibt sich wie folgt:

```php
<?php
function ostersonntag($j, $t, $m)
{
   // Berechnung von klein d
   $d = ((15 + floor($j/100) - floor($j/400)
      - floor((8 * floor($j/100) + 13) / 25)) % 30
      + 19 * ($j % 19)) % 30;
```

```php
// Berechnung von groß D
if ($d==29)
    $D = 28;
else if ($d == 28 && $j%17 >= 11)
    $D = 27;
else
    $D = $d;


// Berechnung von klein e
$e = (2 * ($j%4) + 4 * ($j%7) + 6 * $D
    + (6+floor($j/100)-floor($j/400) - 2) % 7) % 7;


// Berechnung von Tag und Monat
// Rückgabe der Werte per Referenz
$m = "03";
$t = 21 + $e + $D + 1;
if ($t > 31)
{
    $m = "04";
    $t = $t - 31;
}
if($t < 10)
    $t = "0" . $t;
}
?>
```

Listing B.49 Datei ub62datum.inc.php

Das Jahr wird über den Parameter $j an die Funktion geliefert. $t und $m sind zwei Referenzen für die beiden Variablen für Tag und Monat. Diese beiden Werte stehen nach Aufruf der Funktion an der Aufrufstelle zur Verfügung. Innerhalb der Funktion wird das Ergebnis in einzelnen Schritten bestimmt:

▶ Der Wert von $d wird gemäß der oben angegebenen Formel errechnet.

▶ Der Wert von $D ergibt sich mit Hilfe einer mehrfachen Verzweigung aus $d.

▶ Der Wert von $e wird gemäß der oben angegebenen Formel errechnet.

- Falls der errechnete Tag nicht mehr im Monat März liegt, müssen Tag und Monat auf den entsprechenden Tag im Monat April umgerechnet werden. Beispiel: aus dem 36.03. wird der 05.04.

- Die Zahlen werden in Text umgewandelt, mit führenden Nullen bei den einstelligen Zahlen.

Das Eingabeformular für den Benutzer:

```
<html>
<body>
<h2>Ostersonntag</h2>
Bitte geben Sie zwei Jahreszahlen ein<br>
und senden Sie das Formular ab:<p>
<form action="ub62.php" method="post">
    <input name="anfang"> Erste Jahreszahl<p>
    <input name="ende"> Zweite Jahreszahl<p>
    <input type="submit">
    <input type="reset">
</form>
</body>
</html>
```

Listing B.50 Datei ub62.htm

Die beiden Jahreszahlen werden in den Feldern anfang und ende eingegeben.

Das PHP-Programm zur Erzeugung der Tabelle:

```
<html>
<body>
<h2>Ostersonntag</h2>
<?php
    // Einbinden der Funktionsbibliothek
    include "ub62datum.inc.php";

    // Größere Jahreszahl zuerst? Tauschen!
    if ($anfang > $ende)
    {
        $temp = $anfang;
        $anfang = $ende;
        $ende = $temp;
    }
```

```
   echo "<table border>";
   echo "<tr> <td><b>Jahr</b></td>
       <td><b>Datum</b></td> </tr>";

   // Schleife über alle Jahreszahlen
   for ($j=$anfang; $j<=$ende; $j++)
   {
      ostersonntag($j, &$tag, &$monat);
      echo "<tr> <td>$j</td>
          <td>$tag.$monat.$j</td> </tr>";
   }
   echo "</table>";
?>
</body>
</html>
```

Listing B.51 Datei ub62.php

Die Funktionsbibliothek wird eingebunden, damit steht die Funktion `ostersonntag()` zur Verfügung. Falls der Benutzer die beiden Jahreszahlen in der falschen Reihenfolge eingegeben hat, werden sie getauscht. In einer Schleife wird die Funktion `ostersonntag()` für jeden Wert von anfang bis ende aufgerufen. In den beiden Variablen $tag und $monat sind per Referenz nach jedem Aufruf die Werte für Tag und Monat des betreffenden Jahres gespeichert. Diese beiden Werte werden ausgegeben.

C Daten senden und auswerten

C.1   Text-Elemente 113

C.2   Auswahl-Elemente 121

C.3   Aktions-Elemente.. 131

C.4   Weitere Möglichkeiten.. 139

C.5   Beispiele.. 160

C.6   PHP-Programme publizieren 166

A   **Einführung**

B   **PHP-Programmierkurs**

C   **Daten senden und auswerten**

D   **Datenbanken**

E   **Erweiterungen in PHP 5**

F   **Weitere Themen**

G   **Projekte**

H   **HTML**

I   **Anhang**

C   Daten senden und auswerten

In diesem Abschnitt wird dargestellt, auf welch vielfältige und komfortable Weise Sie dem Programmbenutzer ermöglichen können, Informationen an den Webserver zu übermitteln. Die Auswertung dieser Informationen wird verdeutlicht. Es wird gezeigt, wie Sie Ihre Programme im Internet veröffentlichen können.

Innerhalb des Programmierkurses wurden bereits einfache Formulare angesprochen. Durch Eingabe von Daten in ein Eingabefeld und das anschließende Absenden des Formulars wurden die Daten an den Webserver übermittelt.

Neben dem dabei verwendeten einzeiligen Text-Eingabefeld gibt es eine Reihe von weiteren Formular-Elementen, die die sichere und fehlerfreie Benutzung beziehungsweise die Übermittlung der Daten stark vereinfachen. Diese lassen sich in drei große Gruppen unterteilen: Text-Elemente, Auswahl-Elemente und Aktions-Elemente.

C.1   Text-Elemente

Zu den Text-Elementen gehören die bereits bekannten, einzeiligen Text-Eingabefelder, die mehrzeiligen Text-Eingabefelder, die Passwort-Eingabefelder und die versteckten Elemente.

Alle Text-Elemente können mit Werten vorbesetzt werden. Dies kann die Benutzung vereinfachen, falls in einem Feld ein bestimmter Wert besonders häufig vorkommt. Beim Zurücksetzen eines Formulars wird dieser Wert wiederum eingesetzt.

C.1.1   Einzeilige Text-Eingabefelder

Ein einzeiliges Text-Eingabefeld (`<input type="text">` oder einfach `<input>`) dient zur Übermittlung kleinerer Textinformationen (zum Beispiel Name, Adresse) oder einzelner Zahlenwerte. Es kann über die folgenden Eigenschaften verfügen:

`<input type="text">`

- ▶ `name`: zur eindeutigen Kennzeichnung bei der Auswertung im PHP-Programm,
- ▶ `size`: zur Darstellung in einer bestimmten Breite innerhalb des Eingabeformulars,

`size`

value

- maxlength: zur Begrenzung der Menge der eingegebenen Zeichen,
- value: zur Vorbesetzung des Eingabefeldes,
- readonly: zur Verhinderung der Eingabe, im Zusammenhang mit PHP selten benötigt.

Ein Beispiel mit verschiedenen einzeiligen Text-Eingabefeldern:

```
<html>
<body>
<h2>Einzeilige Text-Eingabefelder</h2>
<form action = "uc01.php" method = "post">
    <input name="eins" size="40"> Feld Eins<p>
    <input name="zwei" size="10" maxlength="5">
    Feld Zwei<p>
    <input name="drei" value="Inhalt Drei">
    Feld Drei<p>
    <input name="vier" value="Inhalt Vier" readonly>
    Feld Vier<p>
    <input type = "submit">
    <input type = "reset">
</form>
</body>
</html>
```

Listing C.1 Datei uc01.htm

Zur Erläuterung:

- Das Feld Eins dient zur Eingabe eines längeren Textes, die Größe beträgt 40.
- Das Feld Zwei dient zur Eingabe von maximal fünf Zeichen und wurde daher auch in der Darstellungsgröße auf 10 beschränkt.
- Das Feld Drei wurde mit dem Text Inhalt Drei vorbelegt. Falls der Benutzer keine Änderungen vornimmt, wird dieser Text als Wert gesendet.
- Das Feld Vier wurde mit dem Text Inhalt Vier vorbelegt. Der Benutzer kann keine Änderungen vornehmen, dieser Text wird als Wert gesendet.

Das Formular:

Abbildung C.1 Text-Eingabefelder

Das PHP-Auswertungsprogramm bedient sich beider bekannten Methoden:

```
<html>
<body>
<?php
    /* Auswertung mit globalen Variablen */
    echo "Eins: $eins<br>";
    echo "Zwei: $zwei<br>";
    echo "Drei: $drei<br>";
    echo "Vier: $vier<p>";

    /* Auswertung mit Feld $_POST */
    echo "Eins: " . $_POST["eins"] . "<br>";
    echo "Zwei: " . $_POST["zwei"] . "<br>";
    echo "Drei: " . $_POST["drei"] . "<br>";
    echo "Vier: " . $_POST["vier"] . "<p>";
?>
</body>
</html>
```

Listing C.2 Datei uc01.php

Die Auswertung (ohne eigene Einträge) ergibt:

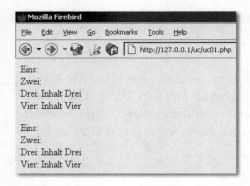

Abbildung C.2 Auswertung Text-Eingabefelder

C.1.2 Mehrzeilige Text-Eingabefelder

<textarea> Ein mehrzeiliges Text-Eingabefeld (`<textarea> ... </textarea>`) dient zur Übermittlung umfangreicher Textinformationen (zum Beispiel Kommentare, Diskussionsbeiträge). Es sollte über die folgenden Eigenschaften verfügen:

name ▶ `name`: zur eindeutigen Kennzeichnung bei der Auswertung im PHP-Programm,

cols ▶ `cols`: Zur Festlegung einer bestimmten Breite innerhalb des Eingabeformulars.

rows ▶ `rows`: zur Festlegung einer bestimmten Höhe innerhalb des Eingabeformulars.

Es kann mit einem Text vorbelegt werden. Außerdem ist die Eigenschaft `readonly` verfügbar.

Ein Beispiel mit verschiedenen mehrzeiligen Text-Eingabefeldern:

```
<html>
<body>
<h2>Mehrzeilige Text-Eingabefelder</h2>
<form action = "uc02.php" method = "post">
    <textarea name="eins" cols="10" rows="3">
        </textarea> Feld Eins<p>
    <textarea name="zwei" cols="30" rows="5">
        Hier steht schon etwas</textarea> Feld Zwei<p>
    <input type = "submit">
    <input type = "reset">
```

```
</form>
</body>
</html>
```

Listing C.3 Datei uc02.htm

Im Unterschied zum `input`-Element handelt es sich bei der Textarea um einen Container mit Anfangs- und Endmarkierung. Daher findet sich der Wert des Formular-Elementes (und eine eventuell vorhandene Vorbelegung) zwischen den beiden Markierungen und nicht als Eigenschaft des Elementes.

Das Formular:

Abbildung C.3 Textareas

Das PHP-Auswertungsprogramm (mit beiden Methoden):

```
<html>
<body>
<?php
   echo "Eins: $eins<br>";
   echo "Zwei: $zwei<br>";
   echo "Eins: " . $_POST["eins"] . "<br>";
   echo "Zwei: " . $_POST["zwei"] . "<br>";
?>
</body>
</html>
```

Listing C.4 Datei uc02.php

Die Auswertung (ohne eigene Einträge) ergibt:

Abbildung C.4 Auswertung der Textareas

C.1.3 Passwort-Eingabefeld, verstecktes Element

<input type=
"password">

Ein Passwort-Eingabefeld (`<input type="password">`) ist ein spezialisiertes, einzeiliges Text-Eingabefeld. Es verfügt zusätzlich über die Eigenschaft, den eingegebenen Text unlesbar darzustellen. Wie der Name schon sagt, dient es meist zur Eingabe und Übertragung eines Passwortes (oder anderer geheim zu haltender Informationen).

Zum Webserver übertragen wird allerdings der vom Benutzer eingegebene Originaltext. Ein Abhören der Leitung würde daher das Passwort offenbaren. Falls diese Möglichkeit erschwert werden soll, kann das Passwort (und auch andere Informationen) verschlüsselt übertragen werden (mehr dazu in Abschnitt F.1.7, Verschlüsselung).

<input type
="hidden">

Ein verstecktes Element (`<input type="hidden">`) erscheint nicht auf dem Bildschirm und kann vom Benutzer nicht bearbeitet werden. Es dient zur versteckten Übertragung zusätzlicher Daten an den Webserver.

Ein Beispiel: Ein Benutzer meldet sich auf einer Website mit seinem Namen an. Dieser Name wird aus dem Anmeldeformular an ein erstes PHP-Programm übertragen. Von diesem PHP-Programm aus soll ein zweites PHP-Programm aufgerufen werden, das ebenfalls den Namen des Benutzers benötigt. Mit Hilfe eines versteckten Elementes kann dieser Name vom ersten PHP-Programm zum zweiten PHP-Programm übertragen werden, ohne dass eine weitere Eingabe notwendig ist.

Das vorgestellte Beispiel soll, zusammen mit einer Passworteingabe, umgesetzt werden. Zunächst das Anmeldeformular:

```
<html>
<body>
<h2>Anmeldung</h2>
```

```
<form action = "uc03a.php" method = "post">
   <input name="ben" maxlength="10">
   Benutzer-Name (max. 10 Zeichen)<p>
   <input type="password" name="pw" maxlength="6">
   Passwort (max. 6 Zeichen)<p>
   <input type = "submit">
   <input type = "reset">
</form>
</body>
</html>
```

Listing C.5 Datei uc03.htm

Der Benutzername darf maximal 10 Zeichen umfassen und wird mit dem Formular-Element ben gesendet. Das Passwort darf maximal 6 Zeichen umfassen und wird mit dem Formular-Element pw gesendet.

Das Formular (mit Beispieleintrag):

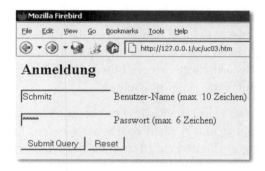

Abbildung C.5 Passworteingabe

Das erste PHP-Programm:

```
<html>
<body>
<h2>Seite 1</h2>
<form action = "uc03b.php" method = "post">
<?php
   echo "Name: $ben<p>";
   echo "<input type='hidden' name='benzwei'
      value='$ben'>";
   if($pw=="bingo")
      echo "Zugang erlaubt<p>";
```

```
    else
        echo "Zugang eigentlich nicht erlaubt ...<p>";
?>
<input type="submit">
</form>
</body>
</html>
```

Listing C.6 Datei uc03a.php

versteckte
Übertragung Zum einen wird der Name des Benutzers sichtbar auf den Bildschirm
geschrieben. Zum anderen wird er als Wert des versteckten Elementes
eingetragen. Dieses trägt den Namen benzwei und befindet sich innerhalb eines weiteren Formulars. Das übertragene Passwort wird ebenfalls untersucht. Die Ausgabe der Seite 1:

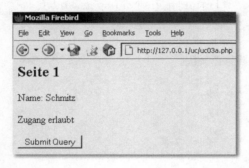

Abbildung C.6 Nach der erfolgreichen Anmeldung

Das Absenden dieses Formulars überträgt Namen und Wert des versteckten Elementes zum nächsten PHP-Programm:

```
<html>
<body>
<h2>Seite 2</h2>
<?php
    echo "Name: $benzwei<p>";
?>
</body>
</html>
```

Listing C.7 Datei uc03b.php

Hier steht der Benutzername ebenfalls zur Verfügung, ohne dass der
Benutzer ihn noch einmal eintragen musste. Die Ausgabe der Seite 2:

Abbildung C.7 Nach der Weitergabe des Benutzernamens

Hinweis: Falls allerdings über den Browser der HTML-Quelltext des ersten PHP-Programms betrachtet wird, so ist das `hidden`-Element lesbar:

```
<html>
<body>
<h2>Seite 1</h2>
<form action = "uc03b.php" method = "post">
Name: Mario<p>
<input type='hidden' name='benzwei' value='Schmitz'>
<input type="submit">
</form>
</body>
</html>
```

Listing C.8 HTML-Quelltext der Datei uc03a.php (Anmeldung mit »Schmitz«)

Somit ist diese Methode zur Übertragung geheim zu haltender Daten nur sehr bedingt geeignet. Man kann nie sicher sein, ob ein angemeldeter Benutzer nicht zwischendurch seinen Arbeitsplatz verlässt und damit anderen Personen die Möglichkeit eröffnet, den HTML-Quelltext zu betrachten.

C.2　Auswahl-Elemente

Auswahl-Elemente erleichtern dem Benutzer die Bedienung. Dadurch verringern sie gleichzeitig die Möglichkeiten, Fehler bei der Eingabe zu machen. Falls irgend möglich, sind sie den Textfeldern vorzuziehen, da der Mehraufwand im PHP-Programm für das Abfangen der fehlerhaften Eingaben in keinem Verhältnis zum Mehraufwand der HTML-Codierung der Auswahlfelder steht.

Auswahl-Elemente werden unterschieden in:

▶ einfache Auswahl-Elemente wie Radio-Button-Gruppen oder einfaches Auswahlmenü, bei denen der Benutzer genau einen Eintrag auswählen kann,

▶ mehrfache Auswahl-Elemente wie Kontrollkästchen oder mehrfaches Auswahlmenü, bei denen der Benutzer mehrere Einträge auswählen kann.

Einfache Auswahl-Elemente sollten vorbelegt werden. Auf diese Weise kann vermieden werden, ein Formular-Element ohne Wert zu übertragen, dies verringert wiederum den Aufwand im PHP-Programm.

C.2.1 Radio-Button-Gruppe

<input type="radio">

Eine Auswahl kann zum Beispiel über eine Gruppe von Options-Schaltfeldern, auch Radio-Buttons genannt (`<input type="radio">`), getroffen werden:

```
<html>
<body>
Bitte treffen Sie jeweils eine Auswahl<br>
und senden Sie das Formular ab:
<form action = "uc04.php" method = "post">
    <h3>Reiseziel</h3>
    <input type="radio" name="rziel" value="Gomera"
        checked> Wandern auf Gomera<p>
    <input type="radio" name="rziel" value="Lanzarote">
        Sonnen auf Lanzarote <p>
    <input type="radio" name="rziel"
        value="Fuerteventura">
        Surfen auf Fuerteventura<p>
    <h3>Hotel-Typ</h3>
    <input type="radio" name="htyp" value="Drei"
        checked> Drei-Sterne-Hotel<p>
    <input type="radio" name="htyp" value="Vier">
        Vier-Sterne-Hotel<p>
    <input type = "submit">
    <input type = "reset">
</form>
</body>
</html>
```

Listing C.9 Datei uc04.htm

In diesem Formular werden zwei Gruppen von Radio-Buttons dargestellt. Die Elemente einer Gruppe haben den gleichen Namen, dadurch
wird die logische Zusammengehörigkeit erstellt. Optisch werden die
beiden Gruppen durch Überschriften voneinander getrennt.

Radio-Button-
Gruppen

Innerhalb der ersten Gruppe kann der Betrachter ein Reiseziel auswäh-
len, innerhalb der zweiten Gruppe einen Hoteltyp. In beiden Gruppen
ist ein Element vorbesetzt, dafür sorgt die Eigenschaft checked. Nach
Absenden des Formulars bekommt der Benutzer eine Antwort vom
Webserver mit der Anzahl der Angebote für die von ihm gewählten
Kriterien.

checked

Das Formular:

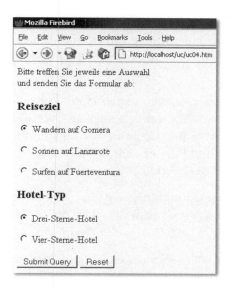

Abbildung C.8 Radio-Buttons

Die Antwort wird durch das folgende Programm geliefert:

```
<html>
<body>
<?php
   echo "Sie möchten also nach $rziel in ";
   echo " ein $htyp-Sterne-Hotel<p>";
   if ($rziel == "Gomera")
   {
      if ($htyp == "Drei") $ang = 7;
      else $ang = 1;
```

```
    }
    else if ($rziel == "Lanzarote")
    {
        if ($htyp == "Drei") $ang = 12;
        else $ang = 2;
    }
    else
    {
        if ($htyp == "Drei") $ang = 5;
        else $ang = 4;
    }
    echo "Dazu haben wir $ang Angebote";
?>
</body>
</html>
```

Listing C.10 Datei uc04.php

Der gemeinsame Name (Eigenschaft `name`) der ersten Optionsgruppe ist `rziel`. Nach Absenden des Formulars steht dadurch die Variable `$rziel` mit dem Wert (`value`) des vom Benutzer ausgewählten Eintrages im PHP-Programm zur Verfügung. Falls er zum Beispiel `Wandern auf Gomera` auswählt, wird `$rziel` der Wert `Gomera` zugewiesen.

Der gemeinsame Name der zweiten Optionsgruppe ist `htyp`. Falls der Benutzer zum Beispiel `Drei-Sterne-Hotel` auswählt, wird `$htyp` der Wert `Drei` zugewiesen.

Aus den Informationen in den Variablen `$rziel` und `$htyp` wird im PHP-Programm mit Hilfe einer geschachtelten Verzweigung die Anzahl der vorliegenden Angebote ermittelt und in der Variablen `$ang` gespeichert. Der Wert dieser Variablen wird dem Betrachter zusammen mit einer Bestätigung seiner Eingabedaten zurückgesandt.

Die Antwort hat das folgende Aussehen:

Abbildung C.9 Nach Auswertung der Radio-Buttons

C.2.2 Einfaches Auswahlmenü

Einfache Auswahlmenüs (Select-Menüs) erfüllen den gleichen Zweck wie Gruppen von Radio-Buttons. Besonders bei zahlreichen Auswahlmöglichkeiten zeichnen sie sich durch ihren geringeren Platzbedarf innerhalb des Formulars aus. Zum Vergleich soll das oben genannte Beispiel mit Hilfe von Auswahlmenüs dargestellt werden.

Es kann in beiden Fällen das gleiche PHP-Programm angefordert werden.

```html
<html>
<body>
Bitte treffen Sie jeweils eine Auswahl<br>
und senden Sie das Formular ab:<p>
<form action = "uc04.php" method = "post">
    <select name="rziel">
        <option value="Gomera">
            Wandern auf Gomera </option>
        <option value="Lanzarote" selected>
            Sonnen auf Lanzarote </option>
        <option value="Fuerteventura">
            Surfen auf Fuerteventura </option>
    </select> Reiseziel<p>

    <select name="htyp">
        <option value="Drei" selected>
            Drei-Sterne-Hotel </option>
        <option value="Vier">
            Vier-Sterne-Hotel </option>
    </select> Hotel-Typ<p>
    <input type = "submit">
    <input type = "reset">
</form>
</body>
</html>
```

Listing C.11 Datei uc05.htm

Zu den Unterschieden: Im Dokument erscheinen zwei aufklappbare Menüs (`<select> </select>`), in denen jeweils schon eine Auswahlmöglichkeit voreingestellt ist (Eigenschaft `selected`). Die Namen der beiden Auswahlmenüs sind `rziel` und `htyp`, der Wert (Eigenschaft

select, selected

`value`) wird über die jeweils vom Benutzer ausgewählte Option eingestellt. Das PHP-Programm (`uc04.php`) verarbeitet diese Informationen
genau so wie bei den Radio-Buttons.

option Hinweis: Falls im Formular die Eigenschaft `value` weggelassen wird,
wird als Wert der dargestellte Text der ausgewählten Option (zwischen
`<option>` und `</option>`) übermittelt.

Das Formular hat im Startzustand folgendes Aussehen:

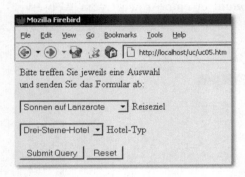

Abbildung C.10 Select-Menüs

C.2.3 Kontrollkästchen

\<input
type="checkbox"\> Mit Hilfe eines Kontrollkästchens (`<input type="checkbox">`) kann
der Benutzer eine einfache Ja/Nein-Auswahl treffen. Soll ein Kontrollkästchen schon vorbesetzt sein, so wird die Eigenschaft `checked` hinzugefügt. Falls mehrere Kontrollkästchen gemeinschaftlich verwendet
werden, hat der Benutzer die Möglichkeit keinen, einen oder mehrere
Einträge aus einer zusammengehörigen Gruppe auszuwählen. Ein Beispiel:

```
<html>
<body>
Wünschen Sie in Ihrem Zimmer:<p>
<form action = "uc06.php" method = "post">
    <input type="checkbox" name="cb"
       value="Bad" checked> Bad<p>
    <input type="checkbox" name="cm"
       value="Meeresblick"> Meeresblick<p>
    <input type="checkbox" name="cz"
       value="Zimmertresor"> Zimmertresor<p>
    <input type = "submit">
```

```
        <input type = "reset">
</form>
</body>
</html>
```

Listing C.12 Datei uc06.htm

In diesem Formular kann der Betrachter zwischen drei voneinander unabhängigen Eigenschaften seines Hotelzimmers auswählen. Nach Absenden des Formulars bekommt er eine Antwort vom Webserver mit einer Bestätigung seiner Auswahl.

Das Formular:

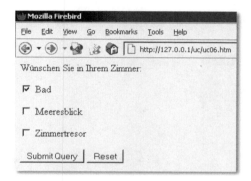

Abbildung C.11 Kontrollkästchen

Die Antwort liefert das folgende Programm:

```
<html>
<body>
<?php
    echo "Danke für Ihre Anfrage, wir reservieren:<p>";
    if (isset($cb))
        echo "Zimmer mit $cb, Aufpreis 10 Euro/Tag<p>";
    if (isset($cm))
        echo "Zimmer mit $cm, Aufpreis 15 Euro/Tag<p>";
    if (isset($_POST["cz"]))
        echo "Zimmer mit $cz, Aufpreis 5 Euro/Tag";
?>
</body>
</html>
```

Listing C.13 Datei uc06.php

Die Namen der drei Kontrollkästchen werden wiederum zu Variablen des PHP-Programms. Sie haben hier eine doppelte Funktion:

Existenz, isset()

▶ Zum einen wird mit Hilfe der Funktion `isset()` überprüft, ob das jeweilige Kontrollkästchen vom Benutzer ausgewählt wurde. Falls es ausgewählt wurde, existiert die betreffende Variable beziehungsweise das betreffende Element des assoziativen Feldes für das PHP-Programm. Das Ergebnis der Abfrage `if (isset($checkboxname))` ist wahr und die darauf folgende Anweisung wird ausgeführt.

▶ Zum anderen beinhaltet die Variable einen Wert (Eigenschaft `value`). Dieser Wert kann im Programm zum Beispiel zur Ausgabe genutzt werden, wie im oben gezeigten Programm geschehen.

Falls alle drei Kontrollkästchen angekreuzt wurden, sieht die Antwort wie folgt aus:

Abbildung C.12 Auswertung der Kontrollkästchen

C.2.4 Mehrfaches Auswahlmenü

select multiple

Mehrfache Auswahlmenüs (`<select multiple> ... </select>`) erfüllen den gleichen Zweck wie Gruppen von Kontrollkästchen. Auch hier gilt: Besonders bei zahlreichen Auswahlmöglichkeiten zeichnen sie sich durch ihren geringeren Platzbedarf innerhalb des Formulars aus. Zum Vergleich soll das oben gezeigte Beispiel mit Hilfe eines mehrfachen Auswahlmenüs dargestellt werden.

```
<html>
<body>
Wünschen Sie in Ihrem Zimmer:<p>
<form action = "uc07a.php" method = "post">
    <select multiple name="zusatz[]">
        <option value="Bad, Aufpreis 10 Euro/Tag"
            selected> Bad</option>
        <option value="Meeresblick, Aufpreis 15 Euro/
            Tag"> Meeresblick</option>
        <option value="Zimmertresor, Aufpreis 5 Euro/
```

```
        Tag" selected> Zimmertresor</option>
    </select></p>
    <input type = "submit">
    <input type = "reset">
</form>
</body>
</html>
```

Listing C.14 Datei uc07.htm

Beim mehrfachen Auswahlmenü kann der Benutzer mit Hilfe der Taste [Strg] (getrennte Einträge) beziehungsweise [⇧] (benachbarte Einträge) seine Wahl treffen. Damit eine Auswertung durch PHP ermöglicht wird, muss das Formular-Element als Feld gekennzeichnet werden (name="zusatz[ ]").

Formular-Elementfeld

Das Formular:

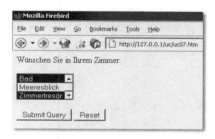

Abbildung C.13 Select-Menüs für Mehrfachauswahl

Die Auswertung durch ein PHP-Programm mit globalen Variablen:

```
<html>
<body>
<?php
    echo "Danke für Ihre Anfrage, wir reservieren:<p>";
    for($i=0; $i<3; $i++)
    {
        if (isset($zusatz[$i]))
            echo "Zimmer mit $zusatz[$i]<p>";
    }
?>
</body>
</html>
```

Listing C.15 Datei uc07a.php

Auch hier wird die Funktion isset() verwendet, um die Existenz einer Variablen zu prüfen. Falls einer oder mehrere Einträge ausgewählt wurden, so existiert für PHP das numerisch indizierte Feld $zusatz[]:

▶ Falls genau ein Eintrag ausgewählt wurde, so existiert für PHP nur das Feld-Element $zusatz[0]. Es beinhaltet den Wert des ausgewählten Eintrages.

▶ Falls mehrere Einträge ausgewählt wurden, so existieren für PHP die Feld-Elemente $zusatz[0], $zusatz[1] usw., entsprechend der Anzahl der ausgewählten Einträge. Sie beinhalten der Reihe nach die Werte der ausgewählten Einträge.

Die Antwort, falls der erste und der letzte Menüpunkt gewählt wurden:

Abbildung C.14 Auswertung des Select-Menüs für Mehrfachauswahl

Die Auswertung durch ein PHP-Programm mit dem superglobalen Feld $_POST:

```
<html>
<body>
<?php
   echo "Danke für Ihre Anfrage, wir reservieren:<p>";
   for($i=0; $i<3; $i++)
   {
      if (isset($_POST["zusatz"][$i]))
         echo "Zimmer mit ".$_POST["zusatz"][$i]."<p>";
   }
?>
</body>
</html>
```

Listing C.16 Datei uc07b.php

Auch hier wird die Funktion `isset()` verwendet, um die Existenz einer Variablen zu prüfen. Bei `$_POST` handelt es sich bekanntlich um ein assoziatives Feld. Die Daten des Formular-Elementes `zusatz` werden außerdem in einem numerisch indizierten Feld geliefert. Daher ist das Feld-Element `$_POST["zusatz"]` wiederum ein Feld.

Jedes Element dieses Feldes ist nur über die Angabe von zwei Indizes erreichbar: Zunächst muss der Name des assoziativen Feld-Elementes angegeben werden (`zusatz`), anschließend der Index des numerisch indizierten Feldes (0, 1, 2 ...).

Falls einer oder mehrere Einträge ausgewählt wurden, so existiert für PHP das Feld-Element `$_POST["zusatz"]`:

▶ Falls genau ein Eintrag ausgewählt wurde, so existiert für PHP nur das Feld-Element `$_POST["zusatz"][0]`. Es beinhaltet den Wert des ausgewählten Eintrages.

▶ Falls mehrere Einträge ausgewählt wurden, so existieren für PHP die Feld-Elemente `$_POST["zusatz"][0]`, `$_POST["zusatz"][1]` usw., entsprechend der Anzahl der ausgewählten Einträge. Sie beinhalten der Reihe nach die Werte der ausgewählten Einträge.

Hinweis: Zum Testen beider Varianten muss beim Formular der Wert der Eigenschaft `action` auf u07a.php beziehungsweise u07b.php gesetzt werden!

C.3   Aktions-Elemente

Zu den Aktions-Elementen gehören die bereits bekannten Buttons zum Absenden und Zurücksetzen und der allgemeine Button.

C.3.1   Absenden und Zurücksetzen

Diese Elemente wurden bereits in den bisherigen Formularen verwendet. Der Button zum Absenden (engl.: submit) dient zum Übermitteln von Namen und Wert der Formular-Elemente und zum Aufruf des zugehörigen PHP-Auswertungsprogramms.

Der Button zum Zurücksetzen (engl.: reset) dient zum Herstellen des Ursprungszustandes des Formulars, falls zum Beispiel fehlerhafte Einträge gemacht wurden. Falls ein Formular-Element vorbesetzt war, so wird diese Vorbesetzung wieder hergestellt.

submit-Button

reset-Button

Beschriftung: Die Beschriftung beider Buttons unterscheidet sich je nach Browser und Sprache des Benutzers. Alle Browser haben für die verschiedenen Sprachen jeweils Vorbesetzungen für die Beschriftungen. Dies hat den Vorteil, dass sich die Beschriftungen an die Umgebung des Benutzers anpassen. Als Beispiel mehrere Ansichten des Formulars uc07.htm in verschiedenen Browsern.

Button-Beschriftung Falls Sie jedoch Ihre Buttons abhängig von Ihrem Programm und einheitlich für jeden Benutzer beschriften wollen, können Sie jeweils der Eigenschaft value einen Wert zuweisen. Dies könnte zum Beispiel die Beschriftung Anmeldung, Login, Daten senden oder Ähnliches sein, die für den Benutzer stärker verdeutlicht, welche Aktion er nun auslösen kann.

Name: Die Buttons können auch einen Namen bekommen. Diese Technik wird verwendet, falls Sie Formular und PHP-Programm innerhalb einer Datei unterbringen möchten. Näheres dazu finden Sie in Abschnitt C.4.3, Formular und Programm in einer Datei.

Formular kontrollieren JavaScript: Weitere Möglichkeiten ergeben sich durch den Einsatz der Skriptsprache JavaScript zur Prüfung der Formularinhalte. Dabei werden die Daten auf dem Rechner des Benutzers auf Fehler kontrolliert, bevor sie über das Internet versendet werden. Diese Aktion sollte spätestens bei Betätigung des Absende-Buttons ausgelöst werden.

Der Benutzer wird dabei durch möglichst genaue Meldungen auf seine fehlerhaften oder unvollständigen Einträge aufmerksam gemacht. Dadurch wird er beim Ausfüllen unterstützt. Außerdem wird die Übertragung der Daten über das Internet (und damit unnötiger Netzverkehr) verhindert, solange sie für das auswertende PHP-Programm noch nicht vollständig sind.

Ein Beispiel soll den Einsatz von JavaScript verdeutlichen. Im Beispiel werden außerdem beschriftete Buttons zum Absenden und Zurücksetzen verwendet.

```
<html>
<head>
<script type="text/javascript">
function fcheck()
{
    if (document.anm.ben.value.length < 4)
    {
```

```
        alert("Der Benutzername muss 4-10
            Zeichen haben!");
        return(false);
    }
    else if (document.anm.pw.value.length < 4)
    {
        alert("Das Passwort muss 4-6 Zeichen haben!");
        return(false);
    }
    return true;
}
</script>
</head>
<body>
<h2>Anmeldung</h2>
<form name="anm" action="uc08.php" method="post"
        onSubmit="return fcheck();">
    <input name="ben" maxlength="10">
        Benutzername (4-10 Zeichen)<p>
    <input name="pw" type="password" maxlength="6">
        Passwort (4-6 Zeichen)<p>
    <input type="submit" value="Login">
    <input type="reset" value="Einträge löschen">
</form>
</body>
</html>
```

Listing C.17 Datei uc08.htm

Im Formular sollen einen Benutzername (minimal 4 Zeichen, maximal 10 Zeichen) und ein Passwort (minimal 4 Zeichen, maximal 6 Zeichen) eingetragen werden. Die Maximallänge wird durch die Eigenschaft maxlength kontrolliert, die Minimallänge durch eine JavaScript-Funktion.

Das Formular hat einen Namen (anm), dieser Name wird von der Java-Script-Funktion zur Identifikation benötigt. Außerdem benutzt das Formular einen so genannten Event-Handler (onSubmit). Falls der Benutzer das Ereignis (engl.: event) Absenden (engl.: submit) auslöst, dann wird zunächst die JavaScript-Funktion fcheck() aufgerufen.

Event-Handler

Das Formular:

Abbildung C.15 Formular mit Kontrolle der Eingabewerte

document ... value Die Funktion `fcheck()` wurde im Kopf des Dokumentes definiert. Innerhalb der Funktion wird überprüft, ob der vom Benutzer eingetragene Wert (engl.: value) des Formular-Elementes `ben` (`document.anm .ben`) eine Länge von weniger als 4 Zeichen hat. Falls ja, erscheint eine entsprechende Meldung auf dem Bildschirm. Anschließend gibt die Funktion den Wert `false` (logisch falsch) an die aufrufende Stelle zurück. Die Überprüfung des Passwortes geschieht analog. Die beiden möglichen Fehlermeldungen:

Abbildung C.16 JavaScript-Kontrolle der Länge des Benutzernamens

Abbildung C.17 JavaScript-Kontrolle der Länge des Passworts

Falls eine der beiden Überprüfungen den Wert `false` als Werte der Funktion `fcheck()` zurückgeliefert hat, dann sorgt der Ausdruck `return fcheck()` dafür, dass das Formular nicht abgesendet wird. Es werden also keine unvollständigen Daten über das Netz übertragen.

Falls die Einträge lang genug waren, wird die Funktion `fcheck()` bis zum Ende bearbeitet und liefert `true` zurück. Dies sorgt dafür, dass das Formular mit seinen Einträgen gesendet wird.

Das PHP-Auswertungsprogramm gibt hier nur zur Kontrolle den eingetragenen Benutzernamen aus:

```
<html>
<body>
<?php
   echo "Name: $ben";
?>
</body>
</html>
```

Listing C.18 Datei uc08.php

C.3.2 Allgemeiner Button

Allgemeine Buttons (`<input type="button">` oder `<button>` ... `</button>`) werden im Allgemeinen zum Auslösen von JavaScript-Code verwendet. Im Zusammenhang mit PHP können Sie zum Beispiel die Möglichkeit bieten, das gleiche Formular mit unterschiedlichen Daten abzusenden.

Im nachfolgenden Beispiel können sich Benutzer auf einer Website anmelden. Dabei wird unterschieden zwischen:

► registrierten Benutzern, die ihren Namen nicht mehr angeben müssen, aber ein Passwort. Damit gelangen sie zu einem geschützten Bereich mit speziellen Informationen,

► nicht registrierten Benutzern, die weder Name noch Passwort angeben müssen. Damit gelangen sie nur zu einem allgemein zugänglichen Bereich.

Das Formular:

```
<html>
<head>
<script type="text/javascript">
function login(jsben)
{
   document.anm.ben.value = jsben;
   document.anm.submit();
}
```

```
function gast()
{
    document.anm.ben.value = "";
    document.anm.submit();
}
</script>
</head>
<body>
<h2>Anmeldung</h2>
<form name="anm" action="uc09.php" method="post"
        onSubmit="gast();">
<input type="hidden" name="ben">
<table border>
<tr>
    <td><b>Name</b></td>
    <td><b>Passwort</b></td>
    <td><b>Reg. Benutzer</b></td>
</tr>
<tr>
    <td>Peter</td>
    <td><input name="pw1" type="password"
        size="12"></td>
    <td><input type="button" value="Login"
        onClick="login('Peter');"</td>
</tr>
<tr>
    <td>Julia</td>
    <td><input name="pw2" type="password"
        size="12"></td>
    <td><input type="button" value="Login"
        onClick="login('Julia');"</td>
</tr>
<tr>
    <td>Dirk</td>
    <td><input name="pw3" type="password" size="12"></td>
    <td><input type="button" value="Login"
        onClick="login('Dirk');"</td>
</tr>
</table><p>
```

```
<input type="submit" value="Login als Gast">
<input type="reset">
</form>
</body>
</html>
```

Listing C.19 Datei uc09.htm

Innerhalb einer Tabelle sind die registrierten Benutzer eingetragen. submit()
Jedem steht ein eigenes Eingabefeld für sein Passwort und ein eigener
Anmelde-Button zur Verfügung. Der Name muss nicht mehr eingetra-
gen werden. Bei Betätigung des eigenen Anmelde-Buttons wird die
JavaScript-Funktion `login()` aufgerufen. An diese Funktion wird der
Name des Benutzers übermittelt. Innerhalb der Funktion wird der
Name als Wert des versteckten Formular-Elementes `ben` zugewiesen
(`document.anm.ben.value=...`). Anschließend wird das Formular
abgesendet (`document.anm.submit()`).

Unterhalb der Tabelle gibt es einen »normalen« Absende-Button zur
Anmeldung als Gast. Bei Betätigung des Absende-Buttons wird die
JavaScript-Funktion `gast()` aufgerufen. Innerhalb der Funktion wird
der Wert des versteckten Formular-Elementes `ben` auf eine leere Zeichenkette gesetzt. Anschließend wird das Formular abgesendet.

Das Formular:

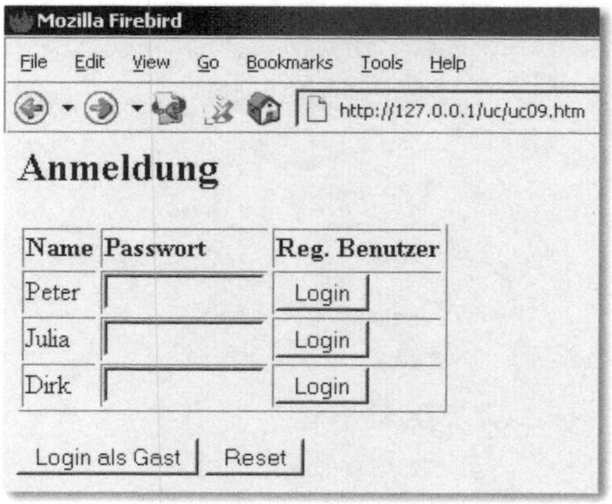

Abbildung C.18 Anmelden über verschiedene Buttons

Das PHP-Auswertungsprogramm:

```
<html>
<body>
<?php
if ($ben == "Peter")
{
    if ($pw1 == "Hamburg")
        echo "Spezielle Informationen für
            Peter<p>und<p>";
    else
        echo "Falsches Passwort für Peter<p>nur<p>";
}
else if ($ben == "Julia")
{
    if ($pw2 == "Berlin")
        echo "Spezielle Informationen für
            Julia<p>und<p>";
    else
        echo "Falsches Passwort für Julia<p>nur<p>";
}
else if ($ben == "Dirk")
{
    if ($pw3 == "Dresden")
        echo "Spezielle Informationen für Dirk<p>und<p>";
    else
        echo "Falsches Passwort für Dirk<p>nur<p>";
}
echo "Allgemeine Informationen für beliebige
    Benutzer<p>";
?>
</body>
</html>
```

Listing C.20 Datei uc09.php

Falls es sich um einen der drei registrierten Benutzer handelt, so ist der Wert der Variablen $ben mit dem betreffenden Namen belegt. Im entsprechenden Zweig der mehrfachen Verzweigung wird das zugehörige Passwort überprüft. Bei richtigem Passwort stehen dem Benutzer zusätzlich individuelle Informationen zur Verfügung:

Abbildung C.19 Login als registrierter Benutzer

Falls man sich als Gast angemeldet hat, so ist der Wert der Variablen $ben mit einer leeren Zeichenkette belegt. Keiner der Fälle in der Verzweigung trifft zu. Es werden nur die allgemeinen Informationen ausgegeben:

Abbildung C.20 Login als Gast

C.4 Weitere Möglichkeiten

In diesem Abschnitt sollen, über die reinen Formular-Elemente hinaus, weitere Möglichkeiten zum Senden und Empfangen von Daten vorgestellt werden, die in der Praxis eingesetzt werden. Es werden auch einige Einsatzmöglichkeiten für die Skriptsprache JavaScript und die Formatierungen mit Hilfe von Cascading Style Sheets (CSS) gezeigt.

C.4.1 Auswertung in anderem Frame

In vielen Fällen werden zum Aufbau von Websites Frames verwendet. Die besondere Problematik für PHP kann darin bestehen, die eingegebenen Formulardaten in einem der anderen Frames auszuwerten. Dazu wird die Formulareigenschaft `target` verwendet, ähnlich wie bei Hyperlinks, deren Ziel in einem anderen Frame liegt.

Frame, target

Im Unterschied zu den bisherigen Programmen hat man dadurch die Möglichkeit, die eingegebenen Daten und das von PHP ausgewertete Ergebnis gleichzeitig zu sehen.

Im nachfolgenden Beispiel wird ein Frameset mit zwei Frames definiert. Der obere Frame beinhaltet das Eingabeformular mit zwei Eingabefeldern für zwei Zahlen, der untere Frame zunächst eine leere Datei.

Nach dem Eintragen von zwei Zahlen und dem Absenden werden diese Zahlen von einem PHP-Auswertungsprogramm addiert. Das Ergebnis erscheint dann im unteren Frame. Sowohl Eingabe als auch Ausgabe sind sichtbar. Es können unmittelbar weitere Berechnungen ausgeführt werden.

Zunächst die Frame-Steuerdatei:

```
<html>
<frameset rows="*,2*">
<frame src="uc11ein.htm" name="eingabe">
<frame src="uc11aus.htm" name="ausgabe">
</frameset>
</html>
```

Listing C.21 Datei uc11.htm

Der obere Frame erhält den Namen eingabe, der untere Frame den Namen ausgabe. Dies wird für die Zielangabe des Formulars benötigt.

Das Eingabeformular für den oberen Frame:

```
<html>
<body>
<form action="uc11aus.php" method="post"
    target="ausgabe">
<input name="z1"> Zahl 1<p>
<input name="z2"> Zahl 2<p>
<input type="submit" value="Addieren">
</form>
</body>
</html>
```

Listing C.22 Datei uc11ein.htm

Durch die Angabe target="ausgabe" wird dafür gesorgt, dass das Ergebnis der Auswertung im unteren Frame erscheint.

Das PHP-Auswertungsprogramm:

```
<html>
<body>
<?php
    $erg = $z1 + $z2;
    echo "Summe aus Zahl 1 und Zahl 2: $erg";
?>
</body>
</html>
```

Listing C.23 Datei uc11aus.php

Der Frame mit Formular und Antwort:

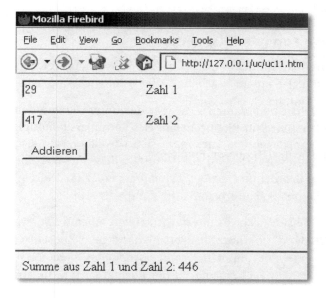

Abbildung C.21 Auswertung in anderem Frame

Hinweis: Falls im Formular mit der Eigenschaft `target` auf einen unbe-kannten Frame verwiesen wird, öffnet sich ein neues Browser-Anwen-dungsfenster. In diesem Fenster wird das Ergebnis der Auswertung dargestellt. Dies kann je nach Entwurf der Website auch ein erwünsch-ter Effekt sein.

Eine Darstellung der beiden Ausgabefenster, falls bei der Eigenschaft `target` zum Beispiel `aus` statt `ausgabe` steht:

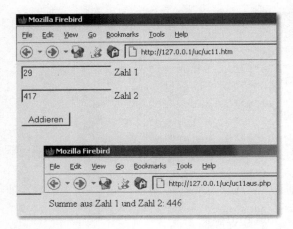

Abbildung C.22 Auswertung in neuem Fenster

C.4.2 Felder von Formular-Elementen

Beim mehrfachen Auswahlmenü wurde bereits mit einem Feld als Name für ein Formular-Element gearbeitet. Dies ermöglichte die Auswertung mehrerer Einträge.

Formular-Elementfeld

Felder können generell zur Auswertung größerer Mengen von Formular-Elementen eingesetzt werden. Dies lohnt sich vor allem, falls sich die Formular-Elemente ähnlich sind und eine ähnliche Auswertung verlangen. Bei der Bearbeitung großer Datenmengen, zum Beispiel innerhalb einer Datenbank, stößt man häufig auf dieses Problem.

Im nachfolgenden Beispiel geht es um das Ausfüllen einer Anwesenheitsliste. Zunächst wird eine Liste der Personen auf dem Bildschirm ausgegeben, die zu einem bestimmten Termin erscheinen sollten. Diese Liste wird hier aus einem Feld erzeugt, in der Realität könnte sie aus einer Datenbank stammen.

In dieser Liste kann angekreuzt werden, wer tatsächlich anwesend war. Anschließend wird dieses Ergebnis zum Webserver zurückgesandt und die tatsächliche Anwesenheit wird in der Datenbank gespeichert (hier wird sie nur zur Kontrolle ausgegeben).

Zunächst das Eingabeformular:

```
<html>
<body>
<h2>Kontrolle der Anwesenheit</h2>
<form action="uc12b.php" method="post">
```

```php
<?php
    /* Ergebnis einer Datenbankabfrage */
    $person = array("287"=>"P. Mertens",
                    "836"=>"A. Schuster",
                    "886"=>"T. Steger",
                    "527"=>"U. Baumann",
                    "952"=>"U. Petersen",
                    "663"=>"S. Maier");
    echo "<table border>";
    echo "<tr><td><b>ID</b></td><td><b>Name</b></td>";
    echo "<td><b>Anwesend</b></td></tr>";
    /* Bearbeitung des ganzen Feldes */
    foreach($person as $id=>$name)
    {
        echo "<tr>";
        echo "<td>$id</td>";
        echo "<td>$name</td>";
        echo "<td><input type='checkbox'
            name='pe[$id]'></td>";
        echo "</tr>";
    }
    echo "</table>";
?>
<p>
<input type="submit" value="Anwesenheit speichern">
</form>
</body>
</html>
```

Listing C.24 Datei uc12a.php

Es wird eine Tabelle mit den Identifikationsnummern (ID) und den Namen der Personen ausgegeben. Diese kann man mittels einer Datenbankabfrage ermitteln und in einem assoziativen Feld speichern. Im vorliegenden Fall wird das Feld künstlich generiert. Alle Elemente des Feldes werden mit Key (ID der Person) und Value (Name der Person) ausgegeben.

Hinter jedem Namen erscheint ein Kontrollkästchen, in dem angekreuzt werden kann, ob die betreffende Person anwesend war. Die Namen dieser Kontrollkästchen sind Elemente des Feldes pe, zum Beispiel pe[287], pe[836] usw.

Das Formular:

Abbildung C.23 Formular mit Feld von Formular-Elementen

Das PHP-Auswertungsprogramm:

```
<html>
<body>
<h2>Kontrolle der Anwesenheit</h2>
<?php
   /* Ergebnis einer Datenbankabfrage */
   $person = array("287"=>"P. Mertens",
                   "836"=>"A. Schuster",
                   "886"=>"T. Steger",
                   "527"=>"U. Baumann",
                   "952"=>"U. Petersen",
                   "663"=>"S. Maier");
   echo "<table border>";
   echo "<tr><td><b>ID</b><td><b>Aktion</b></td></tr>";
   /* Bearbeitung des ganzen Feldes */
   foreach($person as $id=>$name)
   {
      if (isset($pe[$id]))
         echo "<tr> <td>$id<td> wurde
               gespeichert</td></tr>";
      else
         echo "<tr><td>$id<td> </td></tr>";
```

```
    }
    echo "</table>";
?>
</body>
</html>
```

Listing C.25 Datei uc12b.php

Zunächst wird mit der gleichen »Datenbankabfrage« das gleiche Feld generiert. Bei jedem Element des Feldes wird geprüft, ob das zugehörige Element des Feldes pe ($pe[287], $pe[836] usw.) existiert, also ob das betreffende Kontrollkästchen angekreuzt wurde. Falls ja, wird diese Information gespeichert (hier nur ausgegeben).

Bei Verwendung des Feldes $_POST zur Auswertung lautet die betreffende Anweisung:

```
if (isset($_POST["pe"][$id])) ...
```
isset($_POST[ ][ ])

Die Ausgabe:

Abbildung C.24 Auswertung eines Feldes von Formular-Elementen

C.4.3 Formular und Programm in einer Datei

Bisher werden Formular und PHP-Programm in getrennten Dateien gespeichert. Zunächst wird dem Benutzer das Formular präsentiert. Er füllt es aus, sendet es ab und es wird ihm durch ein PHP-Programm in einer anderen Datei eine Antwort geliefert.

In vielen Fällen erweist es sich als günstiger, sowohl das Formular als auch das bearbeitende PHP-Programm innerhalb der gleichen Datei unterzubringen. Ein Programm kann sich auf diese Weise selbst Daten zusenden.

alles in einer Datei Dieses Verfahren kommt zum Beispiel bei einer Eingabemaske für eine Datenbank zum Einsatz. Der Benutzer trägt einen Datensatz ein, sendet ihn an die Datenbank, erhält als Antwort eine Bestätigung des Eintrages und das gleiche Formular zurück. Er kann sofort den nächsten Datensatz eingeben. Falls er mit der Eingabe der Datensätze fertig ist, kann er zu einer anderen Datei wechseln.

Dazu muss nur als Ziel des Formulars der Name der gleichen Datei eingetragen werden. Im nachfolgenden Beispiel soll diese nützliche Technik demonstriert werden:

```
<html>
<body>
<form action = "uc13.php" method = "post">
<?php
   if (isset($gesendet))
   {
      echo "<font color='#ff0000'> Sie haben
            folgenden";
      echo " Namen eingegeben: $vn $nn</font><br><hr>";
   }
?>
Bitte geben Sie einen Namen ein<br>
und senden Sie das Formular ab:<p>
   <input name = "nn"> Nachname<p>
   <input name = "vn"> Vorname<p>
   <input type = "submit" name = "gesendet">
   <input type = "reset">
</form>
</body>
</html>
```

Listing C.26 Datei uc13.php

isset() Zu Beginn des Programms wird mit Hilfe der Abfrage if (isset($gesendet)) festgestellt, ob es sich um den ersten Aufruf handelt (die Variable $gesendet existiert) oder um den Aufruf nach einer Eingabe (die Variable $gesendet existiert nicht).

Bei einem Aufruf nach einer Eingabe existiert die Variable, denn mit den Daten aus den Eingabefeldern wurde auch der Name des Absende-Buttons gesendet. Als Folge dieser Namensvergabe existiert ab dem zweiten Aufruf des Programms die Variable `$gesendet` (beziehungsweise `$_POST["gesendet"]`). Daher bekommt der Benutzer die Meldung: `Sie haben folgenden Namen eingegeben ...` als Bestätigung seiner Eingabe.

Anmerkung: Während der Testphase möchten Sie deutlich sehen, wie sich erster Aufruf und weitere Aufrufe voneinander unterscheiden. Ein Aktualisieren der Datei im Browser führt nicht zu einem neuen ersten Aufruf, sondern zur Wiederholung des letzten Aufrufs. Wechseln Sie daher zu einer anderen Seite und anschließend wieder zurück zur Seite `uc13.php`, dies erzeugt einen neuen ersten Aufruf.

Beim ersten Aufruf ergibt sich die folgende Ausgabe:

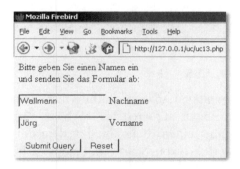

Abbildung C.25 Erster Aufruf

Bei einem weiteren Aufruf ergibt sich die folgende Ausgabe:

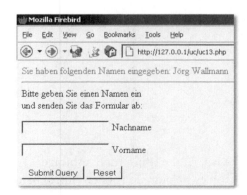

Abbildung C.26 Zweiter Aufruf

C.4.4 PHP_SELF

$_SERVER Im Zusammenhang mit dem letzten Abschnitt ist das Element `PHP_SELF` aus dem superglobalen, vordefinierten Feld `$_SERVER` ein nützliches Hilfsmittel. In dieser Variablen ist immer der Name der aktuellen Datei gespeichert. Falls der Entwickler das Programm während der Entwicklung in eine andere Datei kopiert, muss der Name des Zieles nicht mehr geändert werden.

Das Formular kann somit geändert werden, statt der Zeile:

```
<form action = "uc13.php" method = "post">
```

wird die folgende Zeile gesetzt:

```
<form action="<?php $_SERVER['PHP_SELF'] ?>"
    method="post">
```

PHP_SELF Da es sich bei `$_SERVER["PHP_SELF"]` um eine PHP-Variable handelt, muss sie in den HTML-Code für das Formular mit Hilfe von `<?php [PHP-Anweisungen] ?>` eingebettet werden.

C.4.5 Submit über Hyperlink, CSS

Häufig passen die etwas einfach gestalteten Absende-Buttons nicht zum restlichen Aussehen einer professionell aufbereiteten Website. Die Umleitung der Absendefunktion über einen Hyperlink gibt dem Entwickler die Möglichkeit, den Hyperlink-Text in Schriftart, Größe, Farbe usw. individuell zu gestalten. Durch die Formatierung des Textes mit Cascading Style Sheets (CSS) ergeben sich weitere Möglichkeiten.

Nachfolgend ein Beispiel:

```
<html>
<head>
<link rel="stylesheet" type="text/css" href="uc14.css">
</head>
<body>
<form name="zahlen" action="uc14.php" method="post">
<input name="z1"> Zahl 1<p>
<input name="z2"> Zahl 2<p>
</form>
<a href = "javascript:document.zahlen.submit();">
        Addieren</a>
```

```
</body>
</html>
```

Listing C.27 Datei uc14.htm

Im Kopf des Dokumentes ist der Verweis zu einer externen CSS-Datei mit Formatierungsangaben notiert. Diese Formatierungsangaben werden auf das gesamte Dokument angewendet.

Das Formular besitzt keinen Absende-Button. Statt dessen gibt es im Dokument (nicht notwendigerweise innerhalb des Formulars) einen Hyperlink. Falls dieser betätigt wird, so wird mit Hilfe von JavaScript die Submit-Funktion für das Formular aufgerufen. Dazu ist es notwendig, dem Formular einen Namen zu geben (hier: zahlen).

kein submit-Button

Die Definition der Formatvorlagen:

CSS-Definition

```
body          {font-family:Verdana; font-size:10pt;
               color:#636363; background-color:#c3c3c3}
a:link        {color:#636363}
a:visited     {color:#636363}

a:hover       {color:#636363; background-color:#a3a3a3}
```

Hover-Effekt

Listing C.28 Datei uc14.css

Zunächst werden einige Formate für das Dokument insgesamt festgelegt:

► Schriftart: Verdana,
► Schriftgröße: 10 Punkt,
► Textfarbe: #636363 (dunkelgrau),
► Hintergrundfarbe: #c3c3c3 (hellgrau).

Die Hyperlinks werden speziell formatiert:

► Farbe für normale Hyperlinks: #636363 (dunkelgrau, wie normaler Text),
► Farbe für bereits besuchte Hyperlinks ebenfalls: #636363,
► Farbe für Hyperlinks, die von der Maus überstrichen werden (Hover-Effekt): #a3a3a3 (mittelgrau).

Das formatierte Formular:

Abbildung C.27 Formular mit CSS und JavaScript

Das PHP-Auswertungsprogramm benutzt die gleiche CSS-Datei, so dass dieser Website ein einheitliches Aussehen verliehen wird. Die Ausgabe erfolgt somit wiederum dunkelgrau auf hellgrau. Auch der Hyperlink »Zurück zum Eingabeformular« entspricht in Verhalten (Hover-Effekt) und Aussehen dem Absende-Hyperlink.

```html
<html>
<head>
<link rel="stylesheet" type="text/css" href="uc14.css">
</head>
<body>
<?php
   $erg = $z1 + $z2;
   echo "Summe aus Zahl 1 und Zahl 2: $erg<p>";
?>
<a href="uc14.htm">Zurück zum Eingabeformular</a>
</body>
</html>
```

Listing C.29 Datei uc14.php

Das Ergebnis:

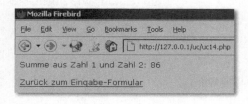

Abbildung C.28 Ergebnis mit CSS

C.4.6 Daten an Formularziel anhängen

Zusätzlich zur Übermittlung von Inhalten aus den Formular-Elementen können weitere Daten an das PHP-Auswertungsprogramm direkt mit dem URL gesendet werden. Sie werden dazu an den URL angehängt in der Form:

dateiname.php?variable1=wert1&variable2=wert2& usw.

? ... & ... &

Hinweis: Zu beachten ist dabei, dass diese Daten, unabhängig von der Sendemethode des Formulars, im Feld $_GET und nicht im Feld $_POST zur Verfügung stehen.

$_GET

Ein Beispiel: Ein Benutzer meldet sich auf einer Website mit seinem Namen und seiner Benutzergruppe an. Name und Benutzergruppe werden aus dem Anmeldeformular an ein erstes PHP-Programm übertragen. Von diesem PHP-Programm aus soll ein zweites PHP-Programm aufgerufen werden, das ebenfalls beide Informationen benötigt. Mit Hilfe des URL können diese Informationen vom ersten PHP-Programm zum zweiten PHP-Programm übertragen werden, ohne dass eine weitere Eingabe notwendig ist (ähnlich wie mit einem versteckten Element).

Das Anmeldeformular:

```
<html>
<body>
<h2>Anmeldung</h2>
<form action="uc15a.php" method="post">
    <input name="ben" size="13"> Benutzer-Name<p>
    <select name="gr">
        <option>Einkauf</option>
        <option>Vertrieb</option>
        <option>Marketing</option>
        <option>Management</option>
    </select> Gruppe<p>
    <input type="password" name="pw" size="13">
            Passwort<p>
    <input type="submit" value="Login">
</form>
</body>
</html>
```

Listing C.30 Datei uc15.htm

Das Formular:

Abbildung C.29 Anmeldeformular

Das erste PHP-Auswertungsprogramm:

```
<html>
<body>
<h2>Seite 1</h2>
<?php
   echo "<form action = 'uc15b.php?
      benzwei=$ben&grzwei=$gr' method='post'>";
   echo "Name: $ben<p>";
   echo "Gruppe: $gr<p>";
?>
<input type="submit" value="Weiter">
</form>
</body>
</html>
```

Listing C.31 Datei uc15a.php

Der URL des Formularzieles wird im PHP-Programmteil dynamisch aus den Eingabedaten zusammengesetzt. Es werden die Informationen benzwei (mit dem Wert des eingegebenen Benutzernamens in $ben) und grzwei (mit dem Wert der ausgewählten Gruppe in $gr) mit Hilfe der Zeichen ? und & angehängt. Weitere Daten könnten mit &variable=wert angehängt werden. Diese Daten werden beim Absenden, zusammen mit eventuell vorhandenen weiteren Formularinhalten, an das zweite PHP-Programm übermittelt.

Die erste Ausgabeseite:

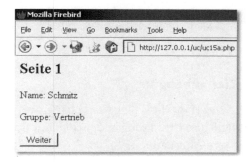

Abbildung C.30 Seite 1 der Ausgabe

Das zweite PHP-Auswertungsprogramm:

```
<html>
<body>
<h2>Seite 2</h2>
<?php
    echo "Name: " . $_GET["benzwei"] . "<p>";
    echo "Gruppe: $grzwei<p>";
?>
</body>
</html>
```

Listing C.32 Datei uc15b.php

In diesem Programm werden zum Vergleich beide Auswertungsmethoden verwendet. Per URL gesendete Daten stehen im Feld $_GET (statt $_POST) zur Verfügung.

Die zweite Ausgabeseite:

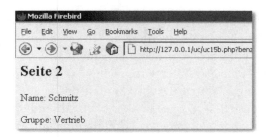

Abbildung C.31 Weitergabe über URL

Zur Verdeutlichung die vollständige Adresszeile:

```
http://127.0.0.1/uc/uc15b.php?benzwei=Schmitz&grzwei=Vertrieb
```

Abbildung C.32 Vollständige Adresszeile

C.4.7 Daten an Hyperlink-Ziel anhängen

Hyperlink mit
Daten

Daten können auch an den URL eines Hyperlink-Zieles angehängt werden. In Verbindung mit den zusätzlichen Gestaltungsmöglichkeiten für Text-Hyperlinks ergeben sich weitere Alternativen.

Das Beispiel aus dem letzten Abschnitt, diesmal mit Hyperlinks:

```
<html>
<head>
<link rel="stylesheet" type="text/css" href="uc14.css">
</head>
<body>
<h2>Anmeldung</h2>
<form name="login" action="uc16a.php" method="post">
    <input name="ben" size="13"> Benutzer-Name<p>
    <select name="gr">
        <option>Einkauf</option>
        <option>Vertrieb</option>
        <option>Marketing</option>
        <option>Management</option>
    </select> Gruppe<p>
    <input type="password" name="pw" size="13">
            Passwort<p>
</form>
<a href="javascript:document.login.submit();">Anmelden</a
>
</body>
</html>
```

Listing C.33 Datei uc16.htm

Das Formular:

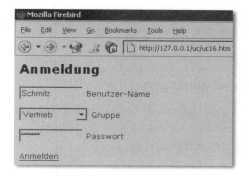

Abbildung C.33 Anmeldeformular

Es wurde die bereits bekannte CSS-Datei zur Formatierung eingebunden. Das Formular besitzt keinen Absende-Button. Statt dessen gibt es im Dokument einen Hyperlink. Falls dieser betätigt wird, so wird mit Hilfe von JavaScript das Formular gesendet. Dazu ist es notwendig, dem Formular einen Namen zu geben (hier: login).

Das erste PHP-Auswertungsprogramm:

```
<html>
<head>
<link rel="stylesheet" type="text/css" href="uc14.css">
</head>
<body>
<h2>Seite 1</h2>
<?php
   echo "Name: $ben<p>";
   echo "Gruppe: $gr<p>";
   echo "<a href='uc16b.php?benzwei=$ben&grzwei=$gr'>
       Anmelden</a>";
?>
</body>
</html>
```

Listing C.34 Datei uc16a.php

Der URL des Hyperlink-Zieles wird im PHP-Programmteil dynamisch aus den Eingabedaten zusammengesetzt. Auch hier werden die Informationen benzwei und grzwei angehängt. Diese Daten werden beim

Betätigen des Hyperlinks an das zweite PHP-Programm übermittelt.Die erste Ausgabeseite:

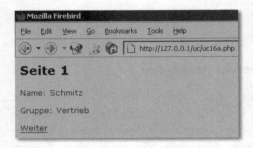

Abbildung C.34 Seite 1 der Ausgabe

Das zweite PHP-Auswertungsprogramm:

```
<html>
<head>
<link rel="stylesheet" type="text/css" href="uc14.css">
</head>
<body>
<h2>Seite 2</h2>
<?php
   echo "Name: " . $_GET["benzwei"] . "<p>";
   echo "Gruppe: $grzwei<p>";
?>
</body>
</html>
```

Listing C.35 Datei uc16b.php

Die zweite Ausgabeseite:

Abbildung C.35 Weitergabe über Hyperlink

Zur Verdeutlichung die vollständige Adresszeile:

```
http://127.0.0.1/uc/uc16b.php?benzwei=Schmitz&grzwei=Vertrieb
```

Abbildung C.36 Vollständige Adresszeile

C.4.8 Dateien auf den Server hochladen

Beim Hochladen von Dateien (engl.: upload) auf den Server sollte
unbedingt eine Kontrolle mit Hilfe eines passenden PHP-Auswertungsprogramms stattfinden, ob die geladene Datei dem gewünschten Typ
entspricht und eine bestimmte Maximalgröße nicht überschreitet.
Diese Kontrolle soll zwar nach dem HTML-Standard bereits vom Formular aus stattfinden können, dies ist in der Praxis allerdings nicht
gegeben.

Upload

Nachfolgend ein Beispiel:

```html
<html>
<body>
<form enctype="multipart/form-data" action="uc19.php"
      method="post">
Datei: <input name="upfile" type="file" size="25">
<p><input type="submit" value="senden">
</form>
</body>
</html>
```

Listing C.36 Datei uc19.htm

Zur Erläuterung:

- ▶ Das Attribut `enctype` der Markierung `form` dient als Codierungsan-
  gabe für die Formulardaten. Beim Hochladen von Dateien ist hier die
  Angabe `multipart/form-data` notwendig.

  enctype

- ▶ Mit Hilfe von `<input type="file">` erreicht man das Einblenden
  eines Textfeldes zur Eingabe eines Dateinamens und eines Buttons
  zum Durchsuchen der eigenen Daten nach der Datei, die hochgeladen werden soll. Der hier angegebene Name `upfile` kann natürlich
  frei gewählt werden.

  <input type="file">

Das Formular, nachdem bereits eine Datei zum Hochladen über den Button ausgewählt wurde:

Abbildung C.37 Datei hochladen

Nach dem Senden wird die Datei zunächst unter einem temporären Namen in einem Server-Verzeichnis abgelegt. Mit Hilfe einiger vorgegebener Variablen kann man sich Informationen über die Datei beschaffen. Damit kann man entscheiden, ob die Datei endgültig an der gewünschten Stelle gespeichert werden soll.

Ein PHP-Auswertungsprogramm mit einigen Kontrollausgaben:

```php
<?php
  /* Kontrolldaten */
  echo "Zur Kontrolle:<p>";
  echo "Original-Dateiname: $upfile_name<br>";
  echo "Dateigröße: $upfile_size<br>";
  echo "Dateityp: $upfile_type<br>";

  /* Dateinamen-Erweiterung extrahieren */
  $dname = explode(".",$upfile_name);
  $dnamesize = count($dname);
  $upfile_ext = $dname[$dnamesize-1];
  echo "Dateinamen-Erweiterung:" .
          $upfile_ext."<p>";

  /* Temporärer Dateiname auf dem Server */
  echo "Temporärer Dateiname: $upfile<p>";

  /* Temporäre Datei dauerhaft an gewünschten
        Ort kopieren, */
  /* falls vorhanden und richtige Erweiterung */
  if($upfile_size>0 && $upfile_ext=="gif")
  {
      copy($upfile,"uc19.gif");
      echo "Datei wurde kopiert in
              uc19.gif<p>";
```

```
      echo "<img src='uc19.gif'>";
   }
   else
   {
      echo "Kopier-Fehler: Datei nicht
                 vorhanden";
      echo " oder keine GIF-Datei";
   }
?>
```

Listing C.37 Datei uc19.php

Zur Erläuterung:

▶ Nach dem Senden werden automatisch drei weitere Variablen inner- _name, _size,
halb von PHP bereitgestellt. Falls man, wie im vorliegenden Beispiel, _type
das Formular-Element `upfile` genannt hat, so liefert:

  ▶ `upfile_name` den Original-Dateinamen,

  ▶ `upfile_size` die Dateigröße,

  ▶ `upfile_type` den Dateityp.

▶ Mit Hilfe der Funktionen `explode()` und `count()` wird außerdem
noch die Dateinamen-Erweiterung extrahiert.

▶ Der temporäre Dateiname wird nur später zum Kopieren benötigt.

▶ Im vorliegenden Beispiel wird die Datei nur endgültig an die
gewünschte Stelle kopiert (mit der Funktion `copy()`), falls sie mehr
als 0 Byte groß ist und die Dateinamen-Erweiterung `gif` hat. An dieser Stelle könnte auch eine Kontrolle bezüglich der maximalen
Dateigröße stattfinden.

Die Auswertung (mit Kontrollausgaben):

Abbildung C.38 Auswertung nach dem Hochladen

Nach dem Hochladen steht die Datei damit unter dem Namen `uc19.gif` im gleichen Verzeichnis wie die PHP-Datei zur Verfügung und kann zum Beispiel dargestellt werden. Falls die Datei nicht kopiert wird, steht sie nach der Sitzung nicht mehr zur Verfügung.

C.5 Beispiele

C.5.1 Grundrechenarten

Es wird ein Formular erstellt, in dem zwei Zahlen in zwei Eingabefeldern eingetragen werden können. Diese beiden Zahlen können wahlweise addiert, voneinander subtrahiert, miteinander multipliziert oder durcheinander dividiert werden. Mit Hilfe von vier Optionsfeldern kann der Benutzer auswählen, welche dieser vier Grundrechenarten ausgeführt werden soll (Datei `uc17.htm`).

Nach Absenden des Formulars wird das Ergebnis von einem PHP-Programm (Datei `uc17.php`) berechnet und ausgegeben. Innerhalb des Programms sollen vier verschiedene Funktionen die vier möglichen Rechenoperationen ausführen. Diese Funktionen werden bei Bedarf vom Hauptprogramm aufgerufen, erhalten als Parameter die beiden Eingabewerte und liefern als Rückgabewert das Ergebnis der Rechenoperation. Dieses Ergebnis wird im Hauptprogramm ausgegeben.

Das Eingabeformular:

```
<html>
<body>
Bitte geben Sie zwei Werte ein, wählen Sie die
Rechenoperation aus und senden Sie das Formular ab:
<form action = "uc17.php" method = "post">
    <input name="w1"> Wert 1<p>
    <input name="w2"> Wert 2<p>
    <input type="radio" name="oper"
        value="+" checked> Addition<p>
    <input type="radio" name="oper"
        value="-"> Subtraktion<p>
    <input type="radio" name="oper"
        value="*"> Multiplikation<p>
    <input type="radio" name="oper"
        value="/"> Division<p>
    <input type = "submit">
    <input type = "reset">
```

```
</form>
</body>
</html>
```

Listing C.38 Datei uc17.htm

Das Formular:

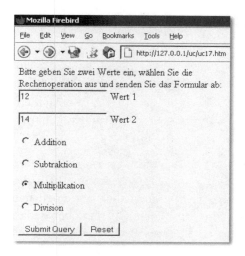

Abbildung C.39 Eingabeformular für Grundrechenarten

Die beiden Werte werden in den beiden Eingabefeldern `w1` und `w2` eingegeben. Die Rechenoperation wird durch die Auswahl in der Radio-Button-Gruppe `$oper` bestimmt.

```
<html>
<head>
<?php
    function add($x, $y)
    {
        $s = $x + $y;
        return $s;
    }
    function sub($x, $y)
    {
        $s = $x - $y;
        return $s;
    }
    function mult($x, $y)
    {
```

```php
        $s = $x * $y;
        return $s;
    }
    function divi($x, $y)
    {
        $s = $x / $y;
        return $s;
    }
?>
</head>
<body>
<?php
    if ($oper == "+")
        $erg = add($w1,$w2);
    else if ($oper == "-")
        $erg = sub($w1,$w2);
    else if ($oper == "*")
        $erg = mult($w1,$w2);
    else
        $erg = divi($w1,$w2);
    echo "$w1 $oper $w2 = $erg";
?>
</body>
</html>
```

Listing C.39 Datei uc17.php

Zunächst werden die vier Funktionen `add()`, `sub()`, `mult()` und `divi()` für die vier verschiedenen Rechenoperationen definiert. Alle Operationen erwarten zwei Parameter und liefern einen Rückgabewert. Im Hauptprogramm wird abhängig vom übermittelten Operatorzeichen mit Hilfe einer mehrfachen Verzweigung die jeweilige Funktion aufgerufen. Der Rückgabewert wird in `$erg` gespeichert und ausgegeben.

Das Ergebnis des oben angegebenen Beispiels:

Abbildung C.40 Ergebnis der Berechnung

C.5.2 Pizzabestellung

Es wird ein Formular für eine Pizzabestellung erzeugt (Datei uc18.htm). Es enthält zwei Eingabefelder für Text, eine Gruppe von zwei Radio-Buttons, ein einfaches Auswahlmenü mit fünf Einträgen und zwei Kontrollkästchen. In den beiden Eingabefeldern kann der Benutzer seinen Namen beziehungsweise seine Adresse eintragen.

▶ Mit Hilfe der beiden Radio-Buttons hat er die Auswahl zwischen den Anreden Herr oder Frau.

▶ Das Menü ermöglicht ihm die Auswahl zwischen fünf verschiedenen Sorten Pizza (mit unterschiedlichen Preisen).

▶ Die beiden Kontrollkästchen kann der Benutzer ankreuzen, falls er zusätzlich Thunfisch beziehungsweise Extra Käse auf seiner Pizza haben möchte. Dadurch wird der Preis natürlich entsprechend erhöht.

Nach Absenden des Formulars wird ihm durch ein PHP-Programm (Datei uc18.php) folgende Antwort geliefert:

Bestellformular

Das Eingabeformular:

```
<html>
<body>
Bitte geben Sie Ihren Namen und Ihre Adresse ein, treffen
 Sie Ihre Auswahl und senden Sie das Formular ab:
<form action = "uc18.php" method = "post">
    <input name="besteller"> Name<p>
    <input name="adresse"> Adresse<p>
    <input type="radio" name="anrede" value="Herr"
     checked> Herr <p>
    <input type="radio" name="anrede" value="Frau">
     Frau <p>
    <p>
    <select name="pizzatyp">
       <option value="Napoli" selected>
               Napoli (5,70 Euro) </option>
       <option value="Italia">
               Italia (6,30 Euro) </option>
       <option value="Con Tutto">
               Con Tutto (7,10 Euro) </option>
       <option value="4 Stagioni">
```

```
                4 Stagioni (6,60 Euro) </option>
        <option value="Mozzarella">
                Mozzarella (7,80 Euro) </option>
    </select><p>
    <input type="checkbox" name="ct"
        value="Thunfisch"> Thunfisch
        (Aufpreis 0,60 Euro)<p>
    <input type="checkbox" name="cek"
        value="Extra Käse"> Extra Käse
        (Aufpreis 1,10 Euro)<p>
    <input type = "submit">
    <input type = "reset">
</form>
</body>
</html>
```

Listing C.40 Datei uc18.htm

Name und Adresse werden in den beiden Feldern `besteller` und
`adresse` eingegeben. Die Anrede wird über die Radio-Button-Gruppe
`anrede` ausgewählt. Das einfache Auswahlmenü `pizzatyp` ermöglicht
in Verbindung mit den beiden Kontrollkästchen `ct` und `cek` die Wahl
der gewünschten Pizza.

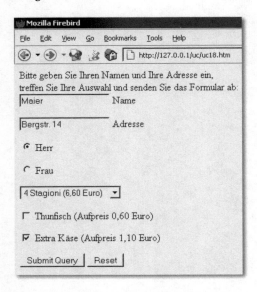

Abbildung C.41 Eingabe der Pizzabestellung

Das PHP-Auswertungsprogramm:

```php
<html>
<body>
<?php
  /* Auswahl der Pizza */
  if ($pizzatyp == "Napoli")
     $preis = 5.7;
  else if ($pizzatyp == "Italia")
     $preis = 6.3;
  else if ($pizzatyp == "Con Tutto")
     $preis = 7.1;
  else if ($pizzatyp == "4 Stagioni")
     $preis = 6.6;
  else
     $preis = 7.8;

  /* Anrede */
  if ($anrede == "Herr")
     echo "Sehr geehrter Herr $besteller<p>";
  else
     echo "Sehr geehrte Frau $besteller<p>";

  /* Ausgabe */
  echo "vielen Dank für Ihre Bestellung<p>";
  echo "Wir liefern Ihre Pizza $pizzatyp";

  /* Zusätze */
  if (isset($ct))
  {
     echo " mit $ct";
     $preis = $preis + 0.6;
  }
  if (isset($cek))
  {
     echo " mit $cek";
     $preis = $preis + 1.1;
  }

  echo "<br>in 20 Minuten an die folgende
        Adresse:<p>";
```

```php
    echo "$adresse<p>";
    echo "Der Preis beträgt $preis Euro<p>";
    echo "Ihr Pizza-Team";
?>
</body>
</html>
```

Listing C.41 Datei uc18.php

Zunächst wird in einer mehrfachen Verzweigung aus dem Typ der Pizza der Grundpreis ermittelt. Es folgt die Ausgabe der Anrede, abhängig von der Auswahl in der Radio-Button-Gruppe. Die gewählte Pizza wird bestätigt. Falls einer der Zusätze gewählt wurde, wird dies ebenfalls bestätigt, außerdem erhöht sich der Preis. Der Gesamtpreis wird zusammen mit den Abschlussinformationen ausgegeben.

Das Ergebnis des oben angegebenen Beispiels:

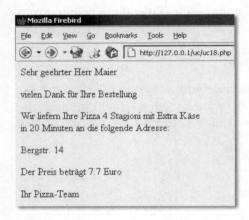

Abbildung C.42 Auswertung der Pizzabestellung

C.6 PHP-Programme publizieren

Bisher haben wir uns mit der Sprache PHP und dem Senden und Auswerten von Daten beschäftigt. Alle Beispiele wurden in den Verzeichnissen des lokal installierten Webservers gespeichert und getestet. Nun möchten Sie Ihre PHP-Programme im Internet zur Benutzung zur Verfügung stellen (publizieren).

Programme ins Internet Zunächst wird eine eigene Website bei einem Provider benötigt. Die meisten Provider bieten mehrere Pakete mit unterschiedlichem Leistungsumfang an. Beim Basispaket verfügt man noch nicht über die

Möglichkeit, PHP-Programme zu veröffentlichen, dies ist erst bei teureren Paketen möglich. Am besten wählt man direkt ein Paket aus, das auch eine MySQL-Datenbank zur dynamischen Generierung von datenbankbasierten Seiten beinhaltet.

FTP-Server

Nachdem man sich für eines der Pakete entschieden hat, stellt der Provider die Zugangsdaten zu seinem Konfigurationsmenü und zu seinem FTP-Zugang zur Verfügung. Der FTP-Zugang wird benötigt, um die Dateien ins Internet zu laden. Die FTP-Zugangsdaten umfassen: Name des FTP-Servers (`Host Name`), Benutzerkennung (`User ID`) und Passwort.

WS_FTP

Es gibt eine ganze Reihe Programme, mit denen man seine Dateien auf diesen FTP-Server laden kann. Als Beispiel soll das leicht zu bedienende, frei verfügbare Programm WS_FTP Limited Edition (WS_FTP LE) der Firma Ipswitch dienen (Installation und Konfiguration siehe Kapitel I, Anhang). Nachfolgend sollen die wichtigsten Elemente und typischen Vorgänge bei der Bedienung dieses Programms erläutert werden.

C.6.1 Verbindung herstellen

Nach dem Start des Programms beziehungsweise nach Betätigung des Buttons `Connect` (links unten) erscheint ein Fenster, in dem die gewünschte FTP-Verbindung gewählt werden kann:

Abbildung C.43 Auswahl der FTP-Verbindung

Connect-Vorgang

Während des Installationsvorganges wurden bereits die lokalen Verzeichnisinformationen und die Daten des eigenen FTP-Zugangs konfiguriert und gespeichert. Dieser wird ausgewählt und die Verbindung wird aufgenommen. Anschließend erscheinen im Hauptfenster links die Dateien und Verzeichnisse des eigenen Rechners (Local System) und rechts die Dateien und Verzeichnisse der Website im Internet (Remote Site).

Abbildung C.44 Nach dem Herstellen der Verbindung

Zur Darstellung in diesem Bild und den nachfolgenden Bildern wird vom Unterverzeichnis beispiel ausgegangen. Die Erläuterungen gelten sinngemäß für beliebige Verzeichnisse auf den beiden Sites. Das Unterverzeichnis beispiel liegt unterhalb des Basisverzeichnisses des lokalen Webservers beziehungsweise unterhalb des Basisverzeichnisses der Website im Internet. Generell sollten Struktur und Inhalt der Website im Internet eine Kopie eines entsprechenden Verzeichnisses auf dem lokalen Rechner sein, damit man leichter den Überblick behält und die Ordnung wahrt.

C.6.2 Dateien und Verzeichnisse hochladen

Daten hochladen Zum Hochladen auf die Website im Internet werden die betreffenden Dateien beziehungsweise Verzeichnisse auf dem eigenen Rechner markiert (hier die beiden Dateien test.htm und test.php). Durch Betätigen des Buttons → wird der Vorgang gestartet. Falls ein oder mehrere Verzeichnisse markiert wurden, so werden diese nach einer Rückfrage inklusive aller Dateien und Unterverzeichnisse in diesen Verzeichnissen hochgeladen. Die Verzeichnisstruktur bleibt dabei erhalten.

Anschließend stehen die Dateien im Internet zur Verfügung und können zum Beispiel über die folgende Adresse abgerufen werden:

http://www.meinewebsite.de/beispiel/test.htm.

Abbildung C.45 Markieren der Dateien zum Hochladen

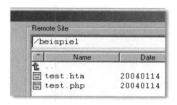

Abbildung C.46 Testdateien nach dem Hochladen im Internet

C.6.3 Arbeiten mit Verzeichnissen

Ein Unterverzeichnis auf der Website im Internet kann über den But- MkDir
ton MkDir erzeugt werden. Es erscheint ein Fenster, in dem der Name
des Unterverzeichnisses eingegeben wird (zum Beispiel unter):

Abbildung C.47 Eingabe zur Erzeugung eines Unterverzeichnisses

Anschließend steht das Unterverzeichnis im Internet zur Verfügung:

Abbildung C.48 Nach Erzeugung eines Unterverzeichnisses

Ein Doppelklick auf den Namen des Unterverzeichnisses führt zum Wechsel in dieses Verzeichnis. Parallel sollte man auf dem lokalen Webserver in das gleichnamige Unterverzeichnis wechseln, damit ein Dateitransfer an die richtige Stelle der Verzeichnisstruktur erfolgen kann. Ein Doppelklick auf den grünen Pfeil nach oben führt zum Wechsel ins übergeordnete Verzeichnis.

Rename, Delete

Weitere häufig genutzte Buttons ermöglichen das Umbenennen (Rename) beziehungsweise Löschen (Delete) markierter Dateien und Verzeichnisse. Ein gesamtes Verzeichnis kann erst gelöscht werden, wenn alle zugehörigen Dateien und Unterverzeichnisse gelöscht wurden. Dies erscheint zunächst umständlich, erspart aber in der Praxis viel Ärger aufgrund von Fehlbedienung.

C.6.4 Verschieben von Dateien

Sollte man eine Datei versehentlich ins falsche Verzeichnis hochgeladen haben, so ist es bei größerem Datenumfang sicherlich besser, sie ins passende Verzeichnis zu verschieben, statt sie zu löschen und erneut hochzuladen.

Move Files

Das Verschieben einer Datei in ein anderes Verzeichnis ist nur über das Kontextmenü möglich. Man markiert die Datei (zum Beispiel test.htm), aktiviert mit der rechten Maustaste das Kontextmenü und wählt Move files ...:

Abbildung C.49 Eingabe zur Zielangabe einer Verschiebung

Hier trägt man den relativen Pfad zum gewünschten Verzeichnis ein (zum Beispiel unter). Nach Bestätigung wechselt man in das Zielverzeichnis, in dem die Datei (eventuell erst nach Betätigen des Buttons Refresh) sichtbar ist:

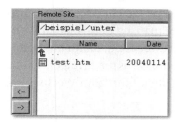

Abbildung C.50 Anzeige der Datei nach Verschiebung

Für eine Verschiebung einer Datei in ein übergeordnetes Verzeichnis muss die Angabe .. (doppelter Punkt) lauten.

Die Verbindung zum FTP-Server kann über den Button `Close` (links unten, statt `Connect`) geschlossen werden. Anschließend kann man die Verbindung zu einem anderen FTP-Server aufnehmen, wiederum über `Connect`, oder das Programm beenden. **Close**

D Datenbanken

D.1 MySQL und PHPMyAdmin 176

D.2 PHP und MySQL 209

D.3 MySQL-Datenbanken publizieren 255

A
B
C
D
E
F
G
H
I

A   Einführung

B   PHP-Programmierkurs

C   Daten senden und auswerten

D   Datenbanken

E   Erweiterungen in PHP 5

F   Weitere Themen

G   Projekte

H   HTML

I   Anhang

D Datenbanken

*In diesem Abschnitt werden die Grundlagen des Aufbaus und
der Struktur von Datenbanken anhand des MySQL-Daten-
bank-Servers beschrieben. Sie lernen die Datenbanksprache
SQL, die Benutzeroberfläche PHPMyAdmin und das Zusammenspiel von PHP-Programmen mit MySQL kennen. Sie
erfahren, wie Sie Ihre Datenbanken ins Internet stellen können.*

Eine Datenbank dient zur Speicherung größerer Datenmengen und zur
übersichtlichen Darstellung bestimmter Daten aus diesen Datenmengen. Innerhalb einer Datenbank befinden sich verschiedene Tabellen;
hier eine einfache Beispieltabelle:

Datenbank, Tabelle

Name	Vorname	Personalnummer	Gehalt	Geburtstag
Maier	Hans	6714	3500,00	15.03.62
Schmitz	Peter	81343	3750,00	12.04.58
Mertens	Julia	2297	3621,50	30.12.59

Die Begriffe in der ersten Zeile nennt man Datenfelder der Tabelle.
Anschließend folgen die einzelnen Datensätze der Tabelle, in diesem
Falle drei.

Datenfeld, Datensatz

Natürlich legt niemand für drei Datensätze eine Datenbank mit einer
Tabelle an, aber die vorliegende Struktur könnte auch für mehrere tau-
send Datensätze verwendet werden. Die Datenfelder haben einen
bestimmten Datentyp, hier sind dies Text, Zahlen und Datumsangaben.

Datentyp

Beim Erzeugen einer Datenbank geht man wie folgt vor:

▶ Anlegen der Datenbank,

▶ Anlegen von Tabellen durch Angabe der Struktur,

▶ Eingeben der Datensätze in die Tabellen.

Die Struktur einer existierenden Datenbank beziehungsweise einer
Tabelle kann auch noch verändert werden, wenn sich bereits Daten
darin befinden. Allerdings ist es empfehlenswert, sich vorher gründlich
Gedanken über die Struktur einer Datenbank zu machen, da bei einer
nachträglichen Veränderung leicht Datenverluste auftreten können.

Struktur, Daten

D.1   MySQL und PHPMyAdmin

MySQL   Im Zusammenhang mit der Programmiersprache PHP wird häufig mit MySQL-Datenbanken gearbeitet. MySQL ist die Open-Source-Datenbank mit der größten Verbreitung. Es handelt sich dabei um einen SQL-basierten Datenbank-Server. Unter Windows 2000 wird MySQL bei der Installation unmittelbar als Dienst eingerichtet. Dieser Dienst wird mit dem Betriebssystem automatisch gestartet und beendet. Einzelheiten der Installation entnehmen Sie Kapitel I, Anhang.

SQL   SQL ist die meistverwendete Datenbanksprache der Welt. MySQL bietet SQL-Anweisungen

▶ zur Erzeugung der Struktur von Datenbanken und Tabellen,

▶ zum Bearbeiten der Datensätze (Erzeugen, Anzeigen, Ändern, Löschen).

PHPMyAdmin   In der PHP-Welt wird zur komfortablen Erzeugung der Struktur von MySQL-Datenbanken und Tabellen häufig die (frei verfügbare) Bedienungsoberfläche PHPMyAdmin verwendet (Installation siehe Kapitel I, Anhang).

Zum Bearbeiten der Datensätze stellt der PHP-Entwickler dem Benutzer anschließend eine eigene Oberfläche zur Verfügung. Dabei handelt es sich um Webseiten mit PHP-Programmen, in denen SQL-Befehle ausgeführt werden.

Diese Vorgehensweise wird auch in den folgenden Abschnitten berücksichtigt:

▶ Die wichtigsten Vorgänge zur Erzeugung beziehungsweise Veränderung der Struktur einer Datenbank mit PHPMyAdmin werden beschrieben.

▶ Die Vorgehensweise zum Erzeugen, Anzeigen, Ändern und Löschen von Datensätzen wird erläutert, um mit dem Handling einer Datenbank vertraut zu werden.

▶ PHPMyAdmin zeigt bei diesen Vorgängen die jeweils intern ausgeführte SQL-Anweisung an. Darüber hinaus bietet PHPMyAdmin eine Möglichkeit zur direkten Eingabe von SQL-Befehlen. Dadurch kann man sich bereits mit der Sprache vertraut machen.

▶ Dieses Wissen wird in Abschnitt D.2, PHP und MySQL, eingesetzt, um datenbankbasierte Internetseiten mit Hilfe von PHP, MySQL und PHPMyAdmin als Oberfläche für den Benutzer zu erstellen.

D.1.1 PHPMyAdmin

Die gesamte Bedienung von PHPMyAdmin läuft komfortabel über das Browser-Fenster ab. Mit Hilfe von PHPMyAdmin können unter anderem

▶ Datenbanken angelegt, verwaltet und gelöscht werden,

▶ innerhalb der Datenbanken Tabellen angelegt, verwaltet und gelöscht werden,

▶ innerhalb der Tabellen Felder und Indizes zur eindeutigen Identifizierung angelegt, verwaltet und gelöscht werden.

In diesem Kapitel wird nur ein ausgewählter Teil der Möglichkeiten gezeigt, die PHPMyAdmin bietet. Ähnlich wie im Programmierkurs wird nicht jede Einzelheit und Komponente erklärt, sondern es werden für viele denkbare Anwendungsfälle jeweils Lösungen angeboten, ohne dass man von der Vielfalt verwirrt wird.

Nach erfolgter Installation von PHPMyAdmin und bei gestartetem MySQL-Datenbank-Server kann die Startseite von PHPMyAdmin über einen Browser aufgerufen werden. Die einzugebende Adresse ist `http://localhost/phpmyadmin/index.php`. Diese sollte in den Favoriten beziehungsweise Bookmarks des Browsers gespeichert werden.

PHPMyAdmin-Adresse

Es wird die Startansicht von PHPMyAdmin (hier für die PHPMyAdmin-Version 2.5.4 und die MySQL-Version 4.0.16) dargestellt. Als Erstes sollte über das Listenfeld rechts die Sprache eingestellt werden, anschließend erscheint:

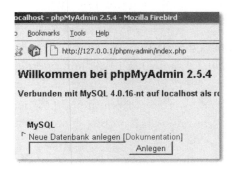

Abbildung D.1 PHPMyAdmin, Startansicht in Deutsch

D.1.2 Beispieldatenbank und -tabelle

Es soll eine Datenbank `firma` mit einer Tabelle `personen` erzeugt werden. Neben den zur Erzeugung notwendigen Schritten werden weitere Möglichkeiten zur Verwaltung erläutert.

Die Datenbank `firma` beinhaltet die Tabelle `personen` mit folgenden Feldern:

Feldname	Datentyp
name	varchar(30)
vorname	varchar(25)
personalnummer	int
gehalt	double
geburtstag	date

In dieser Tabelle sollen die Daten zu einzelnen Personen gespeichert werden können. Name und Vorname sind Felder, in denen Zeichenketten bis zur Länge 30 beziehungsweise 25 gespeichert werden können. Die Personalnummer dient zur eindeutigen Identifizierung der verschiedenen Personen und ist eine ganze Zahl. Das Gehalt ist eine Zahl, die Nachkommastellen haben kann. Für das Feld Geburtstag wird ein Feld vom Typ `date` gewählt.

Bei diesem Beispiel werden einige häufig verwendete Datentypen eingesetzt, die für viele Anwendungen bereits ausreichen. Zum Einsatz weiterer Datentypen und Feldeigenschaften wird an dieser Stelle auf das Manual zu MySQL (auf der CD) verwiesen.

Es werden die Daten aus der oben angegebenen Beispieltabelle verwendet.

D.1.3 Datenbank erzeugen

Zunächst muss die Datenbank `firma` angelegt werden:

Abbildung D.2 Neue Datenbank firma anlegen

Es erscheint die Datenbankstrukturansicht mit einigen Bedienungsmöglichkeiten. Dabei ist `firma` die aktive Datenbank, zu Beginn ist sie natürlich leer:

Datenbank erzeugen

Abbildung D.3 Neue Datenbank firma, Ansicht linke Seite

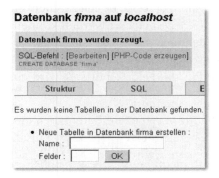

Abbildung D.4 Neue Datenbank firma, Ansicht rechte Seite

Es erscheint unter anderem die SQL-Anweisung, die zum Erzeugen der Datenbank führt:

create database

```
create database <datenbankname>
```

Bei den Namen von Datenbanken, Tabellen und Feldern sollte man darauf achten, dass keine deutschen Umlaute, scharfes ß, Leerzeichen und Sonderzeichen verwendet werden.

Innerhalb von MySQL kann mit einem umfangreichen und detaillierten System zur Zugriffssicherung gearbeitet werden. Verschiedenen Benutzern können spezifische Rechte eingeräumt beziehungsweise verwehrt werden. Zum Erlernen des ersten Umgangs mit Datenbanken und der Datenbankprogrammierung wird hier der Einfachheit halber angenommen, dass die Benutzer sämtliche Zugriffsrechte bei der Benutzung von Datenbanken haben.

D.1.4 Datenbank umbenennen

Unterverzeichnis
data

Falls man versehentlich einen falschen Namen für die Datenbank gewählt hat, so kann dieser Name über das Dateisystem geändert werden. Unter Windows befinden sich (bei einer Installation im Verzeichnis c:\mysql) im Unterverzeichnis c:\mysql\data weitere Unterverzeichnisse. Die Namen der Unterverzeichnisse entsprechen den Namen der einzelnen Datenbanken.

MySQL-Server
beenden

Eine Änderung des Verzeichnisnamens ist erst möglich, wenn man den MySQL-Server beendet hat, zum Beispiel über den Apache Service Monitor, Button »Services«. Man sollte nicht vergessen, den Dienst nach der Änderung wieder zu starten.

Die Änderung des Verzeichnisnamens ändert den Namen der Datenbank. Anschließend ist eine Aktualisierung von PHPMyAdmin im Browser notwendig.

Hinweis: Neben der Datenbank firma, die soeben neu angelegt wurde, sind bereits die Datenbanken mysql und test vorhanden. Die Datenbank mysql beinhaltet MySQL-eigene Informationen, unter anderem über Benutzerrechte, sie darf hier nicht verändert werden.

Diese Änderung kann auch durchgeführt werden, falls sich bereits Tabellen und Daten in der Datenbank befinden. PHP-Programme, die eine Verbindung zur betreffenden Datenbank aufnehmen, beinhalten natürlich noch den alten Namen und müssten alle im Nachhinein geändert werden. Daher ist es besser, wenn der Name einer Datenbank möglichst nicht mehr geändert wird.

Abhilfe kann geschaffen werden, indem man die PHP-Programmzeilen zur Verbindungsaufnahme in eine include-Datei auslagert. Somit muss der Programmcode nur noch an dieser Stelle geändert werden. Diese Notwendigkeit entsteht, falls ein PHP-MySQL-Projekt auf eine Website hochgeladen wird, deren Provider nur eine Datenbank mit einem festgelegten Namen zur Verfügung stellt.

D.1.5 Datenbank löschen

Eine Datenbank, die nicht mehr benötigt wird, kann entweder über das Dateisystem (Verzeichnis löschen) oder über den Hyperlink Löschen auf der rechten Seite der Datenbankstrukturansicht gelöscht werden. Es erscheint eine Rückfrage, nach Bestätigung wäre die Datenbank gelöscht.

Abbildung D.5 Bestätigung zum Löschen einer Datenbank

Innerhalb der Rückfrage erscheint die SQL-Anweisung, die intern zum Löschen der Datenbank führt:

drop database

```
drop database <datenbankname>
```

D.1.6 Tabelle erzeugen

Nach Anlage der Datenbank hat man die Möglichkeit, eine neue Tabelle zu erzeugen, hier die Tabelle personen mit fünf Feldern:

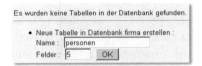

Abbildung D.6 Anlegen einer Tabelle

Die Namen und Datentypen der fünf Felder werden eingetragen (das dritte Feld heißt personalnummer).

Tabelle erzeugen

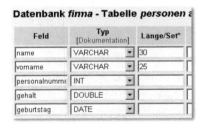

Abbildung D.7 Namen und Eigenschaften der Tabellenfelder

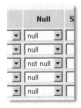

Abbildung D.8 Eigenschaft Null der Tabellenfelder

Die Datentypen wurden bereits weiter oben beschrieben. In der Spalte NULL wird festgelegt, ob dieses Feld bei der Erzeugung eines Datensatzes eventuell leer bleiben darf. NULL bedeutet weder die Zahl 0 noch eine leere Zeichenkette, sondern lediglich kein Eintrag. Hier wurde bestimmt, dass außer dem Feld personalnummer, das zur eindeutigen Identifizierung dienen soll, alle Felder leer bleiben könnten.

Es erscheint die Tabellenstrukturansicht mit einigen Bedienungsmöglichkeiten. Oberhalb wird eine Erfolgsmeldung mit der intern verwendeten SQL-Anweisung dargestellt:

```
create table <tabellenname>
(
    <feldname1> <feldtyp1> <feldeigenschaften1>,
    <feldname2> <feldtyp2> <feldeigenschaften2>,
    ...
)
```

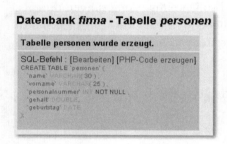

Abbildung D.9 SQL-Befehl zur Erzeugung der Tabelle

Die Struktur der Tabelle ist erzeugt, wie im unteren Teil der Seite erkennbar:

Feld	Typ	Attribute	Null	Standard I
name	varchar(30)		Ja	NULL
vorname	varchar(25)		Ja	NULL
personalnummer	int(11)		Nein	0
gehalt	double		Ja	NULL
geburtstag	date		Ja	NULL

Abbildung D.10 Struktur der Tabelle personen

D.1.7 Tabellenstruktur verändern

Struktur ändern

Sollte man feststellen, dass eine Tabelle mit einer nicht ausreichenden oder falschen Struktur erzeugt wurde, so kann diese Struktur noch geändert werden. Name, Datentyp oder andere Attribute eines Datenfeldes können verändert werden, außerdem kann auch ein Datenfeld ganz gelöscht werden. Dazu dienen die Hyperlinks Ändern, Löschen usw. neben dem Feldnamen in der Tabellenstrukturansicht.

Es können auch Datenfelder hinzugefügt werden. Dazu dient der Bereich Neue Felder hinzufügen unterhalb der Tabellenstrukturansicht. Hier muss angegeben werden, an welcher Stelle das neue Feld eingefügt werden soll.

Änderungen sollten möglichst vor der Eingabe der ersten Daten geschehen, da je nach Art der Änderung ein Datenverlust auftreten kann. Man wird darauf gesondert hingewiesen.

Für das oben angegebene Beispiel sollen einige Änderungen durchgeführt werden. Sie werden anschließend wieder rückgängig gemacht, damit mit der Tabelle personen weiter gearbeitet werden kann.

Beispiel 1:

Feldname gehalt ändern in Feldname lohn:

Feldnamen ändern

In der Zeile des Feldes gehalt wird der Hyperlink zum Ändern betätigt:

Abbildung D.11 Symbol mit Hyperlink zum Ändern eines Feldes

Es erscheint ein Eingabeformular, hier wird der Name auf lohn geändert:

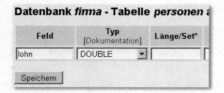

Abbildung D.12 Änderung des Namens

alter table ... change Nach dem `Speichern` erscheint die intern verwendete SQL-Anweisung:

```
alter table <tabellenname> change <feldname_alt>
    <feldname_neu> <feldeigenschaften_neu>
```

Abbildung D.13 SQL-Befehl zur Änderung des Namens

und die geänderte Tabellenstrukturansicht:

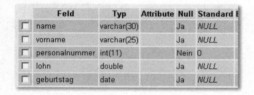

Abbildung D.14 Ansicht nach Änderung des Namens

Beispiel 2:

Feldtyp ändern Feldtyp von `lohn` ändern von `double` auf `int`:

In der Zeile des Feldes `lohn` wird der Hyperlink Ändern betätigt. Es erscheint ein Eingabeformular, hier wird der Typ auf `int` geändert:

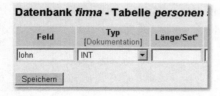

Abbildung D.15 Ändern des Datentyps

Nach dem `Speichern` erscheint die intern verwendete SQL-Anweisung:

```
alter table <tabellenname> change <feldname> <feldname>
  <feldeigenschaften_neu>
```

Abbildung D.16 SQL-Befehl zum Ändern des Datentyps

und die geänderte Tabellenstrukturansicht:

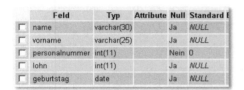

Abbildung D.17 Ansicht nach Änderung des Datentyps

Beispiel 3:

Feld `lohn` löschen:

In der Zeile des Feldes `lohn` wird der Hyperlink zum Löschen betätigt:

Feld löschen

Abbildung D.18 Symbol mit Hyperlink zum Löschen eines Feldes

Es erscheint eine Rückfrage, nach Bestätigung wird das Feld gelöscht:

Abbildung D.19 Bestätigung zur Löschung eines Feldes

alter table ... drop Nach dem Löschen erscheint die intern verwendete SQL-Anweisung und die geänderte Tabellenstrukturansicht:

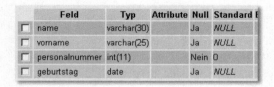

Feld	Typ	Attribute	Null	Standard
name	varchar(30)		Ja	*NULL*
vorname	varchar(25)		Ja	*NULL*
personalnummer	int(11)		Nein	0
geburtstag	date		Ja	*NULL*

Abbildung D.20 Ansicht nach Löschen eines Feldes

Beispiel 4:

Feld erzeugen Feld `gehalt` neu erzeugen:

Unterhalb der Tabellenstrukturansicht gibt es die Möglichkeit, neue Felder an beliebiger Position hinzuzufügen. Das neue Feld soll an der ursprünglichen Stelle wieder erzeugt werden (nach dem Feld `perso-nalnummer`):

- Druckansicht
- Neue Felder hinzufügen : 1   Nach personalnummer

Abbildung D.21 Erzeugen eines neuen Feldes

Es erscheint ein Eingabeformular, hier werden Name, Typ und Eigenschaften des neuen Feldes eingetragen. Dabei sollte man in der Spalte `Null` wieder den Eintrag `null` auswählen:

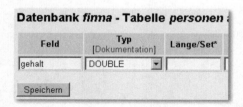

Datenbank *firma* **- Tabelle** *personen*

Feld	Typ [Dokumentation]	Länge/Set*	
gehalt	DOUBLE		

Speichern

Abbildung D.22 Eigenschaften des neuen Feldes

alter table ... add Nach dem Speichern erscheint die intern verwendete SQL-Anweisung:

```
alter table <tabellenname> add <feldname> <feldtyp>
    <feldeigenschaften> after <feldname_vorgänger>
```

Tabelle personen wurde geändert.

SQL-Befehl : [Bearbeiten] [PHP-Code erzeugen]
ALTER TABLE `personen` ADD `gehalt` DOUBLE AFTER `personalnummer` ;

Abbildung D.23 SQL-Befehl zum Erzeugen eines neuen Feldes

und die geänderte (in diesem Falle wieder ursprüngliche) Tabellen-strukturansicht.

D.1.8 Index erzeugen

Für viele Vorgänge innerhalb von Tabellen ist eine eindeutige Identifi-zierung der einzelnen Datensätze hilfreich und notwendig. Dies wird mit Hilfe eines so genannten eindeutigen Index (unique index) reali-siert. Dieser Index kann unmittelbar beim Erzeugen einer neuen Tabelle geschaffen werden.

Er kann aber auch einer vorhandenen Tabelle, die bereits Daten bein-haltet, hinzugefügt werden. Es empfiehlt sich allerdings, sich bereits vor Erzeugung der Tabelle zu überlegen, welches Feld eindeutige Daten beinhaltet, und die Tabelle mit eindeutigem Index zu erzeugen. Das nachträgliche Hinzufügen eines Index gelingt nur, falls in diesem Feld noch kein Eintrag mehrfach vorhanden ist.

unique index

Im vorliegenden Beispiel soll das Feld personalnummer eindeutig sein, das heißt, keine Personalnummer darf doppelt vorhanden sein. Damit die Eindeutigkeit von MySQL kontrolliert wird, wird das Feld perso-nalnummer mit einem eindeutigen Index versehen.

Man betätigt dazu in der Tabellenstrukturansicht in der Zeile des Feldes personalnummer den Hyperlink mit dem Symbol für unique:

Abbildung D.24 Symbol mit Hyperlink zum Erzeugen eines eindeutigen Index

Im nachfolgenden Fenster erscheint eine Erfolgsmeldung mit der intern verwendeten SQL-Anweisung:

```
alter table <tabellenname> add unique (<feldname>)
```

Abbildung D.25 SQL-Befehl zum Erzeugen des eindeutigen Index

Unterhalb der Tabellenstrukturansicht der Datenfelder ist der Index erkennbar:

Abbildung D.26 Anzeige des eindeutigen Index

Anschließend können in diese Tabelle nur noch Einträge aufgenommen werden, die einen Eintrag im Feld `personalnummer` haben. Dieser Eintrag darf nicht bereits in einem anderen Datensatz existieren, da dann die Eindeutigkeit verletzt wäre. Alle Datensätze können anhand des Wertes im Feld `personalnummer` eindeutig voneinander unterschieden werden. Dies ist besonders beim Ändern und Löschen von Datensätzen wichtig.

D.1.9   Index löschen

Sollte man versehentlich das falsche Feld für einen eindeutigen Index gewählt haben, so lässt er sich über den Hyperlink zum Löschen wieder entfernen. Es erscheint eine Rückfrage, nach Bestätigung würde der Index gelöscht:

Abbildung D.27 Bestätigung des Löschens des Index

alter table ...
drop index

Innerhalb der Rückfrage erscheint die SQL-Anweisung, die intern zum Löschen des Index führt:

```
alter table <tabellenname> drop index <indexname>
```

D.1.10 Tabellennamen ändern

Oberhalb der Tabellenstrukturansicht findet sich der Hyperlink `Opera-` Operationen
`tionen`. Hier werden unter anderem Möglichkeiten zum Umbenennen, Kopieren und Verschieben einer Tabelle zur Verfügung gestellt. Nach Eintrag des neuen Tabellennamens:

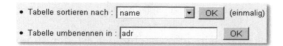

Abbildung D.28 Tabelle umbenennen

erscheint eine Erfolgsmeldung mit der intern verwendeten SQL- alter table ...
rename
Anweisung:

Abbildung D.29 Nach Umbenennung der Tabelle

Zur weiteren Bearbeitung des Beispiels sollte die Tabelle auf dem gleichen Wege wieder in `personen` umbenannt werden.

D.1.11 Tabelle optimieren

Beim Löschen von Datensätzen werden die betroffenen Datensätze nur als »gelöscht« markiert, aber nicht physikalisch gelöscht. Die Tabelle und damit die Datenbank wird durch neue Einträge ständig größer. Hier kann eine Optimierung der Tabelle Abhilfe schaffen. Dadurch werden alle Datensätze, die als »gelöscht« markiert sind, auch physikalisch gelöscht. Die Datenbank kann somit spürbar verkleinert werden.

Dazu muss man zunächst von der Tabellenstrukturansicht auf eine Datensätze physi-
kalisch löschen
andere Ansicht wechseln. Im linken PHPMyAdmin-Frame ist der Hyperlink `firma` zu betätigen:

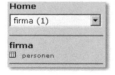

Abbildung D.30 Wechseln zur Datenbankstrukturansicht

optimize table | Es erscheint die Datenbankstrukturansicht mit Informationen über die gesamte Datenbank. Hier wird die Tabelle personen markiert. Nach Auswahl des Menüpunktes Optimiere Tabelle im Auswahlmenü rechts wird die Aktion unmittelbar ausgeführt und es erscheint das nachfolgende Fenster mit der intern verwendeten SQL-Anweisung:

```
optimize table <tabellenname>
```

Abbildung D.31 Nach Optimierung der Tabelle

Dieser Menüpunkt kann für alle Tabellen einer Datenbank gleichzeitig ausgeführt werden, falls vorher alle markiert wurden. Zur Tabellenstrukturansicht der Tabelle personen gelangt man wieder über den Hyperlink personen im linken PHPMyAdmin-Frame.

D.1.12 Tabelle löschen

Eine Tabelle, die nicht mehr benötigt wird, kann über das Dateisystem gelöscht werden. Im Verzeichnis der betreffenden Datenbank (unter Windows: c:\mysql\data\firma) finden sich drei Dateien mit dem Namen der Tabelle. Für die Tabelle personen sind dies: personen.frm, personen.myd und personen.myi.

Tabelle löschen | Eine andere Möglichkeit bietet der Hyperlink Löschen auf der rechten Seite der Tabellenstrukturansicht. Es erscheint eine Rückfrage, nach einer Bestätigung würde die Tabelle gelöscht.

drop table | Innerhalb der Rückfrage erscheint die SQL-Anweisung, die intern zum Löschen der Tabelle führt:

```
drop table <tabellenname>
```

Abbildung D.32 Bestätigung zum Löschen einer Tabelle

D.1.13 Datensätze eintragen

Oberhalb der Tabellenstrukturansicht hat man über den Hyperlink Daten eintragen Einfügen die Möglichkeit, Datensätze einzutragen:

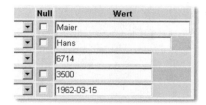

Abbildung D.33 Eingabe eines Datensatzes

Beim Eintragen ist zu beachten:

▶ bei Zahlen mit Nachkommastellen: Punkt statt Komma,

▶ bei Datumsangaben gilt das amerikanische Eingabeformat `JJJJ-MM-TT`.

Nach Betätigung des `OK`-Buttons erscheint das nachfolgende Fenster mit insert into ... values der intern verwendeten SQL-Anweisung:

```
insert into <tabellenname> (<feldname1>, <feldname2>,
   ...) values (<feldinhalt1>, <feldinhalt2>, ...)
```

Abbildung D.34 Nach Eingabe eines Datensatzes

Bei der SQL-Anweisung ist Folgendes zu beachten:

▶ Die Reihenfolge der Feldinhalte in den Klammern hinter `values` muss der Reihenfolge der Feldnamen entsprechen.

▶ Zeichenketten und Datumsangaben müssen in einfache Hochkommata (Apostroph) gesetzt werden. Bei Zahlen ist dies nicht nötig, auch wenn dies von PHPMyAdmin gemacht wird.

▶ Die Datumsangabe muss im amerikanischen Format erfolgen (`JJJJ-MM-TT`).

▶ Bei Zahlen mit Nachkommastellen ist ein Punkt statt eines Kommas zu verwenden.

null, not null ▶ Felder, die die Eigenschaft not null haben, müssen besetzt werden. Die anderen Felder können leer bleiben, dies ist aber nicht zu empfehlen.

▶ Beim Erzeugen neuer Daten wird eine Aktionsabfrage durchgeführt, wie auch beim Ändern oder Löschen von Daten. Beim Ansehen von Daten wird eine Auswahlabfrage ausgeführt.

D.1.14 Datensatzauswahl

Die SQL-Anweisung select dient zur Durchführung einer Datenbankabfrage. Es findet eine Auswahl von Datensätzen, die angezeigt werden sollen, statt.

Abfrage Alle Datensätze der Tabelle personen kann man betrachten, indem man den Hyperlink Anzeigen oberhalb der Tabellenstrukturansicht betätigt. Eine weitere Möglichkeit: Man betätigt im linken PHPMyAdmin-Frame den Hyperlink mit der kleinen Grafik, links neben dem Hyperlink personen:

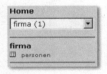

Abbildung D.35 Hyperlink mit Symbol zur Anzeige von Datensätzen

select ... from Es erscheint die intern verwendete SQL-Anweisung:

```
select * from <tabellenname>
```

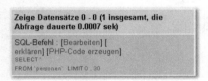

Abbildung D.36 SQL-Befehl zur Anzeige aller Datensätze

Hier wurde ausgewählt: Zeige alle Felder (*) der Tabelle personen an, ohne Einschränkung.

limit Der Zusatz limit 0,30 dient nur dazu, die Anzeige innerhalb von PHPMyAdmin auf die ersten 30 Datensätze zu begrenzen. Normalerweise wird eine `select`-Anweisung ohne Limitierung durchgeführt, da man alle Datensätze sehen möchte, die der Auswahl entsprechen.Bevor später einige Beispiele zur `select`-Anweisung besprochen werden, sollten die restlichen Datensätze der Beispieltabelle eingegeben werden. Dies geschieht über den Hyperlink `Neue Zeile einfügen`.

Nach dem Eintragen aller drei Datensätze ergibt die Datenansicht:

name	vorname	personalnummer	gehalt	geburtstag
Maier	Hans	6714	3500	1962-03-15
Schmitz	Peter	81343	3750	1958-04-12
Mertens	Julia	2297	3621.5	1959-12-30

Abbildung D.37 Tabelle personen mit drei Datensätzen

Übung UD01:

Eine zweite Datenbank mit einer eigenen Tabelle soll erstellt werden. Die Datenbank soll Hardware-Informationen beinhalten und daher den Namen `hardware` haben. Die Tabelle soll Informationen zu Festplatten beinhalten und daher den Namen `fp` haben. Es soll insgesamt fünf Datensätze geben. Das gewünschte Ergebnis wird nachfolgend in PHPMyAdmin dargestellt.

Zunächst der linke Frame:

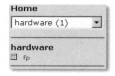

Abbildung D.38 Ansicht linke Seite

Die Tabellenstrukturansicht:

	Feld	Typ	Attribute	Null	Standard
☐	hersteller	varchar(25)		Ja	NULL
☐	typ	varchar(25)		Ja	NULL
☐	mb	int(11)		Ja	NULL
☐	preis	double		Ja	NULL
☐	artnummer	varchar(15)		Nein	
☐	prod	date		Ja	NULL

Abbildung D.39 Tabellenstruktur

Hersteller, Typ und Artikel-Nummer sind Zeichenketten. Das Feld mb gibt die Kapazität der Festplatte an. Das Feld gibt das erste Produktions-Datum der betreffenden Festplatte an. Das Feld für die Artikelnummer soll eindeutig sein, der Index soll wie folgt aussehen:

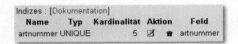

Abbildung D.40 Index für Tabelle fp

Die Datenansicht:

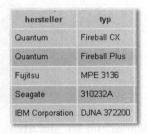

Abbildung D.41 Tabelle fp, die beiden ersten Felder

Abbildung D.42 Tabelle fp, die restlichen Felder

Beispiele für Datensatzauswahl

Die Beispiele zur select-Anweisung sollen mit Hilfe von PHPMyAdmin gebildet werden. Über den Hyperlink Suche der Tabellenstrukturansicht gelangt man zu einem Eingabeformular. Im oberen Teil wird ausgewählt, welche Felder man sehen möchte, zum Beispiel nur das Feld personalnummer:

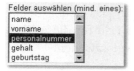

Abbildung D.43 Feldauswahl

Im mittleren Teil wird die Suchbedingung eingetragen:

Abbildung D.44 Suchbedingung

Im unteren Teil wird ausgewählt, nach welchem Feld und wie die Ausgabe sortiert sein soll:

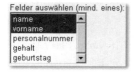

Abbildung D.45 Sortierung

Beispiel 1:

Es sollen nur die Inhalte der Felder `name` und `vorname` ausgewählt werden. Dazu werden im oberen Teil die beiden Felder ausgewählt, die restlichen Teile werden nicht bearbeitet:

Felder auswählen

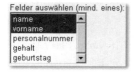

Abbildung D.46 Auswahl der Felder name und vorname

Es erscheint die Information, dass drei Datensätze gefunden wurden, die der Auswahl genügen. Außerdem die intern verwendete SQL-Anweisung:

```
select <feldname1>, <feldname2> ... from <tabellenname>
```

Abbildung D.47 SQL-Befehl zur Auswahl

Der Zusatz `where 1` hat hier keine Bedeutung und kann weggelassen werden. Das Ergebnis der Abfrage im unteren Teil der Anzeige:

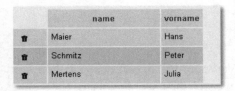

Abbildung D.48 Ergebnis der Auswahl

Beispiel 2:

Es sollen nur die Datensätze ausgewählt werden, bei denen das Gehalt 3000 Euro beträgt. Zunächst die Felder:

Abbildung D.49 Auswahl aller Felder

Anschließend die Suchkondition:

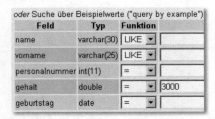

Abbildung D.50 Suchbedingung

Es erscheint die Information, dass kein Datensatz gefunden wurde, der der Auswahl genügt. Es gibt also kein Abfrage-Ergebnis. Nur die intern verwendete SQL-Anweisung wird dargestellt:

select ... from ... where

D

```
select <alle_feldnamen> from <tabellenname>
  where gehalt = 3000
```

MySQL lieferte ein leeres Resultat zurück (d.h. null Zeilen). (die Abfrage dauerte 0.0008 sek)
SQL-Befehl : [Bearbeiten] [erklären] [PHP-Code erzeugen]
SELECT *
FROM `personen`
WHERE 1 AND `gehalt` =3000 LIMIT 0 , 30

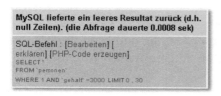

Abbildung D.51 Ergebnis der Auswahl

Der Zusatz `where 1` und der Verknüpfungsoperator `and` haben hier keine Bedeutung und können weggelassen werden. Falls alle Felder ausgewählt werden, kann auch einfach das Sternchen (*) eingetragen werden.

Somit erscheint das gleiche Ergebnis, wenn man (über den Hyperlink `SQL`) die SQL-Anweisung wie folgt einträgt:

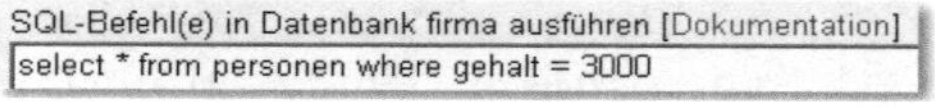

SQL-Befehl(e) in Datenbank firma ausführen [Dokumentation]
select * from personen where gehalt = 3000

Abbildung D.52 Eingabe in SQL-Fenster

Beispiel 3:

Es sollen nur die Datensätze ausgewählt werden, bei denen der Name `Schmitz` ist. Es werden wieder alle Felder ausgewählt. Die Suchkondition:

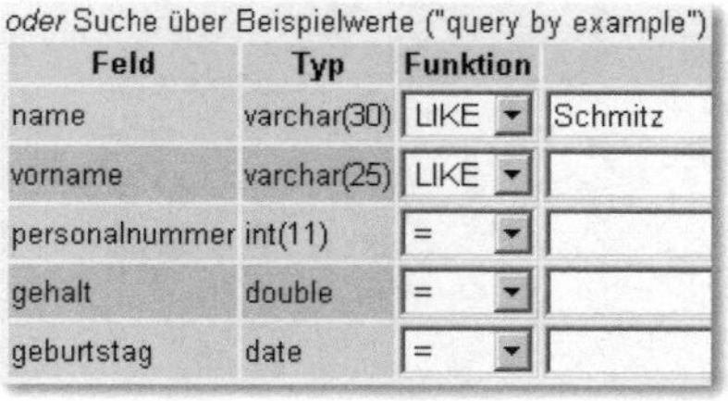

oder Suche über Beispielwerte ("query by example")
Feld
Typ
Funktion
name
varchar(30)
LIKE
Schmitz
vorname
varchar(25)
LIKE
personalnummer
int(11)
=
gehalt
double
=
geburtstag
date
=

Abbildung D.53 Suchbedingung

Die intern verwendete SQL-Anweisung:

```
select <alle_feldnamen> from <tabellenname>
    where name = 'Schmitz'
```

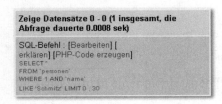

Abbildung D.54 SQL-Abfrage zur Auswahl

Da es sich um ein Feld mit einer Zeichenkette handelt, ist auf die einfachen Hochkommata beim Wert des Feldes zu achten. Das Ergebnis ist ein einzelner Datensatz:

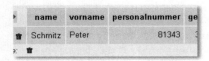

Abbildung D.55 Ergebnis der Auswahl

Man beachte die Einrahmung des Feldes, auf das sich die Suchbedingung bezogen hat (`name`).

D.1.15 Vergleichsoperatoren, logische Operatoren

Vergleichs-operatoren

Bei der Auswahl durch `where` innerhalb der `select`-Anweisung (und später auch in anderen Anweisungen) können, ähnlich wie bei der Programmierung mit PHP, die nachfolgenden Vergleichsoperatoren angewendet werden:

Operator	Bedeutung
=	gleich
<>	ungleich
>	größer als
>=	größer als oder gleich
<	kleiner als
<=	kleiner als oder gleich

Es können auch mehrere Auswahlbedingungen logisch miteinander verknüpft werden, und zwar mit Hilfe der folgenden logischen Operatoren:

Logische
Operatoren

Operator	Bedeutung
not	Der Wahrheitswert einer Bedingung wird umgekehrt.
and	Alle Bedingungen müssen zutreffen.
or	Eine der Bedingungen muss zutreffen.

Es folgt ein Beispiel für die Anwendung von Vergleichsoperatoren und logischen Operatoren. Die nachfolgende Auswahl ergibt alle Datensätze, bei denen im Feld gehalt ein Wert zwischen 3000 und 3500 steht:

```
select * from personen where gehalt >= 3000 and
    gehalt <= 3500
```

Der Eintrag der SQL-Anweisung im Formular SQL führt zu:

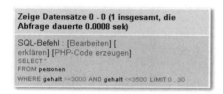

Abbildung D.56 Ergebnis der Auswahl mit and

D.1.16 Vergleichsoperator like

Der Operator like ist sehr nützlich beim Suchen nach Zeichenketten oder Teilen von Zeichenketten. Dabei können auch Platzhalter (Wildcards) eingesetzt werden. Ein % (Prozentzeichen) steht für eine beliebige Anzahl von unbekannten Zeichen, ein _ (Unterstrich) steht für genau ein unbekanntes Zeichen. Die untersuchte Zeichenkette muss dabei nach wie vor in einfache Hochkommata gesetzt werden.

like % _

Es folgen einige Beispiele mit Auswahlen aus der Tabelle fp in der Datenbank hardware (siehe Übungsaufgabe UD01).

Beispiel 1:

Alle Felder und alle Datensätze der Tabelle anzeigen, deren Eintrag im Feld typ mit f oder F beginnt.

Im Formular Suche wird wie folgt eingetragen:

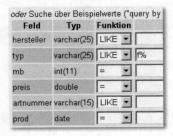

Abbildung D.57 Suchbedingung

Alternativ kann im Formular SQL die folgende Anweisung eingetragen werden:

```
select * from fp where typ like 'f%'
```

Das Ergebnis ist in beiden Fällen:

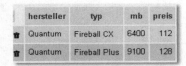

Abbildung D.58 Ergebnis der Auswahl

Beispiel 2:

Alle Felder und alle Datensätze der Tabelle anzeigen, deren Eintrag im Feld typ mit a oder A endet.

Im Formular Suche wird wie folgt eingetragen:

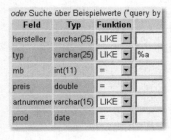

Abbildung D.59 Suchbedingung

Die SQL-Anweisung:

```
select * from fp where typ like '%a'
```

Das Ergebnis:

Abbildung D.60 Ergebnis der Auswahl

Beispiel 3:

Alle Felder und alle Datensätze der Tabelle anzeigen, deren Eintrag im Feld typ ein a oder A an beliebiger Stelle beinhaltet.

Im Formular Suche wird wie folgt eingetragen:

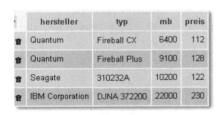

Abbildung D.61 Suchbedingung

Die SQL-Anweisung:

```
select * from fp where typ like '%a%'
```

Das Ergebnis:

hersteller	typ	mb	preis
Quantum	Fireball CX	6400	112
Quantum	Fireball Plus	9100	128
Seagate	310232A	10200	122
IBM Corporation	DJNA 372200	22000	230

Abbildung D.62 Ergebnis der Auswahl

Beispiel 4:

Alle Felder und alle Datensätze der Tabelle anzeigen, deren Eintrag im Feld typ mit D(beliebiges Zeichen)NA beginnt. Dies gilt unabhängig von Groß- und Kleinschreibung. Angezeigt werden also zum Beispiel DJNA..., DTNA..., aber nicht DTTA...

Im Formular Suche wird wie folgt eingetragen:

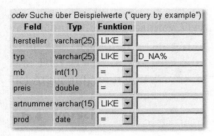

Abbildung D.63 Suchbedingung

Die SQL-Anweisung:

```
select * from fp where typ like 'D_NA%'
```

Das Ergebnis:

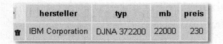

Abbildung D.64 Ergebnis der Auswahl

D.1.17 Sortierung

Sortierung

Zusätzlich lässt sich die Reihenfolge der Ausgabe mit Hilfe von order by beeinflussen. Die folgende SQL-Anweisung sortiert die Ausgabe der Datensätze der Tabelle personen nach Gehalt, beginnend mit dem höchsten Gehalt:

select ... order by

```
select * from personen order by gehalt desc;
```

asc, desc

Der Zusatz desc steht für descending (= absteigend). Im Normalfall wird aufsteigend sortiert, der Zusatz asc für ascending (= aufsteigend) muss deshalb nicht gesondert erwähnt werden.

Im Formular Suche werden für das oben angegebene Beispiel nur das Sortierfeld und die absteigende Sortierung ausgewählt:

Abbildung D.65 Einstellung der Sortierung

Das Ergebnis:

nalnummer	gehalt ⊿	geburtstag
81343	3750	1958-04-12
2297	3621.5	1959-12-30
6714	3500	1962-03-15

Abbildung D.66 Ergebnis der Sortierung

Man beachte das aufwärts zeigende Dreieck neben dem Feldnamen, das die Sortierrichtung anzeigt. Ein Klick auf einen der Feldnamen erzeugt ebenfalls eine einfache Sortierung, wechselweise aufsteigend oder absteigend.

Übung UD02:

Führen Sie zu der Hardware-Datenbank, die mit der vorherigen Übung erzeugt wurde, verschiedene Abfragen einzeln durch. Es sollen alle Festplatten angezeigt werden, die folgende Kriterien erfüllen:

▶ Hersteller ist Quantum, mit allen Angaben,

▶ Kapazität von mehr als 10.000 MB, nur mit den Angaben Hersteller, Typ, MB,

▶ Preis von weniger als 150 Euro, nur mit den Angaben Hersteller, Preis, Artikelnummer, nach Preis aufsteigend sortiert,

▶ Kapazität von mehr als 10.000 MB, kostet weniger als 150 Euro, mit allen Angaben, nach MB absteigend sortiert,

▶ Typbezeichnung beginnt mit »Fire«, mit allen Angaben,

▶ in derTypbezeichnung kommt »CX« vor, mit allen Angaben,

▶ wurde nach dem 1.1.98 erstmalig produziert, mit allen Angaben,

▶ wurde im ersten Halbjahr 1998 erstmalig produziert, mit allen Angaben.

D.1.18 Datensätze ändern

Die SQL-Anweisung update dient zur Änderung von einem oder mehreren Feldinhalten in einem oder mehreren vorhandenen Datensätzen. Sie ähnelt vom Aufbau her der select-Anweisung. Man sollte unbedingt darauf achten, dass die Auswahlkriterien sorgfältig gewählt werden, da ansonsten eventuell nicht nur die gewünschten Datensätze verändert werden.

Einzelne Datensätze können in PHPMyAdmin ähnlich wie Tabelleneigenschaften geändert werden. In der Datenansicht (hier die Tabelle fp in der Datenbank hardware) findet sich links neben dem Datensatz der Hyperlink mit dem Symbol zum Ändern. Er führt zu folgendem Formular:

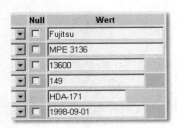

Abbildung D.67 Ändern eines Datensatzes

Nach Änderung des Preises auf 140 und Absenden des Formulars erscheint das nachfolgende Fenster mit der intern verwendeten SQL-Anweisung:

```
update <tabellenname> set <feldname> = <wert>
   where <indizierter_feldname> = <eindeutiger_wert>
```

Abbildung D.68 SQL-Befehl zum Ändern eines Datensatzes

Da auf dem Feld artnummer ein eindeutiger Index definiert wurde, wird dieses Feld zur Identifikation des zu ändernden Datensatzes verwendet. Ohne den where-Zusatz hätte die Anweisung update, analog zur Anweisung select, die gesamte Tabelle betroffen und bei allen Datensätzen wäre der Preis auf 140 gesetzt worden.

Beispiele für Datensatzänderungen

Beispiel 1:

Es soll eine absolute Änderung an einer Gruppe von Datensätzen durchgeführt werden. Bei allen Datensätzen, deren Eintrag im Feld Hersteller IBM Corporation lautet, wird der Preis auf den Wert 150 gesetzt. Die SQL-Anweisung lautet:

```
update fp set preis = 150
        where hersteller = 'IBM Corporation'
```

Nach Eingabe im Formular SQL erscheint die Information, dass in diesem Falle nur ein Datensatz von der Aktion betroffen war, da nur eine Festplatte der Firma IBM Corporation in der Tabelle steht:

Abbildung D.69 SQL-Befehl zum Ändern mehrerer Datensätze

Die Datenansicht zeigt, dass die Änderung durchgeführt wurde:

	hersteller	typ	mb	preis
🗑	Quantum	Fireball CX	6400	112
🗑	Quantum	Fireball Plus	9100	128
🗑	Fujitsu	MPE 3136	13600	140
🗑	Seagate	310232A	10200	122
🗑	IBM Corporation	DJNA 372200	22000	150

Abbildung D.70 Ergebnis der Änderung

Beispiel 2:

Es soll eine relative Änderung an einer Gruppe von Datensätzen durchgeführt werden. Bei allen Datensätzen, deren Eintrag im Feld Hersteller Quantum lautet, soll der Preis um zehn Prozent erhöht werden. Die SQL-Anweisung lautet:

```
update fp set preis = preis * 1.1
   where hersteller = 'Quantum'
```

Nach Eingabe im Formular SQL erscheint die Information, dass zwei Datensätze von der Aktion betroffen waren:

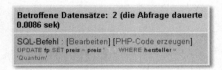

Abbildung D.71 SQL-Befehl zur relativen Änderung von Datensätzen

Die aktualisierte Datenansicht mit den Änderungen:

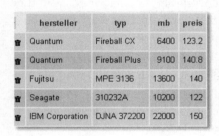

	hersteller	typ	mb	preis
🗑	Quantum	Fireball CX	6400	123.2
🗑	Quantum	Fireball Plus	9100	140.8
🗑	Fujitsu	MPE 3136	13600	140
🗑	Seagate	310232A	10200	122
🗑	IBM Corporation	DJNA 372200	22000	150

Abbildung D.72 Ergebnis nach relativer Änderung

Beispiel 3:

Es sollen mehrere Änderungen gleichzeitig durchgeführt werden. Bei allen Datensätzen, deren Eintrag im Feld Hersteller IBM Corporation lautet, soll der Preis um **zehn Prozent** heruntergesetzt und der Herstellername auf IBM Corp. geändert werden. Die SQL-Anweisung lautet:

```
update fp set hersteller = 'IBM Corp.',
   preis = preis * 0.9 where
   hersteller = 'IBM Corporation'
```

Nach Eingabe im Formular SQL erscheint die Information, dass ein Datensatz von der Aktion betroffen war:

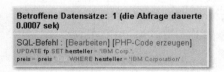

Abbildung D.73 SQL-Befehl zur mehrfachen Änderung

Die aktualisierte Datenansicht mit den Änderungen:

	hersteller	typ	mb	preis
🗑	Quantum	Fireball CX	6400	123.2
🗑	Quantum	Fireball Plus	9100	140.8
🗑	Fujitsu	MPE 3136	13600	140
🗑	Seagate	310232A	10200	122
🗑	IBM Corp.	DJNA 372200	22000	135

Abbildung D.74 Ergebnis nach mehrfacher Änderung

D.1.19 Datensätze löschen

Die SQL-Anweisung `delete` dient zum Löschen eines oder mehrerer vorhandener Datensätze. Sie ähnelt vom Aufbau her ebenfalls der `select`-Anweisung und sollte sehr umsichtig eingesetzt werden, da anderenfalls eventuell nicht nur die gewünschten Datensätze gelöscht werden.

Datensätze löschen

Es wird ein zusätzlicher Datensatz mit den Daten »Western Digital«, »WD-102AA«, 8200, 320, »HDA-178« und »1999–12–03« eingefügt. Datensätze können über den Hyperlink mit dem Symbol zum Löschen links neben dem Datensatz gelöscht werden. Es erscheint eine Rückfrage:

Abbildung D.75 SQL-Befehl zum Löschen eines Datensatzes

Dieser Datensatz wird eindeutig identifiziert über die Artikelnummer. Die intern verwendete SQL-Anweisung lautet:

delete from ... where

```
delete from fp where artnummer = 'HDA-178'
```

Da auf dem Feld `artnummer` ein eindeutiger Index definiert wurde, wird dieses Feld zur Identifikation des zu löschenden Datensatzes verwendet. Ohne den `where`-Zusatz hätte die Anweisung `delete`, analog zu den Anweisungen `select` beziehungsweise `update`, die gesamte Tabelle betroffen und alle Datensätze wären gelöscht worden.

Übung UD03:

Führen Sie in der Hardware-Datenbank folgende Änderungen beziehungsweise Löschungen durch:

▶ Alle Festplatten des Herstellers Seagate sollen um 25 Euro teurer werden.

▶ Der Hersteller Fujitsu hat seine Festplatte MPE 3136 ersetzt durch die Festplatte MPE 3139 mit einer Kapazität von 13.900 MB. Führen Sie die notwendige Änderung durch.

▶ Alle Festplatten des Herstellers Quantum sollen um acht Prozent teurer werden.

▶ Der Hersteller IBM hat seine Produktion eingestellt. Entfernen Sie die betreffenden Festplatten aus Ihrem Angebot.

D.1.20 Verwendete SQL-Anweisungen

Im vorliegenden Abschnitt werden eine Reihe von SQL-Anweisungen für MySQL-Datenbanken eingesetzt. Zur besseren Übersicht schließt sich eine Liste der verwendeten Anweisungen mit einer kurzen Erläuterung derselben an. Weiter gehende Ausführungen finden Sie im MySQL-Manual.

Funktionsname	Erläuterung
alter table	Ändern der Struktur einer Tabelle
create table	Erzeugen einer Tabelle
delete	Löschen von Datensätzen
drop database	Löschen einer Datenbank
drop table	Löschen einer Tabelle
insert	Erzeugen von neuen Datensätzen
optimize table	Optimieren einer Tabelle, Freigabe von nicht mehr genutztem Speicherplatz
select	Auswahl von Datensätzen
update	Ändern von Datensätzen

D.2 PHP und MySQL

In diesem Abschnitt wird beschrieben, wie die dynamische Schnittstelle zwischen dem Betrachter einer Internetseite und den Inhalten einer MySQL-Datenbank erzeugt wird.

Dynamische
Schnittstelle

D.2.1 Verbindung aufnehmen, Datensätze anzeigen

Dem Benutzer kann mit Hilfe von PHP-Programmen eine komfortable Schnittstelle zum Erzeugen, Anzeigen, Ändern und Löschen von Datensätzen aus einer MySQL-Datenbank zur Verfügung gestellt werden. Die Erzeugung der Datenbank und der Strukturentwurf werden vorher vom Entwickler mit PHPMyAdmin durchgeführt. Zunächst ein Programm zur Anzeige aller Datensätze aus der Datenbank firma, Tabelle personen:

```
<html>
<body>
<?php
   /* Verbindung aufnehmen */
   mysql_connect();

   /* Datenbank auswählen */
   mysql_select_db("firma");

   /* SQL-Abfrage ausführen */
   $res = mysql_query("select * from personen");

   /* Anzahl Datensätze ermitteln und ausgeben */
   $num = mysql_num_rows($res);
   echo "$num Datensätze gefunden<br>";

   /* Datensätze aus Ergebnis ermitteln, */
   /* in Array speichern und ausgeben    */
   while ($dsatz = mysql_fetch_assoc($res))
   {
      echo $dsatz["name"] . ", "
         . $dsatz["vorname"] . ", "
         . $dsatz["personalnummer"] . ", "
         . $dsatz["gehalt"] . ", "
         . $dsatz["geburtstag"] . "<br>";
   }
```

```
?>
</body>
</html>
```

Listing D.1 Datei ud01.php

Programm und Erläuterung erscheinen zunächst etwas umfangreich. Sie werden allerdings feststellen, dass die meisten Programmschritte typisch für Datenbankprogramme sind. Sie kommen in vielen PHP-Programmen vor, die Zugriff auf Datenbanken nehmen.

Zunächst die Ausgabe des Programms:

Abbildung D.76 Ausgabe aller Datensätze

Erläuterung des Programms:

mysql_connect()
▶ Die Funktion `mysql_connect()` öffnet eine Verbindung zum MySQL-Datenbank-Server. In den Klammern können bis zu drei Parameter stehen: `Hostname`, `Benutzername` und `Kennwort`. In diesem Abschnitt soll der Einfachheit halber angenommen werden, dass es sich um den Hostnamen `localhost` handelt, den Standardbenutzer und ein leeres Kennwort. Damit kann die Parameterliste leer bleiben.

mysql_select_db()
▶ Die Funktion `mysql_select_db()` wählt die Datenbank aus, mit der gearbeitet werden soll.

mysql_query()
▶ Die Funktion `mysql_query()` führt eine Abfrage mit der SQL-Anweisung `select` in der aktuellen Datenbank aus. Die Abfrage soll alle Datensätze der betroffenen Tabelle liefern. Der Aufbau der Abfrage entspricht der betreffenden SQL-Anweisung, allerdings sollte kein Semikolon ans Ende gesetzt werden.

Ergebniskennung
▶ Falls die Abfrage erfolgreich war, liefert die Funktion eine Ergebniskennung zurück (hier in der Variablen `$res`). Die Ergebniskennung wird anschließend benötigt, um die einzelnen Komponenten des Ergebnisses zu ermitteln. Sollten mehrere Abfragen erfolgen, so

sollte für jedes Ergebnis eine eigene Variable zur Speicherung der Ergebniskennung gewählt werden.

▶ Die Funktion `mysql_num_rows()` kann aufgerufen werden, falls man die Anzahl der Datensätze ausgeben möchte, die mit der Abfrage ermittelt wurden. Als Parameter wird die Ergebniskennung (`$res`) übergeben, deren Datensatzanzahl man ermitteln möchte.

mysql_num_rows()

D

▶ Die Funktion `mysql_fetch_assoc()` wird verwendet, um einen Datensatz des Ergebnisses zu ermitteln und in einem assoziativen Feld (hier `$dsatz`) zu speichern. Dabei stellt der Datenbank-Feldname den Schlüssel des Feldes dar. Die Funktion führt außerdem dazu, dass ein so genannter Datensatzzeiger auf den nächsten Datensatz des Ergebnisses gesetzt wird.

mysql_fetch_assoc()

▶ Die Zuweisung des Feldes an `$dsatz` wird gleichzeitig dazu verwendet, eine `while`-Schleife zu steuern. Die Schleife dient dazu, alle Datensätze des Ergebnisses auszugeben. Falls das Ergebnis aus mindestens einem Datensatz besteht, ist die Zuweisung `$dsatz = mysql_fetch_assoc($res)` ein wahrer Ausdruck. Daher wird die `while`-Schleife durchlaufen.

▶ Beachten Sie: Es handelt sich nicht um einen Vergleich, sondern um eine Zuweisung! Es werden also zwei Anweisungen in einem ausgeführt: zuerst die Zuweisung des Feldes, anschließend die `while`-Anweisung.

▶ Der Datensatzzeiger wird durch den wiederholten Funktionsaufruf irgendwann am Ende anlangen. Die Funktion liefert keinen weiteren Datensatz mehr. Damit wird die Zuweisung `$dsatz = mysql_fetch_assoc($res)` ein unwahrer Ausdruck und die `while`-Schleife wird beendet.

Datensatzzeiger

▶ Innerhalb der Schleife wird jeweils der Inhalt eines Elementes des Feldes `$dsatz` ermittelt und ausgegeben. Die Namen der Schlüssel müssen genau denen der Datenbank-Feldnamen entsprechen.

▶ Die Verbindung zur Datenbank wird nach Ablauf des PHP-Programms automatisch wieder unterbrochen.

Verbindung schließen

Im weiteren Verlauf des Abschnittes werden noch Möglichkeiten zur übersichtlicheren Ausgabe der Daten erläutert wie zum Beispiel in einer HTML-Tabelle.

D.2.2 Datensätze auswählen

In einem PHP-Programm können alle Möglichkeiten zur weiteren Auswahl von Datensätzen durch SQL-Anweisungen angewendet werden. Die Einschränkung mit `where`, Vergleichsoperatoren, logische Operatoren, `like`-Operator, Sortierungen mit `order by` usw. führen zu den bereits bekannten Ergebnissen.

Erstes Beispiel:

Ein Beispiel mit ausgewählten Feldern, `where`, Vergleichsoperator, logischem Operator und sortierter Ausgabe:

```
<html>
<body>
<?php
   mysql_connect();
   mysql_select_db("firma");

   $sqlab  = "select name, gehalt from personen";
   $sqlab .= " where gehalt >= 3000 and gehalt
      <= 3700";
   $sqlab .= " order by gehalt desc";

   $res = mysql_query($sqlab);
   $num = mysql_num_rows($res);
   echo "$num Datensätze gefunden<br>";

   while ($dsatz = mysql_fetch_assoc($res))
   {
      echo $dsatz["name"] . ", "
         . $dsatz["gehalt"] . "<br>";
   }
?>
</body>
</html>
```

Listing D.2 Datei udo2.php

Die Ausgabe des Programms:

Abbildung D.77 Auswahl einzelner Felder und Datensätze

Es werden alle Personen angezeigt, deren Gehalt zwischen `3.000` und `3.700` Euro liegt, sortiert nach niedriger werdendem Gehalt. Die Abfrage besteht aus einer längeren SQL-Anweisung. Aus Gründen der Übersichtlichkeit wurde sie zunächst in mehreren Schritten in einer PHP-Variablen (`$sqlab`) gespeichert. Dabei ist besonders auf die Leerzeichen zwischen den einzelnen Angaben zu achten (hier vor `where` und vor `order by`).

Hinweis: Ein weiterer Vorteil der Speicherung der SQL-Anweisung in einer Zeichenkette liegt darin, dass man diese Zeichenkette zunächst zu Kontrollzwecken auf dem Bildschirm ausgeben kann (`echo $sqlab;`), bevor man sie später ausführen lässt. SQL-Anweisungen können aufgrund ihrer Länge und der verschiedenen beinhalteten Sonderzeichen, vor allem im Zusammenhang mit dem Einbau von PHP-Variablen oder PHP-Feld-Elementen, schnell unübersichtlich werden. Sie stellen sich häufig als die Quelle eines länger gesuchten Fehlers heraus.

SQL-Anweisung speichern

Die Funktion `mysql_query()` wird mit der Variablen `$sqlab` als Parameter aufgerufen:

```
$res = mysql_query($sqlab);
```

Innerhalb der Schleife werden nur noch die Inhalte der Felder `name` und `gehalt` aus dem Datensatz extrahiert. Die anderen Felder stehen über die Variable `$res` nicht zur Verfügung, da die SQL-Anweisung sie nicht beinhaltete.

Zweites Beispiel:

Ein Beispiel mit dem `like`-Operator:

```
<html>
<body>
<?php
```

```
        mysql_connect();
        mysql_select_db("firma");

        $sqlab  = "select name, vorname from personen";
        $sqlab .= " where name like 'M%' order by name";

        $res = mysql_query($sqlab);
        $num = mysql_num_rows($res);
        echo "$num Datensätze gefunden<br>";

        while ($dsatz = mysql_fetch_assoc($res))
        {
            echo $dsatz["name"] . ", "
                . $dsatz["vorname"] . "<br>";
        }
    ?>
</body>
</html>
```

Listing D.3 Datei udo3.php

Es werden alle Personen angezeigt, deren Namen mit dem Buchstaben M beginnen. Dabei ist besonders auf die einfachen Hochkommata (bei `name like 'M%'`) zu achten, da es sich beim Namen um eine Zeichenkette handelt.

Die Ausgabe des Programms:

Abbildung D.78 Auswahl mit like und Platzhalter

Übung UD04:

Schreiben Sie ein PHP-Programm zur Anzeige aller Datensätze aus der Tabelle fp der Datenbank `hardware` (Datei ud04.php).

Es soll folgende Ausgabe haben, basierend auf den ursprünglichen Daten:

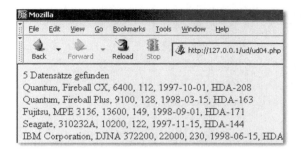

Quantum, Fireball CX, 6400, 112, 1997-10-01, HDA-208
Quantum, Fireball Plus, 9100, 128, 1998-03-15, HDA-163
Fujitsu, MPE 3136, 13600, 149, 1998-09-01, HDA-171
Seagate, 310232A, 10200, 122, 1997-11-15, HDA-144
IBM Corporation, DJNA 372200, 22000, 230, 1998-06-15, HDA

Abbildung D.79 Ergebnis zu Übung UD04

Übung UD05:

Zeigen Sie mit einem PHP-Programm aus der oben angegebenen Tabelle nur noch bestimmte Datensätze (Datei ud05.php). Es sollen alle Festplatten mit allen Angaben angezeigt werden, die eine Kapazität von mehr als 10.000 MB haben und weniger als 150 Euro kosten, nach MB absteigend sortiert.

Es soll folgende Ausgabe haben:

Abbildung D.80 Ergebnis zu Übung UD05

Übung UD06:

Zeigen Sie mit einem PHP-Programm aus der oben angegebenen Tabelle nur noch bestimmte Informationen an (Datei ud06.php). Es sollen alle Festplatten mit den Angaben Hersteller, Typ, Artikelnummer und erstes Produktionsdatum angezeigt werden, die im ersten Halbjahr 1998 erstmalig produziert wurden, sortiert nach Datum.

Es soll folgende Ausgabe haben:

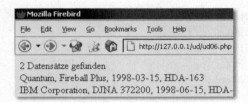

Abbildung D.81 Ergebnis zu Übung UD06

D.2.3 Ausgabe in eine HTML-Tabelle

Tabellenausgabe Eine Ausgabe wird in Tabellenform wesentlich übersichtlicher. Dazu müssen nur die HTML-Markierungen zur Erzeugung einer Tabelle an geeigneter Stelle in das PHP-Programm integriert werden. Es folgt ein Beispiel zur Anzeige aller Datensätze aus der Datenbank `firma`, Tabelle `personen`, in Tabellenform mit Überschrift:

```
<html>
<body>
<?php
  mysql_connect();
  mysql_select_db("firma");
  $res = mysql_query("select * from personen");
  $num = mysql_num_rows($res);

  // Tabellenbeginn
  echo "<table border>";

  // Überschrift
  echo "<tr> <td>Lfd.<br>Nr.</td> <td>Name</td>";
  echo "<td>Vorname</td>
       <td>Personal-<br>nummer</td>";
  echo "<td>Gehalt</td> <td>Geburtstag</td> </tr>";

  $lf = 1;
  while ($dsatz = mysql_fetch_assoc($res))
  {
    echo "<tr>";
    echo "<td>$lf</td>";
    echo "<td>" . $dsatz["name"] . "</td>";
    echo "<td>" . $dsatz["vorname"] . "</td>";
```

```
        echo "<td>" . $dsatz["personalnummer"] . "</td>";
        echo "<td>" . $dsatz["gehalt"] . "</td>";
        echo "<td>" . $dsatz["geburtstag"] . "</td>";
        echo "</tr>";
        $lf = $lf + 1;
    }

    // Tabellenende
    echo "</table>";
?>
</body>
</html>
```

Listing D.4 Datei ud07.php

table, tr, td

Zunächst wird das Abfrage-Ergebnis ermittelt. Es folgen der Tabellenbeginn (`<table border>`) und eine Zeile mit einer Überschrift (`<tr>` bis `</tr>`). Innerhalb der Schleife wird zusätzlich zu den Feldinhalten eine laufende Nummer ermittelt. Diese wird gemeinsam mit den Feldinhalten Zeile für Zeile ausgegeben. Die Tabelle wird nach der Schleife geschlossen (`</table>`).

Die Ausgabe:

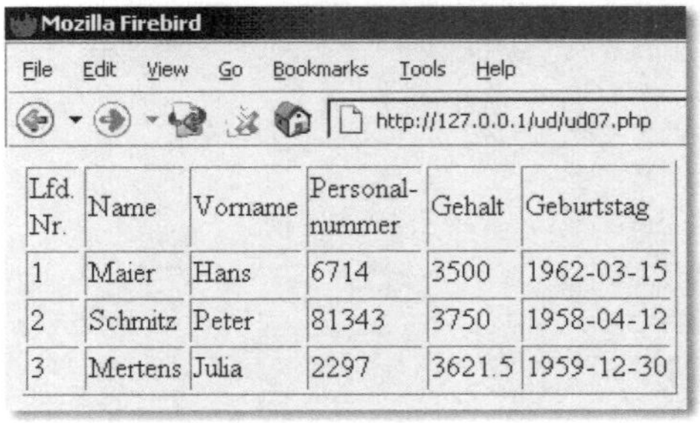

Lfd. Nr.	Name	Vorname	Personal-nummer	Gehalt	Geburtstag
1	Maier	Hans	6714	3500	1962-03-15
2	Schmitz	Peter	81343	3750	1958-04-12
3	Mertens	Julia	2297	3621.5	1959-12-30

Abbildung D.82 Ausgabe in einer HTML-Tabelle

D.2.4 Auswahl von Daten über ein Suchformular

Suchformular

Ein Benutzer möchte natürlich nicht immer nur die gleichen Daten aus einer Datenbank sehen, sondern selbst eine Auswahl treffen. Dies wird ihm durch die Eingabe von Werten in Formulare ermöglicht.

Hiermit wird eine typische Internet-Datenbankanwendung ermöglicht:

▶ Der Benutzer gibt eine Anfrage (zum Beispiel eine Suchanfrage) ein, indem er Daten in ein Formular einträgt und diese Daten an den Webserver sendet.

▶ Beim Webserver werden die Daten von einem PHP-Programm ausgewertet und mit Hilfe einer SQL-Anweisung an den Datenbank-Server gesendet.

▶ Der Datenbank-Server ermittelt eine Antwort zu der SQL-Anweisung und sendet diese an den Webserver zurück.

▶ Das PHP-Programm verarbeitet diese Antwort und sendet dem Benutzer eine Antwort auf seine Anfrage.

Für den Benutzer ist nicht sichtbar, welche Programme, Sprachen beziehungsweise Dienste im Hintergrund für ihn tätig sind. Er kann ohne Kenntnisse des Formularaufbaus, des PHP-Programms und der Datenbank seine Anfrage stellen und das Ergebnis lesen.

Erstes Beispiel:

Im nachfolgenden Beispiel hat er die Möglichkeit, zwei Zahlen einzugeben. Diese dienen bei der Abfrage als Untergrenze beziehungsweise Obergrenze für das Feld gehalt. Er kann also bei jeder Abfrage selbst festlegen, welcher Gehaltsgruppe die angezeigten Personen angehören sollen. Zunächst das Formular:

```
<html>
<body>
Anzeige der Personen mit einem Gehalt zwischen:
<form action = "ud08.php" method = "post">
    <input name = "ug"> Untergrenze<p>
       und <p>
    <input name = "og"> Obergrenze<p>
    <input type = "submit">
    <input type = "reset">
</form>
</body>
</html>
```

Listing D.5 Datei udo8.htm

Innerhalb des Formulars werden die beiden Werte in den Eingabefeldern ug und og aufgenommen.

Das Eingabeformular:

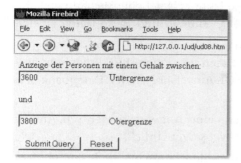

Abbildung D.83 Eingabeformular für Gehaltsbereich

Die Inhalte der beiden Eingabefelder stehen dem PHP-Programm nach dem Absenden zur Verfügung. Das Programm sieht folgendermaßen aus:

```
<html>
<body>
<?php
   mysql_connect();
   mysql_select_db("firma");

   $sqlab = "select name, gehalt from personen";
   $sqlab .= " where gehalt >= $ug and gehalt <= $og";
   $sqlab .= " order by gehalt";

   $res = mysql_query($sqlab);
   $num = mysql_num_rows($res);
   if ($num==0) echo "keine passenden Datensätze
      gefunden";

   while ($dsatz = mysql_fetch_assoc($res))
   {
      echo $dsatz["name"] . ", "
         . $dsatz["gehalt"] . "<br>";
   }
?>
</body>
</html>
```

Listing D.6 Datei udo8.php

Innerhalb der SQL-Anweisung finden sich nach dem `where` die Variablen `$ug` und `$og` zur Eingrenzung der ausgegebenen Datenmenge. Diese Variablen beinhalten die beiden Eingabewerte des Benutzers.

Die Ausgabe zum oben angegebenen Beispiel:

Abbildung D.84 Ausgabe mit Beispieleingaben

Falls ein Bereich angegeben wurde, in dem sich kein Datensatz befindet, hat die Variable `$num` den Wert `0` und es wird die Meldung `keine passenden Datensätze gefunden` ausgegeben. Dies empfiehlt sich statt eines leeren Ausgabebildschirmes, um dem Benutzer zu zeigen, dass seine Anfrage auch bearbeitet wurde.

Mit den Elementen des Feldes `$_POST` setzt sich die Abfrage wie folgt zusammen:

```
$sqlab = "select name, gehalt from personen";
$sqlab .= " where gehalt >= " . $_POST["ug"];
$sqlab .= " and gehalt <= " . $_POST["og"];
$sqlab .= " order by gehalt";
```

Zweites Beispiel:

like % _ Bei der Abfrage von Zeichenkettenfeldern muss besonders auf die einfachen Hochkommata geachtet werden. Der Operator `like` und die Platzhalter `%` und `_` können in gewohnter Weise eingesetzt werden. Mit Hilfe des Formulars aus dem nachfolgenden Beispiel kann der Benutzer nach allen Personen suchen lassen, deren Namen mit den eingegebenen Anfangsbuchstaben beginnen. Hier zunächst das Formular:

```
<html>
<body>
Anzeige der Personen mit folgenden Anfangsbuchstaben:
<form action = "ud09.php" method = "post">
    <input name = "anfang"> <p>
    <input type = "submit">
    <input type = "reset">
</form>
```

```
</body>
</html>
```

Listing D.7 Datei ud09.htm

Innerhalb des Formulars werden die Anfangsbuchstaben im Eingabe-feld anf aufgenommen.

Das Eingabeformular:

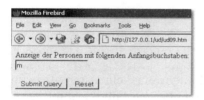

Abbildung D.85 Eingabe eines Beispiels

Das PHP-Programm sieht wie folgt aus:

```
<html>
<body>
<?php
   mysql_connect();
   mysql_select_db("firma");

   $sqlab = "select name, vorname from personen";
   $sqlab .= " where name like '$anfang%'";

   $res = mysql_query($sqlab);
   $num = mysql_num_rows($res);
   if ($num==0) echo "keine passenden Datensätze
      gefunden";

   while ($dsatz = mysql_fetch_assoc($res))
   {
      echo $dsatz["name"] . ", "
         . $dsatz["vorname"] . "<br>";
   }
?>
</body>
</html>
```

Listing D.8 Datei ud09.php

Innerhalb der SQL-Anweisung findet sich der Ausdruck `where name like '$anfang%'`. Die Variable `$anfang` wird durch den aktuellen Inhalt des Eingabefeldes ersetzt, das Prozentzeichen steht für beliebig viele folgende Buchstaben.

Mit den Elementen des Feldes `$_POST` setzt sich die Abfrage wie folgt zusammen:

```
$sqlab = "select name, vorname from personen";
$sqlab .= " where name like '"
        . $_POST["anfang"] . "%'";
```

Besonders bei dieser Variante ist auf die einfachen Hochkommata in der zweiten Zeile zu achten. Das beginnende einfache Hochkomma steht in der ersten Zeichenkette hinter dem Operator `like`, das endende einfache Hochkomma steht in der zweiten Zeichenkette hinter dem Prozent-Zeichen.

Die Ausgabe zum oben angegebenen Beispiel:

Abbildung D.86 Ausgabe zur Beispieleingabe

Drittes Beispiel:

Eine Abfrage kann dem Benutzer durch die Verwendung von weiteren Formularelementen (Radio-Button-Gruppen, Kontrollkästchen, Auswahlmenüs usw.) erleichtert werden. Diese wurden bereits vorgestellt.

Mit Hilfe des nachfolgenden Beispieles können Personen aus bestimmten Gehaltsgruppen angezeigt werden. Jede der Gehaltsgruppen ist mit einem Radio-Button verknüpft. Zunächst das Formular:

```
<html>
<body>
Anzeige der Personen aus der gewählten
    Gehaltsgruppe:
<form action = "ud10.php" method = "post">

    <input type="radio" name="geh" value="1" checked>
```

```
         bis 3000 &euro; einschl. <p>
     <input type="radio" name="geh" value="2">
         ab 3000 &euro; ausschl. bis 3500 &euro;
         einschl. <p>
     <input type="radio" name="geh" value="3">
         ab 3500 &euro; ausschl. bis 5000 &euro;
         einschl. <p>
     <input type="radio" name="geh" value="4">
         ab 5000 &euro; ausschl.<p>
     <input type="submit">
     <input type="reset">
</form>
</body>
</html>
```

Listing D.9 Datei ud10.htm

Die verwendeten Radio-Buttons haben alle den gleichen Namen (geh),   **Radio-Buttons**
dadurch bilden sie eine zusammengehörige Gruppe. Der vom Benutzer
ausgewählte Button ist mit einem der Werte 1, 2, 3 oder 4 verbunden.
Dieser Wert wird dem PHP-Programm beim Absenden übermittelt.

Das Formular mit Auswahl eines Bereiches:

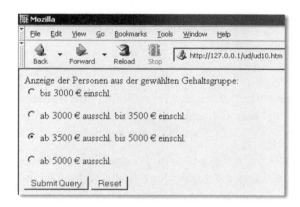

Abbildung D.87 Eingabeformular mit Radio-Buttons

Das PHP-Programm:

```
<html>
<body>
<?php
```

```php
mysql_connect();
mysql_select_db("firma");

$sqlab = "select name, gehalt from personen where ";
switch($geh)
{
    case 1:
        $sqlab .= "gehalt <= 3000";
        break;
    case 2:
        $sqlab .= "gehalt > 3000 and gehalt <= 3500";
        break;
    case 3:
        $sqlab .= "gehalt > 3500 and gehalt <= 5000";
        break;
    case 4:
        $sqlab .= "gehalt > 5000";
}

$res = mysql_query($sqlab);
$num = mysql_num_rows($res);
if ($num==0) echo "keine passenden Datensätze
    gefunden";

while ($dsatz = mysql_fetch_assoc($res))
{
    echo $dsatz["name"] . ", "
        . $dsatz["gehalt"] . "<br>";
}
?>
</body>
</html>
```

Listing D.10 Datei ud10.php

switch, case Die übermittelte Variable $geh wird mit Hilfe einer switch-case-Verzweigung untersucht. Je nach Wert der Variablen wird eine von mehreren möglichen SQL-Anweisungen gebildet. Diese wird ausgeführt und liefert die gewünschten Daten.

Die Ausgabe zur oben angegebenen Option:

Abbildung D.88 Ausgabe bei $num = 0

Mit dem Element des Feldes $_POST beginnt die `switch-case`-Verzweigung wie folgt:

```
switch($_POST["geh"]) ...
```

Übung UD11:

Zeigen Sie mit einem PHP-Programm aus der Tabelle `fp` der Datenbank `hardware` Festplatten aus bestimmten Preisgruppen an. Die Preisgruppen soll der Benutzer über Radio-Buttons auswählen können (Dateien `ud11.htm` und `ud11.php`). Es gelten die folgenden Preisgruppen:

▶ Bis 100 Euro einschließlich

▶ Ab 100 Euro ausschließlich und bis 135 Euro einschließlich

▶ Ab 135 Euro ausschließlich

Es sollen nur die Angaben zu Hersteller, Typ und Preis geliefert werden. Mit Hilfe eines Kontrollkästchens soll der Benutzer entscheiden können, ob er eine Sortierung der Ausgabe nach Herstellernamen wünscht.

Das Formular soll wie folgt aussehen:

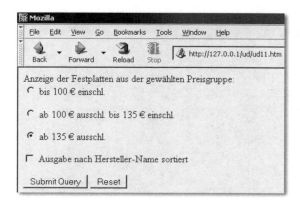

Abbildung D.89 Formular zu Übung UD11

Die Ausgabe zur oben angegebenen Beispieleingabe:

Abbildung D.90 Ergebnis zu Übung UD11

Übung UD12:

Zeigen Sie mit einem PHP-Programm aus der oben angegebenen Tabelle nur noch Festplatten eines Herstellers an (Dateien `ud12.htm` und `ud12.php`). Der Benutzer soll den gewünschten Hersteller (`Fujitsu`, `Quantum` oder `Seagate`) über ein Select-Menü auswählen. Die Daten sollen vollständig in Form einer HTML-Tabelle mit einer Überschrift angezeigt werden.

Das Formular soll wie folgt aussehen:

Abbildung D.91 Formular zu Übung UD12

Ausgabe zur Beispielauswahl:

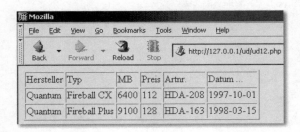

Abbildung D.92 Ergebnis zu Übung UD12

D.2.5 Datensätze erzeugen

Bestimmten Benutzern kann es auch gestattet werden, weitere Datensätze zu erzeugen. Die Berechtigung dazu kann über den Benutzernamen und das Kennwort bei Aufbau der Datenbankverbindung oder über eine zusätzliche Passworteingabe geklärt werden.

Es soll der Einfachheit halber angenommen werden, dass jeder Benutzer Datensätze hinzufügen (und in den nachfolgenden Abschnitten auch ändern und löschen) kann. Es folgt ein Beispiel für eine Eingabeseite, die sich selbst aufruft. Formular und PHP-Programmcode sind also in einer Datei zusammengefasst:

Datensätze hinzufügen

```
<html>
<head>
<?php
   if (isset($gesendet))
   {
      mysql_connect();
      mysql_select_db("firma");

      $sqlab = "insert personen";
      $sqlab .= "(name, vorname, personalnummer,";
      $sqlab .= " gehalt, geburtstag) values ";
      $sqlab .= "('$na', '$vn', $pn, $ge, '$gt')";

      mysql_query($sqlab);

      $num = mysql_affected_rows();
      if ($num>0)
         echo "Es wurde 1 Datensatz hinzugefügt<p>";
      else
      {
         echo "Es ist ein Fehler aufgetreten, ";
         echo "es wurde kein Datensatz hinzugefügt<p>";
      }
   }
?>
</head>
<body>
Geben Sie einen vollständigen Datensatz ein und senden Si
e das Formular ab:
```

```
<form action = "ud13.php" method = "post">
    <input name="na"> Name<p>
    <input name="vn"> Vorname<p>
    <input name="pn"> Personalnummer
           (eine ganze Zahl)<p>
    <input name="ge"> Gehalt (Nachkommastellen
           mit Punkt)<p>
    <input name="gt"> Geburtsdatum (in der
           Form JJJJ-MM-TT)<p>
    <input type="submit" name="gesendet">
    <input type="reset">
</form>
Alle Datensätze <a href="ud07.php">anzeigen</a>
</body>
</html>
```

Listing D.11 Datei ud13.php

Innerhalb des Programms wird zunächst festgestellt, ob es sich um den ersten Aufruf handelt oder um eine weitere Eingabe. Dazu wird dem Absende-Button ein Name gegeben (hier: `gesendet`). Als Folge dieser Namensgebung existiert ab dem zweiten Aufruf des Programms die Variable `$gesendet`. Zu Beginn wird mit Hilfe der Abfrage `if (isset($gesendet))` festgestellt, ob es die Variable `$gesendet` gibt.

Beim ersten Aufruf der Datei trifft dies noch nicht zu. Daher wird das PHP-Programm nicht weiter ausgeführt. Bei einem späteren Aufruf der Datei existiert die Variable, daher wird das PHP-Programm weiter ausgeführt.

insert ... into Die SQL-Anweisung `insert` dient zum Erzeugen von Datensätzen, sie wird (wie die `select`-Anweisung) mit Hilfe von `mysql_query()` gesendet. Die Angaben hinter `values` entsprechen den Namen der Formular-Elemente, also den PHP-Variablen. Auf die Hochkommata bei den Variablen vom Typ Zeichenkette oder Datumsangabe muss besonders geachtet werden.

mysql_affected_
rows() Die Funktion `mysql_affected_rows()` kann bei Aktionsabfragen eingesetzt werden. Unter den Begriff Aktionsabfragen fallen alle Abfragen zum Erzeugen (wie hier), Ändern und Löschen von Datensätzen. Die Funktion ermittelt die Anzahl der von der Aktion betroffenen (=`affected`) Datensätze.

In diesem Falle muss nur geprüft werden, ob diese Anzahl größer als 0 war. Ist dies der Fall, so war die Aktion erfolgreich, und der Benutzer wird über den Erfolg informiert. Ein unvollständiger oder falsch eingetragener Datensatz führt dazu, dass er nicht hinzugefügt wird. Falls ein Datensatz mit einer Personalnummer eingegeben wird, die bereits vorhanden ist, führt dies auch zu einem Fehler. Im Fehlerfall wird der Benutzer über den Misserfolg informiert.

Innerhalb des Formulars gibt es fünf Eingabefelder für die Inhalte der fünf Datenbankfelder. Ihre Namen werden im PHP-Programm verwendet. Nach dem Formular folgt ein Hyperlink auf das PHP-Programm, das zur Auflistung aller Datensätze führt. Auf diese Weise kann man sich bei Bedarf schnell über die eingetragenen Werte informieren.

Mit den Elementen des Feldes $_POST setzt sich die Abfrage wie folgt zusammen:

```
$sqlab = "insert personen";
$sqlab .= "(name, vorname, personalnummer,";
$sqlab .= " gehalt, geburtstag) values ";
$sqlab .= "('" . $_POST["na"] . "', '";
$sqlab .= $_POST["vn"] . "', ";
$sqlab .= $_POST["pn"] . ", ";
$sqlab .= $_POST["ge"] . ", '";
$sqlab .= $_POST["gt"] . "')";
```

Das Formular beim ersten Aufruf und mit einem zu speichernden Datensatz:

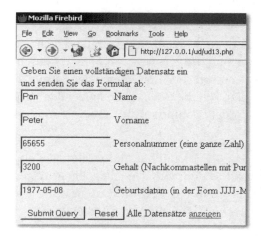

Abbildung D.93 Erster Aufruf

Nach dem Absenden und erfolgreichen Eintragen:

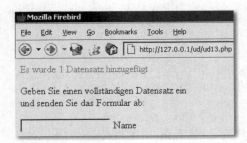

Abbildung D.94 Nach dem Eintragen

Anmerkung: Während der Testphase möchten Sie deutlich sehen, wie sich erster Aufruf und weitere Aufrufe voneinander unterscheiden. Ein Aktualisieren der Datei im Browser führt nicht zu einem neuen ersten Aufruf, sondern zur Wiederholung des letzten Aufrufs. Wechseln Sie daher zu einer anderen Seite und anschließend wieder zurück zur Seite ud13.php, dies erzeugt einen neuen ersten Aufruf.

Übung UD14:

Ermöglichen Sie mit einem PHP-Programm das Hinzufügen von Datensätzen zu der Tabelle fp der Datenbank hardware (Datei ud14.php).

Das Formular soll wie folgt aussehen:

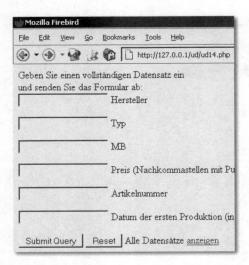

Abbildung D.95 Formular zu Übung UD14

D.2.6 Änderung mehrerer Datensätze

Datensätze ändern

Beim Ändern von Datensätzen sollte man sich genau überlegen, welche Änderungen bei welchen Datensätzen vorgenommen werden sollen. Handelt es sich um eine Änderung bei genau einem Datensatz, der eventuell einen falschen Eintrag hat, oder soll eine ganze Gruppe von Datensätzen durch eine Änderung aktualisiert werden? Beide typischen Vorgänge sollen an Beispielen gezeigt werden.

Nehmen wir an, dass auf Grund eines günstigen Geschäftsverlaufes die Gehälter aller Mitarbeiter um **fünf Prozent** erhöht werden sollen. Die nachfolgende HTML-Datei stellt zwei Möglichkeiten zur Verfügung:

▶ Die Erhöhung soll durchgeführt werden (Aufruf des PHP-Programmes über einen Hyperlink).

▶ Alle Datensätze sollen zur Kontrolle angezeigt werden.

```
<html>
<body>
Alle Gehälter um 5 % <a href = "ud15.php">erhöhen</a><p>
Alle Datensätze <a href = "ud07.php">anzeigen</a>
</body>
</html>
```

Listing D.12   Datei ud15.htm

Das Formular:

Abbildung D.96   Änderung aller Datensätze

Beim Aufruf des PHP-Programms wird die Änderung jedes Mal (!) durchgeführt:

```
<html>
<body>
<?php
    mysql_connect();
    mysql_select_db("firma");
```

```
$sqlab = "update personen set gehalt =
          gehalt * 1.05";
mysql_query($sqlab);
$num = mysql_affected_rows();
echo "Es wurden $num Datensätze geändert<p>";
?>
Alle Datensätze <a href="ud07.php">anzeigen</a>
</body>
</html>
```

Listing D.13 Datei ud15.php

update ... set Der Inhalt des Feldes `gehalt` wird mit Hilfe der SQL-Anweisung `update` bei allen Datensätzen verändert. Es wird der alte Wert genommen und mit dem Faktor `1.05` multipliziert. Das Ergebnis wird als neuer Wert in die Datenbank geschrieben.

D.2.7 Änderung eines bestimmten Datensatzes

Datensatz auswählen und ändern

Zur Veränderung eines einzelnen Datensatzes benötigt man eine Identifizierung des betreffenden Datensatzes. Diese ist mit einem eindeutigen Index innerhalb einer Tabelle gegeben. Es empfiehlt sich folgende Vorgehensweise für eine komfortable Benutzerführung bei einer Änderung:

▶ Dem Benutzer werden alle Datensätze angezeigt.

▶ Er wählt aus, welchen er ändern möchte.

▶ Dieser Datensatz wird zur Veränderung in einem Formular angezeigt.

▶ Der Benutzer gibt die Änderungen ein.

▶ Er lässt sie durchführen.

In der Tabelle `personen` liegt der eindeutige Index auf dem Feld `personalnummer`. Die beschriebene Vorgehensweise wird an einem Beispiel in folgenden Dateien realisiert:

▶ Datei `ud16a.php` zur Anzeige aller Datensätze und Auswahl,

▶ Datei `ud16b.php` zur Anzeige eines Datensatzes und Eingabe der Änderungen,

▶ Datei `ud16c.php` zur Durchführung der Änderungen.

Anzeige und Auswahl:

Zunächst die Anzeige aller Datensätze in Tabellenform, mit Radio-Buttons zur Auswahl eines bestimmten Datensatzes:

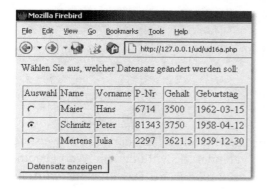

Abbildung D.97 Auswahlformular

Der Programmcode:

```
<html>
<body>
Wählen Sie aus, welcher Datensatz geändert werden soll:<p>
<form action = "ud16b.php" method = "post">
<?php
    mysql_connect();
    mysql_select_db("firma");
    $res = mysql_query("select * from personen");
    $num = mysql_num_rows($res);

    // Tabellenbeginn
    echo "<table border>";

    // Überschrift
    echo "<tr> <td>Auswahl</td> <td>Name</td>";
    echo "<td>Vorname</td> <td>Pnr</td>";
    echo "<td>Gehalt</td> <td>Geburtstag</td> </tr>";

    while ($dsatz = mysql_fetch_assoc($res))
    {
        echo "<tr>";
        echo "<td><input type='radio' name='auswahl'";
```

```
        echo " value='" . $dsatz["personalnummer"] .
            "'></td>";
        echo "<td>" . $dsatz["name"] . "</td>";
        echo "<td>" . $dsatz["vorname"] . "</td>";
        echo "<td>" . $dsatz["personalnummer"] . "</td>";
        echo "<td>" . $dsatz["gehalt"] . "</td>";
        echo "<td>" . $dsatz["geburtstag"] . "</td>";
        echo "</tr>";
    }

    // Tabellenende
    echo "</table>";
?>
    <p>
    <input type="submit" value="Datensatz anzeigen">
</form>
</body>
</html>
```

Listing D.14 Datei ud16a.php

Zusätzlich zur bisher bekannten Tabelle gibt es eine Spalte mit Radio-Buttons. Diese Radio-Buttons bilden eine Optionsgruppe, da sie alle den gleichen Namen (`auswahl`) haben. Als Wert der Radio-Buttons wird die jeweilige Personalnummer verwendet. Der Benutzer wählt über den Radio-Button einen Datensatz aus. Die Personalnummer des ausgewählten Datensatzes wird beim Absenden an die Datei `ud16b.php` übermittelt.

Anzeige eines Datensatzes

Der ausgewählte Datensatz wird mit allen Daten innerhalb eines Formulars angezeigt. Es folgt der Programmcode:

```
<html>
<body>
<?php
if (isset($auswahl))
{
    mysql_connect();
    mysql_select_db("firma");

    $sqlab = "select * from personen where";
```

```
    $sqlab .= " personalnummer = $auswahl";
    $res = mysql_query($sqlab);
    $dsatz = mysql_fetch_assoc($res);

    echo "Führen Sie die Änderungen durch,<p>";
    echo "betätigen Sie anschließend den Button<p>";
    echo "<form action = 'ud16c.php' method = 'post'>";

    echo "<input name='nn' value='" . $dsatz["name"] .
        "'> Nachname<p>";
    echo "<input name='vn' value='" . $dsatz["vorname"]
        . "'> Vorname<p>";
    echo "<input name='pn' value='$auswahl'>
        Personalnummer<p>";
    echo "<input name='ge' value='" . $dsatz["gehalt"] .
        "'> Gehalt<p>";
    echo "<input name='gt' value='" .
        $dsatz["geburtstag"] . "'> Geburtstag<p>";
    echo "<input type='hidden' name='oripn'
        value='$auswahl'>";

    echo "<input type='submit' ";
    echo "value='Änderungen in Datenbank
        speichern'><p>";
    echo "<input type='reset'>";
    echo "</form>";
}
else
    echo "Es wurde kein Datensatz ausgewählt<p>";
?>
</body>
</html>
```

Listing D.15 Datei ud16b.php

Falls ein Datensatz ausgewählt wurde, wird die Auswahl des Datensatzes mit Hilfe der übermittelten Variablen auswahl durchgeführt.

```
select * from personen where personalnummer = $auswahl
```

Das Ergebnis umfasst genau einen Datensatz. Die aktuellen Inhalte der Felder aus diesem Datensatz werden innerhalb der Eingabefelder des

Formulars angezeigt. Dabei ist besonders auf die einfachen Hochkommmata zu achten:

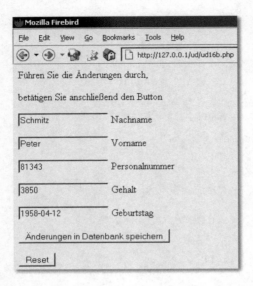

Abbildung D.98 Anzeige des Datensatzes (mit Änderung)

Der Benutzer kann die Inhalte teilweise oder insgesamt ändern, auch die Personalnummer. Beim Absenden werden die geänderten Inhalte der Eingabefelder an die Datei ud16c.php übermittelt.

Gleichzeitig wird der Inhalt eines weiteren, versteckten Formularfeldes (oripn) mit der Original-Personalnummer übermittelt, die zur eindeutigen Identifizierung benötigt wird. Falls der Benutzer die Personalnummer geändert hat, stünde diese Original-Information anderenfalls nicht mehr zur Verfügung.

Durchführung der Änderung:

Nachfolgend wird die Änderung durchgeführt und bestätigt:

Abbildung D.99 Bestätigung der Änderung

Der Programmcode sieht wie folgt aus:

```
<html>
<body>
<?php
   mysql_connect();
   mysql_select_db("firma");

   $sqlab = "update personen set name = '$nn',";
   $sqlab .= " vorname = '$vn',";
   $sqlab .= " personalnummer = $pn,";
   $sqlab .= " gehalt = $ge,";
   $sqlab .= " geburtstag = '$gt'";
   $sqlab .= " where personalnummer = $oripn";

   mysql_query($sqlab);

   $num = mysql_affected_rows();
   if ($num>0)
      echo "Der Datensatz wurde geändert<p>";
   else
      echo "Der Datensatz wurde nicht geändert<p>";
?>
Zurück zur <a href="ud16a.php">Auswahl</a>
</body>
</html>
```

Listing D.16 Datei ud16c.php

Die SQL-Anweisung update führt die Änderung mit den neuen Inhalten durch:

update ... set

```
update personen set name = '$nn',
   set vorname = '$vn', ...
```

Die Identifizierung des zu ändernden Datensatzes erfolgt über die Original-Personalnummer:

```
... where personalnummer = $oripn
```

Falls die Änderung nicht durchgeführt werden konnte (zum Beispiel bei Eingabe einer bereits vorhandenen Personalnummer) wird dies gemeldet. Der Benutzer kann in jedem Fall über den Hyperlink zurück zum Anfang, um weitere Datensätze zu ändern.

D.2.8 Datensätze löschen

Datensatz
auswählen und
löschen

Beim Löschen von Datensätzen sollte man noch genauer als beim Ändern aufpassen, welche Datensätze betroffen sind. Zum Löschen eines einzelnen Datensatzes benötigt man (wie beim Ändern) eine Identifizierung des betreffenden Datensatzes über den eindeutigen Index.

Es empfiehlt sich folgende Vorgehensweise für eine sichere Benutzerführung bei einer Löschung:

- ▶ Dem Benutzer werden alle Datensätze angezeigt.
- ▶ Er wählt aus, welchen er löschen möchte.
- ▶ Er lässt die Löschung durchführen.

Die beschriebene Vorgehensweise wird an einem Beispiel in folgenden Dateien realisiert:

- ▶ Datei `ud17a.php` zur Anzeige aller Datensätze und Auswahl,
- ▶ Datei `ud17b.php` zur Durchführung der Änderungen.

Die Datei `ud17a.php` unterscheidet sich nur an drei Stellen von der Datei `ud16a.php`, daher wird sie hier nicht gesondert aufgeführt.

- ▶ Im Text oberhalb der Tabelle wird das Wort `geändert` ersetzt durch `gelöscht`.
- ▶ Die Aufschrift des Submit-Buttons wird geändert: Datensatz löschen.
- ▶ Bei dem aufgerufenen PHP-Programm handelt es sich um die Datei `ud17b.php`.

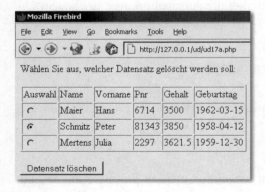

Abbildung D.100 Auswahlformular

Nachfolgend wird die Änderung durchgeführt und bestätigt. Der Programmcode des Löschvorganges:

```
<html>
<body>
<?php
if (isset($auswahl))
{
    mysql_connect();
    mysql_select_db("firma");
    $sqlab = "delete from personen where";
    $sqlab .= " personalnummer = $auswahl";
    mysql_query($sqlab);
    $num = mysql_affected_rows();
    if ($num>0)
        echo "Der Datensatz wurde gelöscht<p>";
    else
        echo "Der Datensatz wurde nicht gelöscht<p>";
}
else
    echo "Es wurde kein Datensatz ausgewählt<p>";
?>
Zurück zur <a href="ud17a.php">Auswahl</a>
</body>
</html>
```

Listing D.17 Datei ud17b.php

Die Variable $auswahl beinhaltet die Personalnummer des ausgewählten Eintrages. Der (mit delete) zu löschende Datensatz kann damit eindeutig identifiziert werden.

delete ... from

Abbildung D.101 Bestätigung der Löschung

Falls kein Datensatz ausgewählt wurde, existiert die Variable $auswahl nicht, und es wird eine entsprechende Meldung angezeigt.

Übung UD18:

Ermöglichen Sie (ähnlich wie in `ud16a.php`, `ud16b.php` und `ud16c.php`) mit PHP-Programmen das Ändern von Datensätzen in der Tabelle `fp` der Datenbank `hardware` (Dateien `ud18a.php` bis `ud18c.php`).

Übung UD19:

Ermöglichen Sie (ähnlich wie in `ud17a.php` und `ud17b.php`) mit PHP-Programmen das Löschen von Datensätzen in der Tabelle `fp` der Datenbank `hardware` (Dateien `ud19a.php` und `ud19b.php`).

D.2.9 Benutzeroberfläche mit JavaScript und CSS

GUI, JavaScript, CSS

Die in diesem Abschnitt vorgestellten SQL-Anweisungen zum Anzeigen, Erzeugen, Ändern und Löschen von Datensätzen sollen in einem Programm zu einer komfortabel zu bedienenden Benutzeroberfläche für eine Tabelle vereinigt werden. Es werden Hyperlinks mit Java-Script-Code zur Erzeugung dynamischer Abfragen und CSS-Formatierung zur optischen Verbesserung eingesetzt.

Zunächst die Darstellung:

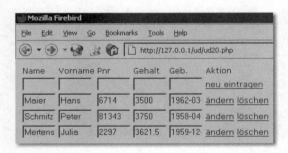

Abbildung D.102 Benutzeroberfläche mit JavaScript und CSS

Die einzelnen Elemente der Darstellung:

▶ In der ersten Zeile finden sich wie gewohnt die Feldnamen.

neu eintragen

▶ In der zweiten Zeile stehen fünf leere Eingabefelder zum Eintragen der Daten eines neuen Datensatzes bereit. Nach dem Eintragen kann der Hyperlink `neu eintragen` betätigt werden. Dieser führt zu einer `insert`-Anweisung zum Erzeugen des neuen Datensatzes und zur erneuten Anzeige aller Datensätze.

► In den darauf folgenden Zeilen stehen die Daten aller Datensätze in Eingabefeldern zum Ändern bereit. Nach dem Ändern der Daten eines bestimmten Datensatzes kann der zugehörige Hyperlink ändern betätigt werden. Dieser führt zu einer update-Anweisung zum Ändern des Datensatzes und zur erneuten Anzeige aller Datensätze. ändern

► Falls innerhalb einer Zeile der zugehörige Hyperlink löschen betätigt wird, erscheint eine Rückfrage, ob der betreffende Datensatz gelöscht werden soll (siehe Bild unten). Falls diese Rückfrage bestätigt wird, führt dies zu einer delete-Anweisung zum Löschen des Datensatzes und zur erneuten Anzeige aller Datensätze. löschen

Abbildung D.103 Bestätigung zur Löschung eines Datensatzes

Man kann sich leicht vorstellen, dass dieses Programm (ud20.php) etwas umfangreicher ist. Daher soll es hier in einzelnen Teilen dargestellt und erläutert werden.

Innerhalb des Dokumentes wird eine CSS-Formatierungsdatei benötigt: CSS-Formatierung

```
body,td        {font-family:Verdana; font-size:10pt;
                color:#636363; background-color:#c3c3c3}
a:link         {color:#636363}
a:visited      {color:#636363}
a:hover        {color:#636363; background-color:#a3a3a3}
```

Listing D.18 Datei ud20.css

Für den Inhalt des Dokumentes und für den Inhalt von Tabellenzellen werden Schriftart, Schriftgröße, Schriftfarbe und Hintergrundfarbe gewählt. Anschließend wird das Verhalten der Hyperlinks eingestellt.

Es folgt Teil 1 des PHP-Programms, der Kopf des Dokumentes mit CSS und JavaScript:

```
<html>
<head>
<link rel="stylesheet" type="text/css" href="ud20.css">
```

```
<script type="text/javascript">
function send(ak,id)
{
    if(ak==0)
        document.f.ak.value = "in";
    else if(ak==1)
        document.f.ak.value = "up";
    else if(ak==2)
    {
        if (confirm("Datensatz mit id " + id +
                " löschen?"))
            document.f.ak.value = "de";
        else
            return;
    }
    document.f.id.value = id;
    document.f.submit();
}
</script>
</head>
```

Listing D.19 Datei ud20.php (Teil 1)

Als Erstes wird die externe CSS-Formatierungsdatei `ud20.css` eingebunden.

JavaScript Es folgt die JavaScript-Funktion `send()`, die zwei Parameter erwartet und über einen der drei unterschiedlichen Hyperlinks im Dokument aufgerufen wird. Sie dient zum Absenden der Daten, zur Übermittlung der gewünschten Aktion und zur Identifizierung des betroffenen Datensatzes.

Der Parameter `ak` kann einen der drei folgenden Werte annehmen:

▶ Wert 0: Ein neuer Datensatz soll eingetragen werden.

▶ Wert 1: Ein Datensatz soll geändert werden.

▶ Wert 2: Ein Datensatz soll gelöscht werden.

Dieser Wert führt zu einer Zuweisung eines Wertes (`in`, `up` oder `de`) an das versteckte Formularfeld `ak`.

confirm() Falls ein Datensatz gelöscht werden soll, wird als Rückfrage die vordefinierte JavaScript-Funktion `confirm()` aufgerufen. Falls diese Rückfrage mit OK bestätigt wird, liefert die Funktion confirm() einen wahren Wert zurück. Falls bei dieser Rückfrage der Button »Abbrechen« betätigt wird, liefert die Funktion confirm() einen unwahren Wert zurück, die Funktion send() wird abgebrochen und das Formular wird nicht gesendet.

Der Parameter id dient zur Identifikation des Datensatzes, falls geändert oder gelöscht werden soll. Sein Wert wird dem versteckten Formularfeld id zugewiesen. Anschließend wird das Formular gesendet.

Es folgt Teil 2, das Auslösen einer Aktion:

```
<body>
<?php
   mysql_connect();
   mysql_select_db("firma");

   /* Aktion ausführen */
   if(isset($ak))
   {
      /* neu eintragen */
      if($ak=='in')
      {
         $sqlab = "insert personen";
         $sqlab .= "(name, vorname, personalnummer,";
         $sqlab .= " gehalt, geburtstag) values ";
         $sqlab .= "('$na[0]', '$vo[0]', $pn[0],
                 $gh[0], '$gb[0]')";
         mysql_query($sqlab);
      }

      /* ändern */
      else if($ak=="up")
      {
         $sqlab = "update personen set name =
                 '$na[$id]', ";
         $sqlab .= " vorname = '$vo[$id]',";
         $sqlab .= " personalnummer = $pn[$id],";
         $sqlab .= " gehalt = $gh[$id],";
         $sqlab .= " geburtstag = '$gb[$id]'";
         $sqlab .= " where personalnummer = $id";
         mysql_query($sqlab);
```

```
    }

    /* löschen */
    else if($ak=="de")
    {
        $sqlab = "delete from personen
                where personalnummer = $id";
        mysql_query($sqlab);
    }

}
```

Listing D.20 Datei ud20.php (Teil 2)

Nach der Aufnahme der Verbindung und der Wahl der Datenbank wird untersucht, ob die Variable $ak existiert. Dies ist beim ersten Aufruf des Dokumentes noch nicht der Fall, daher wird der folgende Block übergangen. Falls das Dokument erneut aufgerufen wurde, weil eine der drei genannten Aktionen ausgelöst wurde, so existiert die Variable $ak und kann untersucht werden:

neu eintragen
▶ Falls neu eingetragen werden soll (if($ak=='in')), wird die SQL-Anweisung insert zusammengesetzt. Dabei werden die Werte der Formular-Elemente aus der zweiten Zeile (direkt unter der Überschrift) genommen. Diese haben die Namen na[0], vo[0] usw., sie werden also als Elemente eines numerisch indizierten Feldes an das PHP-Programm übermittelt.

ändern
▶ Falls ein Datensatz geändert werden soll (if($ak=='up')), wird die SQL-Anweisung update zusammengesetzt. Dabei werden die Werte der Formular-Elemente aus der betreffenden Zeile genommen. Bei einem Datensatz, dessen Personalnummer 4711 ist, haben diese Formular-Elemente die Namen na[4711], vo[4711] usw., sie sind für PHP ebenso Elemente des numerisch indizierten Feldes. Der Datensatz wird über den Wert der Variablen $id identifiziert, der in dem versteckten Formular-Element übermittelt wurde.

löschen
▶ Falls ein Datensatz gelöscht werden soll (if($ak=='de')), so wird die SQL-Anweisung delete zusammengesetzt. Der Datensatz wird ebenso über den Wert der Variablen $id identifiziert.

Es folgt Teil 3, der Beginn der Anzeige:

```
/* Formular-Beginn */
echo "<form name='f' action='ud20.php'
```

```
          method='post'>";
echo "<input name='ak' type='hidden'>";
echo "<input name='id' type='hidden'>";

/* Tabellen-Beginn */
echo "<table>";
echo "<tr><td>Name</td><td>Vorname</td>";
echo "<td>Pers.-Nr.</td><td>Gehalt</td>";
echo "<td>Geburtstag</td><td>Aktion</td></tr>";

/* Neuer Eintrag */
echo "<tr>";
echo "<td><input name='na[0]' size='10'></td>";
echo "<td><input name='vo[0]' size='10'></td>";
echo "<td><input name='pn[0]' size='10'></td>";
echo "<td><input name='gh[0]' size='10'></td>";
echo "<td><input name='gb[0]' size='10'></td>";
echo "<td><a href='javascript:send(0,0);'>
     neu eintragen</a></td>";
echo "</tr>";
```

Listing D.21 Datei ud20.php (Teil 3)

Das Formular ruft sich selbst auf und beinhaltet die beiden versteckten Formular-Elemente `ak` und `id`, die von der genannten JavaScript-Funktion ihre Werte erhalten. Es folgt die Tabellenüberschrift.

Die erste Zeile mit den Eingabefeldern für einen neuen Datensatz wird zusammengesetzt. Die Felder erhalten die Namen `na[0]`, `vo[0]` usw. Die Inhalte werden für die SQL-Anweisung `insert` benötigt.

Der Hyperlink `neu eintragen` löst den Aufruf der JavaScript-Funktion `send()` aus. Der erste Parameter ist `0`, dies setzt den Wert des versteckten Formular-Elementes `ak` auf `in`. Der zweite Parameter ist für diesen Aufruf unwichtig, muss aber besetzt werden, da die Funktion zwei Parameter erwartet.

Es folgt Teil 4, die Ausgabe der Datensätze:

```
/* Anzeigen */
$res = mysql_query("select * from personen");

/* Alle vorhandenen Datensätze */
```

```
      while ($dsatz = mysql_fetch_assoc($res))
      {
        $id = $dsatz["personalnummer"];
        echo "<tr>";
        echo "<td><input name='na[$id]' value='"
            . $dsatz["name"] . "' size='10'></td>";
        echo "<td><input name='vo[$id]' value='"
            . $dsatz["vorname"] . "' size='10'></td>";
        echo "<td><input name='pn[$id]' value='"
            . $dsatz["personalnummer"]
            . "' size='10'></td>";
        echo "<td><input name='gh[$id]' value='"
            . $dsatz["gehalt"] . "' size='10'></td>";
        echo "<td><input name='gb[$id]' value='"
            . $dsatz["geburtstag"]
            . "' size='10'></td>";
        echo "<td><a href='javascript:send(1,$id);'>
            ändern </a>";
        echo " <a href='javascript:send(2,$id);'>
            löschen</a></td>";
        echo "</tr>";
      }
    echo "</table></form>";
?>
</body>
</html>
```

Listing D.22 Datei ud20.php (Teil 4)

Nach Durchführung der Aktion sollen alle aktuellen, vorhandenen Datensätze angezeigt werden. Dies betrifft auch die neuen beziehungsweise geänderten, ohne die gelöschten Datensätze. Dazu dient die SQL-Anweisung select.

Innerhalb der Schleife, bei der jeweils ein Datensatz ausgegeben wird, erhält die Variable $id den Wert der Personalnummer des aktuellen Datensatzes. Diese Variable wird zur Indizierung der verschiedenen Felder von Formular-Elementen und für den Aufruf der JavaScript-Funktionen benötigt.

In der darauf folgenden Ausgabe der input-Elemente werden bei einem Datensatz, dessen Personalnummer 4711 ist, diese Formular-Elemente `na[4711]`, `vo[4711]` usw. genannt. Sie sind damit für PHP Elemente eines numerisch indizierten Feldes. Die aktuellen Werte jedes Datensatzes werden als Inhalt der `input`-Elemente eingetragen.

Auf jeden Datensatz folgen zwei Hyperlinks. Sie rufen jeweils die Java-Script-Funktion `send()` auf. Der erste Parameter hat den Wert 1 (für ändern) beziehungsweise 2 (für löschen). Der zweite Parameter hat den Wert der Personalnummer, im obigen Beispiel also 4711. Jeder Hyperlink ändern beziehungsweise löschen ist also individuell und dient zur Übermittlung eigener Daten. Beim MS Internet Explorer kann man sich davon leicht überzeugen, das Hyperlink-Ziel wird beim Überfahren in der Statuszeile des Browsers angezeigt.

D.2.10 Ein Datenbank-Browser

In diesem Abschnitt wird ein Projekt, das aus zwei Programmen besteht, vorgestellt und beschrieben, mit dessen Hilfe die Strukturen und Inhalte aller aktuell vorhandenen Datenbanken unter MySQL übersichtlich dargestellt werden können.

alle Datenbanken und Tabellen

▶ Zum einen können Sie dieses Programm von der CD kopieren (Dateien `ud21.php` und `ud22.php`) und als Übersichts-Tool während der Bearbeitung und Programmierung der eigenen Datenbanken nutzen.

▶ Zum anderen werden viele MySQL-Funktionen, und zwar sowohl bekannte als auch bisher unbekannte, hier nicht nur an einem kleinen Beispiel gezeigt, sondern im Zusammenspiel innerhalb eines größeren Projektes.

Innerhalb des ersten Programms werden die Strukturen der Datenbanken ermittelt und ausgegeben. Im zweiten Programm werden bei Bedarf die Inhalte der ausgewählten Tabelle dargestellt.

alle Daten

Struktur aller Datenbanken:

Die Ausgabe der Struktur aller Datenbanken ist natürlich umfangreich, hier wird beispielhaft nur ein Ausschnitt gezeigt, die Struktur der Datenbank `firma`. Zunächst die linke Hälfte:

Datenbank 8: firma 1 Tabelle			
Tabelle 8 / 1 : personen 5 Felder, 3 Datensätze	ansehen	Feldname:	Feldtyp:
Feld 8 / 1 / 1 :		name	string
Feld 8 / 1 / 2 :		vorname	string
Feld 8 / 1 / 3 :		personalnummer	int
Feld 8 / 1 / 4 :		gehalt	real
Feld 8 / 1 / 5 :		geburtstag	date

Abbildung D.104 Datenbank firma, linke Hälfte der Anzeige

Feldtyp:	Feldlänge:	Feldflags:
string	30	
string	25	
int	11	not_null primary_key
real	22	
date	10	

Abbildung D.105 Datenbank firma, rechte Hälfte der Anzeige

Die einzelnen Teile des ersten Programms sind zur besseren Übersicht nummeriert und werden anschließend erläutert:

```
<html>
<body>
<?php
    /* 1: Verbindung aufnehmen */
    $con = mysql_connect();

    /* 2: Liste der Datenbanken */
    $dbresult = mysql_list_dbs($con);

    /* 3: Anzahl der Datenbanken, Überschrift */
    $numdbs = mysql_num_rows($dbresult);
    echo "<h3 align='center'>MySQL, Informationen
        über Struktur und Inhalt aller $numdbs
        vorhandenen Datenbanken</h3>";

    /* 4: Schleife über alle Datenbanken */
```

```
for ($d=0; $d<$numdbs; $d++)
{
    /* 5: Nummer und Name der Datenbank */
    $dp = $d+1;
    $dbname = mysql_result($dbresult, $d);

    /* 6: Datenbank auswählen */
    mysql_select_db($dbname);

    /* 7: Liste der Tabellen der akt. Datenbank */
    $tabresult = mysql_list_tables($dbname);

    /* 8: Anzahl der Tabellen */
    $numtabs = mysql_num_rows($tabresult);
    if ($numtabs==1) $tabtext = "Tabelle";
    else $tabtext = "Tabellen";

    /* 9: Tabelle beginnen, Überschrift */
    echo "<table border width='100%'>";
    echo "<tr><td colspan='6' bgcolor='#c3c3c3'>";
    echo "<b>Datenbank $dp: $dbname</b><br>";
    echo "$numtabs $tabtext</td></tr>";

    /* 10: Schleife über alle Tabellen */
    for ($t=0; $t<$numtabs; $t=$t+1)
    {
        /* 11: Nummer und Name der Tabelle */
        $tp = $t+1;
        $tabname = mysql_result($tabresult, $t);

        /* 12: Liste der Felder der akt. Tabelle */
        $fdresult =
            mysql_list_fields($dbname, $tabname);

        /* 13: Anzahl der Felder */
        $numfds = mysql_num_fields($fdresult);
        if ($numfds==1) $fdtext = "Feld";
        else $fdtext = "Felder";

        /* 14: Anzahl der Datensätze */
```

```php
$dataresult =
   mysql_query("select * from " . $tabname);
$numdata = mysql_num_rows($dataresult);
if ($numdata==1) $datatext = "Datensatz";
else $datatext = "Datensätze";

/* 15: Anzeigebutton */
if ($numdata==0) $ft = " ";
else
{
   $ft = "<form action='ud22.php'
         method='post'>";
   $ft .= "<input type='hidden'
         name='dbname'";
   $ft .= "value=$dbname>
         <input type='hidden' ";
   $ft .= "name='tabname' value='$tabname'>";
   $ft .= "<input type='submit'
         value='ansehen'>";
   $ft .= "</form>";
}


/* 16: Tabelle der Felder, Überschrift */
echo "<tr><td width='25%' bgcolor='#c3c3c3'>";
echo "Tabelle $dp / $tp : $tabname
     <br>$numfds ";
echo "$fdtext, $numdata $datatext</td>";
echo "<td width='15%' align='center' ";
echo "bgcolor='#c3c3c3'>$ft</td>";
echo "<td width='12%' bgcolor='#c3c3c3'>";
echo "Feldname:</td><td width='12%' ";
echo "bgcolor='#c3c3c3'>Feldtyp:</td>";
echo "<td width='12%' bgcolor='#c3c3c3'>";
echo "Feldlänge:</td><td width='24%' ";
echo "bgcolor='#c3c3c3'>Feldflags:</td></tr>";

/* 17: Schleife über alle Felder */
for ($f=0; $f<$numfds; $f=$f+1)
{
   /* 18: Feldname, -typ, -länge und -flags */
```

```
          $fp = $f+1;
          $fdname  = mysql_field_name
                       ($fdresult, $f);
          $fdtype  = mysql_field_type
                       ($fdresult, $f);
          $fdlen   = mysql_field_len
                       ($fdresult, $f);
          $fdflags = mysql_field_flags
                       ($fdresult, $f);

          if (!$fdflags) $fdflags = " ";

          /* 19: Ausgabe der Feldinformationen */
          echo "<td colspan='2'>
              Feld $dp / $tp / $fp :";
          echo "</td> <td>$fdname</td>
              <td>$fdtype</td>";
          echo "<td>$fdlen</td>
              <td>$fdflags</td> </tr>";
        }
      }

    /* 20: Tabelle beenden */
    echo "</table><p>";
  }
?>
</body>
</html>
```

Listing D.23 Datei ud21.php

1. Die Verbindung zur Datenbank wird aufgenommen, Ergebnis ist eine Verbindungskennung.

2. Mit Hilfe der Funktion `mysql_list_dbs()` wird eine Liste der verfügbaren Datenbanken auf dem Server in `$dbresult` gespeichert. **mysql_list_dbs()**

3. Mit Hilfe der Funktion `mysql_num_rows()` wird die Anzahl der verfügbaren Datenbanken auf dem Server in `$numdbs` gespeichert. Es wird eine Überschrift mit dieser Anzahl ausgegeben.

4. Innerhalb einer `for`-Schleife wird jede einzelne Datenbank bearbeitet.

5. Eine laufende Nummer für die Datenbank wird ermittelt. Mit Hilfe der Funktion `mysql_result()` wird bei jedem Schleifendurchlauf der Name der aktuellen Datenbank in `$dbname` gespeichert.

6. Es wird mit der Funktion `mysql_select_db()` die aktuelle Datenbank ausgewählt.

mysql_list_
tables()
7. Mit Hilfe der Funktion `mysql_list_tables()` wird eine Liste der Tabellen, die sich innerhalb der aktuellen Datenbank befinden, in `$tabresult` gespeichert.

8. Mit Hilfe der Funktion `mysql_num_rows()` wird die Anzahl der Tabellen, die sich innerhalb der aktuellen Datenbank befinden, in `$numtabs` gespeichert.

9. Die Ausgabe der Struktur der aktuellen Datenbank in Form einer HTML-Tabelle wird begonnen. Es werden der Name der Datenbank und die Anzahl der Tabellen ausgegeben.

10. Innerhalb einer `for`-Schleife wird jede einzelne Tabelle der aktuellen Datenbank bearbeitet.

11. Eine laufende Nummer für die Tabelle wird ermittelt. Mit Hilfe der Funktion `mysql_result()` wird bei jedem Schleifendurchlauf der Name der aktuellen Tabelle in `$tabname` gespeichert.

mysql_list_fields()
12. Mit Hilfe der Funktion `mysql_list_fields()` wird eine Liste der Felder, die sich innerhalb der aktuellen Tabelle befinden, in `$fdresult` gespeichert.

mysql_num_
fields()
13. Mit Hilfe der Funktion `mysql_num_fields()` wird die Anzahl der Felder, die sich innerhalb der aktuellen Tabelle befinden, in `$numfds` gespeichert.

14. Mit Hilfe der Funktionen `mysql_query()` und `mysql_num_rows()` wird die Anzahl der Datensätze, die sich innerhalb der aktuellen Tabelle befinden, in `$numdata` gespeichert.

15. Falls es Datensätze innerhalb der Tabelle gibt, soll ein Button dargestellt werden. Zur Anzeige aller Datensätze kann dieser Button betätigt werden, es wird dann das zweite Programm des Projektes aufgerufen. Beim Aufruf werden der Name der Datenbank und der Name der Tabelle als versteckte Formular-Elemente an das ausführende Programm übermittelt.

16. Die Ausgabe der Struktur der aktuellen Tabelle wird begonnen. In einer Kopfzeile werden ausgegeben: Nummer und Name der Tabelle, Anzahl der Felder, Anzahl der Datensätze, eventuell der Anzeige-Button für die Datensätze und die vier Feldeigenschaften.

17. Innerhalb einer `for`-Schleife wird jedes einzelne Feld der aktuellen Tabelle bearbeitet.

18. Eine laufende Nummer für das Feld wird ermittelt. Mit Hilfe der vier Funktionen `mysql_field_name()`, `mysql_field_type()`, `mysql_field_len()` und `mysql_field_flags()` werden bei jedem Schleifendurchlauf die Werte der vier Feldeigenschaften in `$fdname`, `$fdtype`, `$fdlen` und `$fdflags` gespeichert.

mysql_field_ name(), mysql_ field_type(), mysql_field_ len(), mysql_field_ flags()

19. Es werden die laufende Nummer des Feldes und die gesammelten Feldeigenschaften ausgegeben.

20. Nach Beendigung der beiden inneren Schleifen wird die HTML-Tabelle zur Ausgabe einer Datenbank beendet.

Inhalt aller Datenbanken:

Falls man im oben angegebenen Programm den Button `anzeigen` für die Datenbank `firma` betätigt, ergibt sich das folgende Bild:

Abbildung D.106 Anzeige der Inhalte

Das zweite Programm zur Darstellung der Inhalte der ausgewählten Tabelle beinhaltet keine neu hinzugekommenen Funktionen:

```
<html>
<body>
<?php
   /* Verbindung aufnehmen */
   $con = mysql_connect();

   /* Datenbank auswählen */
```

```php
mysql_select_db($dbname);

/* Datensätze ermitteln */
$dataresult =
    mysql_query("select * from " . $tabname);

/* Anzahl der Datensätze ermitteln */
$numdata = mysql_num_rows($dataresult);

/* Überschrift ausgeben */
echo "<h3>Datenbank $dbname</h3>";
echo "<h4>Tabelle $tabname</h4>";
echo "$numdata Datensätze:<p>";

/* Felder ermitteln */
$fdresult = mysql_list_fields($dbname, $tabname);

/* Anzahl der Felder ermitteln */
$numfds = mysql_num_fields($fdresult);

/* Ausgabebreite für die Felder ermitteln */
$avwidth = 100 / $numfds;

/* Tabelle beginnen, alle Feldnamen ausgeben */
echo "<table width='100%' border><tr>";
for ($f=0; $f<$numfds; $f++)
{
    $fdname[$f] = mysql_field_name ($fdresult, $f);
    echo "<td bgcolor='#c3c3c3'>$fdname[$f]</td>";
}

echo "</tr>";

/* Schleife über alle Datensätze */
for ($i=0; $i<$numdata; $i++)
{
    echo "<tr>";

    /* Schleife über alle Felder */
    for ($f=0; $f<$numfds; $f++)
```

```
        {
            /* Feldinhalt ermitteln, ausgeben*/
            $data = mysql_result($dataresult,
                    $i, $fdname[$f]);
            if ($data=="") $data = " ";
            echo "<td width='$avwidth%'>$data</td>";
        }
        echo "</tr>";
    }

    echo "</table>";
?>
</body>
</html>
```

Listing D.24 Datei ud22.php

Beim Aufruf wurden der Name der Datenbank ($dbname) und der Name der Tabelle ($tabname) als versteckte Formular-Elemente (hidden) an dieses Programm übermittelt. Es werden alle Datensätze aus allen Feldern der Tabelle ausgewählt, die Ergebniskennung ist $dataresult.

Die Anzahl der Felder wird mit Hilfe der Funktion mysql_num_fields() in $fdresult gespeichert. Jedem Feld soll die gleiche Ausgabebreite in der HTML-Tabelle gegeben werden. Der Wert für die Breite wird ermittelt und in $avwidth gespeichert.

Während der Ausgabe sollte darauf geachtet werden, dass leere Einträge aus der Datenbank in der HTML-Tabelle mit einem expliziten Leerzeichen ( ) abgebildet werden.

D.3   MySQL-Datenbanken publizieren

In Abschnitt C.6, PHP-Programme publizieren, wurde bereits beschrieben, wie man seine PHP-Programme im Internet zur Benutzung bereitstellt. Sollen diese Programme auf Informationen aus MySQL-Datenbanken zugreifen, so müssen diese Informationen ebenfalls auf der Website bereitgestellt werden. Voraussetzung ist natürlich, dass man beim Provider ein Paket ausgewählt hat, das auch eine MySQL-Datenbank zur dynamischen Generierung von datenbankbasierten Seiten beinhaltet.

Datenbanken ins Internet

Auf diese Datenbank hat nur der Entwickler Zugriff. Sie liegt auf einem Datenbank-Server bereit. Der Provider stellt dem Entwickler neben den Zugangsdaten zum Konfigurationsmenü der Website und für den FTP-Zugang die Zugangsinformationen zur Datenbank zur Verfügung. Dies umfasst: Name des Datenbank-Servers (`Host Name`), Benutzerkennung (`User ID`) und Passwort.

Häufig besteht nicht die Möglichkeit, eigene Datenbanken auf dem Datenbank-Server anzulegen. Es wird nur eine einzelne Datenbank mit einem festgelegten Namen bereitgestellt, in der eigene Tabellen erzeugt werden können. Der Name dieser Datenbank wird ebenfalls vom Provider übermittelt.

Es gibt zwei Möglichkeiten, Struktur und Daten von Tabellen auf einen Datenbank-Server im Internet zu transferieren:

▶ Man installiert und benutzt PHPMyAdmin auf der Website im Internet. Dies sollte in jedem Fall in einem über Passwort geschützten Verzeichnis auf der Website geschehen, damit PHPMyAdmin nur von befugten Personen ausgeführt werden kann. Außerdem muss PHPMyAdmin mit den Datenbank-Zugangsdaten passend konfiguriert werden.

▶ Man erstellt eigene PHP-Programme, die sich der SQL-Anweisungen `create table` und `insert` bedienen, und führt diese Programme auf der Website im Internet aus. Dies sollte aus den gleichen Gründen in einem geschützten Verzeichnis erfolgen. Die Programme sollten per Programmcode gesichert werden, damit Tabellen nicht versehentlich überschrieben werden können. Falls keine Möglichkeit zum Verzeichnisschutz existiert, sollten die Programme unmittelbar nach der Benutzung wieder gelöscht werden.

Beide Alternativen sollen nachfolgend am Beispiel der Tabelle `personen aus der Datenbank firma` beschrieben werden.

Die Erzeugung eines Verzeichnisschutzes wird über das Konfigurationsmenü des Providers ermöglicht. Man wird selten den direkten Zugang zur Konfigurationsdatei des Webservers im Internet haben.

Die Aufnahme der Verbindung zu einer MySQL-Datenbank im Internet setzt außerdem bestimmte Modifikationen in den zugehörigen PHP-Programmen voraus. Diese sollen zunächst erläutert werden.

D.3.1 Verbindung aufnehmen

Die Funktion `mysql_connect()` stellt die Verbindung zu einem Daten-bank-Server her. Bisher wurde diese Verbindung ohne die Parameter für Datenbank-Server (`Host Name`), Benutzerkennung (`User ID`) und Passwort vorgenommen, da der Datenbank-Server über `localhost` erreichbar war und keine Einschränkung der Benutzerrechte vorge-nommen wurde.

Bei einer Datenbank, die auf dem Datenbank-Server eine Providers im Internet liegt, ist dies natürlich anders. Der Datenbank-Server ist nur einer von vielen bei dem Provider, jeder DB-Server hat seinen eigenen Namen. Jeder Kunde, dem eine Datenbank bei diesem Provider zur Verfügung steht, hat einen eigenen Benutzernamen und ein Passwort.

Der Aufruf der Funktion zur Verbindungsaufnahme lautet dann zum Beispiel:

`mysql_connect()`

```
mysql_connect("dbxyz.meinprovider.de","meinname",
              "meinpasswort")
```

Der Name der Datenbank ist meist auch vorbestimmt und kann nicht frei gewählt werden. Die Anweisung zur Auswahl einer Datenbank lau-tet dann zum Beispiel:

```
mysql_select_db("db987654")
```

Damit nun nicht alle PHP-Programme, die auf die Datenbank zugreifen, für den Einsatz im Internet geändert werden müssen, empfiehlt sich folgende Vorgehensweise:

▶ Die beiden Anweisungen zur Verbindungsaufnahme und zur Aus-wahl einer Datenbank werden in eine `include`-Datei ausgelagert, zum Beispiel `connect.inc.php`.

▶ Es werden zwei Versionen der Datei erstellt, eine für den Einsatz während der Entwicklung, die andere für den Einsatz im Internet. Am besten legt man die letztgenannte in ein geschütztes Verzeichnis. Dadurch sind die Kundendaten und Passwörter zusätzlich abgesi-chert.

▶ In den PHP-Programmen wird die `include`-Datei zu Beginn, das heißt vor dem ersten Datenbankzugriff, eingebunden.

Ein Beispiel für ein Programm, das sowohl lokal als auch im Internet die Felder `name` und `vorname` für alle Datensätze der Tabelle `personen` ausliest:

```
<html>
<body>
<?php
    include "ud21connect.inc.php";
    $res = mysql_query("select * from personen");
    while ($dsatz = mysql_fetch_assoc($res))
    {
        echo $dsatz["name"] . ", "
            . $dsatz["vorname"] . "<br>";
    }
?>
</body>
</html>
```

Listing D.25 Datei ud23.php

Die `include`-Datei auf dem lokalen Rechner:

```
<?php
    mysql_connect();
    mysql_select_db("firma");
?>
```

Listing D.26 Datei ud23connect.inc.php (lokal)

Ein Beispiel für die `include`-Datei auf dem Server im Internet:

```
<?php
    mysql_connect("dbxyz.meinprovider.de","meinname",
                  "meinpasswort");
    mysql_select_db("db987654");
?>
```

Listing D.27 Datei ud23connect.inc.php (im Internet)

Es ist lediglich zu beachten, dass die Tabelle `personen` im Internet in der Datenbank `db987654` liegt und lokal in der Datenbank `firma`. Man könnte es sich sogar noch leichter machen, indem man die lokale Datenbank in `db987654` umbenennt.

D.3.2 Export einer Tabelle

Dump erzeugen   Bei beiden Alternativen zum Kopieren einer Tabelle auf einen Datenbank-Server im Internet muss zunächst die betreffende Tabelle aus

PHPMyAdmin heraus exportiert werden. Oberhalb der Tabellenstrukturansicht gelangt man über den Hyperlink Exportieren zu der Seite, auf der man einen so genannten Dump, das heißt eine Exportversion der Tabelle, erzeugen kann.

Gemäß der Grundeinstellung werden Format SQL, Struktur und Daten ausgewählt:

Dump (Schema) der Datenbank anzeigen

Exportieren

⊙ SQL

Abbildung D.107 SQL-Dump

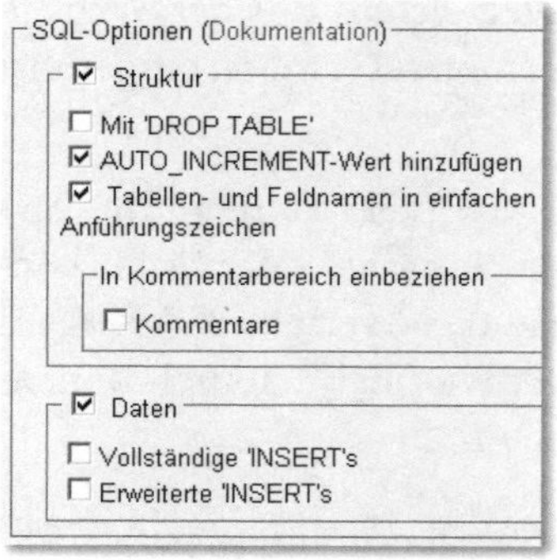

SQL-Optionen (Dokumentation)

☑ Struktur

☐ Mit 'DROP TABLE'
☑ AUTO_INCREMENT-Wert hinzufügen
☑ Tabellen- und Feldnamen in einfachen Anführungszeichen

In Kommentarbereich einbeziehen

☐ Kommentare

☑ Daten

☐ Vollständige 'INSERT's
☐ Erweiterte 'INSERT's

Abbildung D.108 Inhalt des Dumps: Struktur und Daten

Es erscheint das Ergebnis. Im oberen Teil stehen einige Kommentare, der untere Teil beinhaltet die wichtigen Anweisungen:

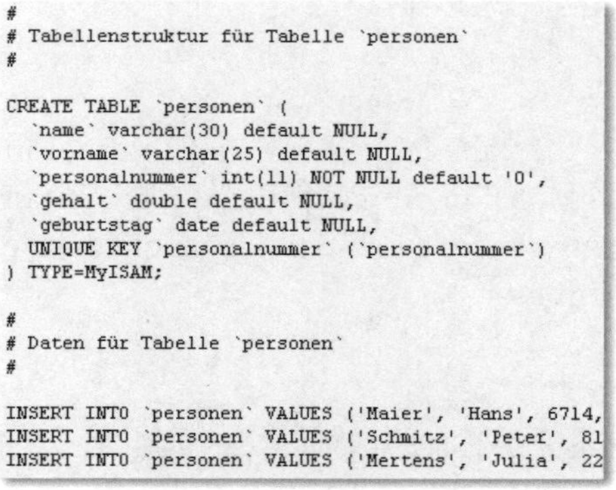

```
#
# Tabellenstruktur für Tabelle `personen`
#

CREATE TABLE `personen` (
  `name` varchar(30) default NULL,
  `vorname` varchar(25) default NULL,
  `personalnummer` int(11) NOT NULL default '0',
  `gehalt` double default NULL,
  `geburtstag` date default NULL,
  UNIQUE KEY `personalnummer` (`personalnummer`)
) TYPE=MyISAM;

#
# Daten für Tabelle `personen`
#

INSERT INTO `personen` VALUES ('Maier', 'Hans', 6714,
INSERT INTO `personen` VALUES ('Schmitz', 'Peter', 81
INSERT INTO `personen` VALUES ('Mertens', 'Julia', 22
```

Abbildung D.109 Ergebnis des Dumps

Dabei handelt es sich um die SQL-Anweisungen

▶ zum Erzeugen der Struktur der Tabelle,

▶ zum Erzeugen der Datensätze der Tabelle.

Diese Anweisungen können

▶ in die Zwischenablage kopiert werden, zur unmittelbaren Benutzung mit PHPMyAdmin,

▶ in eine Datei kopiert, verändert beziehungsweise angepasst und gespeichert werden, zur Erstellung eines eigenen PHP-Programmes.

D.3.3 PHPMyAdmin im Internet

Die Installation von PHPMyAdmin sollte, wie bereits erwähnt, in einem zuvor über Passwort geschützten Verzeichnis auf der Website geschehen, damit das Programm nur von befugten Personen ausgeführt werden kann.

config.inc.php Zur Konfiguration der Zugangsdaten muss die Datei `config.inc.php` im Installationsverzeichnis editiert werden. Innerhalb der Datei können die Zugangsdaten zu mehreren Datenbank-Servern im zweidimensionalen Feld `$cfgServers` gespeichert werden (mehr zu mehrdimensionalen Feldern in Kapitel F, Weitere Themen).

Man legt am besten eine Kopie der Datei `config.inc.php` an. In dieser Kopie werden einige Elemente des genannten Feldes verändert. Zunächst die entsprechenden Elemente im Original-Zustand:

```
/**
 * Server(s) configuration
 */
$i = 0;
// The $cfg['Servers'] array starts with $cfg['Serve
// You can disable a server config entry by setting
$i++;
$cfg['Servers'][$i]['host']          = 'localhost';
$cfg['Servers'][$i]['port']          = '';
$cfg['Servers'][$i]['socket']        = '';
$cfg['Servers'][$i]['connect_type']  = 'tcp';
$cfg['Servers'][$i]['compress']      = FALSE;

$cfg['Servers'][$i]['controluser']   = '';

$cfg['Servers'][$i]['controlpass']   = '';

$cfg['Servers'][$i]['auth_type']     = 'config';
$cfg['Servers'][$i]['user']          = 'root';
$cfg['Servers'][$i]['password']      = '';

$cfg['Servers'][$i]['only_db']       = '';
```

Abbildung D.110 Server-Konfigurationsdaten in config.inc.php

Die Veränderungen:

- `$cfgServers[1]["host"]` wird der Name des vom Provider genannten Datenbank-Servers zugewiesen,
- `$cfgServers[1]["user"]` wird die Benutzerkennung zugewiesen,
- `$cfgServers[1]["password"]` wird das Passwort zugewiesen,
- `$cfgServers[1]["only_db"]` wird der Name der Datenbank zugewiesen.

Alle Dateien des PHPMyAdmin-Verzeichnisses (außer der Datei `config.inc.php`) werden per FTP-Programm in das geschützte Verzeichnis auf der Website übertragen. Anschließend wird die veränderte Kopie der Datei `config.inc.php` übertragen und auf der Website wieder umbenannt. Diese Vorgehensweise hat den Vorteil, dass man auf dem lokalen Webserver nichts überschreibt.

Sobald PHPMyAdmin installiert ist, kann der Export einer Tabelle leicht durchgeführt werden:

- Man erzeugt auf dem lokalen Webserver einen Dump der gewünschten Tabelle (siehe den vorherigen Abschnitt).
- Den unteren Teil mit den SQL-Anweisungen kopiert man in die Zwischenablage.
- Anschließend ruft man im PHPMyAdmin auf der Website im Internet die Datenbankstrukturansicht auf und betätigt den Hyperlink SQL.
- Im Eingabefenster fügt man den Inhalt der Zwischenablage ein und lässt die Befehle ausführen. Damit ist die Tabelle erstellt.

Hinweis: Man kann den Dump zur Sicherheit ohne DROP TABLE erzeugen lassen. Dies hat den Vorteil, dass eine bereits existierende Tabelle nicht versehentlich überschrieben werden kann, sondern in diesem Falle eine Fehlermeldung erfolgt:

drop table

Es ist auch leicht möglich, Veränderungen an Struktur und Daten vorzunehmen, bevor sie übernommen werden sollen. Ein Beispiel: Es kann vorkommen, dass die Tabelle im Internet einen anderen Namen haben soll als auf dem lokalen Server. Dazu erzeugt man den Dump, kopiert ihn über die Zwischenablage in das Textfenster eines Editors, ändert dort den Namen der Tabelle per »Suchen und Ersetzen«, kopiert wiederum über die Zwischenablage in das SQL-Fenster von PHPMyAdmin und lässt den Befehl ausführen.

Dump kopieren

D.3.4 Eigenes PHP-Programm schreiben

create table, insert

Zur Erzeugung der Struktur und gegebenenfalls der Basisdaten einer Tabelle zu einem beliebigen Zeitpunkt, sowohl während der Entwicklung auf der lokalen Website als auch auf der Website im Internet, dient die nachfolgend beschriebene Methode:

Das Erstellen eines eigenen PHP-Programms beinhaltet

▶ den Export einer Tabelle, wie weiter oben beschrieben,

▶ das Speichern der Anweisungen in einer PHP-Datei und

▶ das Einbetten der SQL-Anweisungen in MySQL-Funktionen.

Die SQL-Anweisungen des Beispiels aus Abschnitt D.3.2, Export einer Tabelle, als PHP-Programm umgeschrieben:

```
<html>
<body>
<?php
    include "ud23connect.inc.php";
    $sqlab = "DROP TABLE IF EXISTS $tname";
    echo "$sqlab<p>";
    mysql_query($sqlab);

    $sqlab = "CREATE TABLE $tname (";
    $sqlab .= " name varchar(30) default NULL,";
    $sqlab .= " vorname varchar(25) default NULL,";
    $sqlab .= " personalnummer int(11) NOT NULL
             default '0',";
    $sqlab .= " gehalt double default NULL,";
    $sqlab .= " geburtstag date default NULL,";
    $sqlab .= " UNIQUE KEY personalnummer
           (personalnummer)";
    $sqlab .= ") TYPE=MyISAM;";
    echo "$sqlab<p>";
    mysql_query($sqlab);

    $sqlab = "INSERT INTO $tname VALUES";
    $sqlab .= " ('Maier', 'Hans', 6714, '3500',
           '1962-03-15');";
    echo "$sqlab<br>";
    mysql_query($sqlab);
```

```
$sqlab = "INSERT INTO $tname VALUES";
$sqlab .= " ('Schmitz', 'Peter', 81343, '3750',
         '1958-04-12');";
echo "$sqlab<br>";
mysql_query($sqlab);

$sqlab = "INSERT INTO $tname VALUES";
$sqlab .= " ('Mertens', 'Juli', 2297, '3621.5',
         '1959-12-30');";
echo "$sqlab<br>";
mysql_query($sqlab);
?>

</body>
</html>
```

Listing D.28 Datei ud24.php

Das PHP-Programm setzt die richtige `connect`-Datei voraus, wie es in Abschnitt D.3.1, Verbindung aufnehmen, beschrieben wird. Auf dem lokalen Webserver sollte diese Datei folgenden Inhalt haben:

```
<?php
  mysql_connect();
  mysql_select_db("firma");
?>
```

Das obige Programm ist per Programmcode gesichert. Falls nur der Name des PHP-Programms aufgerufen wird (`http://localhost/ud/ud24.php`), führt keiner der Aufrufe der Funktion `mysql_query()` zum Erfolg, da die Variable `$tname` unbekannt ist. Die Tabelle wird weder gelöscht noch neu erzeugt.

Falls dagegen weitere Informationen über den URL gesendet werden, hier `http://localhost/ud/ud24.php?tname=personen`, wird der Variablen `$tname` der Wert `personen` zugewiesen. Die Tabelle `personen` wird gelöscht und neu erzeugt:

Daten an URL anhängen

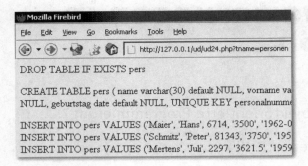

Abbildung D.111 Erzeugen von Tabelle und Datensätzen

Zur Kontrolle werden alle SQL-Anweisungen ausgegeben. Bei der genannten Methode hat man den Vorteil, der Tabelle leicht einen anderen Namen geben zu können. Falls keine Möglichkeit zum Verzeichnisschutz existiert, sollte dennoch auch dieses Programm unmittelbar nach der Benutzung auf der Website im Internet wieder gelöscht werden.

E Erweiterungen in PHP 5

E.1 Was ist objektorientierte Programmierung?............ 267

E.2 Änderungen in PHP5 268

E.3 Klassen und Objekte 268

E.4 Konstruktor 272

E.5 Destruktor 275

E.6 Optionale Parameter 277

E.7 Handles und Kopien 279

E.8 Vererbung 285

E.9 Dereferenzierung von Objekten 290

E.10 Konstanten, statische Eigenschaften und Methoden 291

E.11 Abstrakte Klassen und Methoden 294

E.12 Systemvariablen __METHOD__, __FILE__, __LINE__ 296

E.13 Operator instanceof 298

E.14 Hilfsfunktionen 299

E.15 Ausgabe-Methode __toString 300

E.16 autoload-Funktion 302

E.17 Sonstige Erweiterungen 303

E.18 Beispiel zur Objektorientierung 309

A   Einführung

B   PHP-Programmierkurs

C   Daten senden und auswerten

D   Datenbanken

E   Erweiterungen in PHP 5

F   Weitere Themen

G   Projekte

H   HTML

I   Anhang

E   Erweiterungen in PHP 5

*Wesentliche Neuerungen von PHP 4 zu PHP 5 ergeben sich
im Bereich der objektorientierten Programmierung (OOP).
Dieser Bereich wird zunächst behandelt. Außerdem gibt es in
PHP 5 einige Fortschritte, die nicht nur die objektorientierte
Programmierung betreffen. Den Abschluss bildet ein
umfangreicheres Beispiel für die Anwendung der Objektorientierung.*

E.1   Was ist objektorientierte Programmierung?

Die objektorientierte Programmierung (OOP) bietet zusätzliche Möglichkeiten zum verbesserten Aufbau und zur vereinfachten Wartung
und Erweiterung von Programmen.

OOP

Man erschafft so genannte Klassen, in denen die Eigenschaften von
Objekten und die Funktionen, die auf diese Objekte angewendet werden können (so genannte Methoden), festgelegt werden. Man hat nun
die Möglichkeit, viele verschiedene Objekte dieser Klassen zu erzeugen, den Eigenschaften unterschiedliche Werte zuzuweisen und die
Methoden anzuwenden. Die Definitionen aus der Klasse und die zuge-
wiesenen Werte begleiten diese Objekte über ihren gesamten »Lebens-
weg« während der Dauer des Programms. Objekte werden auch Instanzen (einer Klasse) genannt.

**Klassen und
Objekte**

Ein Beispiel: Es wird die Klasse `Fahrzeug` erschaffen, in der Eigenschaften und Methoden von verschiedenen Fahrzeugen bestimmt werden
können. Ein Fahrzeug hat unter anderem die Eigenschaften Bezeichnung, Geschwindigkeit und Fahrtrichtung. Außerdem kann man ein
Fahrzeug beschleunigen und lenken. Innerhalb eines Programms können viele unterschiedliche Fahrzeuge erschaffen und eingesetzt werden.

Klassen können ihre Eigenschaften und Methoden außerdem vererben.
Sie dienen in diesem Zusammenhang als Basisklasse, ihre Erben nennt
man abgeleitete Klassen. Dadurch kann die Definition von ähnlichen
Objekten, die über eine Reihe von gemeinsamen Eigenschaften und
Methoden verfügen, vereinfacht werden.

Vererbung

Ein Beispiel: Es werden die Klassen `PKW` und `LKW` erschaffen. Beide Klassen sind von der Basisklasse `Fahrzeug` abgeleitet und erben alle Eigen-

schaften und Methoden. Zusätzlich verfügen sie über eigene Eigenschaften und Methoden, die bei der jeweiligen Klasse besonders wichtig sind. Ein PKW hat zum Beispiel eine bestimmte Anzahl an Insassen und man kann einsteigen und aussteigen. Ein LKW hat zum Beispiel eine Ladung und man kann ihn beladen beziehungsweise entladen.

Hinweis: Die in diesem Abschnitt dargestellten Programme sind ein Kompromiss, denn die Vorteile der objektorientierten Programmierung sind erst bei größeren Programmierprojekten erkennbar. Bei einem kleineren Problem fragt man sich vielleicht, warum man für dieses geringfügige Ergebnis ein solch aufwendiges beziehungsweise umständliches Programm schreiben soll. Anhand der hier vorliegenden Programme kann man sich allerdings die Prinzipien der objektorientierten Programmierung erschließen, ohne den Überblick zu verlieren.

E.2 Änderungen in PHP5

Zend Engine

PHP 4 basiert auf der Zend Engine 1, PHP 5 auf der Zend Engine 2. Das Objektmodell, das heißt die interne Behandlung von Objekten, hat sich bei der Zend Engine 2 grundsätzlich geändert. Es ist sehr stark von dem Objektmodell in Java beeinflusst. Durch die Änderung ergeben sich eine höhere Sicherheit, zusätzliche Möglichkeiten und eine bessere Performance der PHP-Programme. Bei der Übergabe eines Objektes wird es nicht mehr vollständig kopiert, sondern es wird nur noch ein Handle zur Identifizierung des Objektes übergeben.

Anhand der nachfolgenden Beispiele werden die Vorzüge der OOP und die Besonderheiten in PHP 5 erläutert.

E.3 Klassen und Objekte

Eigenschaften und Methoden

Als Beispiel wird die Klasse Fahrzeug definiert. Zunächst verfügt ein Objekt dieser Klasse nur über die Eigenschaft Geschwindigkeit und die Methoden beschleunigen() und ausgabe(). Die Methode ausgabe() soll dazu dienen, den Anwender über den aktuellen Zustand des jeweiligen Fahrzeuges zu informieren.

Zunächst die Klassendefinition:

```
/* Definition der Klasse Fahrzeug */
class Fahrzeug
{
    private $geschwindigkeit = 0;  /* Eigenschaft */
```

```
function beschleunigen($wert)  /* Methode */
{
   $this->geschwindigkeit += $wert;
}

function ausgabe()              /* Methode */
{
   echo "Geschwindigkeit: "
      . "$this->geschwindigkeit<br>";
}
}
```

Listing E.1 Datei ue01.php (Klassendefinition)

Zur Erläuterung:

▶ Die Definition der Klasse wird eingeleitet vom Schlüsselwort `class`, **class** gefolgt vom Namen der Klasse. Anschließend folgt die eigentliche Definition.

▶ Die `private` (Erläuterung siehe Abschnitt E.3.1, Private, protected und public) Eigenschaft `geschwindigkeit` wird definiert und auf den Wert 0 gesetzt. Eigenschaften können auf diese Weise nur mit konstanten Werten initialisiert werden. Zur Initialisierung sollten Konstruktoren (siehe Abschnitt E.4, Konstruktor) verwendet werden.

▶ Die Methoden sind Funktionen, die nur innerhalb der Klasse gelten. **function** Sie werden mit Hilfe des Schlüsselwortes `function` definiert. Methoden können wie Funktionen Parameter haben.

▶ Methoden werden für ein bestimmtes Objekt aufgerufen (siehe **$this->** unten im Hauptprogramm). Innerhalb der Methode ist daher bekannt, um welches Objekt es sich handelt. »Dieses Objekt«, also das »aktuelle Objekt« wird über `$this->` angesprochen. Dabei wird dem Namen der Eigenschaft kein weiteres $ (Dollarzeichen) vorangestellt!

▶ Die Methode `beschleunigen()` hat einen Parameter: den Wert für die Änderung der Geschwindigkeit. Innerhalb der Methode wird dieser Wert genutzt, um die Eigenschaft des Objektes zu ändern.

▶ Die Methode `ausgabe()` hat keinen Parameter. Sie dient zur Ausgabe der Geschwindigkeit des Objektes.

Bisher beinhaltete das Programm nur eine Klassendefinition, es führte noch nichts aus. Das vollständige Programm folgt noch.

E.3.1 private, protected und public

In PHP 5 wird das Prinzip der Kapselung eingeführt, das auch aus anderen OOP-Sprachen bekannt ist. Man kann die Sichtbarkeit von Eigenschaften und Methoden über die Schlüsselwörter `public`, `protected` und `private` festlegen.

private ▶ `private`: Private Eigenschaften und Methoden sind nur innerhalb der Klassendefinition erreichbar. Dies wird häufig auf Eigenschaften, seltener auf Methoden angewandt. Bei einem Zugriff auf eine private Eigenschaft oder Methode außerhalb der eigenen Klassendefinition tritt ein Fehler auf. Man nennt private Eigenschaften oder Methoden auch gekapselt.

protected ▶ `protected`: Protected Eigenschaften und Methoden sind nur innerhalb der Klasse erreichbar, innerhalb der sie erzeugt wurden, und in davon abgeleiteten Klassen (siehe Abschnitt E.8, Vererbung). Man spricht auch von einem eingeschränkten Zugriff.

public ▶ `public`: Diese Eigenschaften und Methoden sind von überall her erreichbar. Man spricht auch von einem öffentlichen Zugriff.

Vorteil des Kapselungsprinzips: Gekapselte oder eingeschränkt erreichbare Eigenschaften können nicht »versehentlich« an beliebiger Stelle durch den Benutzer der Klasse verändert werden, sondern nur durch Aktionen, die der Klassen-Entwickler definiert und damit »erlaubt« hat.

Analog kann man dies auf Methoden anwenden. Bestimmte Methoden sollen nur intern beziehungsweise innerhalb der Klassenhierarchie genutzt werden und nicht »versehentlich« vom Benutzer der Klasse. Daher können auch sie als `private` oder `protected` gekennzeichnet werden.

Hinweis: Eigenschaften, die mit dem Schlüsselwort `var` (aus PHP 4) deklariert werden und Methoden, die ohne Schlüsselwort definiert werden, sind automatisch `public`.

E.3.2 Anwendung der Klasse

Im nachfolgenden Hauptprogramm wird die oben genannte Klasse angewendet. Es wird auch ein (nicht erlaubter) Zugriff auf eine private Eigenschaft dargestellt.

```
<html>
<body>
<?php
/* Definition der Klasse Fahrzeug */
class Fahrzeug
{
    ( . . . Definition siehe oben  . . . )
}

/* Objekte der Klasse Fahrzeug erzeugen */
$vespa = new Fahrzeug();
$scania = new Fahrzeug();

/* Objekt betrachten beziehungsweise verändern */
$vespa->ausgabe();
$vespa->beschleunigen(20);
$vespa->ausgabe();

/* Objekt betrachten */
$scania->ausgabe();

/* Private Eigenschaft, nicht erreichbar */
echo "Private Eigenschaft: . $scania->geschwindigkeit";
?>
</body>
</html>
```

Listing E.2 Datei ue01.php (Hauptprogramm)

Zur Erläuterung:

▶ Im Hauptprogramm werden zunächst (mit Hilfe des Schlüsselwortes   new
new) zwei Objekte der Klasse Fahrzeug erzeugt, hier mit den Namen
vespa und scania.

▶ Methoden werden für ein bestimmtes Objekt aufgerufen. Man sagt
auch: Eine Methode wird auf ein Objekt angewendet. Eine Methode
(oder auch eine Eigenschaft) wird über Objektname-> angesprochen.

▶ Die Geschwindigkeit des Objektes vespa wird ausgegeben, einmal
vor und einmal nach der Beschleunigung. Die Geschwindigkeit des
Objektes scania wird nur einmal ausgegeben. Zu Beginn, also nach

ihrer Erzeugung, haben die Objekte die Geschwindigkeit 0, wie in der Definition angegeben.

▶ Es wird versucht, auf die private Eigenschaft `geschwindigkeit` des Objektes `scania` direkt zuzugreifen, außerhalb der Klassendefinition. Dies ist nicht erlaubt.

Die Ausgabe des Programms:

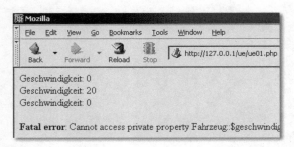

Abbildung E.1 Erstes Programm mit Klasse fahrzeug

Hinweis: Theoretisch kann man Eigenschaften von Objekten auch erst im Hauptprogramm erzeugen. Es wäre also möglich, im Hauptprogramm des oben gezeigten Programms die Anweisung `$vespa->leistung = 15;` zu notieren. Damit würde das Objekt `$vespa` der Klasse `Fahrzeug` über eine weitere Eigenschaft verfügen. Dies ist allerdings aus zwei Gründen nicht zu empfehlen:

▶ Es widerspricht dem Gedanken der objektorientierten Programmierung, da die Eigenschaften von Objekten einer Klasse Ergebnis eines Entwurfs sind und zum Zeitpunkt der Definition der Klasse festgelegt sein sollten.

▶ Ein anderes Objekt der gleichen Klasse verfügt nicht über diese Eigenschaft. Somit ähneln sich die Objekte nicht mehr.

E.4 Konstruktor

__construct() Es gibt eine besondere Methode, die im Zusammenhang mit einer Klasse definiert werden kann, die Konstruktor-Methode. Sie wird genutzt, um einem Objekt zu Beginn seiner »Lebensdauer« Anfangswerte zuzuweisen. In PHP 5 wird für den Konstruktor der festgelegte Name `__construct()` genutzt (mit zwei Unterstrichen vor dem Wort construct).

Die Klasse Fahrzeug wird nachfolgend verändert:

► Ein Fahrzeug bekommt neben der Eigenschaft geschwindigkeit die Eigenschaft bezeichnung.

► Die Klasse beinhaltet eine Konstruktor-Methode zur Festlegung von Anfangswerten für die Eigenschaften bezeichnung und geschwindigkeit.

Das Programm:

```
<html>
<body>
<?php
/* Definition der Klasse Fahrzeug */
class Fahrzeug
{
   private $geschwindigkeit;
   private $bezeichnung;

   public function __construct($bez, $ge)
   {
      $this->bezeichnung = $bez;
      $this->geschwindigkeit = $ge;
   }

   function beschleunigen($wert)
   {
      $this->geschwindigkeit += $wert;
   }

   function ausgabe()
   {
      echo $this->bezeichnung;
      echo " $this->geschwindigkeit km/h<br>";
   }
}

/* Objekte der Klasse Fahrzeug erzeugen */
$vespa = new Fahrzeug("Vespa Piaggio",25);
$scania = new Fahrzeug("Scania TS 360",62);

/* Objekte betrachten */
```

```
$vespa->ausgabe();
$scania->ausgabe();

/* Objekt verändern */
$vespa->beschleunigen(20);
$vespa->ausgabe();
?>
</body>
</html>
```

Listing E.3 Datei ue02.php

Zur Erläuterung:

▶ Der Methodenname `__construct()` bezeichnet die Konstruktor-Methode für die jeweilige Klasse. Es werden im vorliegenden Fall der Klasse `Fahrzeug` zwei Parameter übergeben. Diese beiden Parameter werden genutzt, um die beiden Eigenschaften mit Anfangswerten zu versorgen.

▶ Die Methode `ausgabe()` dient zur Ausgabe beider Eigenschaften.

▶ Es werden zwei Objekte erzeugt. Dabei werden die Anfangswerte an den Konstruktor übergeben, hier die Werte »Vespa Piaggio« und 25 für das Objekt `vespa` und »Scania TS 360« und 62 für das Objekt `scania`.

▶ Anschließend werden die Eigenschaften der Objekte verändert beziehungsweise ausgegeben.

Die Ausgabe des Programms:

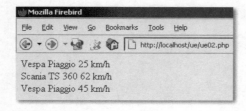

Abbildung E.2 Klasse mit Konstruktor

Konstruktoren werden häufig eingesetzt, sie ermöglichen eine bewusstere Erzeugung von Objekten. Im Unterschied zu vielen anderen OOP-Sprachen kann in PHP eine Konstruktor-Methode auch explizit aufgerufen werden. Im obigen Programm wäre also eine nachträgliche »Neu-Initialisierung« des Objektes `$vespa` in folgender Form möglich:

`$vespa->__construct("Vespa Formosa", 35);` Der Nutzen einer solchen Vorgehensweise erschließt sich besonders im Zusammenhang mit der Vererbung (siehe dort).

Hinweis: Die Methode `__construct()` ersetzt in PHP 5 den alten Konstruktor von PHP 4 . Dieser hat den Namen der Klasse (hier also: `Fahrzeug()`). Aus Gründen der Abwärtskompatibilität gilt: Sollten beide Konstruktoren parallel existieren, so wird vom Programm nur die Methode `__construct()` benutzt. Sollte nur ein Konstruktor nach der alten Methode (= Name der Klasse) existieren, so wird dieser benutzt.

E.5 Destruktor

In PHP 5 kann der Entwickler einen so genannten Destruktor definieren. Falls der Entwickler keinen eigenen Destruktor definiert, so wird ein Standard-Destruktor aufgerufen.

Beim Destruktor handelt es sich sozusagen um das Gegenstück zum Konstruktor. Es ist eine Methode, die automatisch aufgerufen wird, wenn die Existenz eines Objektes endet.

▶ Falls ein Objekt im Hauptprogramm erzeugt wurde, stellt das Ende des Hauptprogrammes den Zeitpunkt des Destruktoraufrufes dar.

▶ Falls ein Objekt innerhalb einer Funktion erzeugt wurde, wird der Destruktor am Ende der Funktion aufgerufen.

Die Destruktor-Methode hat den festgelegten Namen `__destruct()` (mit zwei Unterstrichen vor dem Wort destruct). Der Sinn eines Destruktors liegt im »Aufräumen«. Es können Aktionen angestoßen, Ressourcen freigegeben oder Informationen, die mit dem speziellen Objekt zusammenhängen, festgehalten werden.

__destruct()

Ein Programm mit einer Klasse, die über einen Konstruktor und einen Destruktor verfügt:

```
<html>
<body>
<?php
class Fahrzeug
{
    private $geschwindigkeit;

    public function __construct($ge)
    {
```

```php
        $this->geschwindigkeit = $ge;
    }

    public function beschleunigen($wert)
    {
        $this->geschwindigkeit += $wert;
    }

    public function ausgabe()
    {
        echo "Geschwindigkeit: "
            . $this->geschwindigkeit . "<br>";
    }

    public function __destruct()
    {
        echo "Destruktor<br>";
    }
}

$vespa = new Fahrzeug(20);
$vespa->ausgabe();
$vespa->beschleunigen(30);
$vespa->ausgabe();
?>
</body>
</html>
```

Listing E.4 Datei ue03.php

Die Ausgabe des Programms:

Abbildung E.3 Klasse mit Destruktor

Zur Erläuterung: Es wurde eine eigene Destruktor-Methode definiert. Diese macht im vorliegenden Fall nur eine Ausgabe vom Typ: »Hallo, hier bin ich.« Sie wird am Ende des Hauptprogramms aufgerufen.

Hinweis: Ein Destruktor kann auch explizit aufgerufen werden (hier zum Beispiel mit: `$vespa->__destruct();`). Dies führt dazu, dass der Speicherplatz des Objektes während des Programmlaufes wieder freigegeben wird und anderweitig genutzt werden kann.

E.6 Optionale Parameter

Sowohl Funktionen als auch Methoden können optionale Parameter beinhalten. Man erweitert die Möglichkeiten von Methoden und somit auch der Konstruktor-Methode, falls man optionale Parameter verwendet.

Optionale Parameter sollten immer am Ende der Parameterreihe stehen. Falls bei einem Methodenaufruf optionale Parameter weggelassen werden, kann dies nur von rechts nach links innerhalb der Parameterreihe geschehen. Es ist nicht möglich, Parameter am Anfang der Reihe wegzulassen und gleichzeitig Parameter am Ende der Reihe anzugeben.

Default-Werte

Es bleibt dem Programmierer der Klassendefinition überlassen, ob und in welchem Umfang er alternative Aufrufmöglichkeiten für seine Methoden zur Verfügung stellten möchte. Im nachfolgenden Beispiel werden bei der Konstruktor-Methode optionale Parameter angewendet. Damit können Objekte dieser Klasse auf verschiedene Art und Weise erzeugt werden.

Hinweis: Optionale Parameter eröffnen die einzige Möglichkeit, eine Funktion beziehungsweise Methode auf verschiedene Arten aufzurufen. Die Möglichkeit des Überladens von Methoden, wie aus anderen objektorientierten Sprachen bekannt, gibt es in PHP nicht.

Das Programm:

```html
<html>
<body>
<?php
/* Definition der Klasse Fahrzeug */
class Fahrzeug
{
    private $geschwindigkeit;
    private $bezeichnung;
```

```php
    /* Konstruktor mit optionalen Parametern */
    function __construct($bez = "xxx", $ge = 0)
    {
        $this->bezeichnung = $bez;
        $this->geschwindigkeit = $ge;
    }

    function beschleunigen($wert)
    {
        $this->geschwindigkeit += $wert;
    }

    function ausgabe()
    {
        echo "Name: $this->bezeichnung, ";
        echo " Geschwindigkeit: " .
           "$this->geschwindigkeit km/h<br>";
    }
}


/* Objekte der Klasse Fahrzeug erzeugen */
$vespa = new Fahrzeug("Vespa Piaggio");
$scania = new Fahrzeug("",62);
$jeep = new Fahrzeug("Jeep Cherokee",45);
$hyundai = new Fahrzeug();

/* Objekte betrachten */
$vespa->ausgabe();
$scania->ausgabe();
$jeep->ausgabe();
$hyundai->ausgabe();
?>
</body>
</html>
```

Listing E.5 Datei ue04.php

Zur Erläuterung:

▶ Die beiden Parameter der Konstruktor-Methode der Klasse Fahrzeug sind optional, da bei der Definition jeweils bereits ein fester Wert zugewiesen wurde. Für den Parameter $bez wird die Zeichenkette »xxx« als Vorgabewert angegeben, für den Parameter $ge der Wert 0.

▶ Somit können bei der Erzeugung von Fahrzeugen kein, ein oder zwei Parameter angegeben werden, wie die Beispiele zeigen.

▶ Bei der Erzeugung des Objekts $vespa wird nur eine Zeichenkette übergeben. Diese wird als erster Parameter der Eigenschaft bezeichnung zugewiesen. Der zweite Parameter wird nicht geliefert, daher wird der Vorgabewert 0 übernommen.

▶ Bei der Erzeugung des Objekts $scania werden beide Parameter übergeben, obwohl nur der Wert 62 für die Eigenschaft geschwindigkeit zugewiesen werden soll. Falls nur ein Parameter (die Zahl 62) übergeben worden wäre, so wäre dieser (als erster Parameter) der Eigenschaft bezeichnung zugewiesen worden. Daher musste als erster Parameter eigens eine leere Zeichenkette übergeben werden. Die Zahl 62 wurde somit zum zweiten Parameter.

▶ Bei der Erzeugung des Objekts $jeep werden beide Parameter mit sinnvollen Werten übergeben.

▶ Bei der Erzeugung des Objekts $hyundai wird kein Parameter übergeben. Beide Eigenschaften werden daher auf die Vorgabewerte (Zeichenkette »xxx« beziehungsweise 0) gesetzt.

Die Ausgabe des Programms:

Abbildung E.4 Konstruktor mit optionalen Parametern

E.7 Handles und Kopien

PHP 5 bietet mehrere Möglichkeiten, auf ein Objekt zuzugreifen. Es bietet auch mehrere Möglichkeiten, ein Objekt zu kopieren. Sowohl eine zweite Zugriffsmöglichkeit auf ein Objekt als auch das Kopieren eines Objektes kann sich während der OOP-Entwicklung als sehr nützlich erweisen.

Hinweis: In diesem Zusammenhang hat sich das Verhalten im Vergleich zu PHP 4 grundsätzlich geändert!

Objekt-Handle Eine einfache Zuweisung eines Objektes zu einer Variablen erzeugt nur ein zweites Handle auf das gleiche Objekt; es wird kein zweites Objekt erzeugt. Eine Änderung des Objektes über das Original-Handle kann auch bei Benutzung des zweiten Handles festgestellt werden. Eine Änderung über das zweite Handle kann umgekehrt auch bei Benutzung des Original-Handles festgestellt werden.

Das Gleiche gilt bei Übergabe eines Objektes an eine Funktion. Eine Änderung innerhalb der Funktion wirkt sich auf das Original-Objekt aus.

Kopie Ein Entwickler kann aber auch eine Kopie, das heißt ein zweites Objekt anlegen. Dieses hat zunächst die Eigenschaften und Eigenschaftswerte des Original-Objektes. Es existieren anschließend zwei individuelle Objekte. Die Kopie kann ohne Auswirkungen auf das Original verändert werden und umgekehrt.

__clone() Dieser Kopiervorgang wird auch Klonen genannt. Dazu wird das Schlüsselwort clone benutzt.

▶ Falls in der Klasse des Objektes eine Methode `__clone()` existiert, so wird diese benutzt (benutzerdefiniertes Klonen). Diese Methode kann nicht direkt aufgerufen werden.

▶ Falls in der Klasse des Objektes keine Methode dieses Namens existiert, so wird eine PHP-Standardmethode aufgerufen und die Eigenschaftswerte werden vollständig übernommen (vordefiniertes Klonen).

In den drei folgenden Programmen sollen diese Zusammenhänge verdeutlicht werden.

E.7.1 Vordefiniertes Klonen

Zunächst ein Programm, in dem ein Objekt, ein Handle auf das gleiche Objekt und ein Klon erzeugt werden:

```
<html>
<body>
<?php
class Fahrzeug
{
```

```php
    private $geschwindigkeit = 0;
    private $farbe = "rot";

    public function beschleunigen($wert)
    {
        $this->geschwindigkeit += $wert;
    }

    public function lackieren($wert)
    {
        $this->farbe = $wert;
    }

    public function ausgabe()
    {
        echo "Geschwindigkeit: "
            . $this->geschwindigkeit . ", ";
        echo "Farbe: "
            . $this->farbe . "<br>";
    }
}

/* Original-Objekt */
echo "Vor Veränderung:<br>";
$vespa = new Fahrzeug();
$vespa->beschleunigen(20);
$vespa->ausgabe();

/* Neues Handle zu Original-Objekt */
$honda = $vespa;
$honda->ausgabe();

/* Zweites Objekt, durch Standard-Klonen */
$yamaha = clone $vespa;
$yamaha->ausgabe();
echo "<p>";

/* Original verändern */
echo "Nach Veränderung:<br>";
$vespa->beschleunigen(35);
$vespa->lackieren("gelb");
$vespa->ausgabe();
```

```
/* Benutzung des anderen Handles: Änderung */
$honda->ausgabe();

/* Klon: Keine Änderung */
$yamaha->ausgabe();
?>
</body>
</html>
```

Listing E.6 Datei ue05.php

Zur Erläuterung:

▶ Zunächst wird das Objekt $vespa erzeugt und eine Eigenschaft wird verändert. Der Name $vespa ist eigentlich nur ein Handle für das Objekt, das im Speicher abgelegt ist.

▶ Das zweite Handle $honda auf das gleiche Objekt wird erzeugt. Damit kann man sowohl über $vespa als auch über $honda auf das gleiche Objekt zugreifen.

▶ Das Objekt $yamaha wird als Kopie des Objektes $vespa angelegt. Dabei wird die Standard-Klonmethode aufgerufen, da in der Klasse des Objektes $vespa keine Methode mit diesem Namen existiert. Das Objekt $yamaha hat zunächst die gleichen Eigenschaftswerte wie das Objekt $vespa.

▶ Das Original-Objekt wird verändert. Diese Änderung ist sichtbar, egal ob man über das erste Handle ($vespa) oder über das zweite Handle ($yamaha) zugreift. Das Objekt $yamaha ist unabhängig und verändert sich nicht.

Die Ausgabe:

Abbildung E.5 Zweites Handle und geklontes Objekt

E.7.2 Benutzerdefiniertes Klonen

Die Klassendefinition wird um eine eigene Methode __clone() erweitert. Ansonsten bleibt das Programm unverändert. Nachfolgend die Klassen-Methode __clone():

```
class Fahrzeug
{
   ...
   public function __clone()
   {
      $this->geschwindigkeit += 10;
      $this->farbe = "grün";
   }
   ...
}
```

Listing E.7 Datei ue06.php (nur Veränderung in der Klassendefinition)

Zur Erläuterung:

Beim Klonen eines Objektes der Klasse Fahrzeug wird die dargestellte Methode __clone() aufgerufen. Die Eigenschaft Geschwindigkeit bekommt einen neuen Wert, der auf dem Wert des Original-Objektes basiert. Die Eigenschaft Farbe bekommt einen neuen Wert.

$that->

Falls die zweite Anweisung gar nicht vorhanden wäre, würde die Eigenschaft $farbe für das geklonte Objekt inklusive des alten Werts übernommen werden. Es ergeben sich somit drei Möglichkeiten für die Eigenschaftswerte eines geklonten Objekts:

▶ Ein Eigenschaftswert wird vom Original-Objekt übernommen.

▶ Ein Eigenschaftswert basiert auf dem entsprechenden Wert des Original-Objekts.

▶ Eine Eigenschaft wird mit einem völlig neuen Wert belegt.

Die Ausgabe:

Abbildung E.6 Anwendung von __clone()

E.7.3   Übergabe eines Objektes an eine Funktion

Das Verhalten der Übergabe eines Objektes an eine Funktion soll im folgenden Beispiel gezeigt werden. Es wird eine zusätzliche Funktion test() außerhalb der Klasse Fahrzeug definiert. Innerhalb dieser Funktion wird das Objekt verändert. Diese Veränderung hat Auswirkungen auf das Original, denn auch $v ist nur ein zweites Handle für $vespa.

```
<html>
<body>
<?php
class Fahrzeug
{
    private $geschwindigkeit = 0;

    public function beschleunigen($wert)
    {
        $this->geschwindigkeit += $wert;
    }

    public function ausgabe()
    {
        echo "Geschwindigkeit: "
            . $this->geschwindigkeit . "<br>";
    }
}
```

```
function test($v)
{
   $v->beschleunigen(15);
}

$vespa = new Fahrzeug;
$vespa->beschleunigen(20);
$vespa->ausgabe();
test($vespa);
$vespa->ausgabe();

?>
</body>
</html>
```

Listing E.8 Datei ue07.php

E.8   Vererbung

Klassenhierarchie

Eine Klasse kann ihre Eigenschaften und Methoden an eine andere Klasse vererben. Dieser Mechanismus wird häufig angewandt, um bereits vorhandene Definitionen übernehmen zu können. Man erzeugt dadurch eine Hierarchie von Klassen, die die Darstellung von Objekten ermöglicht, die teilweise übereinstimmende, teilweise unterschiedliche Merkmale aufweisen.

Im nachfolgenden Beispiel wird eine Klasse PKW definiert, mit deren Hilfe die Eigenschaften und Methoden von Personenkraftwagen dargestellt werden sollen. Bei der Erzeugung bedient man sich der existierenden Klasse Fahrzeug, in der ein Teil der gewünschten Eigenschaften und Methoden bereits vorhanden sind. Bei der Klasse PKW kommen noch einige Merkmale hinzu. Diese Klasse ist spezialisiert, im Gegensatz zu der allgemeinen Klasse Fahrzeug.

Basisklasse, abgeleitete Klasse

Von der Klasse PKW aus gesehen ist die Klasse Fahrzeug eine Basisklasse. Von der Klasse Fahrzeug aus gesehen ist die Klasse PKW eine abgeleitete Klasse.

```
/* Definition der Klasse Fahrzeug */
class Fahrzeug
{
   private $geschwindigkeit = 0;
```

```php
   function beschleunigen($wert)
   {
      $this->geschwindigkeit += $wert;
   }


   function ausgabe()
   {
      echo "Geschwindigkeit:
            $this->geschwindigkeit<br>";
   }
}


/* Definition der abgeleiteten Klasse PKW */
class PKW extends Fahrzeug
{
   private $insassen = 0;

   function einsteigen($anzahl)
   {
      $this->insassen += $anzahl;
   }

   function aussteigen($anzahl)
   {
      $this->insassen -= $anzahl;
   }

   function ausgabe()  /* überschriebene Methode */
   {
      echo "Insassen: $this->insassen ";
      parent::ausgabe();  /* geerbte Methode */
   }
}
```

Listing E.9 Datei ue08.php (Basisklasse Fahrzeug und abgeleitete Klasse PKW)

Zur Erläuterung:

▶ Die abgeleitete Klasse `PKW` erbt von der Klasse `Fahrzeug` und beinhaltet insgesamt fünf Methoden und zwei Eigenschaften:

  ▶ die von der Klasse Fahrzeug geerbten Methoden `ausgabe()` und `beschleunigen()`,

  ▶ die eigenen Methoden `einsteigen()` und `aussteigen()`,

  ▶ die eigene Ausgabe-Methode `ausgabe()`, die unter anderem die geerbte Methode `ausgabe()` der Basisklasse aufruft,

  ▶ die von der Klasse Fahrzeug geerbte Eigenschaft `geschwindigkeit`,

  ▶ die eigene Eigenschaft `insassen`, sie wird zu Beginn auf 0 gesetzt.

▶ Falls eine Klasse von einer anderen Klasse abgeleitet wird, so folgt nach dem Schlüsselwort `class` und dem Namen der abgeleiteten Klasse das Schlüsselwort `extends` (erweitert) und der Name der Basisklasse. Die abgeleitete Klasse erweitert somit die Eigenschaften und Methoden der Basisklasse. **extends**

▶ Eigenschaften und Methoden werden zunächst in der Klasse des Objektes gesucht. Sollten sie dort nicht vorhanden sein, so wird die Suche in der zugehörigen Basisklasse fortgesetzt.

▶ Eine Methode einer Basisklasse kann in einer abgeleiteten Klasse mit einer gleichnamigen Methode überschrieben werden. Wird eine solche Methode für ein Objekt einer abgeleiteten Klasse aufgerufen, so wird nur der Programmcode der »neuen« Methode verarbeitet, nicht der Programmcode der gleichnamigen Methode der Basisklasse.

▶ Falls dieser Programmcode trotzdem zusätzlich genutzt werden soll, so hilft der Operator `::` (doppelter Doppelpunkt). Der Aufruf `parent::ausgabe()` innerhalb der Methode `ausgabe()` der Klasse `PKW` führt dazu, dass für das aktuelle Objekt die gleichnamige Methode der Basisklasse aufgerufen wird. Eine solche »Verkettung« von Aufrufen ist in einer Klassenhierarchie durchaus sinnvoll und erwünscht. **parent::**

▶ Man könnte die Basisklasse hier auch mit `Fahrzeug::ausgabe()` aufrufen. Der Vorteil von `parent` liegt allerdings darin, dass bei einer späteren Veränderung der Klassenhierarchie der Programmcode nicht geändert werden muss.

Im Hauptprogramm wird ein Objekt der Klasse `PKW` erzeugt und mehrmals verändert. Der jeweilige Zustand des Objektes wird ausgegeben:

```
/* Objekt der abgeleiteten Klasse Fahrzeug */
$fiat = new PKW();
$fiat->ausgabe();

$fiat->einsteigen(3);
$fiat->beschleunigen(30);
$fiat->ausgabe();

$fiat->beschleunigen(-30);
$fiat->ausgabe();

$fiat->aussteigen(1);
$fiat->ausgabe();
```

Listing E.10 Datei ue08.php (Hauptprogramm)

Zur Erläuterung:

▶ Es wird das Objekt `fiat` erzeugt.

▶ Es werden die Methoden `einsteigen()` und `aussteigen()` aufgerufen. Diese werden unmittelbar in der Klasse `PKW` gefunden und verändern die Eigenschaft `insassen`.

▶ Es wird die Methode `beschleunigen()` aufgerufen. Diese wird nicht unmittelbar in der Klasse `PKW` gefunden, daher wird in der Basisklasse weiter gesucht. Dort wird sie gefunden und dient zur Veränderung der Eigenschaft `geschwindigkeit`.

▶ Es werden mehrmals die Eigenschaften des Objektes ausgegeben. Die Eigenschaft `insassen` wird durch die eigene Methode `ausgabe()` ausgegeben, die Eigenschaft `geschwindigkeit` durch die geerbte Methode `ausgabe()`.

Die Ausgabe des Programms:

Abbildung E.7 Eigenschaften eines Objektes einer abgeleiteten Klasse

E.8.1 Konstruktoren bei Vererbung

Auch Objekte von abgeleiteten Klassen sollten nur mit Hilfe eines Konstruktors erzeugt werden. Im nachfolgenden Programm wird daher die Definition der Klasse PKW verändert. Voraussetzung zur sinnvollen Initialisierung ist ein passender Konstruktor der Basisklasse. Daher sollte auch hier ein Konstruktor eingesetzt werden.

Der Konstruktor der abgeleiteten Klasse sollte den Konstruktor der Basisklasse explizit aufrufen, damit dieser seinen Anteil an Initialisierungsdaten bekommt. Bei einer späteren Veränderung der Klassenhierarchie stellt der explizite Aufruf des Konstruktors kein Problem dar, da dieser mit parent::__construct() vorgenommen wird.

parent::__construct()

Die Veränderungen im Programm:

```
class Fahrzeug
{
private $geschwindigkeit;

public function __construct($ge)
{
$this->geschwindigkeit = $ge;
}
....

class PKW extends Fahrzeug
{
    private $insassen;

    public function __construct($ge, $anz)
    {
        $this->insassen = $anz;
        parent::__construct($ge);
    }
    ....
```

Listing E.11 Datei ue09.php (nur Veränderungen)

Zur Erläuterung:

▶ Hauptprogramm und Ausgabe des Programms bleiben gleich.

▶ Die abgeleitete Klasse PKW beinhaltet einen Konstruktor, der insgesamt zwei Parameter erwartet. Einer der Parameter wird unmittelbar der Eigenschaft `insassen` zugewiesen. Der andere Parameter wird an den Konstruktor der Basisklasse `Fahrzeug` weitergeleitet, indem dieser explizit aufgerufen wird.

▶ Bei der Erschaffung eines Objektes der abgeleiteten Klasse `PKW` müssen also beide Startwerte für die Eigenschaften angegeben werden.

E.9 Dereferenzierung von Objekten

Objekte können als Parameter an Funktionen übergeben werden, sie können auch als Rückgabewert einer Funktion oder Klassen-Methode dienen. Auf das zurückgegebene Objekt kann unmittelbar eine Methode angewendet werden, wie das nachfolgende Beispiel zeigt:

```php
<html>
<body>
<?php
class bruch
{
   private $zaehler;
   private $nenner;

   public function __construct($z,$n)
   {
      $this->zaehler = $z;
      $this->nenner = $n;
   }

   public function aus()
   {
      return $this->zaehler . "/" . $this->nenner;
   }

   public function mult($a)
   {
      $erg = new bruch(0,0);
      $erg->zaehler = $this->zaehler * $a->zaehler;
      $erg->nenner = $this->nenner * $a->nenner;
      return $erg;
   }
}
```

```
$x = new bruch(3,7);
$y = new bruch(4,5);

echo $x->aus() . " * " . $y->aus()
   . " = " . $x->mult($y)->aus();

?>
</body>
</html>
```

Listing E.12 Datei ue10.php

Es behandelt die Klasse `bruch`. Ein Objekt der Klasse `bruch` (ein mathematischer Bruch) hat zwei Eigenschaften: Zähler und Nenner. Mit Hilfe eines Konstruktors wird jeder Bruch bei der Erzeugung mit Werten versorgt.

Zusätzlich wird noch eine Methode `mult()` zur Multiplikation von zwei Brüchen definiert. Dabei wird der Bruch, für den die Methode aufgerufen wird (im Programm `$x`), mit dem Bruch multipliziert, der als Parameter übermittelt wird (im Programm `$y`). Ergebnis ist wiederum ein Bruch, der als Rückgabewert dient (im Programm `$erg`). Auf diesen Bruch wird unmittelbar die Methode `aus()` angewendet: `$x->mult($y)->aus()`

Die Ausgabe:

Abbildung E.8 Direkte Ausgabe des Rückgabewertes einer Methode

E.10 Konstanten, statische Eigenschaften und Methoden

Neben den bisher erwähnten Eigenschaften und Methoden können einer Klasse noch weitere Elemente hinzugefügt werden:

▶ Klassenkonstante: Diese ist grundsätzlich öffentlich, die Sichtbarkeit kann nicht mit `public`, `protected` oder `private` spezifiziert werden. Es darf kein Dollar-Zeichen (wie bei einer Variablen) vor dem Namen stehen. Der Wert einer Konstanten kann sich nicht ändern.

Klassenkonstante

Eine Konstante ist unabhängig von der Existenz einzelner Objekte der Klasse, sie ist nur einmal vorhanden. Innerhalb der Klasse kann sie mit `self::Konstantenname` angesprochen werden. Außerhalb der Klasse kann sie nur mit `Klassenname::Konstantenname` angesprochen werden. Einsatzzweck: Sie ist sinnvoll thematisch einer Klasse zugeordnet, zum Beispiel würde man eine Konstante g (für die Schwerkraft) einer Klasse zuordnen, die mit physikalischen Werten und Methoden arbeitet.

Statische
Eigenschaft

▶ Statische Eigenschaft: Diese ist ebenfalls unabhängig von der Existenz einzelner Objekte der Klasse, sie ist nur einmal vorhanden. Allerdings kann sich ihr Wert ändern. Sie kann und sollte unmittelbar initialisiert werden. Innerhalb der Klasse kann sie mit `self::Eigenschaftsname` oder `Klassenname::Eigenschaftsname` angesprochen werden. Außerhalb der Klasse kann sie natürlich nur angesprochen werden, wenn sie `public` ist, und nur über `Klassenname::Eigenschaftsname`. Einsatzzweck: Ihr Wert steht allen Objekten der Klasse gemeinschaftlich zur Verfügung und kann zum Datenaustausch zwischen Objekten dienen, zum Beispiel zur Zählung beziehungsweise Nummerierung von Objekten.

Statische
Methode

▶ Statische Methode: Diese ist ebenfalls unabhängig von der Existenz einzelner Objekte der Klasse. Innerhalb der Klasse kann sie mit `self::Methodenname` oder `Klassenname::Methodenname` angesprochen werden. Außerhalb der Klasse kann sie natürlich nur angesprochen werden, wenn sie `public` ist, und nur über `Klassenname::Methodenname`. Einsatzzweck: Sie ist sinnvoll thematisch einer Klasse zugeordnet, zum Beispiel würde man eine Methode `AnziehungBerechnen()` einer Klasse zuordnen, die generell mit physikalischen Werten und Methoden arbeitet.

Ein Beispiel:

```
<html>
<body>
<?php

class math
{
    const pi = 3.1415926;
    private $id;

    public static $nummer=0;
```

```php
    public function __construct()
    {
        self::$nummer = self::$nummer + 1;
        $this->id = self::$nummer;
    }

    public static function quadrat($p)
    {
        return $p * $p;
    }

    public function aus()
    {
        echo "Nr.: " . $this->id . ", "
                    . self::pi . "<br>";
        echo self::quadrat(3.2) . "<br>";
    }
}

$z = 2.5;
echo math::quadrat($z) . "<p>";

$x = new math();
$x->aus();
echo "Anzahl: " . math::$nummer . "<p>";

$y = new math();
$y->aus();
echo "Anzahl: " . math::$nummer . "<p>";

echo math::pi . "<br>";
?>
</body>
</html>
```

Listing E.13 Datei ue11.php

Zur Erläuterung:

▶ Innerhalb der Klasse math wird die Klassenkonstante pi definiert,
mit dem Wert 3.1415926. Sie wird innerhalb der Klasse mit dem

Namen `self::pi` angesprochen, außerhalb mit dem Namen `math::pi`. Sie ist thematisch mit der Klasse `math` verbunden und keinem bestimmten Objekt zugeordnet.

self::

▶ Innerhalb der Klasse `math` wird die öffentliche, statische Eigenschaft `$nummer` definiert, mit dem Startwert 0. Sie wird innerhalb der Klasse mit dem Namen `self::$nummer` angesprochen, außerhalb mit dem Namen `math::$nummer`. Sie dient zur Nummerierung der einzelnen Objekte. Bei jeder Erzeugung eines Objekts der Klasse wird ihr Wert um 1 erhöht. Dieser Wert wird der objektspezifischen Eigenschaft `$id` zugewiesen. Somit bekommt jedes Objekt eine individuelle ID, in der Reihenfolge der Erzeugung. Außerdem ist stets die Anzahl der existierenden Objekte bekannt.

▶ Innerhalb der Klasse `math` wird die öffentliche, statische Methode `quadrat()` definiert. Sie wird innerhalb der Klasse mit dem Namen `self::quadrat()` angesprochen, außerhalb mit dem Namen `math::quadrat()`. Sie stellt eine Möglichkeit zur Quadrierung von Zahlen zur Verfügung. Sie ist thematisch mit der Klasse `math` verbunden und keinem bestimmten Objekt zugeordnet.

Die Ausgabe:

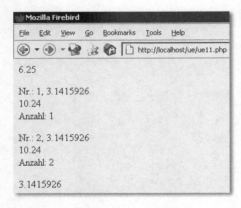

Abbildung E.9 Konstanten, statische Eigenschaften und Methoden

E.11 Abstrakte Klassen und Methoden

abstract

Mit Hilfe des Schlüsselwortes `abstract` kann eine Klasse definiert werden, die sozusagen nicht fertig ist. Innerhalb dieser Klasse gibt es eine oder mehrere Methoden, die nur aus der Deklaration bestehen, aber keinen Methodenkörper haben.

Eine abstrakte Klasse:

▶ dient nur als gemeinsame Basis für abgeleitete Klassen, damit bereits gemeinsame Eigenschaften gesammelt und festgelegt werden können,

▶ muss abgeleitet werden, damit die abstrakten Methoden konkret definiert werden können.

Es kann keine Objekte (Instanzen) von abstrakten Klassen geben.

Ein Beispiel:

```html
<html>
<body>
<?php
abstract class test_daddy
{
   protected $x;
   function __construct($p)
   {
      $this->x = $p;
   }
   abstract function aus();
}

class test_son extends test_daddy
{
   function aus()
   {
      echo $this->x;
   }
}
$a = new test_son(35);
$a->aus();
?>
</body>
</html>
```

Listing E.14 Datei ue12.php

Zur Erläuterung:

▶ Innerhalb der Klasse `test_daddy` gibt es eine Methode `aus()`. Diese ist abstrakt.

▶ Da es mindestens eine abstrakte Methode gibt, muss die Klasse `test_daddy` ebenfalls als abstrakt gekennzeichnet werden. Es kann keine Instanzen der Klasse `test_daddy` geben.

▶ Die Klasse `test_son` ist von der Klasse `test_daddy` abgeleitet. Damit Instanzen dieser Klasse erzeugt werden können, muss die abstrakte Methode `aus()` konkret definiert werden. Wäre dies nicht der Fall, so wäre `test_son` ebenfalls eine abstrakte Klasse.

▶ Im Hauptprogramm wird eine Instanz der Klasse `test_son` mit dem Startwert 35 erzeugt. Die Klasse `test_son` hat keinen eigenen Konstruktor, daher wird der Konstruktor der Klasse aufgerufen, von der die Klasse `test_son` erbt. Die Eigenschaft `$x` wird mit dem Startwert versorgt.

▶ Die Methode `aus()` wird aufgerufen. Die geerbte Eigenschaft `$x` wird ausgegeben. Diese muss in diesem Falle `protected` sein, da die Methode `aus()` eine Methode der abgeleiteten Klasse ist.

E.12 Systemvariablen __METHOD__, __FILE__, __LINE__

Es gibt einige Systemvariablen, die sowohl innerhalb von objektorientierten Programmen als auch innerhalb von prozeduralen Programmen nützliche Informationen liefern können. Es handelt sich dabei um:

__METHOD__ ▶ __METHOD__: Sie liefert den Namen der Klasse und der Methode, die aktuell angewandt wird. Sie ist natürlich nur innerhalb einer Methode sinnvoll.

__FILE__ ▶ __FILE__: Sie liefert den Namen der aktuellen Datei mit Angabe des Verzeichnisses auf dem Webserver.

__LINE__ ▶ __LINE__: Sie liefert den Namen der aktuellen Zeile innerhalb des Quellcodes.

Ein Beispiel:

```
<html>
<body>
<?php
class Fahrzeug
```

```php
{
    private $geschwindigkeit;
    function __construct($wert)
    {
        echo "Methode: " . __METHOD__ . "<br>";
        $this->geschwindigkeit = $wert;
    }

    function beschleunigen($wert)
    {
        echo "Methode: " . __METHOD__ . "<br>";
        $this->geschwindigkeit += $wert;
    }

    function ausgabe()
    {
        echo "Methode: " . __METHOD__ . "<br>";
        echo "Geschwindigkeit: "
            . "$this->geschwindigkeit<br>";
    }
}

echo "Datei: " . __FILE__ . "<br>";
echo "Zeile: " . __LINE__ . "<br>";
$vespa = new Fahrzeug(20);
$vespa->ausgabe();
$vespa->beschleunigen(20);
$vespa->ausgabe();
echo "Zeile: " . __LINE__ . "<br>";
?>
</body>
</html>
```

Listing E.15 Datei ue13.php

Die Ausgabe:

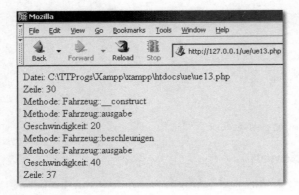

Abbildung E.10 __METHOD__ __FILE__ __LINE__

E.13 Operator instanceof

instanceof

Der Operator `instanceof` liefert die Information, ob ein Objekt eine Instanz einer bestimmten Klasse ist. Ein kleines Beispiel:

```
<html>
<body>
<?php

class atest{}
class btest{}

$x = new atest();

if($x instanceof atest)
   echo "Dies ist ein Objekt der Klasse atest<p>";
else
   echo "Dies ist kein Objekt der Klasse atest<p>";

if($x instanceof btest)
   echo "Dies ist ein Objekt der Klasse btest<p>";
else
   echo "Dies ist kein Objekt der Klasse btest<p>";
?>
</body>
</html>
```

Listing E.16 Datei ue14.php

Die Ausgabe:

Abbildung E.11 Anwendung von instanceof

E.14 Hilfsfunktionen

Einige Hilfsfunktionen können die Arbeit, besonders mit größeren Klassenhierarchien, vereinfachen. Dies sind:

Funktionsname	Erläuterung
call_user_method()	Aufruf einer Methode für ein bestimmtes Objekt
class_exists()	Prüft die Existenz einer Klasse
get_class()	Liefert den Klassennamen eines Objekts als Zeichenkette
get_class_methods()	Liefert die Namen aller Methoden einer Klasse als Array
get_class_vars()	Liefert die Standard-Elemente einer Klasse als Array
get_declared_classes()	Liefert die Namen aller definierten Klassen als Array, inklusive Standard-Klassen
get_object_vars()	Liefert die Elemente eines Objekts als Array, denen bereits ein Wert zugewiesen wurde
get_parent_class()	Liefert den Namen der übergeordneten Klasse eines Objektes als Zeichenkette
is_subclass_of()	Prüft, ob ein Objekt zu einer abgeleiteten Klasse der angegebenen Klasse gehört
method_exists()	Prüft, ob eine bestimmte Methode in einer Klasse existiert

Im nachfolgenden Programm wird mit Hilfe der Methoden get_declared_classes() und get_class_methods() eine Übersicht über die im aktuellen Programm verfügbaren Klassen und Methoden gegeben. Die Methode get_declared_classes() liefert auch die Standard-Klassen, daher beginnt die Ausgabe mit diesen Klassen.

get_declared_classes(), get_class_methods()

Dargestellt wird nur das Hauptprogramm, es wird die Klassendefinition aus dem vorherigen Programm verwendet.

```
/* Klassenübersicht */
$ak = get_declared_classes();
for($k=0; $k<sizeof($ak); $k++)
{
    echo "Klasse: " . $ak[$k] . "<br>";

    /* Methodenübersicht */
    $am = get_class_methods($ak[$k]);

    for($m=0; $m<sizeof($am); $m++)
    {
        echo "Methode: " . $am[$m] . "<br>";
    }

    echo "<p>";
}
```

Listing E.17 Datei ue15.php (Hauptprogramm)

Die Ausgabe (nur der Teil mit den benutzerdefinierten Klassen):

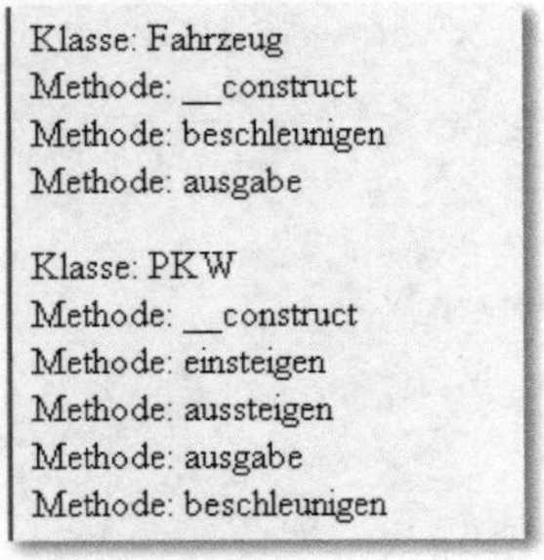

```
Klasse: Fahrzeug
Methode: __construct
Methode: beschleunigen
Methode: ausgabe

Klasse: PKW
Methode: __construct
Methode: einsteigen
Methode: aussteigen
Methode: ausgabe
Methode: beschleunigen
```

Abbildung E.12 Benutzerdefinierte Klassen

E.15 Ausgabe-Methode __toString

__toString() Jede Klasse erbt, analog zu den Methoden __construct() und __clone(), eine Methode __toString() zur Ausgabe der Daten eines Objektes.

▶ Falls Sie nicht vom Entwickler überschrieben wird, so liefert eine Anweisung des Typs echo <Objektname> die »laufende Nummer« des Objektes (Object ID #1, Object ID #2, ...).

▶ Falls sie vom Entwickler überschrieben wird, so führt die genannte Anweisung zu einem Aufruf der Methode __toString().

Ein Beispiel:

```
<html>
<body>
<?php
class Fahrzeug
{
   private $geschwindigkeit;
   private $farbe;

   function __toString()
   {
      $erg = "Geschwindigkeit:
                  $this->geschwindigkeit, ";
      $erg .= "Farbe: $this->farbe";
      return $erg;
   }

   function __construct($g, $f)
   {
      $this->geschwindigkeit = $g;
      $this->farbe = $f;
   }
}

$vespa = new Fahrzeug(130,"rot");
echo $vespa;
?>
</body>
</html>
```

Listing E.18 Datei ue16.php

Die Methode __toString() liefert ein Objekt der Klasse Fahrzeug mit seinen Eigenschaften und Eigenschaftswerten in lesbarer Form.

E.16 autoload-Funktion

__autoload() Die Funktion __autoload() eröffnet die Möglichkeit, eine Klassende-
finition bei Bedarf einzubinden. Falls ein Objekt einer Klasse erzeugt
wird, die nicht definiert ist, so führt dies normalerweise zu einem Fehler. Falls jedoch die autoload-Funktion definiert wurde, so kann das
Einbinden der Klassendefinition nachgeholt werden. Ein Beispiel:

```
<html>
<body>
<?php
function __autoload($classname)
{
    include_once "ue17" . $classname . ".inc.php";
}
$x = new rapunzel();
?>
</body>
</html>
```

Listing E.19 Datei ue17.php

Im Hauptprogramm wird ein neues Objekt der Klasse rapunzel
erzeugt. Diese ist hier jedoch unbekannt. Es existiert aber eine autoload-Funktion, der der Name der gesuchten Klasse implizit als Parameter übergeben wird. Dies führt zum Einbinden der Datei
ue17rapunzel.inc.php. In dieser Datei findet sich die gesuchte
Klasse:

```
<?php
class rapunzel
{
    function __construct()
    {
        echo "Neues Objekt der Klasse
                rapunzel erzeugt<br>";
    }
}
?>
```

Listing E.20 Datei ue17rapunzel.inc.php

Die Ausgabe:

Abbildung E.13 Anwendung der autoload-Funktion

E.17 Sonstige Erweiterungen

Dieser Abschnitt beschäftigt sich mit den Neuerungen von PHP 5, die nicht nur die objektorientierte Programmierung betreffen.

E.17.1 Parameter mit Voreinstellung

In PHP können Parameter einer Funktion auch einen voreingestellten Wert haben. Dies gilt seit PHP 5 auch für Parameter, die per Referenz in eine Funktion übernommen werden. Ein Beispiel:

```
<html>
<body>
<?php
function quader($br, &$lg, &$ti=1, $fa="schwarz")
{
   echo "Breite: $br<br>";
   echo "Länge: $lg<br>";
   echo "Tiefe: $ti<br>";
   echo "Farbe: $fa<br>";

   $vol = $br * $lg * $ti;
   echo "Volumen: $vol<p>";
}
$breite = 4;
$laenge = 6;
$tiefe = 2;
$farbe = "rot";
quader($breite, $laenge, $tiefe, $farbe);

$breite = 2;
$laenge = 18;
quader($breite, $laenge);
```

```
?>
</body>
</html>
```

Listing E.21 Datei ue20.php

Die Funktion `quader()` kann mit zwei bis vier Parametern aufgerufen werden. Der dritte und der vierte Parameter sind optional, da sie bereits mit Default-Werten vorbelegt sind. Diese Parameter können auch Referenzen sein.

Im vorliegenden Programm werden der zweite und der dritte Parameter per Referenz übergeben. Eine Änderung der Werte hat also eine Rückwirkung auf die aufrufende Stelle.

Die Ausgabe:

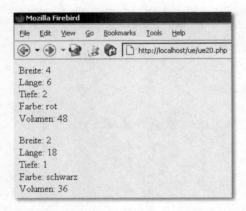

Abbildung E.14 Referenz-Parameter mit Voreinstellung

E.17.2 Exception-Handling

Ausnahmebe-
handlung

Fehler in PHP-Programmen können sich in Notizen, Warnungen oder Fehlermeldungen auf dem Bildschirm des Benutzers äußern. Je nach Schwere des Fehlers wird das Programm vollständig unterbrochen. Zum Abfangen von möglichen Fehlern kann der Entwickler in PHP 5 ein Exception-Handling (Ausnahmebehandlung) verwenden.

try, throw, catch

Dabei wird der Code-Bereich, in dem ein Fehler auftreten kann, in einen so genannten `try`-Block eingeschlossen. Es wird »versucht«, den Code auszuführen. Falls ein definierter Fehler auftritt, so wird ein Objekt der betreffenden Ausnahme-Klasse durch die Anweisung `throw` erzeugt. Anschließend wird, statt des restlichen Codes in dem Bereich, der Code in einem `catch`-Block ausgeführt, der Fehler wird »abgefangen«.Dies soll am Beispiel eines Programms erläutert werden, zu dem es zwei Versionen gibt.

Version 1 ohne Ausnahmebehandlung:

```
<html>
<body>
<?php
/* Dateizugriff */
$fp = @fopen("ue21test.txt","r");
$zeile = fgets($fp,50);
echo "$zeile<p>";
fclose($fp);

/* Mathematik */
$x = 24;
for($y=4; $y>-5; $y--)
{
   $z = $x / $y;
   echo "$x / $y = $z<br>";
}
?>
</body>
</html>
```

Listing E.22 Datei ue21.php

Zunächst wird eine Datei geöffnet, eine Zeile aus der Datei gelesen und die Datei wird geschlossen. Falls die Datei nicht existiert, tritt ein Fehler beim Lesen auf. Es sollte dann nicht mehr mit der Datei gearbeitet werden.

Das Zeichen @ vor der Funktion `fopen()` kann vor jedem Funktionsaufruf eingesetzt werden und dient zur Unterdrückung einer Warnung.
Zeichen @

Anschließend wird die Zahl 24 nacheinander durch die Zahlen 4, 3, 2, 1, 0, −1, −2, −3, −4 geteilt. Bei der Division tritt ein Fehler auf, wenn durch 0 geteilt wird.

Die Ausgabe:

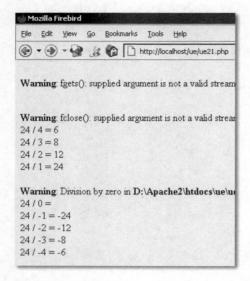

Abbildung E.15 Version 1 ohne Ausnahmeehandlung

Version 2 mit Ausnahmebehandlung:

Zum Abfangen dieser Fehler werden für eine zweite Programmversion zwei Fehler-Klassen definiert, die vom Programm über `try-throw-catch` angesprochen werden können. Diese können zum Beispiel in einer `include`-Datei notiert werden:

```php
<?php
/* Dateizugriff */
class DateiFehler
{
   private $ausnahme;

   public function __construct($a)
   {
      $this->ausnahme = $a;
   }

   public function ausgabe()
   {
      echo "Datei-Fehler: $this->ausnahme<br>";
   }
```

```
}

/* Mathematik */
class MathFehler
{
   private $ausnahme;
   public function __construct($a)
   {
      $this->ausnahme = $a;
   }

   public function ausgabe()
   {
      echo "Math. Fehler: $this->ausnahme<br>";
   }
}
?>
```

Listing E.23 Datei ue22error.inc.php

Beim Erzeugen eines Objektes der Klasse `DateiFehler` (oder `MathFeh-
ler`) wird die Objektvariable `$ausnahme` mit dem Wert des Konstruk-
tor-Parameters `$a` belegt. Dabei handelt es sich um den Text der Fehlermeldung. Diese wird in der Ausgabe-Methode ausgegeben.

Diese Fehler-Klassen werden von folgendem Programm genutzt:

```
<html>
<body>
<?php
include("ue22error.inc.php");
/* Dateizugriff */
try
{
   $fp = @fopen("ue21test.txt","r");
   if(!$fp)
      throw new DateiFehler("Datei nicht vorhanden");
   $zeile = fgets($fp,50);
   echo "$zeile<p>";
   fclose($fp);
}
catch (DateiFehler $ausnahme)
```

```
{
    $ausnahme->ausgabe();
}
/* Mathematik */
$x = 24;
for($y=4; $y>-5; $y--)
{
    try
    {
        if($y==0)
            throw new MathFehler("Division durch 0");
        $z = $x / $y;
        echo "$x / $y = $z<br>";
    }
    catch (MathFehler $ausnahme)
    {
        $ausnahme->ausgabe();
    }
}
?>
</body>
</html>
```

Listing E.24 Datei ue22.php

Der gesamte Dateizugriff wird in einen try-Block eingeschlossen. Falls die Datei nicht existiert, gibt die Funktion fopen() den Wert false zurück. In diesem Falle wird die throw-Anweisung aufgerufen, die ein neues Objekt der Klasse DateiFehler erzeugt und als Parameter die Fehlermeldung übergibt. Das Programm fährt mit dem catch-Block fort, in dem die Ausgabe-Methode aufgerufen wird, die für die Ausgabe der Fehlermeldung sorgt. Der Rest des try-Blocks wird nicht mehr bearbeitet.

Innerhalb der Schleife werden die Division und die Ausgabe des Ergebnisses in einen try-Block eingeschlossen. Falls der Nenner 0 ist, wird die throw-Anweisung aufgerufen, die ein neues Objekt der Klasse MathFehler erzeugt und als Parameter die Fehlermeldung übergibt. Das Programm fährt mit dem catch-Block fort, in dem die Ausgabe-Methode aufgerufen wird, die für die Ausgabe der Fehlermeldung sorgt. Der Rest des try-Blockes wird nicht mehr bearbeitet. Das Programm fährt mit dem nächsten Schleifendurchlauf fort.

Die Ausgabe:

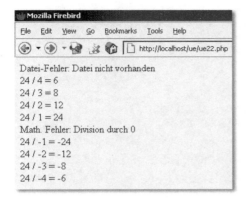

Abbildung E.16 Version 2 mit Ausnahmebehandlung

E.18 Beispiel zur Objektorientierung

Im nachfolgenden Beispiel soll die Anwendung der Objektorientierung an einem umfangreicheren Beispiel verdeutlicht werden.

Betrachtet wird ein Unternehmen, in dem mehrere Mitarbeiter beschäftigt sind. Die Daten der Mitarbeiter stehen in einer Textdatei als Datenquelle zur Verfügung. Außerdem gibt es eine Textdatei, in der die Arbeitsstunden der Mitarbeiter erfasst werden. Aufgabe des Programms ist es, die Verbindung zwischen den Daten herzustellen, so dass für jeden Mitarbeiter ein Lohnscheck ausgedruckt werden kann.

Im Programm wird mit zwei Klassen gearbeitet:

- ► einer Klasse `mitarbeiter`, in der die Eigenschaften und Methoden eines einzelnen Mitarbeiters definiert werden,

Klasse mitarbeiter

- ► einer Klasse `unternehmen`, in der die Eigenschaften und Methoden eines Unternehmens definiert werden. Der wichtigste Bestandteil eines Unternehmens sind seine Mitarbeiter, hier wird daher auch eine Verbindung zwischen den Klassen hergestellt.

Klasse unternehmen

Die Definition der Klasse `mitarbeiter`:

```
class mitarbeiter
{
    /* Eigenschaften eines Mitarbeiters */
    private $id;
    private $nachname;
```

```php
    private $vorname;
    private $bank;
    private $blz;
    private $konto;
    private $stundenlohn;
    private $summe_stunden;

    /* Daten eines Mitarbeiters erzeugen */
    function __construct($info)
    {
        $this->id          = $info[0];
        $this->nachname    = $info[1];
        $this->vorname     = $info[2];
        $this->bank        = $info[3];
        $this->blz         = $info[4];
        $this->konto       = $info[5];
        $this->stundenlohn = $info[6];
        $this->summe_stunden = 0;
    }

    /* Stunden eines Mitarbeiters erfassen */
    function stunden_erfassen($anzahl)
    {
        $this->summe_stunden += $anzahl;
    }

    /* Scheck eines Mitarbeiters ausdrucken */
    function scheck_ausdruck()
    {
        $summe_lohn = $this->summe_stunden
                            * $this->stundenlohn;
        echo "<br>Scheck:<br>";
        echo "Name: $this->nachname,
                            $this->vorname<br>";
        echo "Konto: $this->konto,
                             BLZ: $this->blz<br>";
        echo "Bank: $this->bank, Betrag:
                            $summe_lohn Euro<br>";
    }
}
```

Listing E.25 Datei ue30.php, Klasse mitarbeiter

Zur Erläuterung:

▶ Eigenschaften: Ein Mitarbeiter wird durch eine eindeutige ID gekennzeichnet, er hat Namen und Vornamen, die Daten der Bankverbindung sind wichtig, er bekommt einen bestimmten Stundenlohn und hat eine gewisse Anzahl an Stunden gearbeitet.

▶ Dem Konstruktor wird ein Feld mit den Initialisierungsdaten dieser Eigenschaften übermittelt. Die Inhalte dieses Feldes stammen aus einer Datei, in der die Daten aller Mitarbeiter des Unternehmens stehen.

▶ Die Methode stunden_erfassen() dient zur Summierung der geleisteten Arbeitsstunden.

▶ Die Methode scheck_ausdruck() ist in der Lage, aus den Daten eines Mitarbeiters und den gesammelten Stunden den Gesamtlohn zu ermitteln und einen Lohnscheck auszudrucken.

```
class unternehmen
{
   /* Eigenschaften eines Unternehmens */
   private $name;
   private $belegschaft;
   private $summe_stunden_unbekannt;

   /* Daten eines Unternehmens erzeugen */
   function __construct($na)
   {
      /* Name der Firma */
      $this->name = $na;

      $this->summe_stunden_unbekannt = 0;

      /* Mitarbeiter-Datei lesen */
      $dp = fopen("ue30_belegschaft.txt", "r");
      $zeile = fgets($dp, 100);
      while(!feof($dp))
      {
         $info = explode(",",$zeile);
         $id = $info[0];
         $this->belegschaft[$id]
                    = new mitarbeiter($info);
         $zeile = fgets($dp, 100);
```

```php
    }
    fclose($dp);
}


/* Stunden-Datei lesen */
function stunden_erfassen()
{
    $dp = fopen("ue30_stunden.txt", "r");
    $zeile = fgets($dp, 100);
    while(!feof($dp))
    {
        $info = explode(",",$zeile);
        $id = $info[0];
        if(array_key_exists($id,
                    $this->belegschaft))
        $this->belegschaft[$id]
                    ->stunden_erfassen($info[1]);
        else
        $this->summe_stunden_unbekannt
                    += $info[1];
        $zeile = fgets($dp, 100);
    }
    fclose($dp);
}


/* Alle Schecks ausdrucken */
function scheck_ausdruck()
{
    foreach ($this->belegschaft
            as $schluessel => $wert)
    {
        $this->belegschaft[$schluessel]
                    ->scheck_ausdruck();
    }
}
}
```

Listing E.26 Datei ue30.php, Klasse unternehmen

Zur Erläuterung:

▶ Eigenschaften: Ein Unternehmen wird durch seinen Namen identifiziert, es verfügt über eine Belegschaft (ein Feld von Mitarbeitern) und eine Hilfsvariable, die für die Stunden benötigt wird, die nicht eindeutig einem Mitarbeiter zuzuordnen sind.

▶ Im Konstruktor werden die Daten des Unternehmens initialisiert, indem unter anderem die Mitarbeiterdatei gelesen wird. Jede Zeile der Datei beinhaltet die Daten eines Mitarbeiters, durch Kommata voneinander getrennt. Mit Hilfe der Funktion `explode()` werden die Daten einzeln im Feld `$info` gespeichert. Das erste Feld-Element ist die eindeutige ID des Mitarbeiters. Es wird ein Objekt der Klasse `mitarbeiter` erzeugt, dabei wird das Feld `$info` mit den Daten dieses Mitarbeiters dem Konstruktor dieser Klasse übermittelt.

▶ In der Methode `stunden_erfassen()` wird die Stunden-Datei gelesen. Sie beinhaltet eine Reihe von Zeilen mit jeweils zwei Einträgen: ID des Mitarbeiters und Anzahl der Stunden, die von diesem Mitarbeiter an einem Tag geleistet wurde. Falls es sich um eine bekannte ID handelt (`if(array_key_exists())`), werden die Stunden dem jeweiligen Mitarbeiter gutgeschrieben. Ansonsten werden sie zur »Summe unbekannt« addiert.

▶ Die Methode `scheck_ausdruck()` ruft die Methode `scheck_ausdruck()` für alle Mitarbeiter des Unternehmens auf.

Das Hauptprogramm ist recht kurz:

```
$un = new unternehmen("MacroHard");
$un->stunden_erfassen();
$un->scheck_ausdruck();
```

Listing E.27 Datei ue30.php, Haupt-Programm

Zur Erläuterung:

▶ Es wird ein Unternehmen mit dem Namen »MacroHard« gegründet.

▶ Die Stunden, die für dieses Unternehmen gearbeitet wurden, werden erfasst.

▶ Die Schecks werden ausgedruckt.

Die Ausgabe:

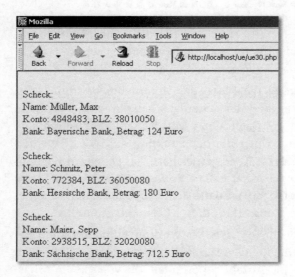

Abbildung E.17 Scheck-Ausdruck

F   Weitere Themen

F.1   Zeichenketten 317

F.2   Dateien und Verzeichnisse 336

F.3   Felder 361

F.4   Datum und Zeit 383

F.5   Mathematische Funktionen 401

F.6   Sessions und Cookies 420

F.7   SQLite 446

F.8   XML 455

F.9   Reguläre Ausdrücke 465

A
B
C
D
E
F
G
H
I

A Einführung

B PHP-Programmierkurs

C Daten senden und auswerten

D Datenbanken

E Erweiterungen in PHP 5

F Weitere Themen

G Projekte

H HTML

I Anhang

F Weitere Themen

*Inhalt dieses Abschnittes sind nützliche Funktionen aus häu-
fig verwendeten Themenbereichen. Sie können in beliebiger
Reihenfolge nach aktuellem Bedarf bearbeitet werden.*

F.1 Zeichenketten

Aus Formulareingabefeldern, Dateien und Datenbanken gelangen Zeichenketten (Strings), die analysiert und bearbeitet werden müssen, in
ein weiterverarbeitendes PHP-Programm. Zu diesem Zweck stehen
eine Reihe von Zeichenkettenfunktionen zur Verfügung. Einige nützliche Funktionen sollen hier vorgestellt werden.

Strings

F.1.1 Länge, Umwandlungsfunktionen

In dem nachfolgenden Formular soll eine beliebige Zeichenkette eingegeben werden, die anschließend von einem Programm mittels verschiedener Methoden umgewandelt wird.

▶ Die Länge einer eingegebenen Zeichenkette wird mit `strlen()`
gemessen.

Länge messen

▶ Alle eingegebenen Zeichen werden in Kleinbuchstaben (`strtolo-
wer()`) oder Großbuchstaben (`strtoupper()`) umgewandelt.

klein/groß

▶ Der erste Buchstabe einer Zeichenkette (`ucfirst()`) beziehungsweise jedes einzelnen Wortes (`ucwords()`) wird in einen Großbuchstaben umgewandelt.

erster Buchstabe

▶ Die Zeichenkette wird umgedreht (`strrev()`).

umdrehen

▶ Bestimmte Zeichen (`strtr()`) oder Teil-Zeichenketten (`str_
replace()`) können durch andere Zeichen beziehungsweise andere
Teil-Zeichenketten ersetzt werden.

Zeichen ersetzen

Zunächst das Eingabeformular:

```
<html>
<body>
Tragen Sie bitte einen Test-Satz ein, und senden Sie das
Formular ab<br>
Der Satz sollte einige Wörter umfassen, damit das Ergeb-
nis erkennbar wird
<form action = "uf01.php" method = "post">
```

```
<input name="test" size="50"><p>
<input type="submit" value="Absenden"><p>
</form>
</body>
</html>
```

Listing F.1 Datei ufo1.htm

Abbildung F.1 Beispieleingabe zur Umwandlung

Das Ergebnis der verschiedenen Umwandlungen sieht wie folgt aus:

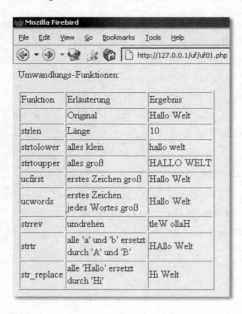

Abbildung F.2 Ergebnis der Umwandlung

Hier das Programm:

```
<html>
<body>
<?php
   echo "Umwandlungs-Funktionen:<p>";
   echo "<table border>";
   echo "<tr> <td>Funktion</td> <td>Erläuterung</td>
         <td>Ergebnis</td> </tr>";
   echo "<tr> <td> </td> <td>Original</td>
         <td>$test</td> </tr>";
   $lg = strlen($test);
   echo "<tr> <td>strlen</td> <td>Länge</td>
         <td>$lg</td> </tr>";
   $kl = strtolower($test);
   echo "<tr> <td>strtolower</td> <td>alles klein</td>
         <td>$kl</td> </tr>";
   $gr = strtoupper($test);
   echo "<tr> <td>strtoupper</td> <td>alles groß</td>
         <td>$gr</td> </tr>";
   $uf = ucfirst($test);
   echo "<tr> <td>ucfirst</td> <td>erstes Zeichen
         groß</td> <td>$uf</td> </tr>";
   $uw = ucwords($test);
   echo "<tr> <td>ucwords</td> <td>erstes Zeichen<br>
         jedes Wortes groß</td> <td>$uw</td> </tr>";
   $rv = strrev($test);
   echo "<tr> <td>strrev</td> <td>umdrehen</td>
         <td>$rv</td> </tr>";
   $tr = strtr($test,"ab","AB");
   echo "<tr> <td>strtr</td> <td>alle 'a' und 'b'
         ersetzt<br>durch 'A' und 'B'</td>
         <td>$tr</td> </tr>";
   $rp = str_replace("Hallo","Hi",$test);
   echo "<tr> <td>str_replace</td> <td>alle
         'Hallo' ersetzt<br>durch 'Hi'</td>
         <td>$rp</td> </tr>";
echo "</table>";
?>
</body>
</html>
```

Listing F.2 Datei uf01.php

Die Funktionen `strlen()`, `strtolower()`, `strtoupper()`, `ucfirst()`, `ucwords()` und `strrev()` bekommen jeweils einen Parameter, dies ist die Original-Zeichenkette. Sie liefern die umgewandelte Zeichenkette als Rückgabewert zurück.

Die Funktion `strtr()` bekommt drei Parameter:

▶ die Original-Zeichenkette,

▶ Zeichenkette mit allen einzelnen Zeichen, die zu ersetzen sind,

▶ Zeichenkette mit den jeweiligen neuen Zeichen.

Alle vorkommenden zu ersetzenden Zeichen werden durch die entsprechenden neuen Zeichen ausgetauscht.

Die Funktion `str_replace()` bekommt ebenfalls drei Parameter:

▶ eine einzelne zu ersetzende Teil-Zeichenkette,

▶ eine neue Teil-Zeichenkette,

▶ die Original-Zeichenkette.

Alle vorkommenden zu ersetzenden Teil-Zeichenketten werden durch die entsprechenden neuen Teil-Zeichenketten ausgetauscht.

F.1.2   Zeichenketten und Felder

zerlegen Mit Hilfe der Funktion `explode()` kann eine Zeichenkette in ein Feld umgewandelt werden. Die Zeichenkette wird bei jedem Auftreten einer so genannten »Separator-Zeichenkette« getrennt. Diese Separator-Zeichenkette kann aus einem einzelnen Zeichen wie zum Beispiel einem Leerzeichen oder einem Semikolon, aber auch aus mehreren Zeichen bestehen.

Anschließend können die einzelnen Elemente des Feldes mit den bekannten Operationen für Felder weiter bearbeitet werden. Diese Methode wird häufig angewandt und erleichtert die Analyse einer Eingabe.

zusammensetzen Den umgekehrten Vorgang, nämlich das Erzeugen einer Zeichenkette aus einem Feld, zusammen mit einer Separator-Zeichenkette, ermöglicht die Funktion `implode()`. Eine solche Zeichenkette mit Separatoren kann leicht in eine so genannte CSV-Datei geschrieben werden. CSV steht für kommaseparierte Werte. CSV ist ein sehr universelles Format, das von vielen Programmen unter vielen Betriebssystemen gelesen werden kann.

Es folgt der Programmcode eines Beispiels:

```
<html>
<body>
<?php
    $test = "Dies ist ein kurzer Satz";
    $worte = explode(" ",$test);
    $lg = sizeof($worte);
    for($i=0; $i<$lg; $i++)
    {
        echo "Wort $i: $worte[$i] <br>";
    }
    echo "<p>";

    $feld = array(17.5, 19.2, 21.8, 21.6, 17.5);
    $test = implode(";",$feld);
    echo "Eine Zeichenkette:<br>$test";
?>
</body>
</html>
```

Listing F.3 Datei ufo2.php

Mit Hilfe der Funktion `explode()` wird die Zeichenkette `$test` in ein Feld verwandelt. Jedes Leerzeichen wird als Separator zum nächsten Feld-Element angesehen. Anschließend wird mit Hilfe der Feld-Funktion `sizeof()` die Größe des Feldes festgestellt. Eine `for`-Schleife dient dazu, jedes Element des Arrays einzeln und nummeriert auszugeben.

Das Feld `$feld` umfasst fünf Elemente. Diese Elemente werden mit Hilfe der Funktion `implode()` und des Separatorzeichens Semikolon in der Zeichenkette `$test` zusammengeführt.

Die Ausgabe:

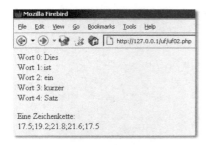

Abbildung F.3 explode() und implode()

F.1.3   Teil-Zeichenketten

Teile extrahieren   Teile von Zeichenketten können mit verschiedenen Funktionen extrahiert werden. Bei Nutzung der Funktion substr() wird angegeben, ab welcher Position innerhalb der Zeichenkette und über welche Länge hinweg extrahiert werden soll:

▶ Falls der zweite Parameter der Funktion substr() positiv ist, beginnt die zurückgegebene Teil-Zeichenkette bei der angegebenen Nummer vom Beginn der Original-Zeichenkette aus gemessen. Die Nummer des ersten Zeichens der Original-Zeichenkette ist 0.

▶ Falls der zweite Parameter der Funktion substr() negativ ist, beginnt die zurückgegebene Teil-Zeichenkette bei der angegebenen Nummer vom Ende der Original-Zeichenkette aus gemessen.

▶ Falls der dritte Parameter der Funktion substr() existiert und positiv ist, werden entsprechend viele Zeichen zurückgegeben.

Bei Nutzung der Funktion strstr() wird ein Zeichen oder eine Zeichenkette angegeben, ab dessen beziehungsweise deren erstem Auftreten bis zum Ende der Zeichenkette extrahiert werden soll. Die Funktion stristr() führt das Gleiche aus, in diesem Falle aber unabhängig von der Groß- und Kleinschreibung der Vergleichs-Zeichenkette.

Die Funktion strrchr() sucht nach dem letzten Auftreten eines einzelnen Zeichens und extrahiert ab dieser Stelle.

Es folgt der Programmcode eines Beispiels:

```
<html>
<body>
<?php
    $test = "info@rz.uni-bonn.de";
    echo "Teil-Zeichenketten:<p>";
    echo "<table border>";
    echo "<tr><td>Nr.</td><td>Funktion</td>
        <td>Erläuterung</td><td>Ergebnis</td></tr>";
    echo "<tr><td> </td><td> </td>
        <td>Original</td><td>$test</td></tr>";
    $sub1 = substr($test,3);
    echo "<tr><td>1</td><td>substr</td><td>ab Zeichen
        3 bis Ende</td><td>$sub1</td></tr>";
    $sub2 = substr($test,3,5);
    echo "<tr><td>2</td><td>substr</td><td>ab Zeichen 3,
```

```
             5 Zeichen</td> <td>$sub2</td></tr>";
    $sub3 = substr($test,-5);
    echo "<tr><td>3</td><td>substr</td><td>ab 5.letztem
             Zeichen bis Ende</td><td>$sub3</td></tr>";
    $sub4 = substr($test,-5,2);
    echo "<tr><td>4</td><td>substr</td><td>ab 5.letztem
             Zeichen 2 Zeichen</td><td>$sub4</td></tr>";
    $domain = strstr($test, "@");
    echo "<tr><td>5</td><td>strstr</td><td>ab Zeichen @,
             bis Ende</td><td>$domain</td></tr>";
    $country = strrchr($test, ".");
    echo "<tr><td>6</td><td>strrchr</td><td>ab letztem
             Punkt, bis Ende</td><td>$country</td></tr>";
    echo "</table>";
?>
</body>
</html>
```

Listing F.4 Datei ufo3.php

Die Ausgabe:

Teil-Zeichenketten:

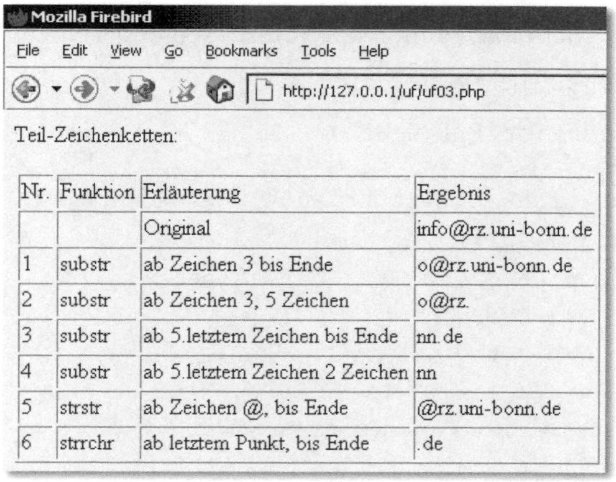

Nr.	Funktion	Erläuterung	Ergebnis
		Original	info@rz.uni-bonn.de
1	substr	ab Zeichen 3 bis Ende	o@rz.uni-bonn.de
2	substr	ab Zeichen 3, 5 Zeichen	o@rz.
3	substr	ab 5.letztem Zeichen bis Ende	nn.de
4	substr	ab 5.letztem Zeichen 2 Zeichen	nn
5	strstr	ab Zeichen @, bis Ende	@rz.uni-bonn.de
6	strrchr	ab letztem Punkt, bis Ende	.de

Abbildung F.4 Teil-Zeichenketten

In den Zeilen 1 bis 4 werden Teil-Zeichenketten extrahiert, abhängig von ihrer Position in der Original-Zeichenkette, gezählt ab Zeichen 0 beziehungsweise dem letzten Zeichen.

In den Zeilen 5 und 6 werden Teil-Zeichenketten extrahiert, abhängig vom Vorkommen eines bestimmten Zeichens. Dieses Zeichen wird vom Beginn beziehungsweise vom Ende der Original-Zeichenkette aus gesucht.

F.1.4   Suchen nach Position

Zeichen suchen Die Funktionen `strpos()` und `strrpos()` dienen zum Suchen nach bestimmten Zeichen oder Zeichenketten innerhalb anderer Zeichenketten. Es wird die Position zurückgeliefert, an der etwas gefunden wurde. Dabei sucht

▶ die Funktion `strpos()` ohne Offset-Angabe nach dem ersten Vorkommen des Zeichens oder der Zeichenkette,

▶ die Funktion `strpos()` mit Offset-Angabe nach dem ersten Vorkommen des Zeichens oder der Zeichenkette ab dem Offset,

▶ die Funktion `strrpos()` nach dem letzten Vorkommen eines Zeichens (keiner Zeichenkette).

Hier der Programmcode eines Beispiels:

```
<html>
<body>
<?php
   $test = "info@edv.biologie.uni-bonn.de";
   echo "Suchen in Zeichenketten:<p>";
   echo "<table border>";
   echo "<tr><td>Funktion</td><td>Erläuterung</td>
         <td>Ergebnis</td></tr>";
   echo "<tr><td> </td><td>Original: $test</td>
         <td> </td></tr>";
   $pos1 = strpos($test,"@");
   echo "<tr><td>strpos</td><td>Position des 1.
         Zeichens '@'</td><td>$pos1</td> </tr>";
   $pos2 = strpos($test,".",$pos1+1);
   echo "<tr><td>strpos</td><td>Position des 1.
         Punkts nach Zeichen '@'</td>
         <td>$pos2</td></tr>";
   $pos3 = strrpos($test,".");
   echo "<tr><td>strrpos</td><td>Position des letzten
         Zeichens 'Punkt'</td><td>$pos3</td></tr>";
   echo "</table>";
```

```
?>
</body>
</html>
```

Listing F.5 Datei ufo4.php

Die Ausgabe:

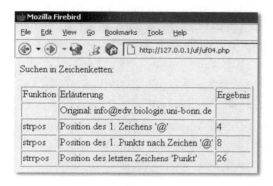

Abbildung F.5 Suchen nach Position

Im Unterschied zur Funktion `explode()` kann eine Zeichenkette nach unterschiedlichen Zeichen untersucht und anschließend mit der Funktion `substr()` zerlegt werden. Im vorliegenden Beispiel wird das erste Vorkommen des Zeichens @ gesucht. Anschließend wird danach der erste Punkt gesucht. Außerdem wird noch der letzte Punkt gesucht.

F.1.5 Vergleich von Zeichenketten

Die Funktionen `strcmp()` und `strcasecmp()` dienen zum Vergleich von zwei Zeichenketten gemäß ihrer Reihenfolge im ASCII-Code. Dabei wird bei der Funktion `strcmp()` auf die Groß- und Kleinschreibung geachtet, bei der Funktion `strcasecmp()` hingegen nicht.

Die Funktion `similar_text()` stellt fest, wie viele Zeichen innerhalb zweier Zeichenketten übereinstimmen. Ein Beispielprogramm:

Strings vergleichen

```
<html>
<body>
<?php
   $ErsterName = "Maier";
   $ZweiterName = "Mertens";
   $DritterName = "maier";
   echo "Mit Beachtung der Groß- und
```

```php
        Kleinschreibung<br>(strcmp):<br>";
   if (strcmp($ErsterName,$ZweiterName) < 0)
       echo "$ErsterName steht vor $ZweiterName<br>";
   else
       echo "$ZweiterName steht vor $ErsterName<br>";
   if (strcmp($ZweiterName,$DritterName) < 0)
       echo "$ZweiterName steht vor $DritterName<p>";
   else
       echo "$DritterName steht vor $ZweiterName<p>";
   echo "Ohne Beachtung der Groß- und
        Kleinschreibung<br>(strcasecmp):<br>";
   if (strcasecmp($ZweiterName,$DritterName) < 0)
       echo "$ZweiterName steht vor $DritterName<br>";
   else
       echo "$DritterName steht vor $ZweiterName<p>";
   echo "Ähnlichkeit<br>(similar_text):<br>";
   $erg1 = similar_text($ErsterName,$ZweiterName);
   $erg2 = similar_text($ErsterName,$DritterName);
   echo "Zwischen $ErsterName und $ZweiterName:
        $erg1 gleiche Buchstaben<br>";
   echo "Zwischen $ErsterName und $DritterName:
        $erg2 gleiche Buchstaben";
?>
</body>
</html>
```

Listing F.6 Datei uf05.php

Die Ausgabe:

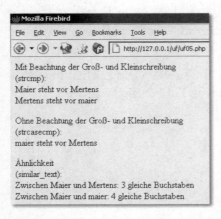

Abbildung F.6 Vergleich von Zeichenketten

Im ASCII-Code stehen Großbuchstaben vor Kleinbuchstaben, daher steht bei Anwendung der Funktion `strcmp()` Mertens vor `maier`. Bei Anwendung der Funktion `strcasecmp()` wird die Groß- und Kleinschreibung ignoriert, daher stehen die Namen in der normalen, alphabetischen Reihenfolge.

F.1.6 Codierung von Zeichen

Jedem Zeichen einer Zeichenkette entspricht ein Zahlenwert gemäß der ASCII-Code-Tabelle. Dieser Code wird beim Speichern einer Zeichenkette intern verwendet. Vergleichsfunktionen wie `strcmp()` basieren auf dieser Reihenfolge innerhalb des ASCII-Codes. Die Code-Tabelle teilt sich in die folgenden Bereiche auf:

Zeichen zu Zahlen

▶ Die Zeichen 0 bis 31 sind hauptsächlich Steuerzeichen zur Bildschirmsteuerung, also keine sichtbaren Zeichen

▶ Die Zeichen 32 bis 127 beinhalten unter anderem die Ziffern 0 bis 9 (Code 48 bis 57), die Großbuchstaben (Code 65 bis 90), die Kleinbuchstaben (Code 97 bis 122) und Sonderzeichen wie zum Beispiel Komma, Doppelpunkt, Semikolon usw.

▶ Die Zeichen 128 bis 255 beinhalten weitere Sonderzeichen, abhängig von der für den Rechner gewählten Code-Seite und der Ländereinstellung.

Die Zeichenketten-Funktion `chr([Zahlenwert])` liefert als Rückgabewert das Code-Zeichen des angegebenen Zahlenwertes. Die Funktion `ord([Zeichen])` macht das Gegenteil, sie liefert die Code-Nummer zu dem angegebenen Zeichen. Das folgende Beispielprogramm benutzt die Funktion `chr()` und liefert dem Benutzer eine HTML-Tabelle der Zeichen von 32 bis 127:

Zahlen zu Zeichen

Zunächst der Programmcode:

```
<html>
<body>
<?php
   echo "<table>";
   for ($i=32; $i<=127; $i=$i+8)
   {
      echo "<tr>";
      for ($k=0; $k<=7; $k++)
      {
```

```
            echo "<td>" . ($i+$k) . ":<b>";
            echo chr($i+$k) . "</b></td>";
        }
        echo "</tr>";
    }
    echo "</table>";
?>
</body>
</html>
```

Listing F.7 Datei ufo6.php

Die Ausgabe:

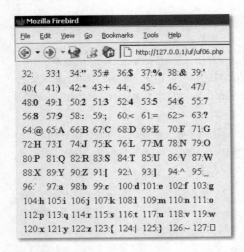

Abbildung F.7 Zeichen mit Codes von 32 bis 127

F.1.7   Einfache Verschlüsselung

Im nachfolgenden Programm wird mit Hilfe der oben angegebenen
Zeichenketten-Funktionen eine einfache Verschlüsselung eines einge-
gebenen Textes durchgeführt. Der Benutzer wird aufgefordert, einen
Text einzugeben. Jedes einzelne Zeichen des Textes wird um einen
Wert im ASCII-Code nach vorne verschoben und anschließend auf dem
Bildschirm ausgegeben. Aus einem g wird ein h, aus einer 4 wird eine
5, aus einem X wird ein Y usw.

Geheimcode Schon diese einfache Verschlüsselung führt zu einem schwer lesbaren
Text. Die Entschlüsselung ist nur möglich, wenn man die Verschlüsselungsmethode kennt. Diese ist natürlich in diesem Fall noch recht ein-

fach. Man kann sich vorstellen, dass aufwendigere Methoden zu einem Ergebnis führen, das nicht mehr so einfach zu entschlüsseln ist.

Zunächst das Formular zum Eintragen des Satzes:

```
<html>
<body>
Tragen Sie bitte einen Satz zum Verschlüsseln ein,<br>
und senden Sie das Formular ab<br>
<form action="uf07.php" method="post">
<input name="test" size="50"><p>
<input type="submit" value="Absenden"><p>
</form>
</body>
</html>
```

Listing F.8 Datei uf07.htm

Das Programm mit der Verschlüsselung:

```
<html>
<body>
<?php
   echo "Original: $test <p>";
   $lg = strlen($test);

   echo "verschlüsselt: ";
   for($i=0; $i<$lg; $i++)
   {
      // ein Zeichen extrahieren
      $char = substr($test,$i,1);
      // Code des Zeichens feststellen
      $code = ord($char);
      // Code des neuen Zeichens ermitteln
      $newcode = $code + 1;
      // Neues Zeichen erzeugen, ausgeben
      $newchar = chr($newcode);
      echo $newchar;
   }
?>
</body>
</html>
```

Listing F.9 Datei uf07.php

Nach der folgenden Eingabe:

Abbildung F.8 Eingabe eines Satzes

erfolgt die Ausgabe:

Abbildung F.9 Ausgabe des verschlüsselten Satzes

Jedes einzelne Zeichen des eingegebenen Textes wird einzeln mit der Funktion `substr()` extrahiert. Der Code-Wert des Zeichens wird mit der Funktion `ord()` festgestellt. Dieser Code-Wert wird um 1 erhöht. Das Zeichen zum neuen Code-Wert wird mit der Funktion `chr()` ermittelt und ausgegeben.

Eine Verschlüsselungsmethode kann dazu genutzt werden, eingegebene Daten in schwer lesbarer Form über das Internet zu übertragen. Beim Webserver können die Daten wiederum in Klartext entschlüsselt werden.

Eine weitere Anwendung: Falls es sich zum Beispiel um ein verschlüsselt übermitteltes Passwort handelt, kann es mit vorhandenen Passwörtern verglichen werden, die auf dem Webserver mit der gleichen Methode verschlüsselt wurden.

F.1.8   Weitere Verschlüsselungsmethoden

PHP stellt noch einige Funktionen zur Verschlüsselung bereit: `crc32()`, `crypt()`, `md5()` und `str_rot13()`. Alle vier Methoden werden nachfolgend an einem Beispiel gezeigt.

Das Formular zum Eintragen des Satzes, der verschlüsselt werden soll, sieht aus wie im vorherigen Beispiel. Das Programm zur Verschlüsselung:

md5()

```
<html>
<body>
<?php
    echo "Ihr Satz: $test <br>";
    echo "CRC32-Prüfsumme: " . crc32($test) . "<br>";
    echo "DES-Verschlüsselung, mit Salt-Zeichenkette: "
        . crypt($test,"xy") . "<br>";
    echo "MD5-Verschlüsselung: " . md5($test) . "<br>";
    echo "ROT13-Verschlüsselung: "
        . str_rot13($test) . "<p>";

    $satz = "Das könnte auch anders aussehen.";
    echo "Noch ein Satz: $satz <br>";
    echo "CRC32-Prüfsumme: " . crc32($satz) . "<br>";
    echo "DES-Verschlüsselung, mit Salt-Zeichenkette: "
        . crypt($satz,"xy") . "<br>";
    echo "MD5-Verschlüsselung: " . md5($satz) . "<br>";
    echo "ROT13-Verschlüsselung: "
        . str_rot13($satz) . "<p>";
?>
</body>
</html>
```

Listing F.10 Datei ufo8.php

Zunächst wird die Eingabe des Benutzers verschlüsselt. Anschließend wird eine fest eingegebene Zeichenkette zum Vergleich verschlüsselt. Die Funktion `crc32()` liefert eine Prüfsumme, die anderen drei Funktionen liefern eine Zeichenkette zurück.

Das Ergebnis sieht wie folgt aus:

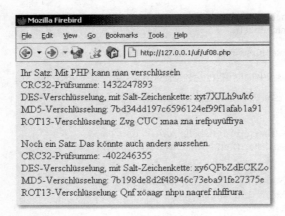

Abbildung F.10 Verschlüsselungsmethoden

F.1.9 Alle Zeichenketten-Funktionen

Im vorliegenden Abschnitt werden eine ganze Reihe von Zeichenketten-Funktionen eingesetzt. Zur besseren Übersicht eine vollständige Liste dieser Funktionen mit einer kurzen Erläuterung und einem Hinweis, ob es in diesem Abschnitt ein Beispiel dazu gibt. Weitergehende Ausführungen finden sich im PHP-Manual.

Funktion	Erläuterung	Beispiel:
AddCSlashes()	Stellt den Zeichen einer Zeichenkette ein »\« (Backslash) voran, wie in der Sprache C	
AddSlashes()	Stellt bestimmten Zeichen einer Zeichenkette ein »\« (Backslash) voran	
bin2hex()	Wandelt Binärdaten in ihre hexadezimale Entsprechung um	
chop()	Entfernt Leerzeichen, Tabulatoren und Zeilenvorschübe am Zeichenkettenende	
chr()	Gibt ein einzelnes Zeichen zurück	F.1.6, F.1.7
chunk_split()	Zerlegt eine Zeichenkette in Teile gleicher Länge	
convert_cyr _string()	Setzt Zeichenketten von einem kyrillischen Zeichensatz in einen anderen um	
count_chars()	Gibt Informationen über die in einer Zeichenkette enthaltenen Zeichen zurück	

Funktion	Erläuterung	Beispiel:
crc32()	Berechnet den polynomischen CRC32-Wert einer Zeichenkette	F.1.8
crypt()	DES-Verschlüsselung einer Zeichenkette	F.1.8
echo()	Gibt eine oder mehrere Zeichenketten aus	
explode()	Zerteilt eine Zeichenkette anhand eines Trennzeichens	F.1.2
get_html_translation_table()	Gibt die Übersetzungstabelle zurück, die von htmlspecialchars() und htmlentities() benutzt wird	
get_meta_tags()	Liest die Attributinhalte aller Metatags aus und gibt diese als Feld zurück	
hebrev()	Konvertiert (natürlichen) hebräischen Text in sichtbaren Text	
hebrevc()	Konvertiert (natürlichen) hebräischen Text in sichtbaren Text inklusive Anpassung von Zeilenumbrüchen	
htmlentities()	Wandelt alle Sonderzeichen in entsprechende HTML-Codes um	
htmlspecialchars()	Wandelt allgemein Zeichen in HTML-Code um	
implode()	Verbindet Feld-Elemente zu einer Zeichenkette	F.1.2
join()	Verbindet Feld-Elemente zu einer Zeichenkette, Alias zu implode()	
levenshtein()	Berechnet den Levenshtein-Unterschied zweier Zeichenketten	
localeconv()	Liefert lokale Formatierungseinstellungen für Zahlen und Währungsangaben	
ltrim()	Entfernt führenden Leerraum einer Zeichenkette	
md5()	Errechnet den MD5-Code einer Zeichenkette	F.1.8
md5_file()	Liefert den MD5-Code für einen Dateinamen	
metaphone()	Berechnet den metaphone-Schlüssel einer Zeichenkette, ähnlich soundex()	
nl_langinfo()	Liefert lokale und sprachspezifische Informationen	
nl2br()	Fügt HTML-Zeilenumbrüche vor Zeilenumbrüchen in Zeichenketten ein	
ord()	Gibt den ASCII-Wert eines Zeichens zurück	F.1.6, F.1.7

Funktion	Erläuterung	Beispiel:
parse_str()	Überträgt eine Zeichenkette in eine Variable	
print()	Ausgabe einer Zeichenkette	
printf()	Gibt eine formatierte Zeichenkette aus	
quoted_prin table_decode()	Konvertiert eine »quoted printable«-Zeichenkette in eine 8-Bit-Zeichenkette	
QuoteMeta()	Quoten von Metazeichen	
rtrim()	Entfernt Leerzeichen am Zeichenkettenende	
setlocale()	Setzt lokale Informationen	
similar_text()	Berechnet die Ähnlichkeit zweier Zeichenketten	F.1.5
soundex()	Berechnet die Laut-Ähnlichkeit einer Zeichenkette	
sprintf()	Gibt eine formatierte Zeichenkette zurück	
sscanf()	Überträgt die Eingaben einer Zeichenkette in ein angegebenes Format	
str_pad()	Erweitert eine Zeichenkette auf eine bestimmte Länge unter Verwendung einer anderen Zeichenkette	
str_repeat()	Wiederholung einer Zeichenkettenausgabe	
str_replace()	Ersetzt alle Vorkommen einer Zeichenkette durch eine andere Zeichenkette	F.1.1
str_rot13()	Codiert eine Zeichenkette mit der rot13-Transformation	F.1.8
strcasecmp()	Zum Zeichenkettenvergleich, unabhängig von Groß- und Kleinschreibung	F.1.5
strchr()	Findet das erste Vorkommen eines Zeichens	
strcmp()	Zum Zeichenkettenvergleich	F.1.5
strcoll()	Vergleich zweier Zeichenketten gemäß den lokalen Einstellungen	
strcspn()	Ermittelt die Anzahl der nicht übereinstimmenden Zeichen	
strip_tags()	Entfernt HTML- und PHP-Tags aus einer Zeichenkette	
StripCSlashes()	Umkehrung/Gegenstück zu addcslashes()	
StripSlashes()	Umkehrung/Gegenstück zu addslashes()	

Funktion	Erläuterung	Beispiel:
stristr()	Wie strstr(), ohne Rücksicht auf Groß- beziehungsweise Kleinschreibung	F.1.3
strlen()	Ermitteln der Zeichenkettenlänge	F.1.1
strnatcasecmp()	Zeichenkettenvergleich »natürlicher Ordnung« ohne Unterscheidung der Schreibweise	
strnatcmp()	Zeichenkettenvergleich unter Verwendung einer »natürlichen Ordnung«	
strncasecmp()	Zum Zeichenkettenvergleich, bezogen auf bestimmte Länge	
strncmp()	Zum Zeichenkettenvergleich, unabhängig von Groß- und Kleinschreibung, bezogen auf bestimmte Länge	
strpos()	Ermitteln des ersten Vorkommens innerhalb einer Zeichenkette	F.1.4
strrchr()	Findet das letzte Vorkommen eines Zeichens innerhalb einer Zeichenkette	F.1.3
strrev()	Umdrehen einer Zeichenkette	F.1.1
strrpos()	Findet letztes Vorkommen eines Zeichens in einer Zeichenkette	F.1.4
strspn()	Ermittelt die Länge der übereinstimmenden Zeichen	
strstr()	Findet das erste Vorkommen einer Zeichenkette	F.1.3
strtok()	Zerlegt eine Zeichenkette	
strtolower()	Setzt eine Zeichenkette in Kleinbuchstaben um	F.1.1
strtoupper()	Setzt eine Zeichenkette in Großbuchstaben um	F.1.1
strtr()	Tauscht bestimmte Zeichen aus	F.1.1
substr()	Gibt eine Teil-Zeichenkette zurück	F.1.3, F.1.7
substr_count()	Ermittelt die Häufigkeit des Vorkommens einer Zeichenkette in einer anderen Zeichenkette	
substr_replace()	Ersetzt Text in einer Zeichenkette	
trim()	Entfernt überflüssige Zeichen (»whitespace«) am Anfang und Ende einer Zeichenkette	
ucfirst()	Setzt das erste Zeichen einer Zeichenkette als Großbuchstaben um	F.1.1

Funktion	Erläuterung	Beispiel:
ucwords()	Setzt die ersten Buchstaben aller Wörter einer Zeichenkette in die entsprechenden Großbuchstaben um	F.1.1
vprintf()	Wandelt eine Zeichenkette in eine formatierte Zeichenkette um	
vsprintf()	Liefert eine formatierte Zeichenkette	
wordwrap()	Zeilenumbruch einer Zeichenkette an einer angegebenen Stelle unter Verwendung eines angegebenen Trennzeichens	

F.2   Dateien und Verzeichnisse

Dateien lesen und schreiben

In vielen Fällen muss zur Speicherung von kleineren Datenmengen keine Datenbank angelegt werden. Für einen Seitenzugriffszähler zum Beispiel reicht es aus, eine einfache Textdatei zu verwenden. In diesem Abschnitt sollen die Funktionen zum Öffnen, Lesen, Schreiben und Schließen von Dateien behandelt werden.

Darüber hinaus werden Funktionen erläutert, die Informationen über Dateien und Verzeichnisse bereitstellen.

F.2.1   Dateitypen

Bei der Ein- und Ausgabe von Daten in Dateien sollte man wissen, welcher Dateityp vorliegt und welche Zugriffsart man verwenden kann. Man kann zwischen folgenden Zugriffsarten unterscheiden:

sequenziell

▶ Sequenzieller Zugriff: Diese Möglichkeit wird bei einer Datei bevorzugt, deren einzelne Zeilen unterschiedlich lang sind und jeweils mit einem Zeilenumbruch beendet werden. Ihr Inhalt kann mit einem einfachen Editor bearbeitet werden. Sie werden rein sequenziell gelesen beziehungsweise geschrieben. Es ist nicht möglich, auf eine bestimmte Zeile direkt zuzugreifen, da man nicht weiß, wie lang die Vorgängerzeilen sind.

wahlfrei

▶ Wahlfreier Zugriff: Diese Möglichkeit hat man bei einer Datei, die größtenteils gleich lange Datensätze beinhaltet. Es können Zeilenumbrüche existieren, müssen aber nicht. Die Länge und Struktur eines Datensatzes sollte bekannt sein oder innerhalb der Datei an einer vereinbarten Stelle stehen. Sie können direkt gelesen beziehungsweise verändert werden, da man den Ort jedes Datensatzes berechnen kann.

▶ Binärer Zugriff: Diese Zugriffsmöglichkeit hat man bei jeder Datei. **binär**
Man arbeitet mit den reinen Byte-Folgen, diese können mit Hilfe
eines darauf angepassten Programms gelesen oder verändert werden. Allerdings kann dies zur Folge haben, daß die Dateien nicht
mehr mit den zugehörigen Anwendungsprogrammen gelesen werden können. Beispiel: Man überschreibt in einer Oracle-Datenbank
die Stelle, an der die Anzahl der Datensätze einer bestimmten
Tabelle steht. Dies kann dazu führen, dass diese Tabelle oder mehrere Tabellen zerstört werden.

Es gibt Mischformen zwischen den genannten Typen. Ohne Kenntnis
der Struktur einer Datei ist es nicht möglich, sie korrekt zu bearbeiten.

F.2.2 Lesen einer Zeile aus einer sequenziellen Datei

Es folgt ein einfaches Beispiel, in dem die erste Zeile einer sequenziellen Datei gelesen und auf dem Bildschirm ausgegeben wird.

Die Datei `uf20data.txt` wurde zuvor mit einem Texteditor erzeugt **öffnen und lesen**
und im gleichen Verzeichnis wie die Datei `uf20.php` abgespeichert. Sie
beinhaltet mehrere unterschiedlich lange Zeilen mit Text, wie nachfolgend zu sehen ist.

Abbildung F.11 Datei, aus der eingelesen wird

Mit Hilfe des Programms wird die erste Zeile der Datei gelesen und wie
folgt auf dem Bildschirm ausgegeben:

Abbildung F.12 Erste Zeile der Datei

Es folgt der Programmcode:

```
<html>
<body>
<?php
  $fp = fopen("uf20data.txt","r");
  if ($fp)
  {
    $zeile = fgets($fp, 100);
    echo "Inhalt der ersten Zeile der Datei";
    echo " uf20data.txt:<p> $zeile";
    fclose($fp);
  }
  else
    echo "Datei wurde nicht gefunden";
?>
</body>
</html>
```

Listing F.11 Datei uf20.php

Innerhalb des PHP-Programms werden die Funktionen `fopen()`, `fgets()` und `fclose()` verwendet.

fopen() Die Funktion `fopen()` dient zum Öffnen einer Datei.

▶ Der erste Parameter gibt den Namen der Datei an. In unserem Beispiel handelt es sich um die Datei mit dem Namen `uf20data.txt`, die im gleichen Verzeichnis wie das PHP-Programm steht.

read ▶ Der zweite Parameter gibt den Öffnungsmodus an. Hier ist dies `r` (für `read`), das heißt, die Datei wird zum Lesen geöffnet. Andere Öffnungsmodi sind zum Beispiel `w` (für `write`, Schreiben in eine Datei) und `a` (für `append`, Anhängen an eine Datei)

▶ Rückgabewert der Funktion ist ein so genannter Dateizeiger, er wird in der Variablen `$fp` gespeichert. Dieser Dateizeiger wird für weitere Zugriffe auf die Datei benötigt. Sollte die Datei am angegebenen Ort nicht existieren, so gibt die Funktion `fopen()` den Wert `false` zurück.

▶ Vor der weiteren Benutzung der Datei muss der Rückgabewert geprüft werden. Hier geschieht dies mit `if ($fp)`.

fgets() Die Funktion `fgets()` dient zum Lesen einer Zeichenkette aus einer Datei.

- Der erste Parameter gibt an, aus welcher Datei gelesen werden soll. Dabei muss es sich um den Dateizeiger einer zuvor geöffneten Datei handeln. Hier ist dies $fp.

- Der zweite Parameter gibt die Leselänge an. Es werden entweder (Leselänge - 1) Zeichen aus der Datei gelesen (hier 99) oder bis zum Zeilenumbruch oder bis zum Ende der Datei. Dies gilt je nachdem, was zuerst eintritt. Man sollte zum Lesen ganzer Zeilen eine Leselänge wählen, die auf jeden Fall für die betreffende Datei ausreicht.

- Rückgabewert der Funktion ist die gelesene Zeichenkette (einschließlich des Zeilenumbruches). Sie wird hier in der Variablen $zeile gespeichert. Diese Variable wird auf dem Bildschirm ausgegeben.

Die Funktion fclose() dient zum Schließen einer Datei.

fclose()

- Der Parameter gibt an, welche Datei geschlossen werden soll. Dabei muss es sich um den Dateizeiger einer zuvor geöffneten Datei handeln. Hier ist dies $fp.

- Man sollte geöffnete Dateien immer schließen, auch wenn nach Beendigung eines PHP-Programmes alle beteiligten Dateien geschlossen werden. Anderenfalls könnte das Betriebssystem weitere Zugriffe auf diese Datei verwehren, da es diese Datei für noch geöffnet hält.

F.2.3 Lesen aller Zeilen einer sequenziellen Datei

Im nachfolgenden Beispiel werden alle Zeilen einer sequenziellen Datei gelesen und auf dem Bildschirm ausgegeben.

```
<html>
<body>
<?php
   $fp = fopen("uf20data.txt","r");
   if ($fp)
   {
      while (!feof($fp))
      {
         $zeile = fgets($fp, 100);
         echo "Zeile: $zeile<p>";
      }
      fclose($fp);
```

```
    }
    else
        echo "Datei wurde nicht gefunden";
?>
</body>
</html>
```

Listing F.12 Datei uf21.php

Die Ausgabe:

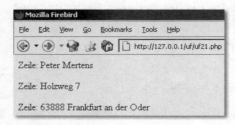

Abbildung F.13 Alle Zeilen der Datei

feof()   Die Funktion `feof()` dient dazu, das Ende einer Datei zu signalisieren.

▶ Der Parameter gibt an, welche Datei geprüft werden soll. Dabei muss es sich um den Dateizeiger einer zuvor geöffneten Datei handeln. Hier ist dies `$fp`.

▶ Rückgabewert der Funktion ist `true`, falls das Ende der Datei festgestellt wurde, beziehungsweise `false`, wenn dies nicht der Fall ist.

Im Programm wurde eine bedingungsgesteuerte Schleife verwendet. Diese wird wiederholt, solange das Ende der Datei noch nicht erreicht wurde (`while (!feof($fp)`). Nach dem Lesen einer Zeile durch die Funktion `fgets()` wird der Dateizeiger `$fp` automatisch auf den Anfang der nächsten Zeile gesetzt.

Im vorliegenden Fall wurde vorausgesetzt, dass die Datei `uf20data.txt` mit einem Texteditor in folgender Weise erzeugt wurde:

▶ Schreiben der ersten Zeile <Enter>,

▶ Schreiben der zweiten Zeile <Enter>,

▶ ...

▶ Schreiben der vorletzten Zeile <Enter>,

▶ Schreiben der letzten Zeile (Abspeichern und Schließen der Datei) ohne <Enter>.

Falls man nach der letzten Zeile noch einen oder mehrere Zeilenumbrüche erzeugt hat und die Datei anschließend erst gespeichert und geschlossen hat, werden beim Lesen diese unnötigen leeren Zeilen ebenfalls erfasst und können zu Fehlausgaben führen (zum Beispiel falsche Zeilenanzahl).

Übung UF22

Schreiben Sie mit Hilfe eines Texteditors mehrere Namen in eine Datei (uf22data.txt). Jeder Name soll zweizeilig geschrieben werden, in der ersten Zeile der Vorname, in der zweiten Zeile der Nachname, wie nachfolgend dargestellt.

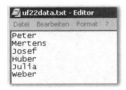

Abbildung F.14 Daten für Übung UF22

Erstellen Sie ein PHP-Programm (Datei uf22.php), das diese Datei öffnet, liest und die Namen in einer HTML-Tabelle in der folgenden Form (zusätzlich mit laufender Nummer) auf dem Bildschirm ausgibt:

Abbildung F.15 Ergebnis der Übung UF22

F.2.4   Vereinfachtes Lesen einer Datei

Die Funktionen readfile() und file() bieten jeweils eine Möglichkeit zum vereinfachten Lesen einer Datei:

▶ readfile() liest den vollständigen Inhalt einer Datei und gibt ihn auf dem Bildschirm aus.

readfile()

▶ `file()` liest den vollständigen Inhalt einer Datei zeilenweise in ein eindimensionales Feld. Die Elemente dieses Feldes kann man anschließend bearbeiten beziehungsweise ausgeben.

Beide Funktionen werden in nachfolgendem Beispiel benutzt, um eine Datei vollständig wiederzugeben.

```
<html>
<body>
<?php
   readfile("uf20data.txt");

   $dfeld = file("uf20data.txt");
   echo "<p>";
   for($i=0; $i<sizeof($dfeld); $i++)
      echo $dfeld[$i] . "<br>";
?>
</body>
</html>
```

Listing F.13 Datei uf21a.php

F.2.5 Überschreiben einer sequenziellen Datei

Im nachfolgenden Beispiel werden einige Zahlen und Zeichenketten in eine Datei geschrieben.

```
<html>
<body>
<?php
$fp = fopen("uf23data.txt","w");
if (!$fp)
{
   echo "Datei konnte nicht zum Schreiben geöffnet werden<p>";
   exit;
}
$nl = chr(13) . chr(10);
fputs ($fp, "Autor: Max Maier$nl");
for ($i=10; $i<=50; $i=$i+10)
   fputs ($fp, "$i$nl");
fputs ($fp, "Autor: Max Maier",8);
echo "Ausgabe in Datei geschrieben";
fclose($fp);
```

```
?>
</body>
</html>
```

Listing F.14 Datei uf23.php

write

Die Datei `uf23data.txt` wird mit der Funktion `fopen()`, Öffnungsmodus `w` (für `write`), zum Schreiben geöffnet. Falls die Datei bereits existiert, wird sie dabei überschrieben! Weitere Vorgänge sollten auch hier erst erfolgen, nachdem kontrolliert wurde, ob das Öffnen erfolgreich war.

In der Variablen `$nl` wird mit Hilfe der Zeichenkettenfunktion `chr()` ein Zeilenvorschub abgespeichert. Ein Zeilenvorschub besteht aus den beiden ASCII-Zeichen mit dem Code `13` (entspricht `CR` = `Carriage Return` = Wagenrücklauf) und `10` (entspricht `LF` = `Line Feed` = Zeilensprung). Weitere Informationen zu Zeichenkettenfunktionen finden sich im betreffenden Abschnitt. Der Zeilenvorschub wird ebenfalls ausgegeben.

fputs()

Die Funktion `fputs()` dient zur Ausgabe von Zeichenketten in eine Datei.

▶ Der erste Parameter gibt an, in welche Datei ausgegeben werden soll. Dabei muss es sich um den Dateizeiger einer zuvor geöffneten Datei handeln. Hier ist dies `$fp`.

▶ Der zweite Parameter beinhaltet die auszugebende Zeichenkette.

▶ Der dritte Parameter ist optional, er begrenzt die Länge der Ausgabe auf die angegebene Anzahl. Hier wurde der dritte Parameter nur zu Demonstrationszwecken bei der letzten Ausgabe verwendet. Diese Ausgabe wird nach dem achten Zeichen abgeschnitten.

Die Ausgabedatei hat folgenden Inhalt:

Abbildung F.16 Schreiben in Datei

F.2.6 Anhängen an eine sequenzielle Datei

fortlaufend
schreiben

Im nachfolgenden Beispiel werden die Inhalte einiger Formularfelder fortlaufend in eine Datei geschrieben. Zunächst die Datei mit dem Eingabeformular:

```
<html>
<body>
Bitte geben Sie Ihre Adresse ein:
<form action = "uf24.php" method = "post">
    <input size="20" name="nn"> Nachname<p>
    <input size="20" name="vn"> Vorname<p>
    <input size="20" name="sr">
    <input size="10" name="hn">
            Straße und Hausnummer<p>
    <input size="10" name="pz">
    <input size="20" name="st"> PLZ und Stadt<p>
    <input type="submit" value="Senden">
    <input type="reset">
</form>
</body>
</html>
```

Listing F.15 Datei uf24.htm

Nach dem Absenden werden diese Daten von dem nachfolgenden PHP-Programm weiterverarbeitet:

```
<html>
<body>
<?php
$fp = fopen("uf24data.csv","a");
if (!$fp)
{
    echo "Datei konnte nicht zum Schreiben geöffnet
            werden<p>";
    exit;
}
fputs ($fp, "$nn;$vn;$sr;$hn;$pz;$st;\n");
echo "Vielen Dank, $vn $nn<p>";
echo "Ihre Angaben wurden gespeichert<p>";
fclose($fp);
?>
```

```
Zurück zur <a href="uf24.htm">Eingabe</a>
</body>
</html>
```

Listing F.16 Datei uf24.php

Die Datei `uf24data.csv` wird mit der Funktion `fopen()`, Öffnungsmodus a (für `append`), zum Schreiben am Ende der Datei geöffnet. Weitere Vorgänge sollten auch hier erst erfolgen, nachdem kontrolliert wurde, ob das Öffnen erfolgreich war.

append

Die Daten aus dem Formular werden, jeweils durch ein Semikolon voneinander getrennt, in die Ausgabedatei geschrieben. Am Ende der Zeile wird ein Zeilenvorschub erzeugt. Man erzeugt auf diese Weise eine Datei im CSV-Format:

CSV-Datei

Abbildung F.17 CSV-Datei mit Editor

Viele Anwendungsprogramme (zum Beispiel MS Excel) können dieses Format in eine Tabelle umsetzen. Dabei werden die einzelnen Informationen, die durch Semikola getrennt sind, jeweils in einer Tabellenspalte dargestellt:

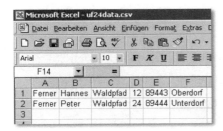

Abbildung F.18 CSV-Datei in Excel

Mit Hilfe eines Hyperlinks kann der Benutzer zum Eingabeformular zurückgelangen und weitere Eingaben vornehmen. Jede weitere Eingabe wird an die vorhandene Datei angehängt.

Übung UF25

In einer Datei (`uf25data.txt`) stehen mehrere Datensätze in der folgenden Form:

▶ erste Zeile: laufende Nummer,

▶ zweite Zeile: Nachname,

▶ dritte Zeile: Vorname.

Abbildung F.19 Daten für Übung UF25

Schreiben Sie ein PHP-Programm (Datei `uf25.php`), das diese Datei öffnet, liest und die Datensätze in der gleichen Form in zwei verschiedene Dateien ausgibt:

▶ Datensätze mit einer laufenden Nummer unter `1000` in Datei `uf25a.txt`,

▶ alle anderen Datensätze in Datei `uf25b.txt`.

Die Dateien sollen bei jedem Programmaufruf überschrieben werden.

Auf dem Bildschirm soll zur Kontrolle ausgegeben werden (hier mit den oben angegebenen Beispieldaten):

Abbildung F.20 Ergebnis der Übung UF25

Anmerkung: Die Funktion `fgets()` liest die Zeilen einschließlich des Zeilenumbruches in eine Variable. Wird diese Variable in eine Datei ausgegeben, so wird auch der Zeilenumbruch ausgeführt, er braucht nicht zusätzlich ausgegeben zu werden.

F.2.7 Ein einfacher Zugriffszähler

Im nachfolgenden Beispiel wird ein Zähler realisiert, der die Anzahl der Zugriffe auf eine Datei festhält. Ein solcher Web Counter wird im Internet oft eingesetzt, um die Beliebtheit beziehungsweise den Erfolg einer Webseite zu messen.

Web Counter

```
<html>
<body>
<?php
$fn = "uf26data.txt";
/* Falls Datei schon vorhanden */
if(file_exists($fn))
{
   $fp = fopen($fn,"r");
   /* Falls Datei geöffnet werden kann */
   if(!$fp)
      $zahl = 0;
   /* Falls Datei nicht geöffnet werden kann */
   else
   {
      $zahl = fgets($fp,10);
      fclose($fp);
   }
}
else
   $zahl = 0;
/* Zahl erhöhen */
$zahl = $zahl + 1;
echo "Der Zugriffszähler steht auf $zahl";
/* neue Zahl schreiben */
$fp = fopen($fn,"w");
if(!$fp)
{
   echo "Zähler kann nicht geschrieben werden ";
   exit;
```

```
}
fputs($fp,$zahl);
fclose($fp);
?>
</body>
</html>
```

Listing F.17 Datei uf26.php

Zunächst wird der Dateiname in der Variablen $fn gespeichert, da er mehrmals innerhalb des Programms benötigt wird.

file_exists() Die Funktion file_exists() dient der Kontrolle, ob die Zähler-Datei uf26data.txt im gleichen Verzeichnis existiert.

▶ Falls es sich um den ersten Zugriff auf die Datei handelt, so existiert die Datei noch nicht und der Zähler wird auf 0 gesetzt.

▶ Anderenfalls wird versucht, die Datei zu öffnen. Falls dies gelingt, wird der aktuelle Zählerstand aus der Datei in die Variable $zahl gelesen. Falls dies nicht gelingt, wird der Zähler ebenfalls auf 0 gesetzt.

Anschließend hat die Variable in jedem Fall einen Wert. Dieser Wert wird um 1 erhöht, ausgegeben und anschließend in die Datei geschrieben, so dass sie für den nächsten Zugriff den aktuellen Wert bereitstellt.

Die Ausgabe beim achten Zugriff:

Abbildung F.21 Zugriffszähler

F.2.8 Wahlfreier Zugriff

Datensätze fester Einen wahlfreien Zugriff auf eine Datei kann man vornehmen, falls in
Größe einer Datei eine Reihe von Datensätzen fester Größe steht. Durch die feste Größe ist gewährleistet, dass die Position jedes einzelnen Datensatzes eindeutig berechnet werden kann.

Die Funktion fseek() versetzt den Dateizeiger einer zuvor geöffneten Datei an die angegebene Position. Damit erreicht man schnell jeden

Datensatz, ohne alle vorhergehenden Datensätze gelesen zu haben. Beim wahlfreien Zugriff können außerdem noch die beiden folgenden Funktionen nützlich sein:

▶ ftell(): Angabe der aktuellen Position,

▶ rewind(): Versetzen des Dateizeigers an den Anfang der Datei.

Als einfaches Beispiel soll eine Datei bearbeitet werden, die insgesamt 15 Datensätze beinhaltet. Jeder Datensatz besteht aus einer ganzen Zahl. Jede Zahl wird formatiert in die Datei geschrieben, so dass sie immer die gleiche Breite hat. Zur Formatierung dient die Funktion sprintf().

Zunächst das Programm, das 15 zufällige Zahlen zwischen 1 und 30000 formatiert in eine Datei schreibt. Damit ist eine »Datenbank« mit 15 Datensätzen erzeugt:

```php
<html>
<body>
<?php
   srand((double)microtime()*1000000);
   $fp = fopen("uf28data.txt","w");
   if (!$fp)
   {
      echo "Datei konnte nicht zum Schreiben geöffnet
          werden<p>";
      exit;
   }
   for($i=1; $i<=15; $i++)
   {
      $zz = rand(1,30000);
      $zztext = sprintf("%6d",$zz);
      fputs($fp,$zztext);
   }
   fclose($fp);
   echo "15 Daten geschrieben";
?>
</body>
</html>
```

Listing F.18 Datei uf28.php

Die Funktion `sprintf()` wandelt die Zahl `$zz` in die Zeichenkette `$zztext` um (Breite 6, mit führenden Leerzeichen). Die Variable `$zz` wird dabei als ganze Zahl interpretiert, ähnlich wie bei `printf()` in C. Eine Zeichenkette der Länge 6 beansprucht 6 Byte Speicherplatz in einer Datei.

Das Ergebnis sieht zum Beispiel wie folgt aus (hier nur die Datensätze 1 bis 8):

Abbildung F.22 Datei mit Datensätzen gleicher Länge

Zum Lesen in der Datenbank kann der Benutzer in einem Formular die Nummer des gewünschten Datensatzes eingeben:

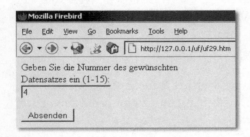

Abbildung F.23 Eingabe der Datensatznummer

Das PHP-Programm zur Auswertung der Eingabe:

```
<html>
<body>
<?php
   $anz = filesize("uf28data.txt")/6;
   if($nummer<1 || $nummer>$anz)
   {
      echo "Es gibt nur Datensätze von 1 bis 15<p>";
      exit;
   }
   $fp = fopen("uf28data.txt","r");
   if (!$fp)
   {
      echo "Datei konnte nicht zum Lesen geöffnet
```

```
            werden<p>";
       exit;
   }
   fseek($fp, ($nummer-1)*6, SEEK_SET);
   $wert = fgets($fp,7);
   fclose($fp);
   echo $wert;
?>
</body>
</html>
```

Listing F.19 Datei uf29.php

Das Eingabefeld hat den Namen `nummer`. Im PHP-Programm wird zunächst untersucht, ob die Zahl im erlaubten Bereich liegt. Dazu wird unter anderem die Funktion `filesize()` verwendet. Diese liefert die Größe der Datei in Byte (hier: 90 Byte). Aus diesem Wert und der Größe eines einzelnen Datensatzes (hier: 6 Byte) wird die Anzahl der Datensätze (hier: 90 Byte / 6 Byte = 15) errechnet.

Die Funktion `fseek()` hat bis zu drei Parameter:

`fseek()`

▶ Der erste Parameter gibt an, aus welcher Datei gelesen werden soll. Dabei muss es sich um den Dateizeiger einer zuvor geöffneten Datei handeln. Hier ist dies `$fp`.

▶ Der zweite Parameter gibt den Offset an, das heißt die Position in Byte. Diese wird über die eingegebene Nummer und die Größe eines Datensatzes berechnet.

▶ Der dritte Parameter gibt an, ab welcher Position der Offset gerechnet wird. Dabei können die Konstanten `SEEK_SET` (Dateianfang), `SEEK_CUR` (Aktuelle Position) und `SEEK_END` (Dateiende) benutzt werden.

Anschließend wird mit der Funktion `fgets()` an der neuen Position des Dateizeigers gelesen. Es werden die nächsten (`Leselänge - 1`) Zeichen gelesen, also 6. Damit ist gewährleistet, dass nur die unmittelbar folgende ganze Zahl gelesen wird.

Die Ausgabe mit dem oben angegebenen Eingabewert:

Abbildung F.24 Ausgabe des gewünschten Datensatzes

F.2.9   Informationen über Dateien

stat()

Die Funktion stat() liefert eine Reihe von Informationen über Dateien in Form eines Feldes. Im nachfolgenden Beispiel werden die Feld-Elemente 7 bis 10 ausgegeben. Diese liefern die nachfolgend dargestellten Informationen:

Abbildung F.25 Datei-Informationen

Timestamp

Die drei Zeitpunkte werden als Unix-Timestamps geliefert. Diese müssen noch in eine lesbare Form gebracht werden.

```
<html>
<body>
<?php
   $fn = "uf28data.txt";
   $info = stat($fn);
   echo "Datei: $fn<br>";
   echo "Grösse in Byte: " . $info[7] . "<br>";
   echo "Datum des letzten Zugriffs: ";
   echo date("d.m.Y", $info[8]) . "<br>";
   echo "Zeitpunkt der letzten Modifizierung: ";
   echo date("d.m.Y H:i:s", $info[9]) . "<br>";
   echo "Zeitpunkt der letzten Änderung: ";
   echo date("d.m.Y H:i:s", $info[10]) . "<br>";
```

```
?>
</body>
</html>
```

Listing F.20 Datei uf30.php

Im Feld `$info` wird der Rückgabewert der Funktion `stat()` gespeichert. Die drei Zeitangaben werden mit Hilfe der Funktion `date()` umgeformt. Genaue Informationen über die Formatierungsmöglichkeiten und weitere Funktionen finden sich in Abschnitt F.4, Datum und Zeit.

F.2.10 Informationen über einzelnes Verzeichnis

Verzeichnis öffnen und lesen

Bisher wurde immer eine einzelne Datei bearbeitet, deren Name bekannt ist. Häufig stellt sich aber die Aufgabe, eine ganze Reihe von Dateien zu bearbeiten, deren exakter Name und deren Anzahl unbekannt sind. Zu diesem Zweck kann man sich unter anderem der Verzeichnis-Funktionen `opendir()`, `readdir()` und `closedir()` bedienen.

Sie werden im nachfolgenden Programm eingesetzt, um Informationen über Dateien und Verzeichnisse zu generieren, die sich in einem bestimmten Verzeichnis befinden.

Zunächst das Programm:

```
<html>
<body>
<?php
$verz = "C:\Apache\htdocs\phpmyadmin";
chdir($verz);
echo "<h2>Verzeichnis $verz</h2>";
echo "<table border>";

/* Überschrift */
echo "<td>Name</td>";
echo "<td>Datei /<br>Verz.</td>";
echo "<td>Readable /<br>Writeable</td>";
echo "<td align='right'>Grösse<br>in Byte</td>";
echo "<td>Letzte<br>Änderung</td>";

/* Öffnet Handle */
```

```php
$handle = opendir($verz);

/* Liest alle Objektnamen */
while ($dname = readdir($handle))
{
    echo "<tr>";
    echo "<td>$dname</td>";

    /* Datei oder Verzeichnis ? */
    if(is_file($dname))
        echo "<td>D</td>";
    else if(is_dir($dname))
        echo "<td>V</td>";
    else
        echo "<td> </td>";

    /* Lesbar beziehungsweise schreibbar ? */
    echo "<td>";
    if(is_readable($dname)) echo "R";
    else echo "-";
    if(is_writeable($dname)) echo "W";
    else echo "-";
    echo "</td>";

    /* Zugriffsdaten */
    $info = stat($dname);
    echo "<td align='right'>$info[7]</td>";
    echo "<td>" . date("d.m.y H:i", $info[10])
        . "</td>";
    echo "</tr>";
}

/* Schließt Handle */
closedir($handle);
?>
</table>
</body>
</html>
```

Listing F.21 Datei uf31.php

Im vorliegenden Fall soll der Inhalt des Verzeichnisses `C:\Apa-che\htdocs\phpmyadmin` ermittelt werden. Dieses wird mit der Funktion `chdir()` zum aktuellen Verzeichnis gemacht. Es folgt die Ausgabe der Tabellenüberschrift.

opendir(), readdir()

Die Funktion `opendir()` dient zum Öffnen eines Zugriffs-Handles für das aktuelle Verzeichnis. Über dieses Handle wird mit Hilfe der Funktion `readdir()` jeweils ein Objektname aus dem Verzeichnis ermittelt. Dabei wird unsortiert vorgegangen. Gleichzeitig wird durch `readdir()` ein Zeiger weitergesetzt, so dass beim nächsten Aufruf der nächste Objektname geliefert wird usw. Dies kann wiederholt werden, solange Objektnamen vorhanden sind.

Im vorliegenden Programm wird die Wiederholung mit einer `while`-Schleife realisiert. Alle Objekte eines Verzeichnisses werden ermittelt. Für jedes Objekt werden insgesamt fünf Funktionen zur Lieferung von Informationen über das Objekt aufgerufen:

▶ Die Funktion `is_file()` sagt aus, ob es sich um eine Datei handelt.

▶ Die Funktion `is_dir()` sagt aus, ob es sich um ein Verzeichnis handelt.

▶ Die Funktion `is_readable()` sagt aus, ob das Objekt lesbar ist.

▶ Die Funktion `is_writeable()` sagt aus, ob das Objekt beschreibbar ist.

▶ Die Funktion `stat()`, die bereits aus dem vorherigen Abschnitt bekannt ist, liefert eine Reihe weiterer Daten in Form eines Feldes.

closedir()

Nach Abschluss der `while`-Schleife wird mit der Funktion `closedir()` das Zugriffs-Handle wieder geschlossen.

Die Ausgabe des Programms (Ausschnitt):

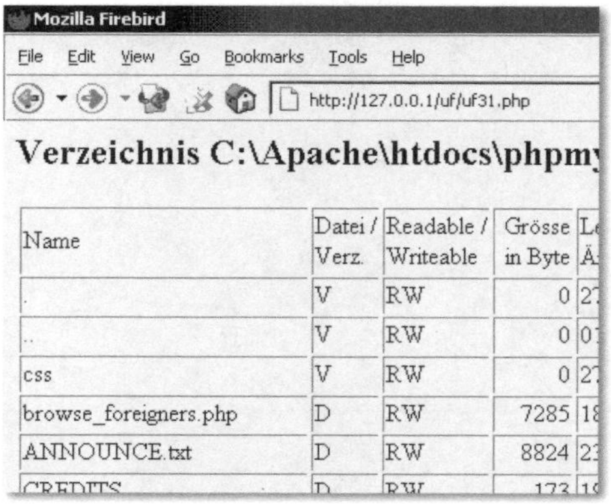

Abbildung F.26 Infos über das Verzeichnis phpmyadmin

F.2.11 Informationen über Verzeichnisbaum

Zur Ermittlung der Informationen über einen ganzen Verzeichnisbaum, also der Unterverzeichnisse und wiederum deren Unterverzeichnisse usw., bedient man sich der Funktionen aus dem vorherigen Abschnitt und eines rekursiven Aufrufes.

getcwd()

Diese Funktion wird vom Hauptprogramm aus erstmalig mit einem Startverzeichnis aufgerufen. Innerhalb der Funktion wird mit der Verzeichnis-Funktion `getcwd()` das aktuelle Arbeitsverzeichnis (`current working directory`) ermittelt. Anschließend werden die Objekte innerhalb dieses Verzeichnisses ermittelt. Dabei steht das Kürzel (.) für das aktuelle Verzeichnis und das Kürzel (..) für das übergeordnete Verzeichnis, für diese beiden Fälle erfolgt keine Aktion.

Falls es sich bei dem Objekt um eine Datei handelt,

▶ wird diese mit Namen ausgegeben.

rekursive Funktion

Falls es sich bei dem Objekt um ein Unterverzeichnis handelt,

▶ wird in dieses Verzeichnis gewechselt,
▶ die Funktion ruft sich selbst auf (rekursiv),
▶ es wird wieder in das übergeordnete Verzeichnis zurück gewechselt.

Mit Hilfe dieser Methode gelingt die Bearbeitung des gesamten Verzeichnisbaumes.

```
<html>
<body>
<table border>
<?php
function objektliste()
{
    /* Aktuelles Verzeichnis ermitteln */
    $verz = getcwd();

    /* Handle für aktuelles Verzeichnis */
    $handle = opendir(".");

    while ($dname = readdir($handle))
    {
        if($dname!="." && $dname!="..")
        {
```

```
        /* Falls Unterverzeichnis */
        if(is_dir($dname))
        {
            chdir($dname);  // nach unten
            objektliste();  // rekursiv
            chdir("..");    // nach oben
        }
        /* Falls Datei */
        else
        {
            echo "<tr><td>$verz</td><td>$dname</td>";
        }
    }
  }
  closedir($handle);
}
/* Startverzeichnis */
chdir("C:\Apache\htdocs\phpmyadmin");
/* Erster Aufruf der Funktion */
objektliste();
?>
</table>
</body>
</html>
```

Listing F.22 Datei uf32.php

Die Ausgabe des Programms (Ausschnitt):

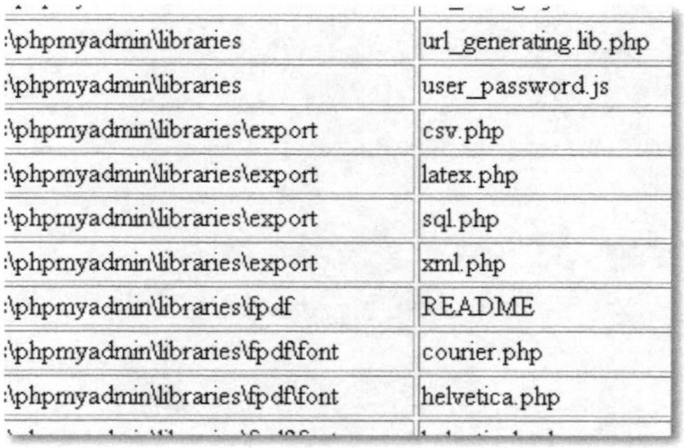

\phpmyadmin\libraries	url_generating.lib.php
\phpmyadmin\libraries	user_password.js
\phpmyadmin\libraries\export	csv.php
\phpmyadmin\libraries\export	latex.php
\phpmyadmin\libraries\export	sql.php
\phpmyadmin\libraries\export	xml.php
\phpmyadmin\libraries\fpdf	README
\phpmyadmin\libraries\fpdf\font	courier.php
\phpmyadmin\libraries\fpdf\font	helvetica.php

Abbildung F.27 Infos über Verzeichnisbaum

In der linken Spalte der Tabelle wird der Name des Verzeichnisses ausgegeben, in der rechten Spalte der Name des Objektes.

F.2.12 Alle Funktionen für Dateien und Verzeichnisse

Im vorliegenden Abschnitt werden eine ganze Reihe von PHP-Funktionen für die Behandlung von Dateien und Verzeichnissen eingesetzt.
Zur besseren Übersicht eine Liste mit allen Funktionen und einer kurzen Erläuterung. Weitergehende Ausführungen finden sich im PHP-
Manual.

Funktion	Erläuterung	Beispiel
basename()	Gibt den Namen einer Datei aus einer vollständi-gen Pfadangabe zurück	
chdir()	Wechseln des Verzeichnisses	F.3.9
chgrp()	Wechselt die Gruppenzugehörigkeit einer Datei	
chmod()	Ändert die Zugriffsrechte einer Datei	
chown()	Ändert den Eigentümer einer Datei	
chroot()	Wechseln des Hauptverzeichnisses	
clearstatcache()	Löscht den Status Cache	
closedir()	Beenden eines Verzeichnis-Handles	F.3.9
copy()	Kopiert eine Datei	
delete()	Dies ist ein leerer Eintrag, falls nach einer Funk-tion zum Löschen einer Datei gesucht wird (siehe unlink())	
dir()	Eine Klasse zum Bearbeiten eines Verzeichnisses	
dirname()	Extrahiert den Verzeichnisnamen aus einer voll-ständigen Pfadangabe	
disk_free_space()	Liefert den freien Speicherplatz in einem Ver-zeichnis	
disk_total_space()	Liefert die Gesamtgröße eines Verzeichnisses	
diskfreespace()	Gibt den freien Speicherplatz in einem Verzeich-nis zurück	
fclose()	Schließt einen offenen Dateizeiger	F.3.2
feof()	Prüft, ob der Dateizeiger am Ende der Datei steht	F.3.3
fflush()	Schreibt den Ausgabepuffer in eine Datei	

Funktion	Erläuterung	Beispiel
fgetc()	Liest das Zeichen, auf welches der Dateizeiger zeigt	
fgetcsv()	Liest eine Zeile von der Position des Dateizeigers aus und überprüft diese auf kommaseparierte Werte (CSV)	
fgets()	Liest eine Zeile von der Position des Dateizeigers aus	F.3.2
fgetss()	Liest eine Zeile von der aktuellen Position des Dateizeigers aus und entfernt HTML und PHP-Tags	
file()	Liest eine Datei komplett in ein Array	
file_exists()	Überprüft, ob eine Datei existiert	F.3.6
file_get _contents()	Liest die gesamte Datei in einen String	
file_get _wrapper_data()	Liefert Kopf-/Metadaten von geöffneten Dateien	
file_register _wrapper()	Zum Registrieren eines URL-Wrappers	
fileatime()	Gibt Datum und Uhrzeit des letzten Zugriffs auf eine Datei zurück	
filectime()	Gibt Datum und Uhrzeit der letzten Änderung des Dateizeigers Inode zurück	
filegroup()	Gibt die Gruppenzugehörigkeit einer Datei zurück	
fileinode()	Gibt Inode-Nummer einer Datei aus	
filemtime()	Gibt Datum und Uhrzeit der letzten Dateiänderung aus	
fileowner()	Gibt den Dateieigentümer aus	
fileperms()	Gibt die Zugriffsrechte einer Datei aus	
filesize()	Gibt die Größe einer Datei aus	F.3.7
filetype()	Gibt den Typ einer Datei zurück	
flock()	Sperren einer Datei	
fopen()	Öffnet eine Datei oder einen URL	F.3.2
fpassthru()	Gibt alle restlichen Daten eines Dateizeigers direkt aus	
fputs()	Schreibt Daten an die Position des Dateizeigers	F.3.4

F

Funktion	Erläuterung	Beispiel
fread()	Liest Binärdateien aus einer Datei	
fseek()	Positioniert den Dateizeiger vor oder zurück	F.3.7
fstat()	Liefert Informationen über eine Datei mit offenem Dateizeiger	
ftell()	Ermittelt die aktuelle Position des Dateizeigers	
ftruncate()	Kürzt eine Datei auf die angegebene Länge	
fwrite()	Schreibt Binärdaten in eine Datei	
getcwd()	Ermittelt das aktuelle Arbeitsverzeichnis	F.3.10
glob()	Zur Suche nach einem Namen, mit Wildcards	
is_dir()	Ermittelt, ob der gegebene Dateiname ein Verzeichnis ist	F.3.9
is_executable()	Ermittelt, ob eine Datei ausführbar ist	
is_file()	Ermittelt, ob der Dateiname eine reguläre Datei ist	F.3.9
is_link()	Ermittelt, ob der Dateiname ein symbolischer Link ist	
is_readable()	Ermittelt, ob eine Datei lesbar ist	F.3.9
is_uploaded _file()	Prüft, ob die Datei mittels HTTP POST hochgeladen wurde	
is_writeable()	Ermittelt, ob in eine Datei geschrieben werden kann	F.3.9
link()	Erzeugt einen absoluten Link	
linkinfo()	Ermittelt Informationen über einen Link	
lstat()	Ermittelt Informationen über einen symbolischen Link	
mkdir()	Erstellt ein Verzeichnis	
move_uploaded _file()	Verschiebt eine hochgeladene Datei an einen neuen Ort	
opendir()	Öffnen eines Verzeichnis-Handles	F.3.9
parse_ini_file()	Analysiert eine Konfigurationsdatei	
pathinfo()	Liefert Informationen über den Dateipfad	
pclose()	Schließt einen Prozess-Dateizeiger	
popen()	Öffnet einen Prozesszeiger	

Funktion	Erläuterung	Beispiel
`readdir()`	Liest den Eintrag eines Verzeichnis-Handles	F.3.9
`readfile()`	Gibt eine Datei aus	
`readlink()`	Gibt das Ziel eines symbolischen Links zurück	
`realpath()`	Erzeugt einen kanonisch absoluten Pfadnamen	
`rename()`	Benennt eine Datei um	
`rewind()`	Setzt den Dateizeiger auf das erste Byte der Datei	
`rewinddir()`	Zurücksetzen des Verzeichnis-Handles	
`rmdir()`	Löscht ein Verzeichnis	
`set_file_buffer()`	Setzt die Dateipufferung für einen gegebenen Dateizeiger	
`stat()`	Ermittelt diverse Informationen über eine Datei	F.3.8
`symlink()`	Erzeugt einen symbolischen Link	
`tempnam()`	Erzeugt einen eindeutigen Dateinamen	
`tmpfile()`	Legt eine temporäre Datei an	
`touch()`	Setzt das Datum der letzten Änderung einer Datei	
`umask()`	Ändert die aktuelle umask (Zugriffsrechte)	
`unlink()`	Löscht eine Datei	

F.3 Felder

F.3.1 Operationen für numerisch indizierte Felder

Im Programmierkurs wurden bereits eindimensionale numerisch indizierte beziehungsweise assoziative Felder vorgestellt. Es gibt einige Operationen, die häufig mit Feldern ausgeführt werden. Diese sollen zunächst besprochen werden.

Sortierung

Im nachfolgenden Beispiel wird ein Feld, das Temperaturwerte beinhaltet, aufsteigend sortiert und ausgegeben. Anschließend wird das Feld absteigend sortiert und ausgegeben.

Feld sortieren

```
<html>
<body>
<?php
```

```
$tp = array(17.5, 19.2, 21.8, 21.6, 20.2, 16.6);
$gr = sizeof($tp);

/* unsortiert ausgeben */
for($i=0; $i<$gr; $i++)
    echo "$tp[$i] # ";
echo "<p>";

/* aufsteigend sortieren */
sort($tp,SORT_NUMERIC);

/* ausgeben */
for($i=0; $i<$gr; $i++)
    echo "$tp[$i] # ";
echo "<p>";

/* absteigend sortieren */
rsort($tp,SORT_NUMERIC);

/* ausgeben */
for($i=0; $i<$gr; $i++)
    echo "$tp[$i] # ";
echo "<p>";
?>

</body>
</html>
```

Listing F.23 Datei uf40.php

sizeof() Die Funktion sizeof() ermittelt die Größe eines Feldes, also die Anzahl der Feld-Elemente.

Die beiden Funktionen

▶ sort() für aufsteigende Sortierung,

▶ rsort() für absteigende Sortierung (= reverse sort)

haben jeweils zwei Parameter. Der erste Parameter ist der Name des Feldes, der zweite Parameter gibt den Typ der Sortierung an.

Dabei gibt es folgende Möglichkeiten:

▶ SORT_REGULAR: normale Sortierung,

▶ SORT_NUMERIC: Sortierung nach Zahlenwerten,

▶ SORT_STRING: Sortierung nach Zeichen.

Die Ausgabe des Programms:

Abbildung F.28 Sortierung eines Feldes

Die Temperatur-Extremwerte, also der größte Wert des Feldes und der kleinste Wert des Feldes, lassen sich leicht ermitteln. Diese entsprechen dem ersten und dem letzten Wert des Feldes nach der Sortierung.

Wert und Position der Extrema

Falls die Elemente des Feldes nicht sortiert werden sollen, also ihre ursprüngliche Ordnung erhalten bleiben soll, ist die Ermittlung der Temperatur-Extrema etwas aufwendiger.

Minimum, Maximum

Für das oben angegebene Feld sollen Wert und Position der Temperatur-Extrema ermittelt werden. Dazu wird folgende Vorgehensweise gewählt:

▶ Zunächst wird angenommen, dass der erste Wert gleichzeitig der Maximalwert ist.

▶ Die anderen Werte werden mit diesem Maximalwert verglichen. Falls einer der Werte größer ist als der bisherige Maximalwert, so ist dieser Wert der neue Maximalwert. Die Position und der Wert werden gespeichert. Nach Bearbeitung des gesamten Feldes ist das gewünschte Ergebnis ermittelt.

▶ Die gleiche Methode wird für das Minimum durchgeführt.

```
<html>
<body>
<?php
```

```php
$tp = array(17.5, 19.2, 21.8, 21.6, 20.2, 16.6);
$gr = sizeof($tp);

/* erste Annahme */
$maxpos = 0;
$minpos = 0;
$max = $tp[0];
$min = $tp[0];

/* restliche Elemente untersuchen */
for($i=1; $i<$gr; $i++)
{
   if($tp[$i] > $max)
   {
      $max = $tp[$i];
      $maxpos = $i;
   }
   if($tp[$i] < $min)
   {
      $min = $tp[$i];
      $minpos = $i;
   }
}

/* unverändert ausgeben */
echo "<table border>";
echo "<tr><td>Position</td><td>Wert</td></tr>";
for($i=0; $i<$gr; $i++)
   echo "<tr><td>$i</td><td>$tp[$i]</td></tr>";
echo "</table><p>";
echo "Maximum: $max bei Position $maxpos<p>";
echo "Minimum: $min bei Position $minpos<p>";
?>
</body>
</html>
```

Listing F.24 Datei uf41.php

Zur Kontrolle wird das Feld nach der Ermittlung der Extrema noch einmal mit Position und Wert ausgegeben:

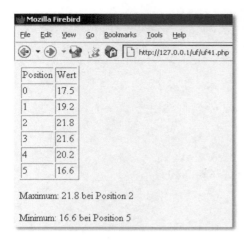

Abbildung F.29 Wert und Position der Extrema

Zur schnellen Extremwertbestimmung stehen auch die mathematischen Funktionen `max()` und `min()` zur Verfügung. Allerdings liefern diese nur den Wert, nicht die Position eines Extremwertes.

Statistische Auswertung

Mit Hilfe des nachfolgenden Programms wird festgestellt, welcher Anteil einer Menge von Temperaturwerten oberhalb einer definierten Grenze liegt. Diese Grenze kann vom Benutzer gewählt werden. Die Werte werden aus einer sequenziellen Datei eingelesen (siehe Abschnitt F.2, Dateien und Verzeichnisse), in der sie zeilenweise gespeichert wurden, wie nachfolgend angegeben:

Abbildung F.30 Eingabedatei

Das Formular-Element für die Eingabe des Grenzwertes hat den Namen `gr`. Der PHP-Programmcode zur Auswertung :

```
<html>
<body>
```

```php
<?php
  $fp = fopen("uf42data.txt","r");
  if ($fp)
  {
     // Alle Werte in ein Feld lesen
     $i = 0;
     while (!feof($fp))
     {
        $zeile = fgets($fp, 100);
        $tp[$i] = doubleval($zeile);
        $i++;
     }
     fclose($fp);

     // Anzahl feststellen
     $anzahl = sizeof($tp);

     // Werte oberhalb der Grenze zählen
     $c = 0;
     $grenze = doubleval($gr);
     for($i=0; $i<$anzahl; $i++)
        if ($tp[$i] > $grenze) $c++;

     // Ausgabe
     if ($anzahl > 0)
     {
        $anteil = $c / $anzahl * 100;
        $ausgabe = number_format($anteil,2);
        echo "$ausgabe Proz. der Werte liegen
              oberhalb von $gr";
     }
     else
        echo "Die Datei beinhaltete keine Werte";
  }
  else
     echo "Datei wurde nicht gefunden";
?>
</body>
</html>
```

Listing F.25 Datei uf42.php

Nach dem erfolgreichen Öffnen der Textdatei uf42data.txt werden die Werte zeilenweise gelesen, mit Hilfe der Funktion doubleval() in Zahlen verwandelt und im Feld $tp gespeichert. Der Index des Feldes steht zunächst auf 0, nach dem Lesen jeder Zeile vergrößert er sich um 1. Es kann also das nächste Element des numerischen Feldes eingelesen werden.

Der Einsatz der Funktion doubleval() ist hier notwendig, da die Werte aus der Datei zunächst als Zeichenketten eingelesen werden und in Zahlen mit Nachkommastellen umgewandelt werden müssen.

```
$zeile = fgets($fp, 100);
$tp[$i] = doubleval($zeile);
```

Falls Sie schon Erfahrungen mit anderen Programmiersprachen haben, wird Ihnen spätestens an dieser Stelle auffallen, dass das Feld dynamisch vergrößert wird. Der Entwickler muss zu Beginn des Programms keine statische Feldgröße festlegen.

Der vom Benutzer eingegebene Grenzwert steht im Programm in der Variablen $gr zur Verfügung. Auch diese Zeichenkette wird in eine Zahl mit Nachkommastellen (Variable $grenze) umgewandelt.

```
$grenze = doubleval($gr);
```

Innerhalb einer for-Schleife über alle Elemente des Feldes wird der Zähler (Variable $c) erhöht, falls ein Element gefunden wurde, das oberhalb der eingegebenen Grenze liegt.

```
if ($tp[$i] > $grenze) $c++;
```

Der prozentuale Anteil dieser Werte an der Gesamtzahl der Elemente wird berechnet (Variable $anteil). Diese Variable wird auf zwei Stellen nach dem Komma formatiert.

```
$ausgabe = number_format($anteil,2);
```

Die Ausgabe des Programms, mit den oben angegebenen Beispielwerten und der Eingabe 20:

Abbildung F.31 Statistische Auswertung

Übung UF43

In einer Textdatei (`uf43data.txt`) sind Namen und Altersangaben aller Mitarbeiter einer Firma gespeichert. In der ersten Zeile steht der Name des ersten Mitarbeiters, in der zweiten Zeile das Alter des ersten Mitarbeiters, in der dritten Zeile der Name des zweiten Mitarbeiters usw.:

Abbildung F.32 Eingabedatei für Übung UF43

Schreiben Sie ein Programm (Datei `uf43.php`), mit dessen Hilfe Informationen über die Altersstruktur ermittelt und in der folgenden Form ausgegeben werden:

Abbildung F.33 Ausgabe für Übung UF43

F.3.2 Operationen für assoziative Felder

Key, Value Assoziative Felder können nach Key (= Schlüssel) beziehungsweise nach Value (= Wert) sortiert werden. Dazu dienen die Funktionen `asort()`, `arsort()`, `ksort()` und `krsort()`. Im folgenden Programm werden diese Sortierfunktionen an einem Beispiel dargestellt.

```
<html>
<body>
<?php
function ausgabe($tpfunc)
{
    echo "<table border>";
    foreach($tpfunc as $name=>$wert)
```

```
        echo "<tr><td>$name</td><td>$wert</td>";
    echo "</table><p>";
}

$tp["Montag"] = 17.5;
$tp["Dienstag"] = 19.2;
$tp["Mittwoch"] = 21.8;
$tp["Donnerstag"] = 21.6;
$tp["Freitag"] = 17.5;
$tp["Samstag"] = 20.2;
$tp["Sonntag"] = 16.6;

// Ausgabe unsortiert
ausgabe($tp);

// sortiert nach Werten, aufsteigend
asort($tp, SORT_NUMERIC);
ausgabe($tp);

// sortiert nach Werten, absteigend
arsort($tp, SORT_NUMERIC);
ausgabe($tp);

// sortiert nach Keys, aufsteigend
ksort($tp, SORT_STRING);
ausgabe($tp);

// sortiert nach Keys, absteigend
krsort($tp, SORT_STRING);
ausgabe($tp);
?>
</table>
</body>
</html>
```

Listing F.26 Datei uf44.php

Es wird ein assoziatives Feld mit sieben Werten erzeugt, das zunächst
unsortiert ausgegeben wird:

Abbildung F.34 Unsortiertes Feld

Anschließend werden die Sortierungen vorgenommen:

▶ Die Funktion `asort()` sortiert das Feld nach Wert aufsteigend.

▶ Die Funktion `arsort()` sortiert das Feld nach Wert absteigend.

▶ Die Funktion `ksort()` sortiert das Feld nach Schlüssel aufsteigend.

▶ Die Funktion `krsort()` sortiert das Feld nach Schlüssel absteigend.

Die Sortierung nach Wert erfolgt numerisch. Die Sortierung nach Schlüssel erfolgt nach Zeichen, da der Schlüssel eine Zeichenkette ist. Zur Kontrolle wird das Feld nach der jeweiligen Sortierung ausgegeben. In allen Fällen bleibt die Zuordnung Key zu Value erhalten. Die Ergebnisse der Sortierungen sehen aus wie folgt:

Sonntag	16.6
Freitag	17.5
Montag	17.5
Dienstag	19.2
Samstag	20.2
Donnerstag	21.6
Mittwoch	21.8

Abbildung F.35 Sortierung nach Wert aufsteigend

Mittwoch	21.8
Donnerstag	21.6
Samstag	20.2
Dienstag	19.2
Freitag	17.5
Montag	17.5
Sonntag	16.6

Abbildung F.36 Sortierung nach Wert absteigend

Dienstag	19.2
Donnerstag	21.6
Freitag	17.5
Mittwoch	21.8
Montag	17.5
Samstag	20.2
Sonntag	16.6

Abbildung F.37 Sortierung nach Schlüssel aufsteigend

Sonntag	16.6
Samstag	20.2
Montag	17.5
Mittwoch	21.8
Freitag	17.5
Donnerstag	21.6
Dienstag	19.2

Abbildung F.38 Sortierung nach Schlüssel absteigend

F.3.3 Zweidimensionale Felder, allgemein

Bei mehrdimensionalen Feldern kann man sowohl numerische Felder und assoziative Felder als auch gemischte Felder anwenden. Ein gemischtes Feld beinhaltet sowohl numerische als auch assoziative Komponenten.

Betrachten wir einmal die folgende Tabelle. Sie ist bereits aus Kapitel D, Datenbanken, bekannt und soll hier zur Einführung von zweidimensionalen Feldern dienen. Es wurde nur das Feld Geburtstag weggelassen, um das Programm nicht zu aufwendig werden zu lassen.

Name	Vorname	Personalnummer	Gehalt
Maier	Hans	6714	3500,00
Schmitz	Peter	81343	3750,00
Mertens	Julia	2297	3621,50

Die oben angegebenen Daten sollen in einem zweidimensionalen Feld abgelegt werden, um sie innerhalb eines Programms bearbeiten zu können. Im ersten Beispiel ist dies ein rein numerisches Feld, im zweiten Beispiel ein gemischtes Feld.

Später wird erläutert, wie die Daten aus einer Datenbank in ein zweidimensionales assoziatives Feld gelesen werden können. Dadurch ergibt sich innerhalb des Programms eine permanente Zugriffsmöglichkeit auf die gesamten Daten, ohne erneut eine Datenbankabfrage durchführen zu müssen.

F.3.4 Zweidimensionale numerische Felder

Zwei Indizes

Ein zweidimensionales numerisches Feld hat zwei Indizes statt eines Index. Der erste Index stellt die Nummer der Zeile dar, der zweite Index die Nummer der Spalten. Dies ist nur ein mögliches Vorstellungsmodell, genauso gut könnte es umgekehrt sein. Man sollte allerdings bei einem einmal gewählten Modell bleiben, dies erleichtert die Bearbeitung zweidimensionaler Probleme (und später auch die Bearbeitung höherdimensionaler Probleme).

Im nachfolgenden Beispiel sind die Daten der oben angegebenen Tabelle (ohne Überschrift) in einem zweidimensionalen Feld abgelegt worden:

```
<html>
<body>
<?php
   // 1. Zeile und 2. Zeile
   $pers = array(array("Maier", "Hans", 6714, 3500),
           array("Schmitz", "Peter", 81343, 3750));
   // 3. Zeile
   $pers[2][0] = "Mertens";
   $pers[2][1] = "Julia";
   $pers[2][2] = 2297;
   $pers[2][3] = 3621.50;

   for($i=0; $i<3; $i++)
   {
      for($k=0; $k<4; $k++)
         echo $pers[$i][$k] . ", ";
      echo "<br>";
   }
?>
</body>
</html>
```

Listing F.27 Datei uf45.php

Es werden zwei Techniken zur Erzeugung eines Feldes gezeigt:

▶ Mit Hilfe der Funktion `array()` wird die Variable `$pers` zu einem Feld mit zwei Elementen. Diese Elemente sind wiederum Teilfelder, haben die Namen `$pers[0]` und `$pers[1]` und bestehen jeweils aus vier Elementen. Die Nummerierung der Elemente beginnt sowohl beim ersten als auch beim zweiten Index bei 0. Jedes Teilfeld wurde ebenfalls mit Hilfe der Funktion `array()` erzeugt.

▶ Mehrdimensionale Felder können, genau wie eindimensionale Felder, einfach durch die Zuweisung einzelner Elemente erzeugt oder vergrößert werden. Dies ist hier mit den Zuweisungen in der Form `$pers[2][0] = "Mertens";` usw. geschehen. Dabei ist die bisherige Nummerierung zu beachten, ansonsten könnten auch hier vorhandene Elemente überschrieben werden.

Insgesamt hat das Feld nun 12 Elemente (drei Teilfelder mit je vier Elementen) und ist von folgender Struktur:

Name des Elementes	Zeilenindex des Elementes	Spaltenindex des Elementes	Wert des Elementes
`$pers[0][0]`	0	0	`"Maier"`
`$pers[0][1]`	0	1	`"Hans"`
`$pers[0][2]`	0	2	`6714`
`$pers[0][3]`	0	3	`3500`
`$pers[1][0]`	1	0	`"Schmitz"`
`$pers[1][1]`	1	1	`"Peter"`
`$pers[1][2]`	1	2	`81343`
`$pers[1][3]`	1	3	`3750`
`$pers[2][0]`	2	0	`"Mertens"`
`$pers[2][1]`	2	1	`"Julia"`
`$pers[2][2]`	2	2	`2297`
`$pers[2][3]`	2	3	`3621,50`

Diese Elemente werden anschließend mit Hilfe einer geschachtelten `for`-Schleife ausgegeben. Eine Zeile der Tabelle wird als eine Zeile auf dem Bildschirm dargestellt. Dabei nimmt die Schleifenvariable `$i` nacheinander die verwendeten Werte für den Zeilenindex an (0 bis 2).

Die Schleifenvariable $k nimmt nacheinander die verwendeten Werte für den Spaltenindex an (0 bis 3).

Die Ausgabe des Programms:

Abbildung F.39 Zweidimensionales numerisches Feld

Übung UF46

Speichern Sie die Daten aus der folgenden Tabelle (ohne die Spaltenüberschriften) in einem zweidimensionalen Feld ab. Geben Sie anschließend die Daten dieses Feldes wie folgt auf dem Bildschirm aus (Datei uf46.php):

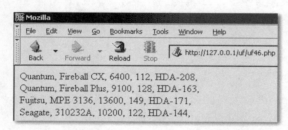

Abbildung F.40 Ergebnis der Übung UF46

F.3.5 Zweidimensionale gemischte Felder

ein Index und ein
Schlüssel

Ein zweidimensionales gemischtes Feld hat ebenfalls zwei Indizes. Der erste Index stellt die Nummer der Zeile dar, der zweite Index die Bezeichnung der Spalten als Schlüssel. Dies ist ebenfalls nur ein mögliches Vorstellungsmodell.

```
<html>
<body>
<?php
    // 1. Zeile und 2. Zeile
    $pers = array(array("Name"=>"Maier",
                        "Vorname"=>"Hans",
                        "Personalnummer"=>6714,
```

```
                    "Gehalt"=>3500),
              array("Name"=>"Schmitz",
                    "Vorname"=>"Peter",
                    "Personalnummer"=>81343,
                    "Gehalt"=>3750));

// 3. Zeile
$pers[2]["Name"] = "Mertens";
$pers[2]["Vorname"] = "Julia";
$pers[2]["Personalnummer"] = 2297;
$pers[2]["Gehalt"] = 3621.50;

for($i=0; $i<3; $i = $i+1)
{
    foreach($pers[$i] as $name=>$wert)
        echo "$name: $wert # ";
    echo "<br>";
}
?>
</body>
</html>
```

Listing F.28 Datei uf47.php

In dem Feld $pers sind die Daten aus der Tabelle, außerdem die Spaltenüberschriften (als Schlüssel) abgelegt. Es werden zwei Techniken zur Erzeugung eines Feldes gezeigt:

▶ Mit Hilfe der Funktion array() wird die Variable $pers zu einem numerischen Feld mit zwei Elementen. Die Nummerierung des numerischen Feldes beginnt bei 0.

▶ Die beiden Elemente des Feldes sind assoziative Teilfelder, haben die Namen $pers[0] und $pers[1] und bestehen jeweils aus vier Elementen. Die einzelnen assoziativen Teilfelder werden genau so wie eindimensionale assoziative Felder (mit Schlüssel und Wert) erzeugt.

▶ Gemischte Felder können auch einfach durch die Zuweisung einzelner Elemente erzeugt oder vergrößert werden. Dies ist hier mit den Zuweisungen in der Form $pers[2]["Name"] = "Mertens"; usw. geschehen.

Insgesamt hat das Feld nun **12** Elemente (drei Teilfelder mit je vier Elementen) und die folgende Struktur:

Name des Elementes	Index des Teilfeldes	Key des Elementes innerhalb des Teilfeldes	Wert des Elementes
`$pers[0]["Name"]`	0	`"Name"`	`"Maier"`
`$pers[0]["Vorname"]`	0	`"Vorname"`	`"Hans"`
`$pers[0] ["Personalnummer"]`	0	`"Personalnummer"`	6714
`$pers[0]["Gehalt"]`	0	`"Gehalt"`	3500
`$pers[1]["Name"]`	1	`"Name"`	`"Schmitz"`
`$pers[1]["Vorname"]`	1	`"Vorname"`	`"Peter"`
`$pers[1] ["Personalnummer"]`	1	`"Personalnummer"`	81343
`$pers[1]["Gehalt"]`	1	`"Gehalt"`	3750
`$pers[2]["Name"]`	2	`"Name"`	`"Mertens"`
`$pers[2]["Vorname"]`	2	`"Vorname"`	`"Julia"`
`$pers[2] ["Personalnummer"]`	2	`"Personalnummer"`	2297
`$pers[2]["Gehalt"]`	2	`"Gehalt"`	3621,50

Diese Elemente werden anschließend mit Hilfe einer geschachtelten Schleife ausgegeben. Eine Zeile der Tabelle wird als eine Zeile auf dem Bildschirm dargestellt. Dabei nimmt die Schleifenvariable `$i` nacheinander die verwendeten Werte für die Nummer des Teilfeldes an (0 bis 2).

Innerhalb der `for`-Schleife werden, jeweils mit Hilfe einer `foreach`-Schleife, die Elemente der Teilfelder ausgegeben. Jedes Teilfeld entspricht einem eindimensionalen assoziativen Feld. Es muss allerdings darauf geachtet werden, dass `foreach` auf den Namen des Teilfeldes angewandt wird (`$pers[$i]`).

Die Ausgabe des Programms:

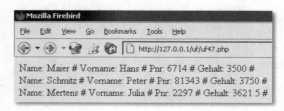

Abbildung F.41 Zweidimensionales gemischtes Feld

Übung UF48

Speichern Sie die Daten der Hardware-Tabelle (mit den Spaltenüberschriften) aus der vorherigen Übung in einem gemischten Feld ab. Geben Sie anschließend die Daten dieses Feldes wie folgt aus (Datei uf48.php). Beachten Sie besonders die Aufteilung: Schlüssel in Überschrift, Werte danach.

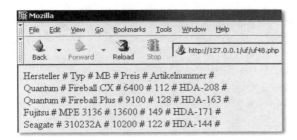

Abbildung F.42 Ergebnis der Übung UF48

F.3.6 Zweidimensionale assoziative Felder

Im nachfolgenden Programm wird eine Abfrage an eine Datenbank gesendet. Das Ergebnis der Abfrage wird vollständig in einem zweidimensionalen assoziativen Feld gespeichert. Auf alle Elemente des Feldes kann zu einem späteren Zeitpunkt des Programmszugegriffen werden.

Als Key der ersten Dimension des Feldes wird eine eindeutige Bezeichnung benötigt. Dazu bietet sich das eindeutige Feld der Tabelle an. Im vorliegenden Fall ist dies das Feld personalnummer aus der Tabelle personen. Jeder beliebige Feldinhalt aus jedem Datensatz steht dann über die Personalnummer auf komfortable Weise zur Verfügung.

Zwei Schlüssel

```
<html>
<body>
<?php
   // Die Informationen werden aus der Datenbank geholt
   mysql_connect();
   mysql_select_db("firma");
   $res = mysql_query("select * from personen");

   // Die Datensätze werden einzeln gelesen
   while($dsatz = mysql_fetch_assoc($res))
   {
```

```php
    // Der Key für das zweidim. Array wird ermittelt
    $ax = $dsatz["personalnummer"];

    // Die Informationen aus dem Datensatz werden
    // über den Key in dem zweidim. Feld gespeichert
    $tab[$ax]["name"] = $dsatz["name"];
    $tab[$ax]["vorname"] = $dsatz["vorname"];
    $tab[$ax]["gehalt"] = $dsatz["gehalt"];
    }

    // Alle Datensätze werden mit allen
    // Inhalten angezeigt
    foreach($tab as $dsname=>$dswert)
    {
        // Der Key wird ausgegeben
        echo "$dsname : ";

        // Die Informationen aus dem Datensatz
        // werden ausgegeben
        foreach($dswert as $name=>$wert)
            echo "$wert, ";
        echo "<br>";
    }

    // Einzelne Beispielinformationen werden angezeigt
    echo "<p>";
    echo $tab["2297"]["name"] . "<br>";
    echo $tab["6714"]["gehalt"] . "<br>";
    echo $tab["6715"]["vorname"];
?>
</body>
</html>
```

Listing F.29 Datei uf49.php

Jeder Datensatz des Abfrage-Ergebnisses wird kurzfristig in dem assoziativen Feld $dsatz gespeichert. Das Element personalnummer dient für das zweidimensionale assoziative Feld $tab als erster Schlüssel. Über diesen Schlüssel werden die restlichen Inhalte (außer personalnummer) jedes Datensatzes in dem Feld $tab gespeichert.

Die Ausgabe jedes Feld-Elementes gelingt über eine doppelte `foreach`-Schleife. In der äußeren Schleife wird nur der erste Schlüssel ermittelt. Der Wert zu diesem ersten Schlüssel dient wiederum als zweiter Schlüssel.

foreach

Am Ende werden zu Demonstrationszwecken einige einzelne Feld-Elemente ausgegeben. Ein Zugriff auf einen nicht existierenden Schlüssel wird ignoriert. Die Ausgabe des Programms:

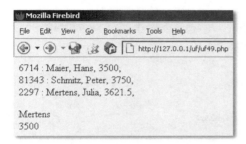

Abbildung F.43 Zweidimensionales assoziatives Feld

Übung UF50

Aus der Tabelle `fp` der Datenbank `hardware` sollen alle Datensätze gelesen und mit Hilfe der Funktion `mysql_fetch_assoc()` in einem zweidimensionalen assoziativen Feld gespeichert werden (Datei `uf50.php`). Anschließend soll eine HTML-Tabelle mit folgenden Spalten ausgegeben werden:

▶ Artikelnummer,

▶ Kapazität in MB,

▶ Preis und Preis-Leistungs-Verhältnis (PLV = Preis/MB).

Das Ergebnis für PLV soll nicht nur temporär berechnet und unmittelbar ausgegeben werden. Statt dessen soll für die zweite Dimension des assoziativen Feldes eine weitere Spalte mit dem Key `plv` angelegt werden. Der Wert steht somit für die gesamte Dauer des Programms innerhalb des assoziativen Feldes zur Verfügung.

Die Ausgabe sollte wie folgt aussehen:

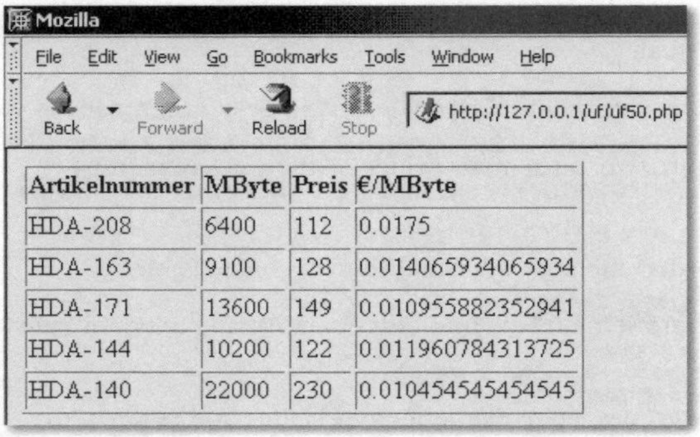

Artikelnummer	MByte	Preis	€/MByte
HDA-208	6400	112	0.0175
HDA-163	9100	128	0.014065934065934
HDA-171	13600	149	0.010955882352941
HDA-144	10200	122	0.011960784313725
HDA-140	22000	230	0.010454545454545

Abbildung F.44 Ergebnis der Übung UF50

F.3.7 Alle Funktionen für Felder

Im vorliegenden Abschnitt werden einige PHP-Funktionen für die Behandlung von Feldern eingesetzt. Es gibt besonders für Felder eine große Sammlung vorgefertigter Funktionen, mit denen viele typische Probleme schnell gelöst werden können. Zur besseren Übersicht finden Sie im Folgenden eine Liste mit einer kurzen Erläuterung. Weiter gehende Ausführungen finden sich im PHP-Manual.

Funktion	Erläuterung
`array()`	Erstellt ein Feld. Dies ist eigentlich keine Funktion, sondern ein Sprachkonstrukt.
`array_change_key_case()`	Liefert ein Feld mit allen Zeichenkettenschlüsseln in Klein- oder Großbuchstaben
`array_chunk()`	Teilt ein Feld in Teile auf
`array_count_values()`	Zählt alle Werte eines Feldes
`array_diff()`	Ermittelt die Unterschiede von Feldern
`array_fill()`	Füllt ein Feld mit Werten
`array_filter()`	Filtert Elemente eines Feldes mittels einer Callback-Funktion
`array_flip()`	Vertauscht Werte und Schlüssel in einem Feld
`array_intersect()`	Ermittelt die Schnittmenge von Feldern
`array_key_exists()`	Prüft, ob ein Schlüssel in einem Feld existiert
`array_keys()`	Liefert alle Schlüssel eines Feldes

Funktion	Erläuterung
array_map()	Wendet eine Callback-Funktion auf die Elemente von Feldern an
array_merge()	Führt zwei oder mehr Felder in ein Feld zusammen
array_merge _recursive()	Führt zwei oder mehr Felder rekursiv zusammen
array_multisort()	Sortiert mehrere oder multidimensionale Felder
array_pad()	Vergrößert ein Feld und füllt es am Anfang oder am Ende auf
array_pop()	Liefert das letzte Element eines Feldes und entfernt es aus dem Feld
array_push()	Fügt ein oder mehrere Elemente an das Ende eines Feldes an
array_rand()	Liefert einen oder mehrere zufällige Einträge eines Feldes
array_reduce()	Iterative Reduktion eines Feldes zu einem Wert mittels einer Callback-Funktion
array_reverse()	Ordnet die Elemente eines Feldes in umgekehrter Reihenfolge an
array_search()	Durchsucht ein Feld nach einem Wert, liefert bei Erfolg den Schlüssel
array_shift()	Liefert das erste Element eines Feldes und entfernt es aus dem Feld
array_slice()	Liefert einen Teil eines Feldes
array_splice()	Entfernt einen Teil eines Feldes und ersetzt die entfernten Elemente durch neue
array_sum()	Liefert die Summe der Werte in einem Feld
array_unique()	Entfernt doppelte Werte aus einem Feld
array_unshift()	Fügt ein oder mehrere Elemente am Anfang eines Feldes ein
array_values()	Liefert alle Werte eines Feldes
array_walk()	Führt eine Funktion für jedes Element eines Feldes aus
arsort()	Sortiert die Elemente eines assoziativen Feldes in umgekehrter Wertreihenfolge
asort()	Sortiert die Elemente eines assoziativen Feldes in Wertreihenfolge
compact()	Erstellt ein Feld
count()	Zählt die Elemente eines Feldes

F

Funktion	Erläuterung
current()	Liefert das aktuelle Element eines Feldes
each()	Liefert das nächste Paar, bestehend aus Schlüssel und Wert eines assoziativen Feldes
end()	Setzt den internen Feldzeiger auf das letzte Element
extract()	Importiert Variablen in die Symboltabelle eines Feldes
in_array()	Liefert »true«, falls ein bestimmter Wert innerhalb eines Feldes existiert
key()	Liefert einen Schlüssel eines assoziativen Feldes
krsort()	Sortiert die Elemente eines assoziativen Feldes in umgekehrter Schlüsselreihenfolge
ksort()	Sortiert die Elemente eines assoziativen Feldes in Schlüsselreihenfolge
list()	Dient der gleichzeitigen Zuweisung von mehreren Variablen. Dies ist eigentlich keine Funktion, sondern ein Sprachkonstrukt.
natcasesort()	Sortiert ein Feld in »natürlicher Reihenfolge«, Groß-/Kleinschreibung wird ignoriert
natsort()	Sortiert ein Feld in »natürlicher Reihenfolge«
next()	Setzt den internen Feldzeiger auf das nächste Element
pos()	Liefert das aktuelle Element eines Feldes
prev()	Setzt den internen Feldzeiger auf das vorherige Element
range()	Erstellt ein Feld, bestehend aus einer Folge von Ganzzahlen
reset()	Setzt den internen Feldzeiger auf das letzte Element
rsort()	Sortiert die Elemente eines Feldes in umgekehrter Reihenfolge
shuffle()	Mischt ein Feld
sizeof()	Liefert die Anzahl der Elemente eines Feldes
sort()	Sortiert die Elemente eines Feldes
uasort()	Sortiert die Elemente eines numerischen Feldes gemäß einer vorgegebenen Sortierfunktion
uksort()	Sortiert die Elemente eines assoziativen Feldes gemäß einer vorgegebenen Sortierfunktion
usort()	Sortiert die Elemente eines Feldes gemäß einer vorgegebenen Sortierfunktion

F.4   Datum und Zeit

In diesem Abschnitt werden die wichtigsten Funktionen zur Verarbeitung und Formatierung von Datums- und Zeitangaben und nützliche Techniken in diesem Zusammenhang vorgestellt.

Auf vielen Betriebssystemen gilt der 1. Januar 1970 00:00 Uhr als Nullpunkt für die Verarbeitung von Datums- und Zeitangaben. Die Zeit wird in Sekunden ab diesem Zeitpunkt gerechnet.

F.4.1   Zeit ermitteln und ausgeben

Die beiden Funktionen time() und microtime() ermitteln die Systemzeit des Rechners. Ein Beispielprogramm:

```
<html>
<body>
<?php
  /* time */
  $jetzt = time();
  echo "Sekunden seit 01.01.1970: ";
  echo "$jetzt<p>";

  /* microtime */
  $msfeld = explode(" ",microtime());
  echo "Mit Mikrosekunden:<br>";
  echo "sec: $msfeld[1]<br>";
  echo "msec: $msfeld[0]<p>";
?>
</body>
</html>
```

Listing F.30 Datei uf55.php

Zur Erläuterung:

▶ Die Funktion time() liefert die aktuelle Zeit in Sekunden seit dem 1.1.1970. Diese Zeitangabe wird auch Unix-Timestamp genannt.

▶ Die Funktion microtime() liefert eine Zeichenkette in der Form »Millisekunden Sekunden«. Die Funktion explode() dient hier zur Zerlegung in zwei Feld-Elemente. Diese werden anschließend ausgegeben.

Eine mögliche Ausgabe:

Abbildung F.45 Zeit ermitteln und ausgeben

Diese Angaben in Sekunden können zum Beispiel dazu genutzt werden, mit Zeitangaben zu rechnen. Viele andere Datums- und Zeitfunktionen benötigen einen Timestamp als Parameter.

F.4.2 Zeit formatiert ausgeben

Zeit formatieren

Die Funktionen `strftime()` und `date()` werden zur formatierten Ausgabe von Datum und Uhrzeit benötigt. Sie liefern diese Angaben in vielen verschiedenen Formen. Beide Funktionen haben einen festen und einen optionalen Parameter:

▶ in jedem Fall eine Formatierungseichenkette für die gewünschte Ausgabe. Innerhalb dieser Zeichenketten werden einzelne Klein- beziehungsweise Großbuchstaben verwendet, die die gewünschte Teilinformation liefern,

▶ optional einen Timestamp. Falls dieser nicht existiert, wird die aktuelle Systemzeit verwendet.

Zusätzlich zu den reinen Datums- und Zeitangaben werden allgemeine Informationen bereitgestellt, zum Beispiel:

▶ Zeit im `Zwölf`-Stunden-Format, mit Angabe von `AM` beziehungsweise `PM`,

▶ Jahresangabe nur mit zwei Ziffern,

▶ Name des Wochentages, abgekürzt beziehungsweise ausgeschrieben, und Nummer des Wochentages,

▶ Name des Monats, abgekürzt beziehungsweise ausgeschrieben,

▶ Kalenderwoche des Jahres, bezogen auf verschiedene Systeme (Sonntag oder Montag als erster Tag der Woche),

▶ Angabe der Zeitzone.

Ein Beispielprogramm:

```
<html>
<body>
<?php
    $jetzt = time();

    /* strftime */
    echo "Formatiert mit strftime():<br>";
    echo strftime("%d.%m.%Y %H:%M:%S<br>",$jetzt);
    echo strftime("%j. Tag des Jahres<br>",$jetzt);

    /* Feld mit deutschen Wochentagen */
    $wtag = array("Sonntag","Montag","Dienstag",
        "Mittwoch","Donnerstag","Freitag","Samstag");

    $wt = intval(strftime("%w",$jetzt));
    echo "$wtag[$wt]<br>";

    echo strftime("%A, %B %d, %I:%M %p<p>",$jetzt);

    /* date */
    echo "Formatiert mit date():<br>";
    echo date("d.m.Y H:i:s",$jetzt) . "<br>";
    echo intval(date("z",$jetzt))+1
        . ". Tag des Jahres<br>";

    $wt = intval(date("w",$jetzt));
    echo "$wtag[$wt]<br>";
    echo date("l, F jS, h:i A",$jetzt) . "<br>";
?>
</body>
</html>
```

Listing F.31 Datei uf56.php

Zunächst die Ausgabe:

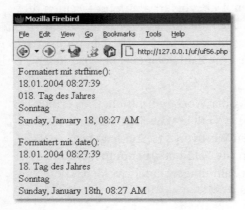

Abbildung F.46 Zeit formatiert ausgeben

Alle Zeitangaben werden mit dem gleichen Timestamp vorgenommen, um die Vergleichbarkeit zu wahren. Mit den beiden Funktionen werden je vier Ausgabezeilen erzeugt.

strftime(), date() Die erste Zeile liefert Datum und Zeit im »klassischen« Format. Die dabei verwendeten Formatierungen werden in einer Tabelle dargestellt:

strftime()	date()	Erläuterung
%d	d	Tag des Monats, zweistellig, 00 bis 31
%m	m	Monat, zweistellig, 01 bis 12
%Y	Y	Jahr, vierstellig
%H	H	Stunde, zweistellig, 00 bis 23
%M	i	Minute, zweistellig, 00 bis 59
%S	s	Sekunde, zweistellig, 00 bis 59

Die Angabe zweistellig bedeutet, dass gegebenenfalls führende Nullen vorangestellt werden, um ein einheitliches Format zu erzeugen. Punkte, Leerzeichen und Doppelpunkte werden zur Vervollständigung der Zeitangabe zwischen den einzelnen Formatierungszeichen eingesetzt. Bei strftime() können weitere Sonderzeichen oder Zeichenketten integriert werden. Die Funktion date() reagiert hier wesentlich empfindlicher, daher werden die weiteren Zeichen außerhalb der Formatierungszeichenkette untergebracht.

Die Formatierung für »Tag des Jahres« wird bei `strftime()` mit `%j` und bei `date()` mit `z` vorgenommen. Dabei liefert `strftime()` einen dreistelligen Wert von `001` bis `366`. Die Funktion `date()` liefert einen Wert mit unterschiedlicher Stellenanzahl von `0` bis `365` (!), daher muss nach der Umrechnung der Angabe in eine Zahl noch eins hinzuaddiert werden.

In der dritten Zeile wird der »Tag der Woche« ermittelt. Dies erfolgt bei `strftime()` mit `%w` und bei `date()` mit `w`. Dabei liefern beide Funktionen eine Zeichenkette, die einen Wert von `0` (= Sonntag) bis `6` (= Samstag) beinhaltet. Da dieser Wert als Feldindex benötigt wird, muss er zunächst mit `intval()` in eine Zahl umgewandelt werden. Diese Zahlen werden als Index für das Feld `$wtag` (mit Wochentagsnamen) genutzt.

Die letzte Zeile liefert Datum und Zeit mit amerikanischen Angaben. Die dabei verwendeten Formatierungen werden in einer Tabelle dargestellt:

strftime()	date()	Erläuterung
%A	l	(klein »L«), Wochentagsname, ausgeschrieben
%B	F	Monatsname, ausgeschrieben
%d	j	Tag des Monats bei `strftime()`, zweistellig; bei `date()` ohne feste Stellenzahl
	S	Anhang der englischen Aufzählung nur bei date()
%I	h	(groß »I«), Stunde, zweistellig, `00` bis `11`
%M	i	Minute, zweistellig, `00` bis `59`
%p	A	`AM` oder `PM`

F.4.3   Zeitangabe auf Gültigkeit prüfen

Die Funktion `checkdate()` überprüft eine Zeitangabe auf Gültigkeit nach dem gregorianischen Kalender. Sie erhält ihre drei Parameter in der Form Monat, Tag, Jahr und liefert wahr oder falsch. Dabei wird kontrolliert,

Zeitangabe prüfen

▶ ob die Jahresangabe zwischen `1` und `32767` liegt,

▶ ob die Monatsangabe zwischen `1` und `12` liegt,

▶ ob die Tagesangabe zwischen `1` und dem größten erlaubten Wert für diesen Monat liegt (dabei werden Schaltjahre berücksichtigt).

Ein Beispielprogramm:

```
<html>
<body>
<?php
  /* checkdate */
  for($jahr=1990; $jahr<=2000; $jahr++)
  {
      echo "29.02.$jahr";
      if (checkdate(2,29,$jahr)) echo " gültig<br>";
      else echo " nicht gültig<br>";
  }
?>
</body>
</html>
```

Listing F.32 Datei uf57.php

Es wird geprüft, ob der 29. Februar der Jahre 1990 bis 2000 ein gültiges Datum darstellt. Dies trifft natürlich nur für die Schaltjahre zu, wie die Ausgabe zeigt:

Abbildung F.47 Zeitangabe auf Gültigkeit prüfen

F.4.4 Absolute Zeitangabe erzeugen

Zeitangabe
erzeugen

Zur Erzeugung einer bestimmten, absoluten Zeitangabe wird die Funktion mktime() genutzt. Sie benötigt als Parameter bis zu sieben Angaben in der folgenden Reihenfolge:

- Stunde,
- Minute,
- Sekunde,
- Monat,
- Tag,
- Jahr,
- Sommerzeit-Wert.

Der Wert für Sommerzeit kann mit 0 (= Winterzeit beziehungsweise Normalzeit), 1 (= Sommerzeit) oder -1 (= PHP findet selbst heraus, ob Sommer- oder Winterzeit herrscht) besetzt werden. Von rechts aus fehlende Angaben werden durch die Werte des aktuellen Datums, der aktuellen Uhrzeit beziehungsweise mit -1 für den Sommerzeit-Wert ersetzt.

Die Funktion liefert einen Timestamp, der zur lesbaren Ausgabe noch formatiert werden muss, zum Beispiel mit date(). Ungültige Angaben für einzelne Parameter werden korrigiert, wie auch das Beispiel zeigt:

```
<html>
<body>
<?php
   /* mktime */
   for($minute=58; $minute<=62; $minute++)
   {
      $dz = mktime(13,$minute,0);
      echo date("H:i:s", $dz) . "<br>";
   }
   echo "<p>";

   for($tag=26; $tag<=32; $tag++)
   {
      $dz = mktime(0,0,0,2,$tag,2003);
      echo date("d.m.Y", $dz) . "<br>";
   }
?>
</body>
</html>
```

Listing F.33 Datei uf58.php

Innerhalb der ersten Schleife werden nur die Angaben für Stunde, Minute und Sekunde besetzt. Die restlichen Angaben werden mit dem heutigen Datum besetzt, dieses wird hier nicht benötigt. Die Angaben für die Minute (58 bis 62) werden bei Bedarf automatisch korrigiert.

Innerhalb der zweiten Schleife werden nur die Angaben für Monat, Tag und Jahr benötigt. Die Angaben für Stunde, Minute und Sekunde werden mit 0 besetzt, sie sind hier nicht wichtig. Die Angaben für den Tag (26 bis 32) werden bei Bedarf automatisch korrigiert.

Die Ausgabe:

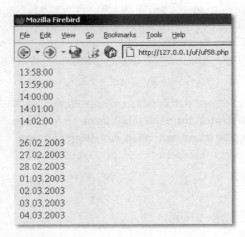

Abbildung F.48 Absolute Zeitangabe erzeugen

F.4.5 Relative Zeitangabe erzeugen

Die Funktion strtotime() kann dazu genutzt werden, relative Zeitangaben zu erzeugen. Sie benötigt bis zu zwei Parameter:

▶ Im ersten Parameter wird mit Hilfe englischer Begriffe der gewünschte zeitliche Abstand zum Bezugspunkt angegeben.

▶ Beim zweiten Parameter kann man den Bezugspunkt in Form eines Timestamps nennen. Falls kein Bezugspunkt vorhanden ist, so wird die aktuelle Systemzeit verwendet.

Ein Beispiel, in dem mehrere relative Angaben, bezogen auf die Datumsangabe 12.05.1997 erzeugt werden:

```
<html>
<body>
```

```php
<?php
   $zeit[0] = mktime(0,0,0,5,12,1997);
   $zeit[1] = strtotime("+1 day",$zeit[0]);
   $zeit[2] = strtotime("+2 week",$zeit[0]);
   $zeit[3] = strtotime("-5 month",$zeit[0]);
   $zeit[4] = strtotime("Tuesday",$zeit[0]);
   $zeit[6] = strtotime("next Monday",$zeit[0]);
   $zeit[7] = strtotime("last Monday",$zeit[0]);

   for($i=0; $i<=6; $i++)
      echo date("d.m.Y",$zeit[$i]) . "<br>";
?>
</body>
</html>
```

Listing F.34 Datei uf59.php

Im Programm wird ein Feld von Timestamps erzeugt. Dem ersten Element wird eine absolute Zeitangabe zugewiesen. In Abhängigkeit von diesem Element werden die weiteren Elemente erzeugt. Dabei können die Angaben:

▶ week, day, month, year

▶ mit positivem oder negativen Vorzeichen,

▶ einzeln oder mehrere zusammen,

▶ mit oder ohne s am Ende (days)

benutzt werden.

Außerdem ist die Angabe eines englischen Wochentages möglich

▶ ohne Zusatz, bezieht sich auf die gleiche Woche des Jahres,

▶ mit dem Zusatz next, bezieht sich auf die nächste Woche des Jahres,

▶ mit dem Zusatz last, bezieht sich auf die vorhergehende Woche des Jahres.

Im Programm werden alle Elemente des Feldes anschließend mit date() formatiert und ausgegeben:

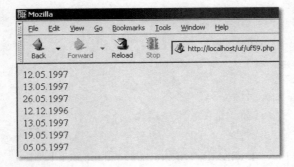

Abbildung F.49 Relative Zeitangabe erzeugen

F.4.6 Mit Zeitangaben rechnen

mit Zeit rechnen

Zur Berechnung eines Zeitraumes, also der Differenz zwischen zwei Zeitangaben, müssen beide Zeitangaben einzeln erzeugt werden. Anschließend kann die Differenz in Sekunden (als Timestamp) berechnet werden. Daraus kann die Differenz in Minuten, Stunden beziehungsweise Tagen berechnet werden.

Im nachfolgenden Programm wird die Differenz zwischen dem 15. Februar 1979 23:55:00 Uhr und dem 16. Februar 1979 00:05:15 Uhr berechnet.

```
<html>
<body>
<?php
  /* Zwei Zeitangaben erzeugen */
  $damals1 = mktime(23,55,0,2,15,1979);
  echo "Zeit 1: "
    . date("d.m.Y H:i:s",$damals1) . "<br>";
  $damals2 = mktime(0,5,15,2,16,1979);
  echo "Zeit 2: "
    . date("d.m.Y H:i:s",$damals2) . "<br>";

  /* Differenz berechnen */
  $diff_sek = $damals2 - $damals1;
  echo "Differenz: $diff_sek Sekunden<br>";
  $diff_min = $diff_sek / 60;
  echo "oder: $diff_min Minuten<br>";
  $diff_std = $diff_min / 60;
  echo "oder: $diff_std Stunden<br>";
```

```
   $diff_tag = $diff_std / 24;
   echo "oder: $diff_tag Tage";
?>
</body>
</html>
```

Listing F.35 Datei uf60.php

Zur Erläuterung:

▶ In der Variablen `$diff_sek` wird die Differenz zwischen den beiden Zeitangaben `$damals1` und `$damals2` in Sekunden berechnet.

▶ Zur Ermittlung der Minuten wird diese Zahl durch 60 geteilt.

▶ Zur Ermittlung der Stunden wird wiederum dieses Ergebnis durch 60 geteilt.

▶ Zur Ermittlung der Tage wird das letzte Ergebnis durch 24 geteilt.

Die Ausgabe:

Abbildung F.50 Mit Zeitangaben rechnen

Die Differenz lässt sich natürlich auf diese Weise nicht in Monaten oder Jahren ermitteln, da Monate beziehungsweise Jahre nicht einheitlich lang sind.

Zur Berechnung zum Beispiel des Alters einer Person muss daher ein anderer Weg beschritten werden. Dies soll im nachfolgenden Programm gezeigt werden.

```
<html>
<body>
<?php
   /* Geburtstag */
   $geburt = mktime(0,0,0,5,7,1979);
   echo "Geburt: " . date("d.m.Y",$geburt) . "<br>";
```

```php
/* Aktuell */
$heute = time();
echo "Heute: " . date("d.m.Y",$heute) . "<br>";

/* Alter berechnen */
$hy = intval(date("Y",$heute));
$gy = intval(date("Y",$geburt));
$alter = $hy - $gy;

/* Noch keinen Geburtstag gehabt dieses Jahr? */
$hm = intval(date("m",$heute));
$hd = intval(date("d",$heute));
$gm = intval(date("m",$geburt));
$gd = intval(date("d",$geburt));

if ($hm<$gm || $hm==$gm && $hd<$gd)
    $alter = $alter - 1;

echo "Alter: " . $alter;
?>
</body>
</html>
```

Listing F.36 Datei uf61.php

Zur Erläuterung:

▶ Die Zeitangabe für den Geburtstag, zum Beispiel für den 7.Mai 1979, wird mit Hilfe der Funktion `mktime()` erzeugt.

▶ Die aktuelle Zeitangabe wird mit der Funktion `time()` erzeugt.

▶ Das Alter wird zunächst aus der Differenz der Jahresangaben errechnet.

▶ Falls die Person dieses Jahr noch nicht Geburtstag hatte, also entweder der Geburtsmonat noch nicht erreicht wurde oder innerhalb des Geburtsmonats der Geburtstag noch nicht erreicht wurde, so wird das Alter um 1 reduziert.

Die Ausgabe:

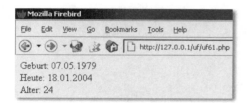

Abbildung F.51 Berechnung des Alters

F.4.7 Zeitangaben in Datenbanken

Bei vielen Datenbanksystemen wird die Möglichkeit geboten, Zeitangaben zu speichern.

MySQL bietet einen eigenen Datentyp `timestamp`. Der Wert für ein Feld dieses Typs wird automatisch besetzt, wenn ein Datensatz erzeugt wird. Somit wird festgehalten, zu welchem Zeitpunkt der Datensatz entstanden ist. Diese Angabe kann später zu vielen Zwecken (Sortierung, Filterung) genutzt werden.

Datentyp timestamp

Ein Eintrag in einem solchen Datenbankfeld hat die Form `JJJJMMTTHHMMSS`. Dies sieht zum Beispiel für den `15.02.1979 23:55:12 Uhr` wie folgt aus: `19790215235512`.

Im nachfolgenden Programm wird eine Datenbanktabelle mit so genannten Log-Einträgen gefüllt. Jedes Mal, wenn auf die Seite zugegriffen wird, werden eine automatisch erzeugte, eindeutige ID zur Identifizierung, ein Timestamp und die IP-Adresse des Benutzers gespeichert. Diese kann man über die PHP-Systemvariable `$REMOTE_ADDR` ermitteln.

IP-Adresse, Log

Die Struktur der Tabelle `log`:

Datenbank *firma* - Tabelle *log* auf *localhost*

	Feld	Typ	Attribute	Null	Standard	Ext
☐	id	int(11)		Nein		auto_incr
☐	tstamp	timestamp(14)		Ja	*NULL*	
☐	ipaddr	varchar(20)		Nein		

Abbildung F.52 Tabellenstruktur

Das Programm:

```
<html>
<body>
<?php
  $jetzt = time();
  echo "Zugriff am "
    . date("d.m.Y H:i:s",$jetzt) . "<p>";

  $ip = $REMOTE_ADDR;
  echo "über IP-Adresse: $ip<p>";

  mysql_connect();
  mysql_select_db("firma");
  $sql = "insert log (ipaddr) values('$ip')";
  mysql_query($sql);
?>
</body>
</html>
```

Listing F.37 Datei uf62.php

Zunächst wird (nur zu Kontrollzwecken) die aktuelle Zeit bestimmt und ausgegeben. Anschließend wird die IP-Adresse des Benutzers ermittelt und ausgegeben. Im Normalfall sind dies Informationen, die dem Benutzer nicht gezeigt werden.

In der Datenbanktabelle wird ein neuer Datensatz mit Hilfe der folgenden SQL-Anweisung erzeugt: `insert log (ipaddr) values('$ip')`.

Dabei muss nur das Feld `ipaddr` belegt werden, die ID wird automatisch erzeugt. Der Timestamp wird auf dem Server ebenfalls automatisch erzeugt, da als Datentyp `timestamp` gewählt wurde. Die beiden Zeiten (Client-Zeit und Server-Zeit) können unterschiedlich sein, da es sich jeweils um Ortszeit handelt.

Die Ausgabe kann (bei Zugriff über den lokalen Webserver) zum Beispiel wie folgt aussehen:

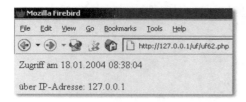

Abbildung F.53 Kontrollausgabe bei Zugriff

Die Datenbanktabelle nach einigen Zugriffen:

id	tstamp	ipaddr
14	20040118083757	127.0.0.1
15	20040118083801	127.0.0.1
16	20040118083804	127.0.0.1

Abbildung F.54 Daten mit Timestamp

F.4.8 Beispiel Feiertagsberechnung

In Kapitel B, PHP-Programmierkurs, wurde bereits eine Funktion erstellt, die den Termin des Ostersonntags mit der Formel nach C. F. Gauß berechnet. Diese Funktion soll dazu genutzt werden, alle Feiertage eines beliebigen Jahres zu berechnen. Eine solche Berechnung wird häufig im Zusammenhang mit der Ermittlung von Arbeitstagen und der Betriebsdatenerfassung benötigt.

Die Feiertage sind unterschiedlich je nach Bundesland. Sie teilen sich auf in feste und bewegliche Feiertage. Die beweglichen Feiertage hängen mit dem Termin des Ostersonntags zusammen. Im Bundesland Nordrhein-Westfalen (NRW) gibt es folgende beweglichen Feiertage:

Feiertage berechnen

Feiertag	Zeitpunkt
Karfreitag	2 Tage vor Ostersonntag
Ostermontag	1 Tag nach Ostersonntag
Christi Himmelfahrt	39 Tage nach Ostersonntag
Pfingstsonntag	49 Tage nach Ostersonntag
Pfingstmontag	50 Tage nach Ostersonntag
Fronleichnam	60 Tage nach Ostersonntag

Das Programm liefert nach der Eingabe der Jahreszahl 2004 die sortierte Liste aller Feiertage:

Abbildung F.55 Feiertagsberechnung

Das Eingabeformular liefert den Wert des Formularfeldes jahr an das PHP-Programm:

```
<html>
<body>
<?php
   include "uf63datum.inc.php";
   echo "<h2>Feiertage in NRW $jahr</h2>";

   /* Feiertage ermitteln */
   feiertagNRW($jahr, &$ftag);

   /* Liste ausgeben */
   echo "<table border>";
   foreach($ftag as $name=>$wert)
   {
       $datum = date("d.m.Y", $wert);
       echo "<tr><td>$datum</td><td>$name</td></tr>";
```

```
   }
   echo "</table>";
?>
</body>
</html>
```

Listing F.38 Datei uf63.php

Ostersonntag

Im PHP-Programm wird die Datei `uf63datum.include.php` eingebunden. Hier stehen die bereits bekannte Funktion `ostersonntag()` und die Funktion `feiertagNRW()` zur Verfügung. Die Funktion `feiertagNRW()` benutzt intern die Funktion `ostersonntag()` und liefert ein assoziatives Feld mit den Namen und Daten aller Feiertage zurück. Das Feld ist nach Daten aufsteigend sortiert, die Daten werden in Form von Timestamps geliefert. Dieses Feld wird innerhalb einer `foreach`-Schleife formatiert in einer Tabelle ausgegeben.

Die Funktion `ostersonntag()` kann in Kapitel B, PHP-Programmierkurs, nachgeschlagen werden. Die Funktion `feiertagNRW()` sieht wie folgt aus:

```
function feiertagNRW($jahr, $ftag)
{
   /* Die festen Feiertage */
   $ftag["Neujahr"] = mktime(0,0,0,1,1,$jahr);
   $ftag["Tag der Arbeit"] = mktime(0,0,0,5,1,$jahr);
   $ftag["Tag der deutschen Einheit"]
      = mktime(0,0,0,10,3,$jahr);
   $ftag["Allerheiligen"] = mktime(0,0,0,11,1,$jahr);
   $ftag["1. Weihnachtsfeiertag"]
      = mktime(0,0,0,12,25,$jahr);
   $ftag["2. Weihnachtsfeiertag"]
      = mktime(0,0,0,12,26,$jahr);

   /* Ostersonntag berechnen */
   ostersonntag($jahr, &$t_ostern, &$m_ostern);
   $ostern = mktime(0,0,0,$m_ostern,$t_ostern,$jahr);

   /* Die beweglichen Feiertage,
      abhängig vom Ostersonntag */
   $ftag["Karfreitag"] = strtotime("-2 day",$ostern);
   $ftag["Ostersonntag"] = strtotime("0 day",$ostern);
```

```
$ftag["Ostermontag"] = strtotime("+1 day",$ostern);
$ftag["Christi Himmelfahrt"]
    = strtotime("+39 day",$ostern);
$ftag["Pfingstsonntag"]
    = strtotime("+49 day",$ostern);
$ftag["Pfingstmontag"]
    = strtotime("+50 day",$ostern);
$ftag["Fronleichnam"]
    = strtotime("+60 day",$ostern);

/* Liste nach Werten sortieren */
asort($ftag);
}
```

Listing F.39 Datei uf63datum.inc.php, Funktion feiertagNRW()

Die Timestamps für die festen Feiertage werden mit der Funktion `mktime()` erzeugt. Sie werden Elementen des assoziativen Feldes `$ftag` zugewiesen. Als Schlüssel wird jeweils die Bezeichnung des Feiertages verwendet.

Nach dem Aufruf der Funktion `ostersonntag()` stehen in `$t_ostern` und `$m_ostern` Tag und Monat des Ostersonntages bereit. Diese Angaben werden zusammen mit dem Jahr in den Timestamp `$ostern` umgeformt.

Die beweglichen Feiertage werden mit der Funktion `strtotime()` relativ zu Ostern bestimmt und dem assoziativen Feld hinzugefügt. Anschließend wird das Feld `asort()` nach Daten aufsteigend sortiert.

F.4.9 Alle Funktionen für Datum und Zeit

Zur besseren Übersicht folgt eine Liste mit allen Funktionen und einer kurzen Erläuterung. Weitergehende Ausführungen finden sich im PHP-Manual.

Funktion	Erläuterung
`checkdate()`	Prüft eine Datums- bzw. Zeitangabe auf Gültigkeit
`date()`	Formatiert eine angegebene Zeit bzw. ein angegebenes Datum
`getdate()`	Gibt Datums- und Zeitinformationen zurück
`gettimeofday()`	Gibt die aktuelle Zeit zurück

Funktion	Erläuterung
gmdate()	Formatiert eine GMT/CUT-Zeit- bzw. Datumsangabe
gmmktime()	Gibt einen UNIX-Timestamp (Zeitstempel) für ein GMT-Datum zurück
gmstrftime()	Formatiert eine Datums-/Zeitangabe in GMT/CUT-Format
localtime()	Ermittelt die lokalen Zeitwerte
microtime()	Gibt den aktuellen UNIX-Timestamp/Zeitstempel in Sekunden und Mikrosekunden zurück
mktime()	Gibt den UNIX-Timestamp/Zeitstempel für ein Datum zurück
strftime()	Formatiert eine Zeit-/Datumsangabe
strtotime()	Wandelt ein beliebiges Datum (englisches Format) in einen UNIX-Zeitstempel (Timestamp) um
time()	Gibt den aktuellen UNIX-Timestamp/Zeitstempel zurück

F.5   Mathematische Funktionen

Zur Durchführung von mathematischen Berechnungen dienen die mathematischen Funktionen und Konstanten.

In den nachfolgenden Beispielprogrammen werden zwei unterschiedliche Methoden verwendet. Diese beiden Methoden können generell bei allen Funktionsaufrufen angewendet werden. Sie werden hier noch einmal erwähnt, da die erste Methode besonders bei den mathematischen Funktionen angewendet wird.

▶ Methode 1: Das Ergebnis der mathematischen Funktion wird unmittelbar ausgegeben, das heißt, Berechnung und Ausgabe finden in einem Schritt statt. Diese Methode bietet den Vorteil der kompakteren Schreibweise.

Ausgabe

▶ Methode 2: Das Ergebnis der mathematischen Funktion wird in einer Variablen gespeichert. Diese Variable wird anschließend oder erst später ausgegeben, das heißt, Berechnung und Ausgabe finden in zwei Schritten statt. Diese Methode hat den Vorteil, dass das Ergebnis mehrmals verwendet werden kann, ohne dafür die Funktion erneut aufrufen zu müssen und dabei Rechenzeit zu beanspruchen.

Rückgabe

F.5.1 Taschenrechnerfunktionen

einfache
Funktionen

Im nachfolgenden Programm werden »Taschenrechnerfunktionen« (Berechnung der Wurzel, Potenz, e-Funktion, natürlicher Logarithmus, 10er-Logarithmus) eingesetzt.

```
<html>
<body>
<?php
    echo "<b>Wurzel, Potenz, e-Funktion,
        Logarithmus:</b><br>";    $a=4.75;
    echo "Variable a: $a <br>";
    $erg = sqrt($a);
    echo "Wurzel aus a: $erg<br>";
    $erg = pow($a,2);
    echo "a zum Quadrat (a hoch 2): $erg<br>";
    $erg = pow($a,3);
    echo "a hoch 3: $erg<br>";
    $erg = log($a);
    echo "ln(a) = Natürlicher Logarithmus von a :
        $erg<br>";
    $erg = exp($a);
    echo "e hoch a: $erg<br>";
    $erg = exp(1/$a);
    echo "e hoch 1/a: $erg<br>";
    $erg = log10($a);
    echo "log(a), 10er-Logarithmus von a: $erg<p>";
?>
</body>
</html>
```

Listing F.40 Datei uf70.php

Die Ausgabe hat folgendes Aussehen:

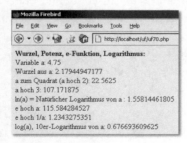

Abbildung F.56 Taschenrechnerfunktionen

F.5.2 Mathematische Konstanten

Einige häufiger genutzte Werte stehen als mathematische Konstanten zur Verfügung. Sie können allerdings, ebenso wie Funktionsaufrufe, nicht direkt innerhalb einer Zeichenkette ausgegeben werden.

pi, e

```
<html>
<body>
<h2>Math. Konstanten</h2>
<table border>

<?php
   echo "<tr> <td><b>Bedeutung</b></td>
         <td><b>Wert</b></td> </tr>";
   echo "<tr><td>pi</td><td>" . M_PI . "</td></tr>";
   echo "<tr><td>e</td><td>" . M_E . "</td></tr>";
   echo "<tr><td>log(e)</td><td>"
         . M_LOG10E . "</td></tr>";
   echo "<tr><td>ln(2)</td><td>"
         . M_LN2 . "</td></tr>";
   echo "<tr><td>ln(10)</td><td>"
         . M_LN10 . "</td></tr>";
   echo "<tr><td>pi/2</td><td>"
         . M_PI_2 . "</td></tr>";
   echo "<tr><td>pi/4</td><td>"
         . M_PI_4 . "</td></tr>";
   echo "<tr><td>1/pi</td><td>"
         . M_1_PI . "</td></tr>";
   echo "<tr><td>2/pi</td><td>"
         . M_2_PI . "</td></tr>";
   echo "<tr><td>2/Wurzel(pi)</td><td>"
         . M_2_SQRTPI . "</td></tr>";
   echo "<tr><td>Wurzel(2)</td><td>"
         . M_SQRT2 . "</td></tr>";
   echo "<tr><td>Wurzel(1/2)</td><td>"
         . M_SQRT1_2 . "</td></tr>";
?>
</table>
</body>
</html>
```

Listing F.41 Datei uf71.php

Die Ausgabe liefert den Zusammenhang:

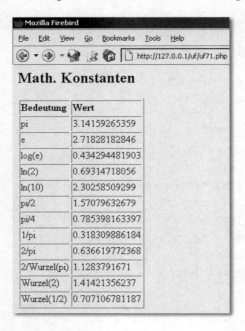

Abbildung F.57 Mathematische Konstanten

F.5.3 Ganzzahlermittlung, Extremwerte

In diesem Abschnitt beschäftigen wir uns mit dem Folgenden:

Ganzzahl

▶ Eine Zahl mit Dezimalstellen wird durch verschiedene Rundungsarten in eine Ganzzahl umgewandelt.

Maximum, Minimum

▶ Das Maximum beziehungsweise das Minimum von unterschiedlich vielen Werten wird ermittelt.

```
<html>
<body>
<?php
    echo "<b>Zahlen in Ganzzahlen verwandeln:</b><br>";
    $a=4.75;
    echo "Variable a: $a <br>";
    echo "nächstniedrigere ganze Zahl zu a: " .
        floor($a) . "<br>";
```

```
echo "nächsthöhere ganze Zahl zu a: " .
    ceil($a) . "<br>";
echo "a kaufmännisch gerundet (ab .5 aufwärts): " .
    round($a) . "<p>";

echo "<b>Maxima, Minima:</b><br>";
$b=5.37;
$c=30;
echo "Variable a: $a <br>";
echo "Variable b: $b <br>";
echo "Variable c: $c <br>";
echo "Maximum von a und b: " . max($a,$b) . "<br>";
echo "Maximum von a, b und c: "
    . max($a,$b,$c) . "<br>";
echo "Minimum von a und b: " . min($a,$b) . "<br>";
echo "Minimum von a, b und c: "
    . min($a,$b,$c) . "<p>";
?>
</body>
</html>
```

Listing F.42 Datei uf72.php

Eine Zahl mit Nachkommastellen kann auf verschiedene Weise gerundet werden:

▶ nach unten, Funktion `floor()`,

▶ nach oben, Funktion `ceil()`,

▶ kaufmännisch (bis `0.4999` abwärts, ab `.5000` aufwärts), Funktion `round()`.

Die Funktionen `max()` beziehungsweise `min()` ermitteln aus einer beliebigen Menge an Zahlen die größte beziehungsweise die kleinste Zahl. Sie können auch bei Feldern angewandt werden.

Die Bildschirmausgabe hat folgendes Aussehen:

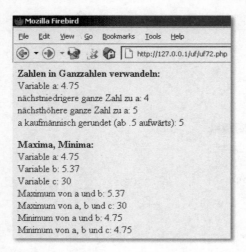

Abbildung F.58 Ganzzahlermittlung, Extremwerte

F.5.4 Trigonometrische Funktionen

sin(), cos(), tan() In diesem Abschnitt werden einige trigonometrische Funktionen (Winkelfunktionen: Sinus, Cosinus, Tangens usw.) vorgestellt. Dabei ist zu beachten, dass ein Winkel, der in Grad angegeben wird, zunächst in Bogenmaß umgerechnet werden muss. Erst anschließend kann eine trigonometrische Funktion angewandt werden. Die Umrechnung von Winkel in Bogenmaß erfolgt mit der Funktion `deg2rad()`.

Umgekehrt muss das Ergebnis einer Arcus-Funktion (Arcus-Sinus, Arcus-Cosinus, Arcus-Tangens) anschließend wieder von Bogenmaß in Grad umgewandelt werden. Dies wird durch die Funktion `rad2deg()` ermöglicht.

```
<html>
<body>
<?php
    echo "<b>Trigonometrische Funktionen:</b><br>";
    $c=30;
    echo "Variable c: $c (in Grad)<br>";
    $cbm = deg2rad($c);
    echo "Variable c: $cbm (in Bogenmaß)<br>";
    echo "Sinus von c: " . sin($cbm) . "<br>";
    echo "Cosinus von c: " . cos($cbm) . "<br>";
```

```
      echo "Tangens von c: " . tan($cbm) . "<p>";
?>
</body>
</html>
```

Listing F.43 Datei uf73.php

Die Ausgabe:

Abbildung F.59 Trigonometrische Funktionen

F.5.5   Prüffunktionen für Zahlen

Mit den Prüffunktionen `is_finite()` und `is_infinite()` kann man   finit, NaN
feststellen, ob eine Zahl finit (= endlich) oder infinit (= unendlich) ist.
Allerdings zeigt die Funktion `is_infinite()` nicht immer korrekte
Ergebnisse an. Daher ist auch für die Feststellung der Unendlichkeit die
Funktion `is_finite()` zu bevorzugen. Die Prüffunktion `is_nan()`
stellt für Zahlen (nicht für Zeichenketten!) fest, ob sie gültig sind.

Prüffunktionen können dazu genutzt werden, fehlerhafte beziehungsweise verwirrende Ausgaben zu vermeiden. Einige Beispiele sollen
diese Funktionen verdeutlichen:

```
<html>
<body>
<?php
   echo "<h2>Prüffunktionen:</h2>";

   for($i=200; $i<=400; $i+=100)
   {
      echo "10 hoch $i, ";
      echo pow(10,$i);
      if(is_finite(pow(10,$i)))
         echo ", endlich für PHP<br>";
```

```php
        else
            echo ", unendlich für PHP<br>";
    }
    echo "<p>";

    for($i=200; $i<=400; $i+=100)
    {
        echo "10 hoch -$i, ";
        echo pow(10,-$i);
        if(is_finite(pow(10,-$i)))
            echo ", endlich für PHP<br>";
        else
            echo ", unendlich für PHP<br>";
    }
    echo "<p>";

    for($i=2; $i>=0; $i--)
    {
        echo "ln($i), ";
        echo log($i);
        if(is_finite(log($i)))
            echo ", endlich für PHP<br>";
        else
            echo ", unendlich für PHP<br>";
    }
    echo "<p>";

    for($i=0.98; $i<=1.02; $i=$i+0.02)
    {
        echo "Arcus Sinus($i), ";
        echo rad2deg(asin($i)) . " Grad";
        if(is_nan(asin($i)))
            echo ", keine gültige Zahl für PHP<br>";
        else
            echo ", gültige Zahl für PHP<br>";
    }
?>
</body>
</html>
```

Listing F.44 Datei uf74.php

Die Ausgabe:

Abbildung F.60 Prüffunktionen für Zahlen

Der Zahlenbereich von PHP geht »nur« bis `1E308`, also `10 hoch 308`. Alle Zahlen darüber gelten als unendlich. Sie können nicht mehr zu Berechnungen genutzt werden. In der anderen Richtung geht der Zahlenbereich von PHP bis `1E-324`, also `10 hoch -324`. Alle Zahlen, die kleiner sind, zählen als `0`.

Der Sinus beziehungsweise der Cosinus beliebiger Winkel liegt im Zahlenbereich von −1 bis +1. Somit können die Umkehrfunktionen `Arcus Sinus` und `Arcus Cosinus` nur für Zahlen aus diesem Bereich berechnet werden. Daher ist zum Beispiel der `Arcus Sinus` von `1,02` eine nicht gültige Zahl. Dies kann mit der Funktion `is_nan()` festgestellt werden.

F.5.6 Zufallszahlen

In vielen Programmen (Spiele, Simulationen, Tests usw.) werden zufällige Zahlen gebraucht. Wie in fast jeder anderen Programmiersprache können diese Zufallszahlen auch in PHP zur Verfügung gestellt werden. Allerdings handelt es sich immer um Quasi-Zufallszahlen und keine mathematisch echten Zufallszahlen. Normalerweise genügen diese zufälligen Werte für die genannten Aufgaben.

In PHP gibt es insgesamt drei verschiedene so genannte Zufallsgeneratoren.

rand(), srand() ▶ Der einfache Zufallsgenerator arbeitet mit der Funktion `rand()` und stellt beliebige Zahlen zwischen 0 und dem systemabhängigen Wert von `getrandmax()` zur Verfügung. Der Zufallsgenerator muß nach Aufruf des Programmes zunächst einmal mit `srand()` initialisiert werden, sonst werden bei jedem Programmaufruf die gleichen Abfolgen von dann nicht mehr zufälligen Zahlen produziert.

mt_rand(), mt_srand() ▶ Der verbesserte Zufallsgenerator arbeitet mit der Funktion `mt_rand()` und stellt beliebige Zahlen zwischen 0 und dem systemabhängigen Wert von `mt_getrandmax()` zur Verfügung. Es wird hier ein schnellerer und verbesserter Algorithmus zur Ermittlung der Zahlen verwendet. Der Zufallsgenerator muß mit `mt_srand()` initialisiert werden.

lcg_value() ▶ Die Funktion `lcg_value()` arbeitet mit zwei kombinierten, linearen, kongruenten Zufallsgeneratoren auf der Basis von Primzahlen. Eine Initialisierung ist nicht erforderlich.

Beide Initialisierungsfunktionen, `srand()` und `mt_srand()`, benutzen die Funktion `microtime()`, die die Systemzeit als absolute Zahl in Mikrosekunden ermittelt. Diese ist natürlich zu jedem Zeitpunkt unterschiedlich, daher ergibt sich bei jedem Aufruf ein anderer Startwert für den Zufallsgenerator.

```
<html>
<body>
<?php
   echo "<b>Seite bitte mehrmals neu laden</b><p>";

   echo "5 Zufallszahlen mit rand():<br>";
   srand((double)microtime()*1000000);
   echo "Größte mögliche Zufallszahl: " .
       getrandmax() . "<br>";
   for ($i=1; $i<=5; $i++)
      echo rand() . " ";
   echo "<p>";

   echo "5 Zufallszahlen mit mt_rand():<br>";
   mt_srand((double)microtime()*1000000);
   echo "Größte mögliche Zufallszahl: " .
       mt_getrandmax() . "<br>";
```

```
    for ($i=1; $i<=5; $i++)
        echo mt_rand() . " ";
    echo "<p>";

    echo "15 Zufallszahlen mit mt_rand()
            zwischen 1 und 49:<br> ";
    for ($i=1; $i<=15; $i++)
        echo mt_rand() % 49 + 1 . " ";
    echo "<p>";

    echo "5 Zufallszahlen mit lcg_value():<br> ";
    for ($i=1; $i<=5; $i++)
        echo lcg_value() . "<br>";
    echo "<p>";
?>

</body>
</html>
```

Listing F.45 Datei uf75.php

Die »15 besseren« Zufallszahlen zwischen 1 und 49 werden mit Hilfe des Modulo-Operators (%) ermittelt. Der Zufallsgenerator erzeugt jedes Mal eine ganze Zahl zwischen 0 und 2147483647. Teilt man jede beliebige Zahl, die dabei ermittelt werden kann, durch 49, so bleibt ein Rest, der zwischen 0 und 48 liegt. Wird noch der konstante Wert 1 addiert, so hat man das gewünschte Ergebnis (zwischen 1 und 49).

Modulo

Die Bildschirmausgabe hat zum Beispiel das Aussehen wie in Abbildung F.61.

Nach jedem neuen Laden (Aktualisieren) der Seite erscheinen neue Zahlen. Bei näherem Hinsehen, insbesondere bei den Zahlen zwischen 1 und 49, fällt allerdings auf, dass manche Zahlen mehrfach gezogen werden. Dies ist hier zum Beispiel bei der Zahl 17 der Fall.

Bei jeder einzelnen Zufallszahl wird aus dem gesamten Bereich der Zufallszahlen, also von 0 bis 2147483647, gezogen. Es wird keine Zahl von der Ziehung ausgeschlossen. Das Ergebnis der Modulo-Berechnung kann somit für mehrere gezogene Zahlen identisch sein.

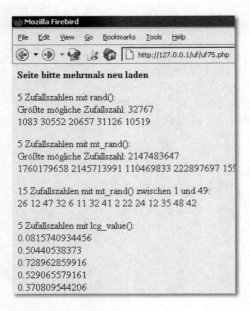

Abbildung F.61 Zufallszahlen

F.5.7 Mischen

Für viele Problemstellungen ist es allerdings erforderlich, die bereits gezogenen Zahlen von der Ziehung auszuschließen. Man denke an die Ziehung der Lottozahlen, bei der ja unmöglich eine Kugel mit einem bestimmten Zahlenwert zwei Mal gezogen werden kann.

Skatblatt mischen

Es muss also gemischt werden. Nachfolgend wird dies mit zwei verschiedene Methoden für ein Kartenspiel mit 32 Karten (Skatblatt) durchgeführt:

▶ mit einem eigenen, erweiterungsfähigen Algorithmus, der einen Zufallsgenerator benutzt,

▶ mit der Feldfunktion shuffle(), die sich intern eines Zufallsgenerators bedient.

Methode 1, mit eigenem Algorithmus

Ziel ist die Ermittlung einer zufälligen Abfolge von Zahlen aus einem bestimmten Bereich, wobei jede Zahl nur einmal vorkommen darf. Es muss demzufolge festgehalten werden, welche Zahlen bereits gezogen wurden. Sollte eine dieser Zahlen noch einmal gezogen werden, so muss die aktuelle Ziehung wiederholt werden.

```
<html>
<body>
<?php
  mt_srand((double)microtime()*1000000);

  /* 32 Zähler auf Null setzen */
  for ($i=1; $i<=32; $i++) $cnt[$i]=0;

  /* 32 mal ziehen */
  for($i=1; $i<=32; $i++)
  {
     /* Ziehung wiederholen, falls Zähler */
     /* der aktuellen Karte größer null    */
     do
     {
        $z = mt_rand() % 32 + 1;
     }
     while($cnt[$z]>0);

     /* Zähler erhöhen */
     $cnt[$z] = $cnt[$z]+1;

     /* Karte speichern */
     $karte[$i] = $z;
  }

  /* Karten ausgeben */
  echo "Spieler 1: <br>";
  for ($i=1; $i<=10; $i++)
     echo $karte[$i] . " ";

  echo "<p>Spieler 2: <br>";
  for ($i=11; $i<=20; $i++)
     echo $karte[$i] . " ";

  echo "<p>Spieler 3: <br>";
  for ($i=21; $i<=30; $i++)
     echo $karte[$i] . " ";

  echo "<p>Im Stock: <br>";
```

```
    for ($i=31; $i<=32; $i++)
        echo $karte[$i] . " ";
?>
</body>
</html>
```

Listing F.46 Datei uf76.php

Im Feld $karte werden die 32 verschiedenen zufälligen Zahlen gespeichert. Im Feld $cnt wird gespeichert, wie oft eine Zahl (= Karte) schon gezogen wurde. Zu Beginn wird dieser Wert für alle Karten auf 0 gestellt. Während der Ziehung wird dieser Wert überprüft. Nach erfolgreicher Ziehung einer Zahl, die vorher noch nicht gezogen wurde, wird dieser Wert auf 1 gestellt.

Die Bildschirmausgabe hat zum Beispiel folgendes Aussehen:

Abbildung F.62 Skat-Mischvorgang

Methode 2, mit shuffle()

```
<html>
<body>
<?php
    srand((double)microtime()*1000000);

    /* 32 Karten geordnet im Feld speichern */
    for ($i=0; $i<=31; $i++) $karte[$i]=$i+1;

    /* Mischen */
    shuffle($karte);
```

```
/* Karten ausgeben */
echo "Spieler 1: <br>";
for ($i=0; $i<10; $i++)
    echo $karte[$i] . " ";

echo "<p>Spieler 2: <br>";
for ($i=10; $i<20; $i++)
    echo $karte[$i] . " ";

echo "<p>Spieler 3: <br>";
for ($i=20; $i<30; $i++)
    echo $karte[$i] . " ";

echo "<p>Im Stock: <br>";
for ($i=30; $i<32; $i++)
    echo $karte[$i] . " ";
?>
</body>
</html>
```

Listing F.47 Datei uf77.php

Der Zufallsgenerator für die Funktion shuffle() muss mit srand() initialisiert werden. Im Programm werden die Feld-Elemente 0 bis 31 der Reihe nach mit den Werten 1 bis 32 belegt. Anschließend wird mit shuffle() gemischt. Die Ausgabe entspricht der Ausgabe nach der anderen Methode.

shuffle()

F.5.8 Stellenwertsysteme

Ein Stellenwertsystem ist ein System zur Darstellung von Zahlen durch Ziffern und Zeichen, bei denen der Wert einer Ziffer von der Stelle abhängt, an welcher sie sich innerhalb der Zahl befindet.

Das gebräuchlichste Stellenwertsystem ist das Dezimalsystem (Zahlen zur Basis 10). In der Informatik werden außerdem das Dualsystem (Basis 2) und das Hexadezimalsystem (Basis 16) eingesetzt, seltener das Oktalsystem (Basis 8).

dual, oktal, hexadezimal

Die benutzten Ziffern und Zeichen in den verschiedenen Systemen sind: Im Dualsystem 0 und 1, im Oktalsystem 0 bis 7, im Dezimalsystem 0 bis 9, im Hexadezimalsystem 0 bis 9 und A bis F. Die Buchstaben A bis F nehmen dabei die Dezimalwerte von 10 bis 15 an.

Beispiele

▶ Dezimalzahl 456 : 4 * 10 hoch 2 + 5 * 10 hoch 1 + 6 * 10 hoch 0 = 400 + 50 + 6 = 456

▶ Dualzahl 11001 : 1 * 2 hoch 4 + 1 * 2 hoch 3 + 0 * 2 hoch 2 + 0 * 2 hoch 1 + 1 * 2 hoch 0 = 16 + 8 + 0 + 0 + 1 = 25 (dezimal)

▶ Hexadezimalzahl 2A5F : 2 * 16 hoch 3 + 10 * 16 hoch 2 + 5 * 16 hoch 1 + 15 * 16 hoch 0 = 2 * 4096 + 10 * 256 + 5 * 16 + 15 = 10847 (dezimal)

PHP stellt die Funktionen decbin(), dechex(), decoct(), bindec(), hexdec() und octdec() zur Umrechnung zwischen den oben angegebenen Stellenwertsystemen zur Verfügung.

Außerdem bietet die Funktion base_convert() die Möglichkeit der Umrechnung zwischen zwei beliebigen Stellenwertsystemen im Bereich von 2 bis 36. Die Begrenzung 36 existiert deshalb, weil zur Darstellung der Ziffern und Zeichen nur die Ziffern 0 bis 9 und die 26 Buchstaben verwendet werden.

```html
<html>
<body>
<?php
   echo "<b>Zahlensysteme:</b><br>";
   $e = 57;
   echo "Variable e: $e (als Dezimalzahl)<br>";
   echo "als Binärzahl (Zahl zur Basis 2): "
       . decbin($e) . "<br>";
   echo "als Oktalzahl (Zahl zur Basis 8): "
       . decoct($e) . "<br>";
   echo "als Hexadezimalzahl (Zahl zur Basis 16): "
       . dechex($e) . "<br>";
   echo "als Zahl zur Basis 4: "
       . base_convert($e,10,4) . "<br>";
   echo "als Zahl zur Basis 32: "
       . base_convert($e,10,30) . "<br>";
?>
</body>
</html>
```

Listing F.48 Datei uf78.php

Die Bildschirmausgabe hat folgendes Aussehen:

Abbildung F.63 Stellenwertsysteme

Übung UF79

Erstellen Sie eine HTML-Tabelle. Darin soll das Ergebnis der nachfolgend beschriebenen Berechnungen stehen. Für jeden Wert x von 0 bis 90 in Schritten von 15 (also die Werte x=0, x=15, x=30, x=45, x=60, x=75, x=90) sollen die folgenden Funktionen berechnet werden (Datei uf79.php):

▶ Umrechnung des Wertes x in Bogenmaß (Radiant),

▶ Sinus und Cosinus des Bogenmaßwertes,

▶ Wurzel(x), Quadrat von x,

▶ Natürlicher Logarithmus von x, 10er-Logarithmus von x,

▶ e hoch (1/x),

▶ x als Binärzahl und als Hexadezimalzahl.

Die Ergebnisse sollen jeweils mit drei Nachkommastellen in deutscher Schreibweise mit Tausenderzeichen formatiert ausgegeben werden, jedoch mit Ausnahme von: Wert x, Quadrat von x, Binärzahl und Hexadezimalzahl. Diese sollen unformatiert ausgegeben werden.

Ein Tipp zur Durchführung: Schreiben Sie dieses umfangreiche Programm in mehreren Schritten. Lassen Sie zunächst die HTML-Tabelle mit einer einzigen Spalte (Wert x) anzeigen. Nachdem Sie diese Aufgabe erfolgreich bewältigt haben, erweitern Sie die Tabelle nach und nach um die weiteren Spalten. So lassen sich eventuell auftretende Fehler leichter finden.

Das Ergebnis sollte folgendes Aussehen haben:

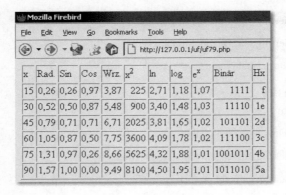

Abbildung F.64 Ergebnis der Übung UF79

F.5.9 Alle mathematischen Funktionen

Im vorliegenden Abschnitt werden eine ganze Reihe von mathematischen Funktionen in PHP eingesetzt. Zur besseren Übersicht zunächst eine Liste aller Funktionen mit einer kurzen Erläuterung. Weitergehende Ausführungen finden sich im PHP-Manual.

Funktion	Erläuterung
abs()	Betrag
acos()	Arcus Cosinus
acosh()	Arcus Cosinus Hyperbolicus
asin()	Arcus Sinus
asinh()	Arcus Sinus Hyperbolicus
atan()	Arcus Tangens
atan2()	Arcus Tangens von zwei Variablen
atanh()	Arcus Tangens Hyperbolicus
base_convert()	Konvertierung zwischen verschiedenen Stellenwertsystemen
bindec()	Konvertierung von Binär in Dezimal
ceil()	Aufrunden
cos()	Cosinus
cosh()	Cosinus Hyperbolicus
decbin()	Konvertierung von Dezimal in Binär

Funktion	Erläuterung
dechex()	Konvertierung von Dezimal in Hexadezimal
decoct()	Konvertierung von Dezimal in Oktal
deg2rad()	Grad in Bogenmaß wandeln
exp()	e hoch
floor()	Abrunden
getrandmax()	größte »einfache« Zufallszahl
hexdec()	Konvertierung von Hexadezimal in Dezimal
is_finite()	Stellt fest, ob eine Zahl endlich ist
is_infinite()	Stellt fest, ob eine Zahl unendlich ist
is_nan()	Stellt fest, ob es keine Zahl ist
lcg_value()	Zufallsgenerator (Combined linear congruential generator)
log()	natürlicher Logarithmus
log10()	10er-Logarithmus
max()	Maximum
min()	Minimum
mt_getrandmax()	größte »bessere« Zufallszahl
mt_rand()	ermittelt eine »bessere« Zufallszahl
mt_srand()	initialisiert den »besseren« Zufallszahlengenerator
number_format()	Zahlenformatierung mit Tausenderzeichen und Dezimalstellen
octdec()	Konvertierung von Oktal in Dezimal
pi()	mathematische Konstante Pi
pow()	»Hoch-Rechnung«, Basis hoch Exponent
rad2deg()	Bogenmaß in Grad wandeln
rand()	ermittelt eine »einfache« Zufallszahl
round()	Runden
sin()	Sinus
sinh()	Sinus Hyperbolicus
sqrt()	Wurzel
srand()	initialisiert den »einfachen« Zufallszahlengenerator

Funktion	Erläuterung
tan()	Tangens
tanh()	Tangens Hyperbolicus

F.6 Sessions und Cookies

Jeder Aufruf einer Internetseite über das HTTP wird einzeln bearbeitet und ist unabhängig von vorherigen Aufrufen. Falls aber ein Benutzer bei mehreren Aufrufen direkt nacheinander oder an verschiedenen Tagen auf den gleichen Webserver zugreift, kann es nützlich sein, bestimmte individuelle Daten für ihn aufzubewahren beziehungsweise zu transportieren. Dazu stehen in PHP Cookies und das Session-Management zur Verfügung.

Einige Beispiele:

▶ Man meldet sich per Login auf einer geschützten Website an und bewegt sich anschließend innerhalb dieser Website. In diesem Falle können die Anmeldedaten weitertransportiert werden, damit man sich nicht auf jeder einzelnen Seite neu anmelden muss.

▶ Man tätigt Einkäufe auf verschiedenen Seiten eines Webshops. Die Einkäufe werden einzeln in einem Warenkorb abgelegt und dort aufbewahrt, bis man zur Kasse geht.

▶ Man besucht häufiger eine Website, bei der man seine individuelle Umgebung schaffen kann oder häufig genutzte Daten schnell zur Verfügung haben möchte.

Cookies Diese Daten können in Cookies (kleinen Dateien) längere Zeit auf dem Rechner des Benutzers gespeichert werden. Je nach Einstellung des Browsers wird dies allerdings eingeschränkt oder ganz verhindert. Daher kann diese Möglichkeit nicht immer eingesetzt werden.

$_SESSION Beim Session-Management können diese Daten im superglobalen Array $_SESSION abgelegt werden. Dessen Inhalt wird nur für die Dauer einer abgeschlossenen Internetsitzung auf dem Server gespeichert.

F.6.1 Session-Management

Eine Session muss explizit begonnen werden. Sie endet später entweder mit dem Schließen des Browser-Fensters durch den Benutzer oder indem sie durch das Programm explizit geschlossen wird. Das Beenden einer Session führt zum Löschen des Session-Arrays.

Die Funktion session_start() muss auf jeder Seite, die zu einer Session gehört, aufgerufen werden. Diese Funktion beginnt entweder eine neue Session oder nimmt eine vorhandene Session wieder auf. Zur expliziten Beendigung einer Session wird die Funktion session_destroy() benötigt.

session_start(), session_destroy()

F.6.2 Session-Beispiel Zugriffszähler

Zunächst ein einfaches Beispiel mit einem Zugriffszähler, dessen Wert im bereits erwähnten Session-Array gespeichert wird. Beim ersten Besuch auf der Seite erscheint:

Abbildung F.65 Erster Besuch der Seite

Nach einigen Aktualisierungen der Seite erscheint:

Abbildung F.66 Nach einigen Aktualisierungen

Man kann erkennen, dass der Zähler hochzählt. Es wird also festgestellt, dass dieser Benutzer diese Seite mehrmals nacheinander besucht hat. Falls man den Browser schließt beziehungsweise ein zweites Browser-Fenster öffnet, erscheint:

Abbildung F.67 Eine andere Session

Session-ID Diese Session ist also unabhängig von der vorherigen Session beziehungsweise der im anderen Browser-Fenster begonnenen Session. Es handelt sich wiederum um einen ersten Besuch. Die Eindeutigkeit der Session ist auch an der individuellen Session-ID erkennbar, die hier nur zu Kontrollzwecken ausgegeben wurde.

Der Programmcode sieht wie folgt aus:

```php
<?php
    /* Session-Start oder Session-Wiederaufnahme */
    session_start();
?>
<html>
<body>
<?php
    /* Zugriffszähler existiert? */
    if (isset($_SESSION["zz"]))
        $_SESSION["zz"] = $_SESSION["zz"] + 1;
    else
        $_SESSION["zz"] = 1;

    /* Ausgabe Zugriffszähler */
    echo "Ihr Besuch Nr.: " . $_SESSION["zz"];

    /* Ausgabe Session-ID */
    echo "<p>Ihre Session-ID: " . session_id();?>
</body>
</html>
```

Listing F.49 Datei uf80.php

Zur Erläuterung:

- Zum Start einer neuen Session beziehungsweise zur Wiederaufnahme einer vorhandenen Session wird ein Aufruf der Funktion `session_start()` benötigt. Dieser Aufruf muss vor dem Aufruf der eigentlichen Seite erfolgen.

- Mit Hilfe der Funktion `isset()` wird festgestellt, ob das Element `zz` des Session-Arrays existiert oder nicht. isset()

- Falls es existiert, handelt es sich um eine wieder aufgenommene Session. Der Wert des Elementes `zz` wird um eins erhöht.

- Falls es nicht existiert, handelt es sich um eine neue Session. Der Wert des Elementes `zz` wird auf eins gesetzt.

- Der Wert des Zugriffszählers wird ausgegeben.

- Der Wert der eindeutigen Session-ID, die zur Verwaltung der Session auf dem Server benötigt wird, wird mit Hilfe der Funktion `session_id()` ermittelt und anschließend (hier nur zur Kontrolle) ausgegeben. session_id()

F.6.3 Session-Beispiel geschützte Website

Eine Anwendung für Sessions mit einer geschützten Website, bestehend aus drei Seiten:

- einer Login-Seite zur Website, auf der man Name und Passwort eingeben kann,

- einer Intro-Seite, in der die Session gestartet wird, und

- einer beliebigen Seite innerhalb der Website.

Zwischen der Intro-Seite und der beliebigen Seite kann man sich nach erfolgreicher Anmeldung hin und her bewegen. Von jeder dieser Seiten aus kann man sich zudem abmelden und gelangt wieder zur Login-Seite. Keine der Seiten kann direkt im Browser angewählt werden, da die zugehörigen Session-Daten fehlen.

Beim Aufruf der Login-Seite erscheint:

Abbildung F.68 Hier kann sich der Benutzer anmelden.

Nach Eingabe eines falschen Namens und/oder Passworts erscheint:

Abbildung F.69 Die Anmeldung ist gescheitert.

Nach Betätigung des Hyperlinks gelangt man wieder zur Login-Seite. Falls man dort den richtigen Namen (zum Beispiel Hans) und das richtige Passwort (in diesem Falle Bingo) angibt, erscheint die Intro-Seite:

Abbildung F.70 Die Anmeldung war erfolgreich.

Der Benutzer wird mit Namen begrüßt und kann von hier aus weiter zu einer beliebigen Seite oder sich wieder abmelden (zur Login-Seite). Nach dem Betätigen des ersten Hyperlinks erscheint die beliebige Seite:

Abbildung F.71 Beliebige weitere Seite der Website

Ein direkter Aufruf der Intro-Seite oder der beliebigen Seite durch Eingabe des jeweiligen URL führt nicht zum Erfolg.

Login-Seite

Anmeldung

Zunächst der Code der Login-Seite:

```php
<?php
  /* Vor Beenden der Session wieder aufnehmen */
  session_start();
  /* Beenden der Session */
  session_destroy();
?>
<html>
<body>
<h3>Login-Seite</h3>
<form action="uf81b.php" method="post">
  <input name="n"> Name<p>
  <input type="password" name="p"> Passwort<p>
  <input type="submit" value="Login">
</form>
</body>
</html>
```

Listing F.50 Datei uf81a.php

Zur Erläuterung:

▶ Zunächst fragt man sich, warum auf der Login-Seite bereits ein Aufruf der Funktion `session_start()` steht. Zur Erinnerung: Man gelangt zur Login-Seite auch durch einen Logoff von der Website. In diesem Falle soll die Session explizit beendet werden, also ist ein

Aufruf von `session_destroy()` notwendig. Bevor aber eine Session beendet werden kann, muss sie wieder aufgenommen werden, daher zunächst der Aufruf von `session_start()`.

▶ Es folgt ein Anmeldeformular. Von hier aus wird die Intro-Seite der Website aufgerufen (`uf81b.php`). Die Formularelemente haben die Namen n für den Benutzernamen und p für das Passwort.

Intro-Seite

Es folgt der Code für die Intro-Seite:

```php
<?php
  /* Session starten oder wieder aufnehmen */
  session_start();

  /* Falls Aufruf von Login-Seite */
  if(isset($_POST["n"]))
  {
    /* Falls Name und Passwort korrekt */
    if($_POST["n"]=="Hans" && $_POST["p"]=="Bingo"
    || $_POST["n"]=="Gerd" && $_POST["p"]=="Tango")
    {
       $_SESSION["n"] = $_POST["n"];
       $_SESSION["p"] = $_POST["p"];
    }
  }

  /* Kontrolle, ob innerhalb der Session */
  include "uf81.inc.php";
?>
<html>
<body>
<h3>Intro-Seite</h3>
<?php
  /* Begrüßung des Benutzers */
  echo "Hallo " . $_SESSION["n"];
?>
<p><a href="uf81c.php">Zur beliebigen Seite</a>
<p><a href="uf81a.php">Logoff</a>
</body>
</html>
```

Listing F.51 Datei uf81b.php

Zur Erläuterung:

Als Erstes wird eine Session gestartet beziehungsweise wieder aufgenommen. Anschließend wird festgestellt, woher der Aufruf dieser Seite stammt:

▶ Per Formular von der Login-Seite. In diesem Falle existiert die Variable $_POST["n"]. Falls Name und Passwort stimmen (hier: entweder Hans und Bingo oder Gerd und Tango), werden die aus dem Formular übermittelten Daten in das Session-Array übernommen und stehen während der Session zur Verfügung.

$_POST

▶ Von einer beliebigen anderen Seite innerhalb oder außerhalb der Website beziehungsweise durch direkte Eingabe des URL. In diesem Falle gibt es die Variable $_POST["n"] nicht und Name und Passwort werden erst gar nicht überprüft.

▶ Hinweis: Name und Passwort sind hier zur Vereinfachung fest codiert. Natürlich werden diese in der Realität verschlüsselt in einer Datenbank abgelegt und es erfolgt an dieser Stelle eine entsprechende Datenbankabfrage.

Im nächsten Schritt wird der Quellcode der Datei uf81.inc.php eingebunden. Dieser wird von allen Seiten innerhalb der Website verwendet. Er prüft, ob es sich um einen angemeldeten Benutzer handelt:

```php
<?php
  /* Kontrolle, ob innerhalb der Session */
  if (!isset($_SESSION["n"]))
  {
    echo "Kein Zugang<p>";
    echo "<a href='uf81a.php'>Zum Login</a>";
    echo "</body></html>",
    exit;
  }
?>
```

Listing F.52 Datei uf81.inc.php

Zur Erläuterung:

▶ Falls der Benutzer sich soeben angemeldet hat oder von einer anderen Seite innerhalb der Website kommt, existiert die Variable $_SESSION["n"]. Falls nicht, erscheint nur der Text Kein Zugang und ein Hyperlink zur Login-Seite. Falls also der Benutzer von einer beliebi-

$_SESSION

gen Seite außerhalb der Website beziehungsweise durch direkte Eingabe des URL hierher kommt, wird ihm der Zugang verweigert.

Nunmehr weiter im Code der Intro-Seite:

▶ Es wird der Titel ausgegeben. Der Benutzer wird mit Namen begrüßt. Der Name steht während der Session in der Variablen $\_$SESSION["n"] zur Verfügung. Zwei Hyperlinks führen nun zur beliebigen Seite beziehungsweise zum Ausloggen.

Beliebige Seite   Zu guter Letzt zum Code der beliebigen Seite:

```php
<?php
  /* Session wieder aufnehmen */
  session_start();
  /* Kontrolle, ob innerhalb der Session */
  include "uf81.inc.php";
?>
<html>
<body>
<h3>Beliebige Seite</h3>
<?php
  /* Begrüßung des Benutzers */
  echo "Hallo " . $_SESSION["n"];
?>
<p><a href="uf81b.php">Zur Intro-Seite</a>
<p><a href="uf81a.php">Logoff</a>
</body>
</html>
```

Listing F.53 Datei uf81c.php

Zur Erläuterung:

▶ Im Code fehlt nur der Block zur Prüfung der übermittelten Formular-Daten. Dies ist auf dieser Seite (innerhalb der Website) unnötig, da die notwendigen Daten für den angemeldeten Benutzer bereits mit dem Session-Array transportiert werden.

Testen   Man kann diese Anwendung testen, indem man mehrere Browser-Fenster öffnet, verschiedene Anmeldungen ausprobiert (mit Hans, mit Gerd, mit anderen Namen) und sich wieder abmeldet. Man wird entweder abgewiesen oder auf den Seiten innerhalb der Website mit dem richtigen Namen begrüßt. Bei direktem Aufruf der Intro-Seite beziehungsweise der beliebigen Seite wird man abgewiesen.

F.6.4 Session-Beispiel Webshop

Als drittes Beispiel soll ein Webshop dienen. Der Benutzer wählt die jeweils gewünschte Anzahl verschiedener Artikel aus insgesamt drei Abteilungen aus und legt sie in den Warenkorb. Dabei werden diese Daten in das Session-Array eingetragen. Zu einem beliebigen Zeitpunkt kann der Benutzer sich den Inhalt des Warenkorbs ansehen und zur Kasse gehen.

Bei Aufruf der Startseite des Webshops hat der Benutzer die Möglichkeit, eine Abteilung zu wählen oder sich direkt den Warenkorb anzeigen zu lassen:

Webshop

Abbildung F.72 Startseite des Webshops

Nach Auswahl einer Abteilung erscheint eine Tabelle mit den Artikeln dieser Abteilung:

Abteilung

Abbildung F.73 Abteilung Unterhaltungselektronik

Der Benutzer kann die jeweils gewünschte Anzahl verschiedener Artikel eintragen und in den Warenkorb legen. Es erscheint der Warenkorb mit der bisher getroffenen Auswahl:

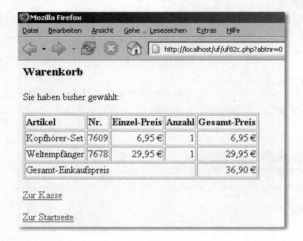

Abbildung F.74 Warenkorb mit einigen Artikeln

Warenkorb Falls der Benutzer weitere Artikel aus anderen Abteilungen auswählen möchte, kann er diese über die Startseite erreichen. Nach weiteren Einträgen füllt sich der Warenkorb:

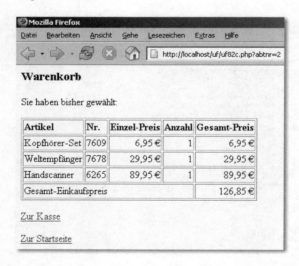

Abbildung F.75 Warenkorb nach Besuch der zweiten Abteilung

Abschließend geht der Benutzer zur Kasse (die hier nur angedeutet wird):

Abbildung F.76 Abschluss des Einkaufs

Sicherlich ist dieses Beispiel noch unkomfortabel und einfach gestaltet. Es zeigt aber das Wesentliche: die Übernahme und Aufbewahrung ausgewählter Daten im Session-Array.

Startseite
Zunächst der Code der Startseite:

```
<html>
<body>
<h3>Willkommen im Webshop</h3>
Zur Abteilung:
<?php
/* Arrays einbinden */
include "uf82.inc.php";
/* Abteilungsnamen mit Hyperlinks ausgeben */
for($i=0; $i<sizeof($abtname); $i++)
   echo "<br><a href='uf82b.php?abtnr=$i'>
   $abtname[$i]</a>";
?>
<p> <a href="uf82c.php">Zum Warenkorb</a>
</body>
</html>
```

Listing F.54 Datei uf82a.php

Zur Erläuterung:

▶ Es wird, wie auch auf den anderen Seiten des Webshops, die Datei `uf82.inc.php` mit mehreren Arrays eingebunden. Diese Arrays beinhalten den Gesamtkatalog des Webshops mit:

  ▶ Namen der Abteilungen (eindimensionales Array `$abtname`),
  ▶ Namen der Artikel (zweidimensionales Array `$aname`),
  ▶ Nummern der Artikel (zweidimensionales Array `$artnr`),
  ▶ Preisen der Artikel (zweidimensionales Array `$preis`).

▶ Hinweis: Die Arrays sind hier zur Vereinfachung fest codiert. Natürlich werden diese in der Realität in einer Datenbank abgelegt und es erfolgen die entsprechenden Datenbankabfragen. Der Inhalt der Include-Datei wird weiter unten angegeben.

sizeof() ▶ Auf der Startseite werden nun die Namen der Abteilungen ausgegeben. Falls später weitere Abteilungen oder Artikel hinzukommen, führt dies nicht zu einer Änderung des Codes, da mit der Funktion `sizeof()` automatisch die aktuelle Größe jedes Arrays ermittelt wird.

GET-Parameter ▶ Jeder Name einer Abteilung ist gleichzeitig ein Hyperlink zur Tabelle der Artikel dieser Abteilung. Die ausgewählte Abteilungsnummer wird per GET-Parameter (`uf82b.php?abtnr=$i`) übergeben.

Include-Datei

Die Include-Datei mit den (unterschiedlich großen) Arrays:

```php
<?php
    /* Namen der Abteilungen */
    $abtname[0] = "Unterhaltungs-Elektronik";
    $abtname[1] = "DVD/Video";
    $abtname[2] = "Mobilfunk";

    /* Namen der Artikel */
    $aname[0][0] = "Kopfhörer-Set";
    $aname[0][1] = "Funklautsprecher";
    $aname[0][2] = "Uhrenradio";
    $aname[0][3] = "Weltempfänger";
    $aname[1][0] = "DVD-Recorder";
    $aname[1][1] = "DVD-Player";
    $aname[1][2] = "Fernbedienung";
    $aname[1][3] = "Portable DVD Kombi";
```

```
$aname[1][4] = "DVD-Videokombi";
$aname[2][0] = "PMR-Funkgerätepaar";
$aname[2][1] = "Handscanner";
$aname[2][2] = "Doppelstandlader";

/* Nummern der Artikel */
$artnr[0][0] = "7609";
$artnr[0][1] = "7612";
$artnr[0][2] = "7632";
$artnr[0][3] = "7678";
$artnr[1][0] = "4418";
$artnr[1][1] = "4422";
$artnr[1][2] = "4471";
$artnr[1][3] = "4475";
$artnr[1][4] = "4482";
$artnr[2][0] = "6213";
$artnr[2][1] = "6265";
$artnr[2][2] = "6267";

/* Preise der Artikel */
$preis[0][0] = 6.95;
$preis[0][1] = 79.95;
$preis[0][2] = 17.95;
$preis[0][3] = 29.95;
$preis[1][0] = 249.00;
$preis[1][1] = 49.95;
$preis[1][2] = 19.95;
$preis[1][3] = 279.00;
$preis[1][4] = 189.00;
$preis[2][0] = 29.95;
$preis[2][1] = 89.95;
$preis[2][2] = 14.95;
?>
```

Listing F.55 Datei uf82.inc.php

Tabelle der Artikel
Nachfolgend der Code für die Tabelle der Artikel:

```
<html>
<body>
<?php
```

```php
/* Falls diese Seite direkt angewählt wurde */
if(!isset($_GET["abtnr"]))
{
   echo "Keine Abteilung angegeben!";
   echo "<p><a href='uf82a.php'>
      Zur Startseite</a></p>";
   echo "</body></html>";
   exit;
}
/* Abteilungsnummer übernehmen */
$abtnr = $_GET["abtnr"];
/* Arrays einbinden */
include "uf82.inc.php";
/* Abteilungsname ausgeben */
echo "<h3>$abtname[$abtnr]</h3>";
?>
Wählen Sie aus:<p>
<?php
echo "<form action='uf82c.php?
   abtnr=$abtnr' method='post'>";
?>
<table border>
<tr>
   <td><b>Artikel</b></td>
   <td><b>Nr.</b></td>
   <td><b>Preis</b></td>
   <td><b>Anzahl</b></td>
</tr>
<?php
/* Alle Artikel dieser Abteilung ausgeben */
for($i=0; $i<sizeof($aname[$abtnr]); $i++)
{
   echo "<tr>";
   echo "<td>" . $aname[$abtnr][$i] . "</td>";
   echo "<td>" . $artnr[$abtnr][$i] . "</td>";
   echo "<td align='right'>" .
      number_format($preis[$abtnr][$i],2,",",".") .
      " &euro;</td>";
   /* Eingabefeld für Anzahl */
   echo "<td><input name='anzahl[$i]' size='5'></td>";
```

```
    echo "</tr>";
}
?>
</table>
<p><input type="submit" value="In den Warenkorb">
</form>
<p><a href="uf82a.php">Zur Startseite</a></p>
</body>
</html>
```

Listing F.56 Datei uf82b.php

Zur Erläuterung:

▶ Falls der Benutzer diese Seite direkt anwählt, also über die Eingabe
der Adresse, steht keine Abteilungsnummer zur Verfügung. Es wird
eine Fehlermeldung ausgegeben, ein Hyperlink führt zur Startseite
und das Dokument wird beendet.

▶ Im »Normalfall« wird die Abteilungsnummer per GET-Parameter
übergeben, mit Hilfe des superglobalen Arrays $_GET. Sie wird hier
zur Vereinfachung in der Variablen $abtnr abgespeichert. Die
Arrays werden eingebunden und der Abteilungsname ausgegeben.

$_GET

▶ Es folgt ein Formular, dessen Inhalte an den Warenkorb (Datei
uf82c.php) gesendet werden. Die Abteilungsnummer wird wiederum per GET-Parameter übergeben (uf82c.php?abtnr=$abtnr).

▶ In der Tabelle werden für jeden Artikel dieser Abteilung der Artikel-
name, die Artikelnummer und der Preis ausgegeben. Der Preis wird
mit Hilfe der Funktion number_format() formatiert (Darstellung
mit Tausenderpunkt, zwei Nachkommstellen, Komma als Dezimaltrennzeichen).

number_format()

▶ Außerdem steht jeweils ein Eingabefeld für die gewünschte Anzahl
zur Verfügung. Alle Eingabefelder haben den gleichen Namen und
werden durch eine laufende Nummer unterschieden.

▶ Der submit-Button führt zur Übermittlung der Daten in den Warenkorb.

Warenkorb
Der Programmcode für den Warenkorb:

```
<?php
    /* Session starten oder wieder aufnehmen */
```

```php
   session_start();
?>
<html>
<body>
<h3>Warenkorb</h3>

Sie haben bisher gewählt:<p>
<table border>
<tr>
   <td><b>Artikel</b></td>
   <td><b>Nr.</b></td>
   <td><b>Einzel-Preis</b></td>
   <td><b>Anzahl</b></td>
   <td><b>Gesamt-Preis</b></td>
</tr>
<?php
/* Abteilungsnummer übernehmen */
$abtnr = $_GET["abtnr"];
/* Arrays einbinden */
include "uf82.inc.php";
/* Übernahme der gewählten Artikel in Session-Array */
for($i=0; $i<sizeof($aname[$abtnr]); $i++)
{
   /* Falls dieser Artikel ausgewählt wurde */
   if(intval($_POST["anzahl"][$i]) > 0)
   $_SESSION["anzahl"][$abtnr][$i] =
      intval($_POST["anzahl"][$i]);
}
/* Ausgabe der Inhalte des Session-Arrays */
/* Gesamt-Einkaufspreis */
$summe = 0;
/* Alle Abteilungen */
for($a=0; $a<sizeof($abtname); $a++)
{
   /* Alle Artikel einer Abteilung */
   for($i=0; $i<sizeof($aname[$a]); $i++)
   {
      /* Falls Artikel im Session-Array vorhanden */
      if(isset($_SESSION["anzahl"][$a][$i]))
      {
```

```php
        echo "<tr>";
        echo "<td>" . $aname[$a][$i] . "</td>";
        echo "<td>" . $artnr[$a][$i] . "</td>";
        echo "<td align='right'>" .
            number_format($preis[$a][$i],2,",",".") .
            " &euro;</td>";
        echo "<td align='right'>" .
            $_SESSION["anzahl"][$a][$i] . "</td>";
        /* Gesamt-Preis für Artikel berechnen */
        $gp = $preis[$a][$i] *
            $_SESSION["anzahl"][$a][$i];
        /* Gesamt-Einkaufspreis aktualisieren */
        $summe += $gp;
        echo "<td align='right'>" .
            number_format($gp,2,",",".") .
            " &euro;</td>";
        echo "</tr>";
    }
  }
}
/* Gesamt-Einkaufspreis in Session-Array speichern */
$_SESSION["summe"] = $summe;
/* Gesamt-Einkaufspreis ausgeben */
echo "<tr>";
echo "<td colspan='4'>Gesamt-Einkaufspreis</td>";
echo "<td align='right'>" .
    number_format($summe,2,",",".") . " &euro;</td>";
echo "</tr>";
?>
</table>
<p><a href="uf82d.php">Zur Kasse</a></p>
<p><a href="uf82a.php">Zur Startseite</a></p>
</body>
</html>
```

Listing F.57 Datei uf82c.php

Zur Erläuterung:

- ▶ Zunächst wird mit `session_start()` eine Session gestartet (beim ersten Aufruf des Warenkorbs) oder wieder aufgenommen. Bei Wiederaufnahme stehen alle Elemente des Session-Arrays (also alle bisherigen Einkäufe) zur Verfügung.

- ▶ Die Überschrift und der Beginn der Tabelle mit den Spaltenüberschriften wird ausgegeben. Die Abteilungsnummer wurde per GET-Parameter übergeben und wird hier zur Vereinfachung in der Variablen `$abtnr` abgespeichert. Die Arrays werden eingebunden.

- ▶ Es wird für alle Artikel der Abteilung, von der aus der Warenkorb aufgerufen wurde, überprüft, ob im zugehörigen Eingabefeld eine gültige ganze Zahl gestanden hat, die größer als 0 ist. Mit anderen Worten: ob der betreffende Artikel ausgewählt wurde. Diese Zahl steht im Array `$_POST` zur Verfügung. Da jedes Element im Formular den gleichen Namen (`anzahl`) und eine laufende Nummer hat, heißt das betreffende Element `$_POST["anzahl"][$i]`.

- ▶ Wurde der betreffende Artikel ausgewählt, dann wird die Zahl in das Array `$_SESSION` übernommen. Dieses Array hat im vorliegenden Beispiel drei Dimensionen:
  - ▶ Die erste Dimension bezeichnet das Element `anzahl`. Alle Mengenangaben sind hier gespeichert.
  - ▶ Die zweite Dimension bezeichnet die Abteilung.
  - ▶ Die dritte Dimension entspricht der laufenden Nummer innerhalb der Abteilung.

- ▶ Man kann erkennen, dass im Array `$_SESSION` nicht nur einzelne Variablen, sondern ganze Felder gespeichert werden können. Die Regeln für mehrdimensionale Felder finden wie gewohnt Anwendung.

- ▶ Anschließend wird das gesamte Array `$_SESSION` für alle Abteilungen und alle Artikel durchlaufen. Es wird geprüft, ob das zugehörige Element existiert (also der Artikel in den Warenkorb gelegt wurde). Ist dies der Fall, dann werden die Daten des Artikels ausgegeben. Gleichzeitig wird aus Einzelpreis und Anzahl der Gesamtpreis pro Artikel berechnet sowie der Gesamt-Einkaufspreis. Alle Preise werden (wie weiter oben bereits erläutert) formatiert ausgegeben.

- ▶ Der Gesamt-Einkaufspreis wird am Ende der Tabelle ausgegeben und zusätzlich im Array `$_SESSION` gespeichert.

- ▶ Der Kunde kann nun weitere Artikel auswählen oder zur Kasse gehen.

Kasse

Der Gang zur Kasse wird hier nur angedeutet, daher nur ein wenig Code:

```
<?php
   /* Session starten oder wieder aufnehmen */
   session_start();
?>
<html>
<body>
<h3>Kasse</h3>
<?php
echo "Bitte bezahlen Sie den Gesamt-Einkaufspreis ";
echo number_format($_SESSION["summe"],2,",",".") .
   " &euro;.<p>";
?>
........
</body>
</html>
```

Listing F.58 Datei uf82d.php

Zur Erläuterung:

▶ Zunächst wird mit `session_start()` die Session wieder aufgenommen. Anschließend wird der Benutzer aufgefordert, den Gesamt-Einkaufspreis zu bezahlen, der im Session-Array hierher »transportiert« wurde.

F.6.5 Cookies

Falls Daten über einen längeren Zeitraum aufbewahrt werden sollen, zum Beispiel über mehrere Tage oder ein Jahr, können Cookies verwendet werden. Dabei handelt es sich um kleine Dateien auf dem Rechner des Benutzers. Je nach Einstellung des Browsers werden Cookies allerdings eingeschränkt oder ganz verhindert. Daher kann diese Möglichkeit nicht immer eingesetzt werden.

Zum Erzeugen von Cookies wird die Funktion `setcookie()` benötigt. Diese hat sechs Parameter:

setcookie()

▶ Name
▶ Wert

- ► Ablaufdatum
- ► Domain
- ► Pfad
- ► Sicherheits-Status

Nur die ersten drei müssen im Regelfall explizit gesetzt werden. Name und Wert entsprechen einer Variablen. Nach dem Ablaufdatum wird das Cookie automatisch gelöscht. Jede Domain soll natürlich nur ihre eigenen Cookies auf dem Rechner des Benutzers lesen können. Außerdem kann ein Server gleiche Cookies bezüglich unterschiedlicher Anwendungen (die in unterschiedlichen Pfaden installiert sein müssen) setzen. Domain und Pfad werden automatisch vom Server gesetzt, falls man sie beim Setzen weglässt.

$_COOKIE Falls auf dem Rechner eines Benutzers Cookies gefunden werden, die zum Server und zum Pfad passen, stehen sie im superglobalen Array $_COOKIE zur Verfügung.

F.6.6 Cookie-Beispiel Besuch

Zunächst ein einfaches Beispiel, in dem die Existenz eines Cookies geprüft wird. Beim ersten Besuch auf der Seite erscheint:

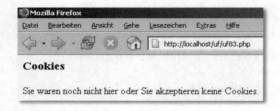

Abbildung F.77 Erster Besuch

Bei weiteren Besuchen auf der Seite erscheint (Voraussetzung: der Browser akzeptiert Cookies):

Abbildung F.78 Weiterer Besuch

Dies gilt unabhängig davon, ob

▶ die Seite nur aktualisiert wurde,

▶ man innerhalb der gleichen Session auf die gleiche Seite zurück-
kehrt,

▶ der Browser in der Zwischenzeit geschlossen wurde,

▶ der Rechner des Benutzers in der Zwischenzeit ausgeschaltet war.

Die Information, ob man diese Seite bereits besucht hat, bleibt erhalten.

Als Beispiel soll das Cookie im Browser Mozilla Firefox 1.0 gezeigt werden. Über das Menü »Extras«, »Einstellungen«, »Cookies«, »Cookies
anzeigen« gelangt man zur Liste der Cookies:

Abbildung F.79 Anzeige der gespeicherten Cookies

Man erkennt den Namen (Besuch), den Wert (Information: 1), die
Domain (hier localhost), den Pfad (uf) und das Ablaufdatum.

Hinweis: Falls man die gleiche Seite mit einem anderen Browser
besucht, handelt es sich wieder um einen ersten Besuch. Dies liegt
daran, dass jeder Browser seine eigenen Cookies an anderer Stelle auf
dem Rechner des Benutzers speichert. Im Regelfall kann man aber
davon ausgehen, dass durchgehend der gleiche Browser benutzt wird.

Zum Code dieser Seite:

```php
<?php
    /* Falls erster Besuch */
    if (!isset($_COOKIE["Besuch"]))
    {
        setcookie("Besuch", "1", mktime()+86400);
        $neu = 1;
    }
    else
        $neu = 0;
?>
<html>
<body>
<h3>Cookies</h3>
<?php
    /* Falls erster Besuch */
    if ($neu==1)
        echo "Sie waren noch nicht hier oder Sie
                akzeptieren keine Cookies.";
    else
        echo "Sie waren schon einmal hier.";
?>
</body>
</html>
```

Listing F.59 Datei uf83.php

Zur Erläuterung:

▶ Zunächst wird geprüft, ob im superglobalen Array $_COOKIE das Element Besuch existiert.

setcookie() ▶ Ist dies nicht der Fall, so handelt es sich um den ersten Besuch. Die Funktion setcookie() wird aufgerufen. Das Cookie erhält den Namen Besuch, den Wert 1 (hier nicht wichtig) und läuft in 24 Stunden ab.

mktime() ▶ Zur Zeitbestimmung wird hier die Funktion mktime() aufgerufen. Diese liefert einen aktuellen Timestamp (in Sekunden). Zu diesem Wert werden 24 Stunden (= 86.400 Sekunden) hinzugerechnet.

▶ Wie auch bei der Funktion session_start() muss der Aufruf von setcookie() vor dem Aufruf der eigentlichen Seite erfolgen.

- Die Variable $neu erhält den Wert 1 oder 0, je nachdem, ob das Element Besuch existiert.

- Im eigentlichen Dokument wird, abhängig vom Wert der Variablen $neu, ein Info-Text ausgegeben.

F.6.7 Cookie-Beispiel Adress-Speicherung

In diesem Beispiel soll eine Adresse, zum Beispiel die Lieferadresse oder die Rechnungsadresse eines Benutzers bei einem Webshop, gespeichert werden. Bei der nächsten Bestellung kann dem Benutzer somit Arbeit erspart werden.

Beim ersten Besuch erscheint die Adress-Seite mit einem leeren Formular, da der Benutzer dem Webshop noch unbekannt ist:

Abbildung F.80 Neuer Kunde, Daten noch nicht gespeichert

Der Benutzer gibt seine Adressdaten ein, betätigt den Bestell-Button und bekommt eine Bestätigung. Gleichzeitig werden seine Adressdaten in Cookies gespeichert.

Abbildung F.81 Bestätigung der Adresse

Beim nächsten Besuch des Webshops erscheint die Adress-Seite mit einem bereits gefüllten Formular. Die Daten werden aus den gespeicherten Cookies ermittelt. Der Benutzer kann diese Daten direkt verwenden oder geänderte Daten eintragen.

Abbildung F.82 Bekannter Kunde, Daten bereits gespeichert

Der Programmcode des Formulars sieht wie folgt aus:

```
<html>
<body>
<h3>Ihre Adresse</h3>
<form action="uf84b.php" method="post">
<?php
   echo "<input name='nname' size='20' value='" .
      $_COOKIE["nname"] . "'> Nachname<p>";
   echo "<input name='vname' size='20' value='" .
      $_COOKIE["vname"] . "'> Vorname<p>";
   echo "<input name='str' size='20' value='" .
      $_COOKIE["str"] . "'> Straße und Hausnummer<p>";
   echo "<input name='plz' size='20' value='" .
      $_COOKIE["plz"] . "'> PLZ<p>";
   echo "<input name='ort' size='20' value='" .
      $_COOKIE["ort"] . "'> Ort<p>";
?>
<input type="submit" value="Bestellen">
</form>
</body>
</html>
```

Listing F.60 Datei uf84a.php

Zur Erläuterung:

► Es wird ein Formular abgebildet, das die Bestätigung (Datei uf84b.php) anfordert.

► Es beinhaltet fünf Eingabefelder: nname, vname, str, plz und ort.

► Als vorgefertigter Inhalt wird jeweils der Wert des entsprechenden (und hier zur besseren Übersichtlichkeit gleich benannten) Cookies eingetragen. Falls diese Cookies nicht existieren, bleiben die Einga-befelder leer.

Der Programmcode der Bestätigung sieht wie folgt aus:

```php
<?php
   $t = mktime() + 31536000;
   setcookie("nname", $_POST["nname"], $t);
   setcookie("vname", $_POST["vname"], $t);
   setcookie("str", $_POST["str"], $t);
   setcookie("plz", $_POST["plz"], $t);
   setcookie("ort", $_POST["ort"], $t);
?>
<html>
<body>
<h3>Bestätigung</h3>
Ihre Ware wird an die folgende Adresse gesendet:<p>
<?php
   echo $_POST["vname"] . " ";
   echo $_POST["nname"] . "<br>";
   echo $_POST["str"] . "<br>";
   echo $_POST["plz"] . " ";
   echo $_POST["ort"] . "<br>";
?>
</body>
</html>
```

Listing F.61 Datei uf84b.php

Zur Erläuterung:

► Es werden fünf Cookies gesetzt. Diese erhalten die Werte aus dem gesandten Formular.

► Bei jedem Absenden überschreibt also der aktuelle Formularinhalt die Cookies, falls bereits vorhanden.

- Als Ablaufdatum wird »heute in einem Jahr« (heutiges Datum + 31.536.000 Sekunden) gesetzt.

- In der Bestätigung werden die gesandten Formulardaten zur Kontrolle noch einmal ausgegeben.

F.7 SQLite

SQLite kann als Ersatz für ein komplexes Datenbank-Management-System dienen. Es ist direkt in PHP 5 eingebunden, arbeitet auf der Basis von Textdateien und nutzt die aus Kapitel D, *Datenbanken*, bekannten SQL-Befehle.

Einige Eigenschaften von SQLite:

Textdatei
- Der Programmierer muss sich keine Gedanken um einen Datenbank-Server machen, der zusätzlich zum Webserver installiert sein muss. Er sollte allerdings die Textdateien von SQLite in eigenen, geschützten Verzeichnissen unterbringen, damit sie nicht einfach vom Webserver heruntergeladen werden können.

leicht zu publizieren
- Jede Datenbank wird bei SQLite in einer separaten Datei abgespeichert. Dadurch wird es sehr einfach, die Datenbank zu publizieren. Die Datenbank-Datei kann einfach mit einem FTP-Programm (zum Beispiel WS_FTP LE, siehe Abschnitt »PHP-Programme publizieren«) auf den Server geladen werden. Mehrere Schreibvorgänge sind allerdings nicht gleichzeitig möglich, da für die Dauer des ersten Schreibvorgangs die gesamte Datei gesperrt wird.

Geschwindigkeit
- Bei kleineren Datenbanken ist SQLite mindestens genauso schnell wie zum Beispiel ein MySQL-Datenbank-Server. Bei größeren Datenbanken ergeben sich Vorteile für »echte« Datenbank-Server, weil bessere Techniken eingesetzt werden. Im Unterschied zu MySQL darf eine SQLite-Datenbank auch im kommerziellen Rahmen eingesetzt werden.

datentyplos
SQLite hat eine weitere Besonderheit: es ist ein datentyploses System (mit einer Ausnahme, siehe unten). Der Programmierer hat dadurch den Vorteil, keine Datentypen angeben zu müssen, allerdings entfallen einige automatische Kontrollmöglichkeiten. Falls es also wichtig sein sollte, Daten des richtigen Typs zu verwenden, so muss dies durch zusätzlichen Code kontrolliert werden.

integer primary key
Eine Ausnahme bildet der Datentyp integer primary key. Ein Feld dieses Typs kann für den Primärschlüssel verwendet werden und hat

automatisch die Eigenschaft `auto_increment`. Falls also der Programmierer keinen Wert vorgibt, dann wird der höchste vorhandene Wert, um 1 erhöht, gesetzt.

F.7.1 Eingaben von der Kommandozeile

Nach einer Installation von PHP 5 mit Hilfe von XAMPP findet sich im Verzeichnis `...xampp\apache\bin` das Kommandozeilen-Tool `sqlite.exe`. Nach Aufruf der Anwendung stehen SQL-Befehle und eine Reihe von SQLite-Befehlen zur Verwaltung und Bearbeitung von SQLite-Datenbanken zur Verfügung. Der Befehl `.help` listet die möglichen SQLite-Befehle auf.

sqlite.exe

Man beachte, dass nach einem Aufruf des Tools nur die Datenbanken (sprich Dateien) des aktuellen Verzeichnisses bearbeitet werden können. Zwei Datenbanken mit gleichem Namen können in verschiedenen Verzeichnissen existieren.

Weitaus komfortabler als mit dem Kommandozeilen-Tool kann man mit Hilfe von PHP auf SQLite-Datenbanken zugreifen. Dies soll in den nächsten Abschnitten gezeigt werden. Die SQL-Kenntnisse aus Kapitel D, *Datenbanken*, werden im weiteren Verlauf vorausgesetzt.

PHP und SQLite

F.7.2 Datenbank-Datei, Tabelle und Datensätze erzeugen

Zunächst sollen eine Datenbank-Datei und eine Tabelle erzeugt werden. Aus Gründen der Vergleichbarkeit soll das Beispiel aus Kapitel D, *Datenbanken*, verwendet werden (Datenbank `firma`, Tabelle `personen`, drei Datensätze).

Der Programmcode:

```
<html>
<body>
<?php
   /* Datenbank-Datei öffnen beziehungsweise erzeugen */
   $handle = sqlite_open("firma.sqt");
   /* Tabelle mit Primärschlüssel erzeugen */
   sqlite_query($handle, "create table personen
      (name, vorname, personalnummer integer primary
      key, lohn, geburtstag);");
   /* Drei Datensätze eintragen */
   $sqlstr = "insert into personen (name, vorname,
```

SQLite **447**

```
        personalnummer, lohn, geburtstag) values ";
    sqlite_query($handle, $sqlstr . "('Maier', 'Hans',
        6714, 3500, '1962-03-15')");
    sqlite_query($handle, $sqlstr . "('Schmitz',
        'Peter', 81343, 3750, '1958-04-12')");
    sqlite_query($handle, $sqlstr . "('Mertens',
        'Julia', 2297, 3621.5, '1959-12-30')");
    /* Handle zur Datenbank-Datei wieder freigeben */
    sqlite_close($handle);
?>
</body>
</html>
```

Listing F.62 Datei uf87.php

Zur Erläuterung:

sqlite_open()
▶ Die Funktion `sqlite_open()` dient zum Öffnen einer Datenbank-Datei. Falls die Datenbank-Datei nicht existiert, wird sie erzeugt. Als Name wurde `firma.sqt` gewählt. Die Endung ist beliebig wählbar, das (erfundene) Kürzel `sqt` soll hier nur anzeigen, dass es sich um eine SQLite-Datenbank-Datei handelt. Die Funktion liefert ein Handle auf die geöffnete Datei zurück.

sqlite_query()
▶ Die Funktion `sqlite_query()` wird zum Senden eines SQL-Befehls verwendet. Der erste Parameter ist das Handle zur geöffneten Datenbank-Datei. Zunächst wird die Tabelle `personen` mit insgesamt fünf Feldern erzeugt (`create table ...`). Es fällt auf, dass keine Datentypen angegeben werden, außer für das Feld `personalnummer`. Dieses Feld soll einen eindeutigen Index haben.

▶ Mit dem SQL-Befehl `insert into ...` werden anschließend Datensätze erzeugt. Der Anfang des Befehls ist für alle drei Datensätze gleich, daher wurde er in der Variablen `$sqlstr` gespeichert.

▶ Zeichenketten und Datumsangaben werden wie gewohnt in Anführungsstriche gesetzt. Als Dezimaltrennzeichen wird der Punkt verwendet (ein Komma würde den Übergang zum nächsten Feldinhalt kennzeichnen).

sqlite_close()
▶ Zur expliziten Freigabe des Speichers, der vom Handle belegt wird, sollte am Ende die Funktion `sqlite_close()` aufgerufen werden.

Hinweis: Auch wenn es nicht notwendig wäre, werden beim Einfügen eines Datensatzes alle Feldnamen angegeben. Dies ist wegen der

Datentyplosigkeit von SQLite noch wichtiger als in anderen Datenbanksystemen. Ein möglicher Fehler kann in SQLite nicht so leicht bemerkt werden, da alle Typen beim Einfügen akzeptiert werden.

Hinweis: Falls eine Datenbank nur temporär, zum Beispiel zur schnellen Ausführung einer Berechnung, benötigt wird, kann man bei `sqlite_open()` statt eines Dateinamens die Angabe `:memory:` machen. Dies bewirkt, dass die Datenbank nur im Speicher erzeugt wird. Dadurch sind die Zugriffe natürlich erheblich schneller, allerdings existiert die Datenbank nur für die Dauer des PHP-Skripts. Man beachte die Schreibweise: `sqlite_open(":memory:")`.

:memory:

F.7.3 Abfrage der Datensätze

Die Datensätze aus der soeben erzeugten Tabelle sollen abgefragt werden. Zunächst die Bildschirmausgabe:

Abbildung F.83 Datensätze aus SQLite-Datenbank-Datei

Es fällt auf, dass die Datensätze unabhängig von der Einfügereihenfolge automatisch nach dem Feld `personalnummer` sortiert sind. Dies ist das Feld mit dem eindeutigen Index.

Der Programmcode:

```
<html>
<body>
<?php
   /* Datenbank-Datei öffnen beziehungsweise erzeugen */
   $handle = sqlite_open("firma.sqt");
   /* Abfrage ausführen */
   $res = sqlite_query($handle,
      "select * from personen");
   /* Abfrage-Ergebnis ausgeben */
   while($dsatz = sqlite_fetch_array
      ($res, SQLITE_ASSOC))
```

```
    {
        echo $dsatz["name"] . ", "
            . $dsatz["vorname"] . ", "
            . $dsatz["personalnummer"] . ", "
            . $dsatz["lohn"] . ", "
            . $dsatz["geburtstag"] . "<br>";
    }
    /* Handle zur Datenbank-Datei wieder freigeben */
    sqlite_close($handle);
?>
</body>
</html>
```

Listing F.63 Datei uf88.php

Zur Erläuterung:

▶ Nach dem Öffnen der Datenbank-Datei wird mit Hilfe der Funktion `sqlite_query()` die Abfrage ausgeführt. Der Rückgabewert `$res` enthält einen Verweis auf das Abfrage-Ergebnis.

sqlite_fetch_
array()
▶ Die Funktion `sqlite_fetch_array()` dient zur Speicherung eines Datensatzes aus dem Abfrage-Ergebnis in einem eindimensionalen Array. Gleichzeitig wird der Rückgabewert benutzt, um die `while`-Schleife zu steuern.

SQLITE_ASSOC
▶ Der zweite Parameter der Funktion `sqlite_fetch_array()` ist optional. Die Angabe `SQLITE_ASSOC` bewirkt, dass jeder Datensatz nur einmal zurückgeliefert wird, mit dem Feldnamen als assoziativem Index. Falls man den zweiten Parameter weglässt, wird jeder Datensatz zweimal zurückgeliefert, einmal mit numerischem Index, einmal mit assoziativem Index. Dies sollte man aus Performancegründen vermeiden.

▶ Die Ausgabe des Abfrage-Ergebnisses geschieht in gewohnter Weise, unter Verwendung des assoziativen Index.

Hinweis: Im Vergleich zur Arbeit mit anderen Datenbanksystemen kann man viele Ähnlichkeiten feststellen. Dies wurde bewusst so gemacht, um den Umstieg zu erleichtern.

F.7.4 Schnelle Abfrage der Datensätze

Eine weitere Möglichkeit zur Abfrage der Datensätze bietet die Funktion `sqlite_array_query()`. Dabei wird das gesamte Abfrage-Ergebnis auf einen Schlag in einem zweidimensionalen Array gespeichert. Diese Variante ist aus Performancegründen zu bevorzugen.

Es wird die gleiche SQL-Abfrage wie im vorherigen Abschnitt verwendet. Die Bildschirmausgabe ist die gleiche wie im vorherigen Programm und wird daher nicht dargestellt. Das Programm arbeitet diesmal mit sqlite_array_query(): sqlite_array_
query()

```
<html>
<body>
<?php
   /* Datenbank-Datei öffnen beziehungsweise erzeugen */
   $handle = sqlite_open("firma.sqt");
   /* Abfrage ausführen */
   $ar = sqlite_array_query($handle,
      "select * from personen", SQLITE_ASSOC);
   /* Abfrage-Ergebnis ausgeben */
   for($i=0; $i<sizeof($ar); $i++)
   {
      echo $ar[$i]["name"] . ", "
         . $ar[$i]["vorname"] . ", "
         . $ar[$i]["personalnummer"] . ", "
         . $ar[$i]["lohn"] . ", "
         . $ar[$i]["geburtstag"] . "<br>";
   }
   /* Handle zur Datenbank-Datei wieder freigeben */
   sqlite_close($handle);
?>
</body>
</html>
```

Listing F.64 Datei uf89.php

Zur Erläuterung:

▶ Nach der Öffnung der Datenbank-Datei wird mit Hilfe der Funktion sqlite_array_query() die Abfrage ausgeführt und das Ergebnis in dem Array $ar gespeichert.

▶ Der optionale Parameter SQLITE_ASSOC dient wiederum dazu, das Ergebnis nur einmal, mit assoziativem Index, zu speichern. **SQLITE_ASSOC**

▶ Die Funktion sizeof() wird zur Feststellung der Größe der ersten Dimension des Arrays, also der Anzahl der Datensätze, benötigt. **sizeof()**

- Der Zugriff auf das Array erfolgt anschließend über zwei Indizes:
  Der erste Index gibt die Nummer des Datensatzes an, der zweite
  Index den Feldnamen.

F.7.5 Benutzeroberfläche mit JavaScript und CSS

Das Beispielprogramm `ud20.php` aus dem Abschnitt »PHP und
MySQL« wird nun in einer SQLite-Variante vorgestellt. Damit soll noch
einmal die Ähnlichkeit zwischen SQLite und klassischen Datenbanken
verdeutlicht werden.

JavaScript und CSS In diesem Programm werden SQL-Abfragen zum Anzeigen, Erzeugen,
Ändern und Löschen von Datensätzen zu einer komfortabel zu bedienenden Benutzeroberfläche für eine Tabelle vereinigt. Es werden
Hyperlinks mit JavaScript-Code zur Erzeugung dynamischer Abfragen
und CSS-Formatierungen zur optischen Verbesserung eingesetzt.

Sortierung Hinzugefügt wird lediglich die Möglichkeit, die Datensätze nach einem
beliebigen Feld aufsteigend zu sortieren. Bei Betätigung eines der
Hyperlinks in den Feldnamen wird nach dem betreffenden Feldnamen
sortiert.

Die Bildschirmausgabe sieht wie folgt aus:

Abbildung F.84 Hyperlinks zum Sortieren, Ändern und Löschen

Es folgt der Programmcode (nur Veränderungen gegenüber `ud20.php`):

```
<html>
<head>
<link rel="stylesheet" type="text/css" href="uf90.css">
<script type="text/javascript">
function send(ak,id)
{
    . . . . . . . . . . . .
```

```
}
</script>
</head>
<body>
<?php
   $handle = sqlite_open("firma.sqt");
   /* Aktion ausführen */
   if(isset($ak))
   {
      /* neu eintragen */
      /* ändern */
      /* löschen */

         .............
      sqlite_query($handle,$sqlab);
      /* sortieren */
      else if($ak=="sna")
         $od = " order by name";
      else if($ak=="svo")
         $od = " order by vorname";
      else if($ak=="spe")
         $od = " order by personalnummer";
      else if($ak=="sgh")
         $od = " order by gehalt";
      else if($ak=="sgb")
         $od = " order by geburtstag";    }
   /* Formular-Beginn */
   .............

   /* Tabellen-Beginn */
   echo "<table><tr>";
   echo "<td><a href='uf90.php?ak=sna'>Name</a></td>";
   echo "<td><a href='uf90.php?ak=svo'>
         Vorname</a></td>";
   echo "<td><a href='uf90.php?ak=spe'>
         Pnr</a></td>";
   echo "<td><a href='uf90.php?ak=sgh'>
         Gehalt</a></td>";
   echo "<td><a href='uf90.php?ak=sgb'>
         Geburtstag</a></td>";
   echo "<td>Aktion</td></tr>";
```

```
/* Neuer Eintrag */
............
/* Anzeigen */
$ar = sqlite_array_query($handle,
   "select * from personen" . $od, SQLITE_ASSOC);
/* Alle vorhandenen Datensätze */
for($i=0; $i<sizeof($ar); $i++)
{
    $id = $ar[$i]["personalnummer"];
    echo "<tr>";
    echo "<td><input name='na[$id]' value='"
       . $ar[$i]["name"] . "' size='5'></td>";
    echo "<td><input name='vo[$id]' value='"
       . $ar[$i]["vorname"] . "' size='5'></td>";
    echo "<td><input name='pn[$id]' value='"
       . $id . "' size='5'></td>";
    echo "<td><input name='gh[$id]' value='"
       . $ar[$i]["gehalt"] . "' size='5'></td>";
    echo "<td><input name='gb[$id]' value='"
       . $ar[$i]["geburtstag"] . "' size='9'></td>";
    echo "<td><a href='javascript:send(1,$id);'>
       ändern</a>";
    echo " <a href='javascript:send(2,$id);'>
       löschen</a></td>";
    echo "</tr>";
}
echo "</table></form>";
sqlite_close($handle);
?>
</body>
</html>
```

Listing F.65 Datei uf90.php

Zur Erläuterung der Ähnlichkeiten und Unterschiede zur Datei
ud20.php:

▶ Die Bildschirmausgabe bleibt gleich.

▶ Im Dokumentkopf wird nun die CSS-Datei uf90.css eingebunden.
Der Inhalt der Datei wurde gegenüber der Datei ud20.css nicht verändert.

- Die JavaScript-Funktion `send()` im Dokumentkopf wurde nicht verändert, da sich die Namen des Formulars und seiner Elemente nicht verändert haben.

- Die Datenbank-Datei wird mit `sqlite_open()` geöffnet. Das zurückgegebene Handle wird im restlichen Programm verwendet, um die Datenbank-Datei zu erreichen.

- Die SQL-Abfragen für die Funktionen »neu eintragen«, »ändern« und »löschen« bleiben unverändert. Sie werden mit `sqlite_query()` gesendet.

- Falls eine Sortierung gewünscht wurde, wird die Zeichenkette `$od` mit `... order by <Feldname>` zusammengesetzt. Diese wird später für die Anzeige benötigt.

  order by

- Der Formularbeginn und die Zeile mit den Formularfeldern für den neuen Eintrag bleiben gleich.

- In der Tabellenüberschrift wurden Hyperlinks zum Sortieren eingefügt. Bei Betätigung wird unmittelbar die gleiche PHP-Datei mit dem Parameter `ak=<Sortierfeld>` aufgerufen.

- Die SQL-Abfrage zum Anzeigen der Daten wird nur um die Zeichenkette `$od` (mit `... order by <Feldname>`) verlängert. Sie wird mit `sqlite_array_query()` gesendet, das Ergebnis steht im zweidimensionalen Array `$ar` zur Verfügung.

- Die Anzahl der Datensätze im Array wird mit `sizeof()` ermittelt.

- Die eindeutige Personalnummer und die restlichen Feldinhalte werden über zwei Indizes bestimmt.

- Am Ende wird das Handle zur Datenbank-Datei wieder freigegeben.

Man sieht also, dass ein vorhandenes Programm zur Bearbeitung einer MySQL-Tabelle mit relativ wenigen Schritten, ohne tiefe Eingriffe in den Ablauf, in ein entsprechendes Programm für SQLite umgewandelt werden kann.

leicht zu ändern

F.8 XML

XML ist mittlerweile ein weit verbreitetes, plattformunabhängiges Datenformat. XML-Dateien sind mit einem einfachen Text-Editor editierbar. Einige Regeln zur Erstellung von XML-Dateien werden kurz anhand der Beispiele erläutert.

universelles Datenformat

SimpleXML   Es soll eine mögliche Methode zum Einlesen, Bearbeiten und Ausgeben von XML-Dateien (von PHP aus) vorgestellt werden: die PHP-Erweiterung SimpleXML.

F.8.1   Einlesen eines einzelnen Objekts

hierarchische   SimpleXML liest den gesamten Inhalt einer XML-Datei ein und konver-
Struktur   tiert ihn in ein PHP-Objekt, das die gleiche hierarchische Struktur hat wie die XML-Daten. An einem einfachen Beispiel soll dies verdeutlicht werden.

Zunächst eine XML-Datei, in der die Daten eines Objekts (hier: eines Fahrzeugs) gespeichert sind:

```xml
<?xml version="1.0"?>
<fahrzeug>
   <marke>Opel</marke>
   <typ>Astra</typ>
   <motordaten>
      <leistung>70 KW</leistung>
      <hubraum>1600 ccm</hubraum>
   </motordaten>
   <gewicht>1200 kg</gewicht>
</fahrzeug>
```

Listing F.66 Datei uf93.xml

Der Aufbau einer XML-Datei:

▶ Zu Beginn eine Zeile mit Angabe der XML-Version.

▶ Auf der obersten Ebene darf es nur ein Objekt geben, hier ist dies das Objekt fahrzeug.

XML-Markie-   ▶ XML-Daten werden ähnlich wie HTML-Markierungen notiert, also
rungen   mit einer Anfangsmarkierung (hier: <fahrzeug>) und einer End-markierung (hier: </fahrzeug>), allerdings können die Markierungen frei gewählt werden.

Schachtelung   ▶ XML-Daten können wie HTML-Markierungen geschachtelt werden, hier zum Beispiel <marke> ... </marke> innerhalb von <fahrzeug> und </fahrzeug>. Dadurch entstehen Objekt-Eigenschaften, hier: marke, typ, motordaten und gewicht.

▶ Die Eigenschaft motordaten ist wiederum ein Objekt, mit den Eigenschaften leistung und hubraum.

Falls man diese Datei in einem Browser aufruft, wird lediglich die hierarchische Struktur der XML-Daten wiedergegeben:

Abbildung F.85 XML-Datei im Browser

Diese Daten werden mit dem folgenden PHP-Programm eingelesen und komfortabel in der gewünschten Form auf dem Bildschirm ausgegeben:

```
<html>
<body>
<?php
/* Einlesen der Datei in ein Objekt */
$fahrzeug = simplexml_load_file("uf93.xml");
/* Ausgabe der Objektdaten */
echo "Marke: " . $fahrzeug->marke . "<br>";
echo "Typ: " . $fahrzeug->typ . "<br>";
echo "Motordaten:<br>";
echo "--- Leistung: " .
   $fahrzeug->motordaten->leistung . "<br>";
echo "--- Hubraum: " .
   $fahrzeug->motordaten->hubraum . "<br>";
echo "Gewicht: " . $fahrzeug->gewicht . "<br>";
?>
</body>
</html>
```

Listing F.67 Datei uf93.php

Zur Erläuterung:

simplexml_load_
file()

▶ Die Funktion `simplexml_load_file()` dient zum Einlesen der gesamten XML-Datei in ein Objekt, hier: `$fahrzeug`.

▶ Auf die Eigenschaften wird in Objekt-Notation zugegriffen.

Zugriff über ->

▶ Die Eigenschaft `motordaten` ist wiederum ein Objekt, daher wird auf dessen Eigenschaften wie folgt zugegriffen:
  `$fahrzeug->motordaten->leistung`.

Die Ausgabe sieht wie folgt aus:

Abbildung F.86 Verarbeitung der XML-Datei mit PHP

F.8.2 Einlesen mehrerer Objekte

Array von
Objekten

Falls man mehrere gleiche Objekte in einer XML-Datei speichern möchte, muss man sie innerhalb eines Hauptobjektes anordnen. Mehrere gleiche Objekte werden als Bestandteile eines Arrays betrachtet, das man mit einer Schleife durchlaufen kann.

Zunächst die XML-Datei, in der die Daten mehrerer Objekte des Typs Fahrzeug gespeichert sind:

```
<?xml version="1.0"?>
<sammlung>
<fahrzeug>
   <marke>Opel</marke>
   <typ>Astra</typ>
   <motordaten>
      <leistung>70 KW</leistung>
      <hubraum>1600 ccm</hubraum>
   </motordaten>
   <gewicht>1200 kg</gewicht>
</fahrzeug>
```

```
<fahrzeug>
    <marke>Ford</marke>
    <typ>Focus</typ>
    <motordaten>
        <leistung>80 KW</leistung>
        <hubraum>1700 ccm</hubraum>
    </motordaten>
    <gewicht>1100 kg</gewicht>
</fahrzeug>
</sammlung>
```

Listing F.68 Datei uf94.xml

Der Aufbau der XML-Datei sieht wie folgt aus:

▶ Jedes einzelne Fahrzeug wird innerhalb der Markierungen `<fahrzeug>` und `</fahrzeug>` notiert.

▶ Alle Fahrzeuge werden innerhalb des Hauptobjektes `<sammlung>` ... `</sammlung>` angeordnet.

Das PHP-Programm, in dem die Daten der Fahrzeug-Sammlung eingelesen werden beinhaltet zwei Varianten zur Bildschirmausgabe:

```
<html>
<body>
<?php
/* Einlesen der Datei in ein Objekt */
$sammlung = simplexml_load_file("uf94.xml");
/* Ausgabe der Objektdaten, Variante 1 */
foreach ($sammlung->fahrzeug as $fz)
{
    echo "Marke: " . $fz->marke . "<br>";
    echo "Typ: " . $fz->typ . "<br>";
    echo "Motordaten:<br>";
    echo "--- Leistung: " .
        $fz->motordaten->leistung . "<br>";
    echo "--- Hubraum: " .
        $fz->motordaten->hubraum . "<br>";
    echo "Gewicht: " . $fz->gewicht . "<p>";
}
/* Ausgabe der Objektdaten, Variante 2 */
for($i=0; $i<2; $i++)
{
```

```
        echo "Marke: " .
            $sammlung->fahrzeug[$i]->marke . "<br>";
        echo "Typ: " .
            $sammlung->fahrzeug[$i]->typ . "<br>";
        echo "Motordaten:<br>";
        echo "--- Leistung: " .
            $sammlung->fahrzeug[$i]->motordaten->leistung .
            "<br>";
        echo "--- Hubraum: " .
            $sammlung->fahrzeug[$i]->motordaten->hubraum .
            "<br>";
        echo "Gewicht: " .
            $sammlung->fahrzeug[$i]->gewicht . "<p>";
}
?>
</body>
</html>
```

Listing F.69 Datei uf94.php

Zur Erläuterung:

▶ Mit `simplexml_load_file()` wird das Hauptobjekt eingelesen.

foreach ▶ Variante 1: Bei jedem Durchlauf der `foreach`-Schleife wird auf ein einzelnes Fahrzeug-Objekt (als `$fz`) zugegriffen.

for-Schleife, Index ▶ Variante 2: Bei jedem Durchlauf der for-Schleife wird auf ein einzelnes Fahrzeug-Objekt (= Array-Element) zugegriffen.

Die Ausgabe (hier nur eine Variante) sieht wie folgt aus:

Abbildung F.87 Mehrere gleiche Objekte

Hinweis: Auch auf unteren Ebenen können gleiche Objekte beziehungsweise Eigenschaften vorkommen. Diese werden wiederum als Elemente eines Arrays betrachtet.

F.8.3 Zugriff auf Attribute

Assoziatives Array

XML-Daten können wie HTML-Markierungen auch Attribute haben. Ein Beispiel bei HTML: `<font color="#ff0000" size="4">` ... `</font>`. Diese Attribute werden bei der Umwandlung in ein PHP-Objekt mit SimpleXML als Elemente eines assoziativen Arrays betrachtet.

Zunächst die XML-Datei, in der XML-Daten mit Attributen notiert sind:

```
<?xml version="1.0"?>
<fahrzeug>
   <marke land="Deutschland">Opel</marke>
   <typ>Astra</typ>
   <motordaten zylinder="4" katalysator="Euro 2">
      <leistung>70 KW</leistung>
      <hubraum ventilzahl="3">1600 ccm</hubraum>
   </motordaten>
   <gewicht>1200 kg</gewicht>
</fahrzeug>
```

Listing F.70 Datei uf95.xml

Der Aufbau der XML-Datei:

▶ Die Markierung `marke` hat das Attribut `land`.

▶ Die Markierung `motordaten` hat die Attribute `zylinder` und `katalysator`.

▶ Die Markierung `hubraum` hat das Attribut `ventilzahl`.

Das PHP-Programm zum Einlesen und zur Bildschirmausgabe sieht wie folgt aus:

```
<html>
<body>
<?php
/* Einlesen der Datei in ein Objekt */
$fahrzeug = simplexml_load_file("uf95.xml");
/* Ausgabe der Objektdaten */
echo "Marke: " . $fahrzeug->marke . "<br>";
```

```
echo "--- Land: " . $fahrzeug->marke["land"] . "<br>";
echo "Typ: " . $fahrzeug->typ . "<br>";
echo "Motordaten:<br>";
echo "--- Zylinder: " .
    $fahrzeug->motordaten["zylinder"] . "<br>";
echo "--- Katalysator: " .
    $fahrzeug->motordaten["katalysator"] . "<br>";
echo "--- Leistung: " .
    $fahrzeug->motordaten->leistung . "<br>";
echo "--- Hubraum: " .
    $fahrzeug->motordaten->hubraum . "<br>";
echo "--- --- Ventilzahl: " .
    $fahrzeug->motordaten->hubraum["ventilzahl"] .
    "<br>";
echo "Gewicht: " . $fahrzeug->gewicht . "<br>";
?>
</body>
</html>
```

Listing F.71 Datei uf95.php

Zur Erläuterung:

Zugriff über [""]

▶ Man kann über $fahrzeug->marke["land"] auf das Attribut land zugreifen.

▶ Man kann über $fahrzeug->motordaten->hubraum["ventilzahl"] auf das Attribut ventilzahl zugreifen.

Die Ausgabe sieht wie folgt aus:

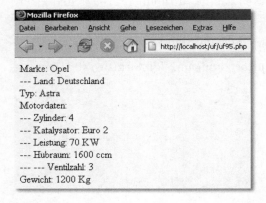

Abbildung F.88 Objekte mit Attributen

F.8.4 Interne XML-Daten

XML-Daten können, statt aus einer externen XML-Datei eingelesen zu werden, auch Bestandteil des Programms sein. Allerdings gibt es dann keine saubere Trennung zwischen Programm und Daten.

Falls interne XML-Daten vorliegen, werden sie durch SimpleXML mit Hilfe der Funktion `simplexml_load_string()` aus einer XML-Zeichenkette in ein Objekt eingelesen. Die weitere Verarbeitung bleibt erhalten.

simplexml_load_string()

Es wird das gleiche Beispiel wie am Anfang verwendet, daher entfällt die Bildschirmausgabe. Der Programmcode sieht wie folgt aus:

```
<html>
<body>
<?php
/* Erzeugen der Zeichenkette */
$xml_zk = <<< XML
<?xml version="1.0"?>
<fahrzeug>
    <marke>Opel</marke>
    <typ>Astra</typ>
    <motordaten>
        <leistung>70 KW</leistung>
        <hubraum>1600 ccm</hubraum>
    </motordaten>
    <gewicht>1200 kg</gewicht>
</fahrzeug>
XML;
/* Einlesen der Zeichenkette in ein Objekt */
$fahrzeug = simplexml_load_string($xml_zk);
/* Ausgabe der Objektdaten */
echo "Marke: " . $fahrzeug->marke . "<br>";
echo "Typ: " . $fahrzeug->typ . "<br>";
echo "Motordaten:<br>";
echo "--- Leistung: " .
   $fahrzeug->motordaten->leistung . "<br>";
echo "--- Hubraum: " .
   $fahrzeug->motordaten->hubraum . "<br>";
echo "Gewicht: " . $fahrzeug->gewicht . "<br>";
?>
```

```
</body>
</html>
```

Zur Erläuterung:

<<< XML ... XML

▶ Die XML-Zeichenkette beginnt mit <<< XML und endet mit XML.
Dazwischen muss das Objekt wie bisher im XML-Format notiert
sein. Zum späteren Zugriff muss die XML-Zeichenkette einer PHP-
Variablen (hier $xml_zk) zugewiesen werden.

▶ Die Funktion simplexml_load_string() liest die Zeichenkette in
ein Objekt. Anschließend wird auf die Eigenschaften dieses Objekts
wie gewohnt zugegriffen.

F.8.5 Speicherung von Objekten

Ausgabe

Die Daten eines Objekts können natürlich auch verändert werden. Falls
man diese Veränderungen in einer XML-Datei speichern möchte, können die Funktion file_put_contents() und die Objekt-Methode
asXML() verwendet werden. Im nachfolgenden Beispiel soll eine
Objekt-Eigenschaft verändert und gespeichert werden.

Das Programm sieht wie folgt aus:

```
<html>
<body>
<?php
/* Einlesen der Datei in ein Objekt, Teil-Ausgabe */
$fahrzeug = simplexml_load_file("uf97.xml");
echo "Gewicht: " . $fahrzeug->gewicht . "<p>";
/* Ändern von Teil-Daten, Datei-Ausgabe des Objekts */
$fahrzeug->gewicht ="2200 kg";
file_put_contents("uf97.xml", $fahrzeug->asXML());

/* Einlesen der Datei in ein Objekt, Teil-Ausgabe */
$fahrzeug = simplexml_load_file("uf97.xml");
echo "Gewicht: " . $fahrzeug->gewicht . "<p>";
?>
</body>
</html>
```

Zur Erläuterung:

▶ Die XML-Datei `uf97.xml` hat ursprünglich den gleichen Aufbau wie die erste XML-Datei `uf93.xml`.

▶ Zur Kontrolle wird die Objekt-Eigenschaft `gewicht` ausgegeben.

▶ Diese Eigenschaft wird verändert, von 1200 kg auf 2200 kg.

▶ Die Methode `file_put_contents()` wird aufgerufen.

    ▶ Als erster Parameter wird die Datei angegeben, in die geschrieben werden soll. In diesem Falle ist das wiederum `uf97.xml`.

    ▶ Als zweiter Parameter wird die Methode `asXML()` für das Objekt `$fahrzeug` aufgerufen. Dies führt dazu, dass die Objektdaten überschrieben werden. Ansonsten bleibt der Aufbau der Datei unverändert.

Das Objekt wird einmal vor und einmal nach der Veränderung eingelesen. Es werden nur Teildaten ausgegeben:

Abbildung F.89 Vorher/nachher

F.9 Reguläre Ausdrücke

Reguläre Ausdrücke dienen zur Beschreibung von Suchmustern. Mit Hilfe dieser Suchmuster können Zeichenketten gesucht und gegebenenfalls ersetzt werden. Reguläre Ausdrücke werden in vielen verschiedenen Programmiersprachen eingesetzt. Die hier vorgestellten Regeln sind also universell verwendbar. In PHP werden sie häufig zur komfortablen Kontrolle der Benutzereingaben in Formularen benötigt.

F.9.1 Einfache Suche

Es soll zunächst nach einer Zeichenkette innerhalb eines Textes gesucht werden. Zur Evaluierung des regulären Ausdrucks wird die Funktion `ereg()` verwendet. Sie liefert einen Wahrheitswert zurück, der in einer Verzweigung eingesetzt werden kann. Falls die Zeichenkette gefunden wurde, wird »wahr« zurückgeliefert, ansonsten »falsch«.

Das PHP-Programm sieht wie folgt aus:

```
<html>
<body>
<?php
/* Ausgabe des Sucherfolgs */
if (ereg("abc", "123abc456"))
    echo "Erfolg";
else
    echo "Kein Erfolg";
?>
</html>
</body>
```

Listing F.74 Datei ufg01.php

Zur Erläuterung:

▶ Der reguläre Ausdruck entspricht in diesem einfachen Beispiel genau der gesuchten Zeichenkette (abc). In späteren Beispielen werden die notwendigen Sonderzeichen innerhalb von regulären Ausdrücken vorgestellt.

▶ Falls die Zeichenkette abc irgendwo im Text 123abc456 mindestens einmal gefunden wird, war die Suche erfolgreich.

Die Bildschirmausgabe sieht wie folgt aus:

Abbildung F.90 Ausgabe des Sucherfolgs

F.9.2 Tabellenausgabe

Zur Verdeutlichung der Möglichkeiten regulärer Ausdrücke wird in den nachfolgenden Beispielprogrammen eine Zeichenkette innerhalb von verschiedenen Suchtexten gesucht. Die Suchergebnisse werden in einer übersichtlichen Tabelle ausgegeben.

Die Bildschirmausgabe sieht wie folgt aus:

Abbildung F.91 Übersichtliche Tabelle

Es wird der reguläre Ausdruck abc zur Suche verwendet. Dies bedeutet, dass nach der Zeichenkette abc irgendwo im Suchtext gesucht
wird. Es gibt fünf verschiedene Suchtexte: 123abc456, abc456, 123abc,
abc und 123ab456. Die Zeichenkette wird in allen Suchtexten, außer
im letzten, gefunden.

Das PHP-Programm sieht wie folgt aus:

```
<html>
<body>
<?php
/* Zur Ausgabe des Sucherfolgs */
include "ufgtest.inc.php";
/* Zeichenkette und Suchtexte */
$suchstring = "abc";
$suchtextarray = array("123abc456", "abc456", "123abc",
   "abc", "123ab456");
$bemerkung = "abc irgendwo im Suchtext";
retest($suchstring, $suchtextarray, $bemerkung);
?>
</html>
</body>
```

Listing F.75 Datei ufg02.php

Zur Erläuterung:

tabellarische
Ausgabe

▶ Zunächst wird die Datei `ufgtest.inc.php` eingebunden. In dieser Datei befindet sich die selbst geschriebene Funktion `retest()`, die zur Suche und zur tabellarischen Ausgabe des Suchergebnisses dient.

▶ In der Variablen `$suchstring` wird der reguläre Ausdruck gespeichert.

▶ Im Array `$suchtextarray` werden die verschiedenen Suchtexte gespeichert.

▶ In der Variablen `$bemerkung` wird die erläuternde Bemerkung gespeichert.

▶ Die Funktion `retest()` wird mit den eben beschriebenen Variablen beziehungsweise dem Array aufgerufen.

Der Code der eingebundenen Datei `ufgtest.inc.php` sieht wie folgt aus:

```php
<?php
/* Zur Ausgabe des Sucherfolgs */
function retest($suchstring, $suchtextarray,
    $bemerkung)
{
    /* Tabelle, Überschrift */
    echo "<p><table border='1' width='40%'>";
    echo "<tr><td><b>Reg. Ausdruck</b></td>";
    echo "<td><b>$suchstring</b></td></tr>";
    echo "<tr><td><b>Erklärung</b></td>";
    echo "<td><b>$bemerkung</b></td></tr>";
    /* Alle untersuchten Zeichenketten */
    for($i=0; $i<count($suchtextarray); $i++)
    {
        if (ereg($suchstring, $suchtextarray[$i]))
            $ergebnis = "Erfolg";
        else
            $ergebnis = "Kein Erfolg";
        echo "<tr><td width='30%'>
            $suchtextarray[$i]</td>";
        echo "<td width='70%'>$ergebnis</td></tr>";
    }
    echo "</table>";
}
?>
```

Listing F.76 Datei ufgtest.inc.php

Zur Erläuterung:

▶ In den beiden Zeilen der Überschrift werden der reguläre Ausdruck und die Bemerkung ausgegeben.

▶ Für jeden Suchtext aus dem Array wird innerhalb einer Schleife die Funktion `ereg()` aufgerufen. Das Suchergebnis wird jeweils in einer Tabellenzeile ausgegeben.

Hinweis: Die weiteren Beispielprogramme haben den gleichen Aufbau. Es wird ebenfalls die Funktion `retest()` aufgerufen. Daher muss der Code dieser Programme nicht mehr dargestellt werden. Er ist (wie der Code der anderen Programme) auf der CD zum Buch enthalten.

F.9.3 Suche nach Position

Im nachfolgenden Programm wird untersucht, ob die Zeichenkette

▶ am Anfang eines Suchtextes vorkommt,

▶ am Ende eines Suchtextes vorkommt,

▶ genau dem Suchtext entspricht, also sowohl mit dem Anfang als auch mit dem Ende des Suchtextes verkettet ist.

Zunächst die drei Bildschirmausgaben:

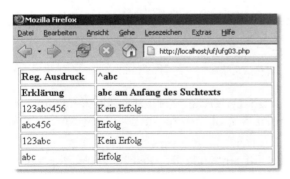

Abbildung F.92 Suche am Anfang des Suchtextes

Es wird die Zeichenkette `abc` mit Hilfe des Sonderzeichens ^ am Anfang des Suchtextes gesucht. Dies trifft auf zwei Suchtexte zu.

Sonderzeichen ^

Reg. Ausdruck	abc$
Erklärung	abc am Ende des Suchtexts
123abc456	Kein Erfolg
abc456	Kein Erfolg
123abc	Erfolg
abc	Erfolg

Abbildung F.93 Suche am Ende des Suchtextes

Sonderzeichen $
Es wird die Zeichenkette abc mit Hilfe des Sonderzeichens $ am Ende des Suchtextes gesucht. Dies trifft ebenfalls auf zwei Suchtexte zu.

Reg. Ausdruck	^abc$
Erklärung	abc genau als Suchtext
123abc456	Kein Erfolg
abc456	Kein Erfolg
123abc	Kein Erfolg
abc	Erfolg

Abbildung F.94 Suche am Anfang und am Ende des Suchtextes

Es wird mit Hilfe der beiden Sonderzeichen ^ und $ untersucht, ob die Zeichenkette abc genau dem Suchtext entspricht, also sowohl mit dem Anfang als auch mit dem Ende des Suchtextes verkettet ist. Dies trifft nur auf einen Suchtext zu.

Zusammenfassung:

▶ Das Sonderzeichen ^ wird am Anfang der Zeichenkette eingesetzt, wenn untersucht werden soll, ob die Zeichenkette am Anfang des Suchtextes steht.

▶ Das Sonderzeichen $ wird am Ende der Zeichenkette eingesetzt, wenn untersucht werden soll, ob die Zeichenkette am Ende des Suchtextes steht.

▶ Beide Sonderzeichen werden eingesetzt, wenn untersucht werden soll, ob die Zeichenkette sowohl mit dem Anfang als auch mit dem Ende des Suchtextes verkettet ist, also genau dem Suchtext entspricht.

F.9.4 Suche nach Häufigkeit

Im nachfolgenden Programm ist es entscheidend für den Sucherfolg, wie häufig hintereinander eine Zeichenkette innerhalb eines Suchtextes vorkommt.

Es kann untersucht werden, ob ein Zeichen hintereinander

▶ beliebig oft vorkommt,

▶ mindestens einmal, eventuell häufiger vorkommt,

▶ keinmal oder genau einmal vorkommt,

▶ innerhalb einer gewünschten Häufigkeitsspanne vorkommt, zum Beispiel drei- bis fünfmal.

Die vier Bildschirmausgaben sehen wie folgt aus:

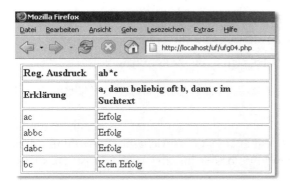

Abbildung F.95 Zeichen beliebig oft

Es wird die Zeichenkette abc innerhalb des Suchtextes gesucht. Dabei darf das Zeichen b beliebig oft vorkommen. Zu den einzelnen Beispielen:

Sonderzeichen *

▶ Der Suchtext ac beinhaltet keinmal (= beliebig oft) b.

▶ Der Suchtext abbc beinhaltet zweimal b hintereinander.

▶ Der Suchtext dabc beinhaltet unter anderem einmal b.

▶ Der Suchtext bc beinhaltet keinmal a, daher kein Erfolg.

Zur Angabe von »beliebig oft« dient das Sonderzeichen * nach dem gewünschten Zeichen.

Reg. Ausdruck	ab+c
Erklärung	a, dann mind. 1 mal b, dann c im Suchtext
ac	Kein Erfolg
abbc	Erfolg
dabc	Erfolg
bc	Kein Erfolg

Abbildung F.96 Zeichen mindestens einmal

Sonderzeichen +

Es wird die Zeichenkette abc innerhalb des Suchtextes gesucht. Dabei muss das Zeichen b mindestens einmal vorkommen. Zu den einzelnen Beispielen:

▶ Der Suchtext ac beinhaltet kein b, daher kein Erfolg.

▶ Der Suchtext abbc beinhaltet zweimal b hintereinander.

▶ Der Suchtext dabc beinhaltet unter anderem einmal b.

▶ Der Suchtext bc beinhaltet kein a, daher kein Erfolg.

Zur Angabe von »mindestens einmal« dient das Sonderzeichen + nach dem gewünschten Zeichen.

Reg. Ausdruck	ab?c
Erklärung	a, dann 0-1 mal b, dann c im Suchtext
ac	Erfolg
abbc	Kein Erfolg
dabc	Erfolg
bc	Kein Erfolg

Abbildung F.97 Zeichen keinmal oder einmal

Sonderzeichen ?

Es wird die Zeichenkette abc innerhalb des Suchtextes gesucht. Dabei muss das Zeichen b keinmal oder einmal vorkommen. Zu den einzelnen Beispielen:

▶ Der Suchtext ac beinhaltet keinmal (= 0- bis 1-mal) b.

▶ Der Suchtext abbc beinhaltet zu häufig b hintereinander, daher kein Erfolg.

▶ Der Suchtext dabc beinhaltet unter anderem einmal b.

▶ Der Suchtext bc beinhaltet keinmal a, daher kein Erfolg.

Zur Angabe von »keinmal oder einmal« dient das Sonderzeichen ? nach dem gewünschten Zeichen.

Reg. Ausdruck	ab{2,3}c
Erklärung	a, dann 2-3 mal b, dann c im Suchtext
ac	Kein Erfolg
abbc	Erfolg
dabc	Kein Erfolg
bc	Kein Erfolg

Abbildung F.98 Zeichen mit gewünschter Häufigkeit

Es wird die Zeichenkette abc innerhalb des Suchtextes gesucht. Dabei muss das Zeichen b innerhalb der gewünschten Häufigkeitsspanne vorkommen, hier zwei- bis dreimal. Zu den einzelnen Beispielen:

Sonderzeichen { }

▶ Der Suchtext ac beinhaltet zu selten b hintereinander, daher kein Erfolg.

▶ Der Suchtext abbc beinhaltet b in der gewünschten Häufigkeit.

▶ Der Suchtext dabc beinhaltet zu selten b hintereinander, daher kein Erfolg.

▶ Der Suchtext bc beinhaltet kein a, daher kein Erfolg.

Zur Angabe einer Häufigkeitsspanne dienen die geschweiften Klammern { und } mit der Angabe einer minimalen beziehungsweise einer maximalen Häufigkeit, durch Komma getrennt.

Hinweis: Falls nur nach einer ganz bestimmten Häufigkeit gesucht wird, wird eine einzelne Ziffer innerhalb der geschweiften Klammern hinter dem Zeichen angegeben. Der reguläre Ausdruck lautet dann zum Beispiel ab{4}c.

Zusammenfassung:

▶ Das Sonderzeichen * wird eingesetzt, wenn ein Teil der Zeichenkette beliebig oft hintereinander vorkommen darf.

▶ Das Sonderzeichen + wird eingesetzt, wenn ein Teil der Zeichenkette mindestens einmal vorkommen muss, aber auch mehrmals hintereinander vorkommen darf.

▶ Das Sonderzeichen ? wird eingesetzt, wenn untersucht werden soll, ob ein Teil der Zeichenkette keinmal oder einmal hintereinander vorkommen muss.

▶ Mit Hilfe von geschweiften Klammern wird eine gewünschte Häufigkeit angegeben.

F.9.5 Suche nach Häufigkeit für mehrere Zeichen

Mit Hilfe einer Kombination von Sonderzeichen kann untersucht werden, ob eine bestimmte Zeichenfolge (und nicht nur ein einzelnes Zeichen) mehrmals hintereinander vorkommt.

Zunächst zur Bildschirmausgabe:

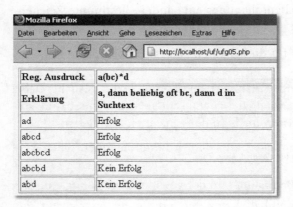

Reg. Ausdruck	a(bc)*d
Erklärung	a, dann beliebig oft bc, dann d im Suchtext
ad	Erfolg
abcd	Erfolg
abcbcd	Erfolg
abcbd	Kein Erfolg
abd	Kein Erfolg

Abbildung F.99 Zeichenfolge beliebig oft

Sonderzeichen ( ) Die runden Klammern (und) dienen zur Zusammenfassung mehrerer Zeichen, nach denen gesucht wird. In diesem Fall ist das Sonderzeichen * angegeben. Es wird also untersucht, ob die Zeichenfolge »bc« beliebig oft hintereinander vorkommt. Zu den einzelnen Beispielen:

▶ Der Suchtext ad beinhaltet keinmal (= beliebig oft) bc.

▶ Der Suchtext abcd beinhaltet einmal bc.

▶ Der Suchtext abcbcd beinhaltet zweimal bc.

▶ Der Suchtext abcbd beinhaltet ein zusätzliches einzelnes b, daher kein Erfolg.

▶ Der Suchtext abd beinhaltet kein bc und ebenfalls ein zusätzliches einzelnes b, daher kein Erfolg.

Hinweis: Natürlich können auch die anderen Sonderzeichen (+, ?, { }) in Kombination mit den runden Klammern eingesetzt werden.

F.9.6 Oder-Verknüpfung

Eine Suche kann auch erfolgreich sein, wenn nach mehreren Alternativen gesucht wird, also wenn

▶ ein bestimmtes Zeichen oder ein anderes bestimmtes Zeichen gefunden wird,

▶ eine bestimmte Zeichenfolge oder eine andere bestimmte Zeichenfolge gefunden wird.

Die Bildschirmausgabe für diese beiden Fälle sieht wie folgt aus:

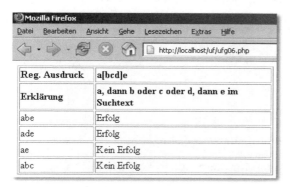

Reg. Ausdruck	a[bcd]e
Erklärung	a, dann b oder c oder d, dann e im Suchtext
abe	Erfolg
ade	Erfolg
ae	Kein Erfolg
abc	Kein Erfolg

Abbildung F.100 Suche mit Alternative für ein Zeichen

Es wird eine der Zeichenketten abe oder ace oder ade innerhalb des Suchtextes gesucht. Mit Hilfe der eckigen Klammern [und] können die gewünschten Alternativen angegeben werden.

Sonderzeichen [ ]

Reg. Ausdruck	(ab|cd)e
Erklärung	ab oder cd, dann e im Suchtext
abcd	Kein Erfolg
abcde	Erfolg
bcde	Erfolg
adcbe	Kein Erfolg

Abbildung F.101 Suche mit Alternative für mehrere Zeichen

Es wird eine der Zeichenketten abe oder cde innerhalb des Suchtextes gesucht. Mit Hilfe des Sonderzeichens | können die gewünschten Alternativen angegeben werden. Die runden Klammern werden gesetzt, um die beiden Möglichkeiten vom Rest des regulären Ausdrucks zu trennen.

Sonderzeichen |

Zusammenfassung:

▶ Die eckigen Klammern dienen zur Darstellung von Alternativen bei einzelnen Zeichen.

▶ Das Sonderzeichen | dient zur Darstellung von Alternativen bei Zeichenfolgen.

Hinweis: Auch hier können die anderen Sonderzeichen (*, +, ?, { }) zusätzlich eingesetzt werden.

F.9.7 Beliebige Zeichen, Buchstaben oder Ziffern

Falls an einer Stelle

▶ ein gänzlich beliebiges Zeichen,

▶ ein kleiner Buchstabe,

▶ ein großer Buchstabe,

▶ eine Ziffer stehen kann,

so werden nützliche Zusammenfassungen angeboten.

Die vier Bildschirmausgaben für diese Fälle sehen wie folgt aus:

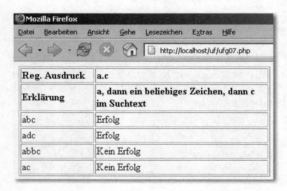

Abbildung F.102 Suche mit einem beliebigen Zeichen

Sonderzeichen .
(Punkt)

Das Sonderzeichen . (Punkt) steht für ein gänzlich beliebiges Zeichen, hier zwischen a und c. Daher führen die beiden ersten Fälle zu einer erfolgreichen Suche. In den beiden letzten Fällen sind zwei Zeichen beziehungsweise kein Zeichen zwischen a und c angegeben, daher kein Erfolg.

Reg. Ausdruck	[0-9]
Erklärung	mindestens eine Ziffer im Suchtext
abg	Kein Erfolg
347	Erfolg
a7B	Erfolg
HG4T	Erfolg

Abbildung F.103 Suche nach einer Ziffer

Mit Hilfe der eckigen Klammern (für mehrere Alternativen) kann der Ausdruck [0-9] angegeben werden. Damit wird dargestellt, dass nach einer der Ziffern von 0 bis 9 gesucht wird. Da keine weiteren Zeichen angegeben sind, führt die Suche zum Erfolg, falls mindestens eine der Ziffern irgendwo im Suchtext steht.

Bereich [0–9]

Reg. Ausdruck	[a-z]
Erklärung	mindestens ein kleiner Buchstabe im Suchtext
abg	Erfolg
347	Kein Erfolg
a7B	Erfolg
HG4T	Kein Erfolg

Abbildung F.104 Suche nach einem kleinen Buchstaben

Mit Hilfe des Ausdrucks [a-z] in eckigen Klammern wird nach einem beliebigen kleinen Buchstaben gesucht.

Bereich [a-z]

Reg. Ausdruck	[A-Z]
Erklärung	mindestens ein großer Buchstabe im Suchtext
abg	Kein Erfolg
347	Kein Erfolg
a7B	Erfolg
HG4T	Erfolg

Abbildung F.105 Suche nach einem großen Buchstaben

Analog gilt dies für die großen Buchstaben mit dem Ausdruck [A-Z].

Bereich [A-Z]

Hinweise:

▶ Es können auch kleinere Bereiche angegeben werden, wie zum Beispiel `[B-G]`, `[n-r]` oder `[6-8]`.

▶ Die deutschen Umlaute ä, ö, ü beziehungsweise Ä, Ö, Ü und das
scharfe ß sind nicht in den jeweiligen Bereichen enthalten.

F.9.8 Suche nach Sonderzeichen

Es wurden bereits zahlreiche Sonderzeichen mit bestimmten Funktio-
nalitäten innerhalb von regulären Ausdrücken vorgestellt. Es ist natürlich auch möglich, nach einem dieser Sonderzeichen zu suchen.

Die Bildschirmausgabe sieht wie folgt aus:

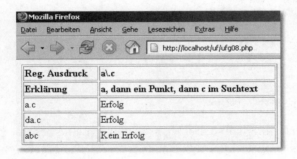

Reg. Ausdruck	a\.c
Erklärung	a, dann ein Punkt, dann c im Suchtext
a.c	Erfolg
da.c	Erfolg
abc	Kein Erfolg

Abbildung F.106 Suche nach einem Sonderzeichen

Sonderzeichen maskieren

Der Backslash \ dient zur Maskierung von Sonderzeichen. Damit ist es
im vorliegenden Beispiel möglich, nach einem Punkt zu suchen.

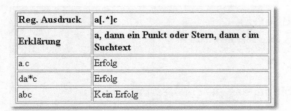

Reg. Ausdruck	a[.*]c
Erklärung	a, dann ein Punkt oder Stern, dann c im Suchtext
a.c	Erfolg
da*c	Erfolg
abc	Kein Erfolg

Abbildung F.107 Suche nach Sonderzeichen mit Alternative

Innerhalb der eckigen Klammern verlieren die Sonderzeichen ihre
Funktionalität. Daher wird im vorliegenden Beispiel nach der Zeichenkette `a.c` oder `a*c` gesucht.

F.9.9 Logische Negation

Besonders bei der Suche nach Zeichen aus einem bestimmten Bereich (a bis z oder 0 bis 9) kann die logische Negation eingesetzt werden. Eine Suche ist dann erfolgreich, wenn ein Zeichen gefunden wird, das nicht aus dem angegebenen Bereich stammt.

Die Bildschirmausgabe sieht wie folgt aus:

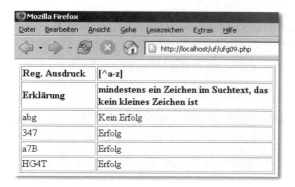

Abbildung F.108 Suche mit logischer Negation

Das Sonderzeichen ^ hat innerhalb der eckigen Klammern eine besondere Funktionalität. Es kennzeichnet das »Gegenteil« eines angegebenen Bereiches.

Sonderzeichen ^ Negation

Es folgen mehrere Beispiele, in denen etwas komplexere reguläre Ausdrücke vorkommen. Dabei werden Kombinationen aus den bereits vorgestellten Möglichkeiten verwendet.

F.9.10 Beispiel Geldbetrag

Beim Eintragen eines Geldbetrages sollten folgende Regeln eingehalten werden:

- Die Eingabe muss mit mindestens einer Ziffer beginnen.
- Anschließend ist entweder die Zeichenkette zu Ende (es handelt sich also um eine ganze Zahl) oder es folgt ein Komma als Dezimaltrennzeichen und eine bis zwei Ziffern.

Der entsprechende reguläre Ausdruck lautet:

```
^[0-9]+(,[0-9]{1,2})?$
```

Er setzt sich zusammen aus

▶ dem Zeichen ^ am Anfang, das heißt, vor den nachfolgenden Angaben darf nichts anderes stehen,

▶ dem Bereich [0-9], der mindestens einmal vorkommen muss, daher das Sonderzeichen +,

▶ einer Kombination (siehe unten), die keinmal oder einmal vorkommen darf, daher die runden Klammern und das Sonderzeichen ?,

▶ dem Zeichen $ am Ende, das heißt, nach den obigen Angaben darf nichts anderes stehen.

Die Kombination setzt sich wiederum zusammen aus

▶ einem Komma,

▶ dem Bereich [0-9], der ein- bis zweimal vorkommen darf, daher die Angabe {1,2}.

Die Bildschirmausgabe mit einigen richtigen und einigen falschen Eingaben sieht wie folgt aus:

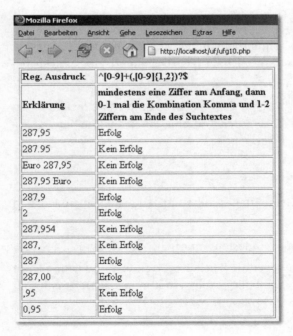

Reg. Ausdruck	^[0-9]+(,[0-9]{1,2})?$
Erklärung	mindestens eine Ziffer am Anfang, dann 0-1 mal die Kombination Komma und 1-2 Ziffern am Ende des Suchtextes
287,95	Erfolg
287.95	Kein Erfolg
Euro 287,95	Kein Erfolg
287,95 Euro	Kein Erfolg
287,9	Erfolg
2	Erfolg
287,954	Kein Erfolg
287,	Kein Erfolg
287	Erfolg
287,00	Erfolg
,95	Kein Erfolg
0,95	Erfolg

Abbildung F.109 Geldbetrag

Die Gründe, warum insgesamt sechs Eingaben falsch sind:

▶ Die Eingabe `287.95` beinhaltet einen Punkt statt einem Komma.

▶ Die Eingabe `Euro 287,95` beinhaltet etwas vor der ersten Ziffer.

▶ Die Eingabe `287,95 Euro` beinhaltet etwas nach der letzten Ziffer.

▶ Die Eingabe `287,954` beinhaltet drei Ziffern nach dem Komma.

▶ Die Eingabe `287,` beinhaltet nichts nach dem Komma.

▶ Die Eingabe `,95` beginnt nicht mit einer Ziffer.

F.9.11 Beispiel IP-Adresse

Eine IP-Adresse besteht aus insgesamt vier Zahlen, die jeweils eine bis drei Stellen haben, getrennt durch einen Punkt.

Der entsprechende reguläre Ausdruck lautet:

`^([0-9]{1,3}\.){3}[0-9]{1,3}$`

Er setzt sich zusammen aus

▶ der Kombination `[0-9]{1,3}\.` (also eine bis drei Ziffern und ein Punkt), die genau dreimal vorkommen darf,

▶ noch einmal einer bis drei Ziffern.

Die Bildschirmausgabe mit einigen richtigen und einigen falschen Eingaben sieht wie folgt aus:

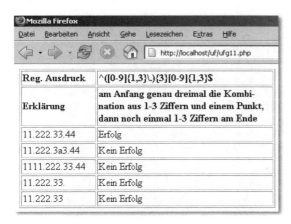

Abbildung F.110 IP-Adresse

Die Gründe, warum die letzten vier Eingaben falsch sind:

▶ Die Eingabe `11.222.3a3.44` beinhaltet ein Zeichen, das keine Ziffer ist.

▶ Die Eingabe `1111.222.33.44` beinhaltet einmal vier Ziffern nacheinander.

▶ Die Eingabe `11.222.33.` beinhaltet nach dem dritten Punkt keine Ziffer mehr.

▶ Die Eingabe `11.222.33` beinhaltet nur zwei Punkte.

F.9.12 Beispiel Datum

Ein deutsches Datum besteht aus insgesamt drei Zahlen. Davon sollen die beiden ersten Zahlen eine bis zwei Ziffern, die letzte Zahl vier Ziffern haben.

Der entsprechende reguläre Ausdruck lautet:

```
^([0-9]{1,2}\.){2}[0-9]{4}$
```

Er setzt sich zusammen aus

▶ der Kombination `[0-9]{1,2}\.` (also eine bis zwei Ziffern und ein Punkt), die genau zweimal vorkommen darf,

▶ noch einmal vier Ziffern.

Die Bildschirmausgabe mit einigen richtigen und einigen falschen Eingaben sieht wie folgt aus:

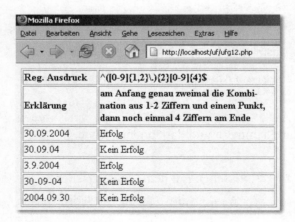

Abbildung F.111 Datum

Die Gründe, warum drei Eingaben falsch sind:

▶ Die Eingabe `30.09.04` beinhaltet nur zwei Ziffern am Ende.

▶ Die Eingabe `30-09-04` beinhaltet Striche statt Punkte.

▶ Die Eingabe `2004.09.30` beinhaltet vier Ziffern am Anfang und nur zwei Ziffern am Ende.

F.9.13 Beispiel E-Mail-Adresse

Bei einer E-Mail-Adresse sind sowohl Buchstaben als auch Ziffern erlaubt. Die Regeln lauten:

▶ Die Adresse muss mit mindestens einem Buchstaben oder einer Ziffer beginnen.

▶ Anschließend folgt beliebig oft die Kombination: ein Punkt und mindestens ein Buchstabe oder eine Ziffer. Beispiel: `nachname.vorname`

▶ Es folgt das Zeichen `@`.

▶ Es folgt wiederum mindestens ein Buchstabe oder eine Ziffer.

▶ Beliebig oft die gleiche Kombination wie oben: ein Punkt und mindestens ein Buchstabe oder eine Ziffer. Beispiel: `abteilung.bereich.firma`

▶ Das Ganze endet mit einem Punkt und zwei bis drei Buchstaben. Beispiel: `.de` oder `.com`

Der entsprechende reguläre Ausdruck lautet:

```
^[a-zA-Z0-9]+(\.[a-zA-Z0-9]+)*@[a-zA-Z0-9]+(\.[a-zA-Z0-
9]+)*\.[a-zA-Z]{2,3}$
```

Er setzt sich zusammen aus:

▶ dem Bereich `[a-zA-Z0-9]` am Anfang, versehen mit dem Sonderzeichen `+`,

▶ der Kombination `\.[a-zA-Z0-9]+`, die beliebig oft vorkommen darf, daher die runden Klammern und das Sonderzeichen `*`,

▶ dem Zeichen `@`,

▶ dem Bereich `[a-zA-Z0-9]`, versehen mit dem Sonderzeichen `+`,

▶ der Kombination `\.[a-zA-Z0-9]+`, die beliebig oft vorkommen darf,

▶ der Kombination `\.[a-zA-Z]{2,3}` am Ende.

Die Bildschirmausgabe mit einigen richtigen und einigen falschen Eingaben sieht wie folgt aus:

a2b@c.de	Erfolg
a2bcd.e@f.gh	Erfolg
a.2.b@c.de	Erfolg
2a@b2c.d.ef	Erfolg
a@b.cde	Erfolg
@a.bc	Kein Erfolg
a.@b.cd	Kein Erfolg
a@bc	Kein Erfolg
a@.b.cd	Kein Erfolg
a@b.c	Kein Erfolg
a@b.cdef	Kein Erfolg

Abbildung F.112 E-Mail-Adresse

Die Gründe, warum die letzten sechs Eingaben falsch sind:

▶ Die Eingabe @a.bc beinhaltet nichts vor dem Zeichen @.

▶ Die Eingabe a.@b.cd beinhaltet nichts hinter dem Punkt vor dem Zeichen @.

▶ Die Eingabe a@bc beinhaltet keinen Punkt in dem Bereich hinter dem Zeichen @.

▶ Die Eingabe a@.b.cd beinhaltet nichts vor dem Punkt hinter dem Zeichen @.

▶ Die Eingabe a@b.c beinhaltet hinter dem Punkt keine zwei bis drei Zeichen.

▶ Die Eingabe a@b.cdef beinhaltet hinter dem Punkt keine zwei bis drei Zeichen.

F.9.14 Ersetzen von Text

ereg_replace() Bisher ging es nur um die Suche nach Text beziehungsweise Suchmustern. Falls man gefundenen Text beziehungsweise gefundene Suchmuster ersetzen möchte, steht die Funktion ereg_replace() zur Verfügung.

Ein Beispiel, in dem alle ü durch ue und alle ß durch ss ersetzt werden:

Abbildung F.113 Ersetzen von Text

Man kann erkennen, dass beim ersten Durchlauf jedes Vorkommen des Buchstaben ü durch ue ersetzt wurde. Beim zweiten Durchlauf wurde ß durch ss ersetzt.

Das PHP-Programm sieht wie folgt aus:

```
<html>
<body>
<?php
$suchtext = "... würde bedeuten, daß es üblich ...";
echo "Original:<br>$suchtext<p>";
$suchtext = ereg_replace("ü", "ue", $suchtext);
echo "Nach erster Ersetzung:<br>$suchtext<p>";
$suchtext = ereg_replace("ß", "ss", $suchtext);
echo "Nach zweiter Ersetzung:<br>$suchtext<p>";
?>
</html>
</body>
```

Listing F.77 Datei ufg14.php

Zur Erläuterung:

▶ Die Funktion ereg_replace() erhält drei Parameter:
  ▶ den zu ersetzenden Text,
  ▶ den neuen Text,
  ▶ die gesamte Zeichenkette, die nach dem Text durchsucht wird.
▶ Der Rückgabewert ist die neue Zeichenkette.

F.9.15 Ersetzen von Suchmustern

Suchmuster werden normalerweise nicht durch einen festen Text ersetzt, sondern durch eine Kombination von Teiltexten, die im Suchmuster enthalten sind.

Ein Beispiel, in dem amerikanische Datumsangaben durch deutsche Datumsangaben ersetzt werden:

Abbildung F.114 Ersetzen von Suchmustern

Das PHP-Programm sieht wie folgt aus:

```
<html>
<body>
<?php
$suchtext = "Am 2004-12-31 ist Silvester,
    am 2005-01-01 Neujahr";
echo "Original:<br>$suchtext<p>";
$suchtext = ereg_replace(
    "([0-9]{4})-([0-9]{1,2})-([0-9]{1,2})",
    "\\3.\\2.\\1", $suchtext);
echo "Nach Ersetzung:<br>$suchtext<p>";
?>
</html>
</body>
```

Listing F.78 Datei ufg15.php

Zur Erläuterung:

▶ Der reguläre Ausdruck für ein amerikanisches Datum setzt sich zusammen aus vier Ziffern (für das Jahr), einem Bindestrich, einer bis zwei Ziffern (für den Monat), wiederum einem Bindestrich und einer bis zwei Ziffern (für den Tag).

- Damit dieser Ausdruck in Einzelteilen erfasst werden kann, müssen runde Klammern eingesetzt werden:

  Runde Klammern

  - Das erste Klammerpaar umfasst die vier Ziffern für das Jahr.
  - Das zweite Klammerpaar umfasst die ein bis zwei Ziffern für den Monat.
  - Das dritte Klammerpaar umfasst die ein bis zwei Ziffern für den Tag.

- Die Inhalte der Klammerpaare stehen mit Hilfe der Sonderzeichen \\1, \\2 und \\3 zur Verfügung. Sie werden im neuen Text mit Hilfe der Punkte zu einem deutschen Datum zusammengesetzt.

  Sonderzeichen \\Ziffer

Hinweise: Es stehen bis zu neun Ausdrücke zur Verfügung (bis \\9).

G Projekte

G.1   Projekt Chat 491

G.2   Projekt Forum 502

A
B
C
D
E
F
G
H
I

A   Einführung

B   PHP-Programmierkurs

C   Daten senden und auswerten

D   Datenbanken

E   Erweiterungen in PHP 5

F   Weitere Themen

G   Projekte

H   HTML

I   Anhang

G   Projekte

*In diesem Abschnitt werden zwei typische Anwendungspro-
jekte beschrieben: ein Chat und ein Forum. Besonderer Wert
wird auf das Zusammenspiel zwischen PHP, JavaScript und
CSS gelegt.*

G.1   Projekt Chat

Es soll eine Anwendung geschrieben werden, mit deren Hilfe ein einfacher Chat in eine Website integriert werden kann. Dazu gibt es natürlich im Internet einige vorgefertigte Lösungen, hier kommt es aber auf
die Entwicklung mit den vorhandenen Mitteln und auf das Verständnis
des Zusammenspiels der einzelnen Komponenten an.

Die Chat-Anwendung wird in zwei Versionen angeboten:

▶ Eine Version »Textdatei«, die auf Websites ohne Datenbankanbin-
dung eingesetzt werden kann. Die zugehörigen Programmdateien
befinden sich im Unterverzeichnis `chat_text`.

Textdatei

▶ Eine Version »Datenbank«, die für Websites mit MySQL-Datenbank-
Anbindung dient. Die zugehörigen Programmdateien befinden sich
im Unterverzeichnis `chat_db`.

Datenbank

Außerdem werden mögliche, individuelle Erweiterungen angesprochen, die eine Standard-Anwendung nicht bieten kann.

G.1.1   Frame-Aufbau

Beide Versionen haben den gleichen Frame-Aufbau. Sie unterscheiden
sich nur in der Form der Datenabspeicherung. In der Version »Textdatei« werden die bisherigen Chat-Beiträge bei der Darstellung aufsteigend sortiert. In der Version »Datenbank« wird die Darstellung in
absteigender Form ohne Mühe ermöglicht, so dass der neueste Beitrag
oben steht.

Zunächst eine Gesamtdarstellung, in der Version Textdatei:

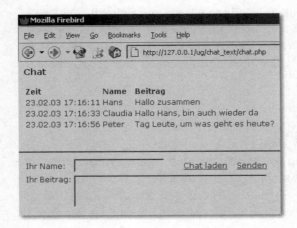

Abbildung G.1 Ausgabe Gesamt

Frame-Steuerdatei Es wird eine Aufteilung in Frames vorgenommen. Dazu dient die Frame-Steuerdatei:

```
<html>
<frameset rows="2*,*">
  <frame src="chat_aus.php" name="ausgabe">
  <frame src="chat_ein.php" name="eingabe">
</frameset>
</html>
```

Listing G.1 Datei chat.php

Zur Erläuterung:

▶ Die Aufteilung der beiden Frame-Zeilen im Verhältnis 2:1 wurde nur für diese Darstellung gewählt. Sie sollte eher 5:1 betragen.

▶ Im oberen Frame werden die bisherigen Beiträge ausgegeben, das Programm steht in chat_aus.php, der Frame hat den Namen ausgabe.

▶ Im unteren Frame können neue Beiträge eingegeben werden, das Programm steht in chat_ein.php, der Frame hat den Namen eingabe.

G.1.2 CSS-Formatierung

Beide Dateien binden die folgende CSS-Datei zur einheitlichen Formatierung ein:

```
body,td    {font-family: Verdana; font-size: 9pt;
            background-color:#d0dce0; color:#00008b}
a:link     {font-family: Verdana; font-size: 9pt;
            color: #0000ff}
a:visited {font-family: Verdana; font-size: 9pt;
            color: #0000ff}
a:hover    {font-family: Verdana; font-size: 9pt;
            color: #ff0000}
```

Listing G.2 Datei chat.css

Zur Erläuterung:

▶ Es wird für das gesamte Dokument und für die Tabellenzellen die Schriftart Verdana, Größe 9 Punkt, Farbe mittelblau gewählt. Der Hintergrund ist hellblau.

▶ Ein Link wird in der gleichen Formatierung dargestellt, allerdings mit Unterstreichung. Bei Überfahren des Links mit der Maus wird er rot eingefärbt.

Zentrale Formatierung

G.1.3 Ausgabe, Version Textdatei

Die bisherigen Beiträge werden im oberen Frame durch das folgende Programm aus der Textdatei gelesen und auf dem Bildschirm ausgegeben:

Inhalte lesen und ausgeben

```html
<html>
<head>
<link rel="stylesheet" type="text/css" href="chat.css">
</head>
<body>
<h3>Chat</h3>
<?php
/* Datei mit chat-Daten auslesen */
$fp = @fopen("chatdata.txt","r");
if($fp)
{
   echo "<table>";
   echo "<tr><td><b>Zeit</b></td>";
```

```
        echo "<td><b>Name</b></td>";
        echo "<td><b>Beitrag</b></td></tr>";

        /* alle Zeilen lesen und ausgeben */
        while(!feof($fp))
        {
            $tabzeile = fgets($fp,200);
            echo "$tabzeile";
        }
        echo "</table>";
        fclose($fp);
}
?>
</body>
</html>
```

Listing G.3 Datei chat_aus.php, Version Textdatei

Zur Erläuterung:

▶ Zunächst wird die CSS-Formatierungsdatei eingebunden.

▶ Im PHP-Teil wird die Datei mit den Beiträgen (chatdata.txt) zum Lesen geöffnet.

▶ Falls dies erfolgreich war, so wird eine dreispaltige Tabelle begonnen mit der Überschrift Zeit, Name und Beitrag.

▶ Alle Zeilen der Textdatei werden mit Hilfe der while-Schleife gelesen. Jede Zeile beinhaltet die Formatierungen für die HTML-Tabelle, sie wird vollständig ausgegeben.

G.1.4 Darstellung der Textdatei

Struktur Die Textdatei hat folgenden Aufbau:

Abbildung G.2 Textdatei

Jede Zeile ist bereits eine vollständige HTML-Tabellenzeile.

G.1.5 Ausgabe, Version Datenbank

Die bisherigen Beiträge werden im oberen Frame durch das folgende Programm aus der Datenbank gelesen und auf dem Bildschirm ausgegeben:

```
<html>
<head>
<link rel="stylesheet" type="text/css" href="chat.css">
</head>
<body>
<h3>Chat</h3>
<?php
/* Datei mit chat-Daten auslesen */
mysql_connect();
mysql_select_db("chat");
$res = mysql_query("select * from daten
        order by zeit desc");

if(mysql_num_rows($res)>0)
{
    echo "<table>";
    echo "<tr><td><b>Zeit</b></td>";
    echo "<td><b>Name</b></td>";
    echo "<td><b>Beitrag</b></td></tr>";

    while($dsatz = mysql_fetch_assoc($res))
    {
        $z = $dsatz["zeit"];
        $zs = substr($z,6,2) . "."
            . substr($z,4,2) . "."
            . substr($z,2,2) . " "
            . substr($z,8,2) . ":"
            . substr($z,10,2) . ":"
            . substr($z,12,2);
        echo "<tr>";
        echo "<td>$zs</td>";
        echo "<td>" . $dsatz["nick"] . "</td>";
        echo "<td>" . $dsatz["beitrag"] . "</td>";
        echo "</tr>";
    }
```

```
    echo "</table>";
}
?>
</body>
</html>
```

Listing G.4 Datei chat_aus.php, Version Datenbank

Datenbank lesen und ausgeben

Zur Erläuterung:

▶ Zunächst wird die CSS-Formatierungsdatei eingebunden.

▶ Im PHP-Teil werden aus der Datenbank `chat` alle Datensätze aus der Tabelle `daten` geholt. Diese sind nach dem Feld `zeit` absteigend sortiert, so dass der neueste Beitrag der erste Beitrag ist.

▶ Falls Datensätze vorhanden sind, so wird eine dreispaltige Tabelle begonnen mit der Überschrift Zeit, Name und Beitrag.

▶ Alle Datensätze werden mit Hilfe der `while`-Schleife und der Funktion `mysql_fetch_assoc()` im assoziativen Feld `$dsatz` gespeichert.

▶ Der automatisch erstellte MySQL-Timestamp im Datenfeld `zeit` wird zerlegt, damit er formatiert ausgegeben werden kann.

▶ Die drei Angaben jedes Datensatzes werden als HTML-Tabellenzeile ausgegeben.

G.1.6 Darstellung der Datenbanktabellen

Struktur

Die Tabelle `chat` hat folgende Struktur:

Abbildung G.3 Tabellenstruktur Chat

Einige Beispieldaten:

Daten

zeit	nick	beitrag
20030223173747	Hans	Hallo zusammen
20030223173819	Claudia	Hallo Hans, bin auch wieder da
20030223173905	Peter	Tag Leute, um was geht es heute?

Abbildung G.4 Daten Chat

G.1.7 Eingabe, Head

Die Datei `chat_ein.php` mit dem Programm zur Eingabe eines neuen Beitrages ist etwas umfangreicher, daher wird sie nachfolgend in drei Teilen dargestellt:

- Teil 1: Head mit CSS und JavaScript-Funktionen. Dieser ist für beide Versionen gleich.
- Teil 2: PHP-Abschnitt zum Speichern eines neuen Beitrages. Dieser unterscheidet sich und wird daher in zwei Versionen erläutert.
- Teil 3: Formular zum Eingeben eines neuen Beitrages. Dieses ist für beide Versionen gleich.

Es folgt Teil 1, der Head mit CSS und JavaScript-Funktionen:

```
<html>
<head>
<link rel="stylesheet" type="text/css" href="chat.css">
<script type="text/javascript">

/* Beitrag senden, falls Name und Beitrag vorhanden */
function send()
{
   if(document.f.nick.value != "" &&
      document.f.beitrag.value != "")
      document.f.submit();
}

/* Chat-Anzeige aktualisieren */
function reload()
{
   parent.ausgabe.location.href = "chat_aus.php";
}
```

```
</script>
</head>
```

Listing G.5 Datei chat_ein.php, Teil 1

Zur Erläuterung:

▶ Zunächst wird die CSS-Formatierungsdatei eingebunden.

JavaScript-
Prüfung

▶ Im JavaScript-Teil wird mit Hilfe der Funktion `send()` überprüft, ob der Benutzer seinen (Nick-)Namen und einen Beitrag in den beiden Formularfeldern eingetragen hat. Falls ja, wird das Formular abgesendet.

▶ Die Funktion `reload()` dient zum neuen Laden des oberen Frames, also der Ausgabeseite. Dies geschieht sowohl »automatisch« nach dem Eintragen des neuen Beitrages als auch bei Betätigung des Links »Chat laden«, ohne Eingabe eines neuen Beitrages.

Hinweis: Der JavaScript-Verweis auf ein Dokument wird über das Objekt `location`, Eigenschaft `href` realisiert. Dieser Eigenschaft wird ein Wert zugewiesen. In diesem Falle handelt es sich um das gleiche Dokument, das bereits angezeigt wird, es wird also nur neu geladen. Da das Dokument in einem anderen Frame geladen werden soll, muss dieser Frame über das festgelegte Wort `parent`, gefolgt vom Namen des Frames (`ausgabe`) angesprochen werden. Dieser Name wurde in der Frame-Steuerdatei festgelegt.

G.1.8 Eingabe, PHP zum Speichern, Version Textdatei

Datei-
Speicherung

Es folgt Teil 2, der PHP-Abschnitt zum Speichern eines neuen Beitrages in einer Textdatei:

```
<body>
<?php
/* Anhängen des neuen Textes, falls vorhanden */
if(isset($beitrag))
{
    $fp = fopen("chatdata.txt","a");
    if($fp)
    {
        $jetzt = date("d.m.y H:i:s");
        $tabzeile =  "<tr><td>$jetzt</td>";
        $tabzeile .= "<td>$nick</td>";
        $tabzeile .= "<td>$beitrag</td></tr>\n";
```

```
      fputs($fp,$tabzeile);
   }
   fclose($fp);

   /* Chat-Anzeige aktualisieren */
   echo "<script type='text/javascript'>";
   echo "reload();</script>";
}
?>
```

Listing G.6 Datei chat_ein.php, Teil 2, Version Textdatei

Zur Erläuterung:

▶ Falls es keinen Beitrag gibt, wird in diesem Teil nichts ausgeführt. Dies ist beim ersten Aufruf der Seite der Fall.

▶ Die Datei mit den Beiträgen (chatdata.txt) wird zum Anhängen geöffnet. Aktuelles Datum und aktuelle Uhrzeit werden ermittelt und zusammen mit dem (Nick-)Namen des Benutzers und seinem Beitrag in die Datei geschrieben.

▶ Diese drei Angaben werden in eine HTML-Tabellenzeile eingebettet, so dass die betreffende Zeile beim späteren Lesevorgang unmittelbar ausgegeben werden kann (siehe oben). Zur besseren Kontrolle der Inhalte der Textdatei für den Entwickler wird am Ende ein Zeilenumbruch (\n) angefügt.

▶ Nach dem Schreibvorgang wird der Ausgabe-Frame durch die eigene JavaScript-Funktion reload() neu geladen, damit der neu eingegebene Beitrag unmittelbar zu sehen ist.

G.1.9 Eingabe, PHP zum Speichern, Version Datenbank

Es folgt Teil 2, der PHP-Abschnitt zum Speichern eines neuen Beitrages in einer Datenbank:

Datenbank-Speicherung

```
<body>
<?php
/* Anhängen des neuen Textes, falls vorhanden */
if(isset($beitrag))
{
   mysql_connect();
   mysql_select_db("chat");
   mysql_query("insert daten (nick, beitrag)
```

```
            values ('$nick', '$beitrag')");

    /* Chat-Anzeige aktualisieren */
    echo "<script type='text/javascript'>";
    echo "reload();</script>";
}
?>
```

Listing G.7 Datei chat_ein.php, Teil 2, Version Datenbank

Zur Erläuterung:

▶ Falls es keinen Beitrag gibt, wird in diesem Teil nichts ausgeführt. Dies ist beim ersten Aufruf der Seite der Fall.

insert into ... values

▶ Mit Hilfe der SQL-Anweisung `insert` werden (Nick-)Name des Benutzers und sein Beitrag in die Tabelle `daten` der Datenbank `chat` geschrieben. Diese Tabelle beinhaltet ein drittes Feld vom Typ `Timestamp`. In diesem Feld werden bei Erzeugung des Datensatzes von MySQL automatisch das aktuelle Datum und die aktuelle Uhrzeit eingetragen.

▶ Nach dem Schreibvorgang wird der Ausgabe-Frame durch die eigene JavaScript-Funktion `reload()` neu geladen, damit der neu eingegebene Beitrag unmittelbar zu sehen ist.

G.1.10 Eingabe, Formular

Es folgt Teil 3, das Eingabeformular:

```
<form name="f" action="chat_ein.php" method="post">
<table>
  <tr>
    <td>Ihr Name:</td>
    <td><input name="nick"
      <?php if(isset($nick))
              echo "value='$nick'"; ?>
      size="20"></td>
    <td align="center">
      <a href="javascript:reload();">Chat laden</a>
    </td>
    <td align="right">
      <a href="javascript:send();">Senden</a>
    </td>
```

```
    </tr>
    <tr>
      <td valign="top">Ihr Beitrag:</td>
      <td colspan="3">
        <textarea cols="50" rows="2"
                  name="beitrag"></textarea>
      </td>
    </tr>
</table>
</form>
</body>
</html>
```

Listing G.8 Datei chat_ein.php, Teil 3

Zur Erläuterung:

► Das Eingabeformular hat einen Namen (f), dieser wird für JavaScript benötigt. Es ruft die gleiche Datei wieder auf. Nach dem Absenden steht das Eingabefenster also wieder zur Verfügung.

► Die Formular-Elemente sind in einer kleinen Tabelle eingebettet.

► In der oberen Tabellenzeile steht zunächst das Eingabefeld für den (Nick-)Namen. Der Benutzer muss seinen Namen nur einmal eintragen. Nach dem Absenden sorgt PHP dafür, dass der gleiche Name wieder übernommen wird (value='$nick').

► Es folgt der Hyperlink für `Chat laden` (ohne Beitrag), der die eigene JavaScript-Funktion `reload()` aufruft.

► Anschließend folgt der Hyperlink für das `Senden` eines Beitrages, der die eigene JavaScript-Funktion `send()` aufruft.

Beitrag senden

► In der unteren Tabellenzeile dient eine Textarea der Größe 50 mal 2 für die neuen Beiträge. Diese Werte wurden nur für die oben angegebene Abbildung gewählt. Sinnvoller wäre zum Beispiel 90 mal 3.

G.1.11 Mögliche Erweiterungen

Der Benutzer, der an einem Chat teilnehmen möchte, gelangt zunächst zu einer Login-Seite. Hier meldet er sich mit (Nick-)Namen und Passwort an und wählt aus, an welcher Chat-Gruppe er teilnehmen möchte.

Ideen

Alle anwesenden Teilnehmer jeder Chat-Gruppe werden angezeigt, so dass man sich schon einen Überblick verschaffen kann, wie gut die jeweilige Chat-Gruppe besucht ist und ob eventuell Bekannte dabei sind.

Ein neu hinzukommender Benutzer, der noch kein Passwort hat, wird auf eine Seite zur Neuanmeldung verwiesen. Hier trägt er seine persönlichen Daten ein, soweit sie für die Chat-Anmeldung relevant sind.

Es gibt eine Administrationsseite für einen Moderator. Dieser kann

▶ alle Chat-Beiträge sehen,

▶ eigene Beiträge und Hinweise senden,

▶ Beiträge, die die gesetzten Regeln verletzen, gegebenenfalls löschen,

▶ Benutzer temporär oder permanent ausschließen,

▶ Neuanmeldungen bearbeiten und die Neubenutzer benachrichtigen.

Ausgehend von der Version Datenbank wird eine zusätzliche Tabelle für die Benutzer benötigt. Hier werden gespeichert: persönliche Daten, Nickname, Passwort, Anwesenheitsvermerk (anwesend, wenn ja in welchem Chat), Benutzerstatus (neu, normal, gesperrt).

Die Tabelle daten wird um ein Feld Gruppe erweitert. Bei der Ausgabe werden mit der SQL-Anweisung nur die Beiträge aus der betreffenden Gruppe ausgewählt.

G.2 Projekt Forum

Es soll ein individuelles Forum für eine geschlossene Benutzergruppe geschaffen werden.

Fachinformatiker
Zunächst eine kurze Erläuterung zu der Benutzergruppe: Die Umschulung zum Fachinformatiker, Fachrichtung Anwendungsentwicklung, umfasst 14 Monate Unterricht, sechs Monate Praktikum und zwei Monate Prüfungsvorbereitung und Prüfung vor der Industrie- und Handelskammer. Während des Praktikums soll den 50 Umschulungsteilnehmern aus insgesamt zwei Kursen die Möglichkeit geboten werden, übers Internet Erfahrungen auszutauschen und sich gegenseitig Tipps und Hilfestellungen zu geben. Die Teilnehmer haben Praktikantenstellen bei unterschiedlichen Firmen aus dem IT-Bereich beziehungsweise in IT-Abteilungen branchenfremder Firmen sowie in öffentlichen Einrichtungen (zum Beispiel Universität, Stadtverwaltung usw.). Diese befinden sich größtenteils im Kammergebiet, einige sind auch über das gesamte Bundesgebiet verteilt.

Passwort
Der Zugang zum Forum ist über eine Internetseite möglich, bei der nur das individuelle Passwort eingegeben werden muss. Die Eingabe eines Benutzernamens oder die Möglichkeit zur Neuanmeldung ist nicht not-

wendig, da alle Teilnehmer bereits namentlich bekannt sind und das Forum nur für einen begrenzten Zeitraum genutzt wird. Die Teilnehmer erfahren die Adresse und ihr individuelles Passwort als Antwort auf eine Mail, die sie von ihrem Praktikumsplatz aus an den Administrator der Website gesendet haben.

Die Namen, Passwörter und Beiträge der Teilnehmer werden in zwei Tabellen einer Datenbank gespeichert. Es handelt sich um die Datenbank `forum` und die Tabellen `eintrag` und `teilnehmer`. Der Aufbau der Tabellen wird im Zusammenhang mit dem Aufbau des zugehörigen Programm-Elementes erläutert. Das gesamte Programm einschließlich der Anmeldeseite ist in einer Datei codiert. Dies vereinfacht viele Vorgänge.

Datenbank

G.2.1 Darstellung, Anmeldung

Nach Aufruf des Forums erscheint zunächst der Anmeldebildschirm:

Anmeldung

Abbildung G.5 Forum, Anmeldebildschirm

G.2.2 Darstellung, Hauptbildschirm

Nach Eingabe eines falschen Passwortes oder ohne Passwort gelangt der Benutzer ohne Kommentar wieder auf diesen Anmeldebildschirm. Nach Eingabe seines persönlichen Passworts gelangt der Teilnehmer zum Forum (Ausschnitt):

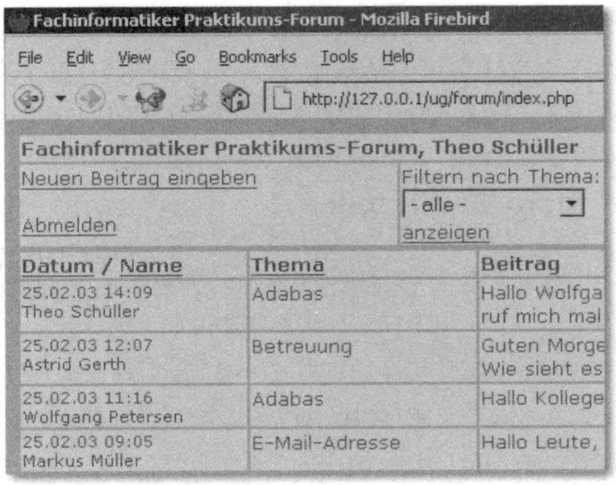

Abbildung G.6 Forum, nach Anmeldung

Zur Erläuterung:

Forum, Inhalt ▶ In der Titelzeile und als Überschrift erscheint der Name des Forums. In der Überschrift wird zusätzlich der Name des angemeldeten Teilnehmers angezeigt (hier: `Markus Müller`), der nach Eingabe des Passwortes eindeutig zugeordnet werden kann.

▶ In den nächsten beiden Zeilen können verschiedene Hyperlinks betätigt werden:

▶ Der Link »Neuen Beitrag eingeben« führt zum unteren Ende der Seite. Hier können Thema und Beitrag eingegeben und abgesendet werden, siehe den nächsten Abschnitt.

▶ Der Link »Abmelden« führt wieder zum Anmeldebildschirm, siehe oben.

▶ Die Beiträge des Forums können gefiltert angezeigt werden. Die Benutzer können selbst das Thema ihres Beitrages wählen.

Themenfilter ▶ Falls ein Benutzer nur die Beiträge zu einem bestimmten Thema sehen möchte, so kann er das gewünschte Thema aus dem Menü `Filtern nach Thema` auswählen. Diese Liste beinhaltet immer automatisch alle verschiedenen Themen des Forums in alphabetischer Reihenfolge. Das Forum kann somit auf einfache Weise in einzelne Foren »zerlegt« werden.

▶ Diese Funktionalität setzt natürlich eine gewisse Benutzerdisziplin bei der Eingabe der Themen voraus, die man in einer geschlossenen, namentlich bekannten Benutzergruppe erwarten kann. Zusätzlich kann ein Moderator regelmäßig die Liste der Themen »vereinheitlichen«, um die Filterung zu erleichtern.

Namens-Filter ▶ Falls ein Benutzer nur die Beiträge eines bestimmten Kollegen sehen möchte (da hat doch letztens der ... etwas Interessantes geschrieben), so kann der gewünschte Name aus dem Menü `Filtern nach Name` ausgewählt werden. Diese Liste beinhaltet immer automatisch alle verschiedenen Benutzer des Forums, die bereits mindestens einen Beitrag gesendet haben, in alphabetischer Reihenfolge.

Wort-Filter ▶ Das Textfeld `Filtern nach Wort` bietet eine Volltext-Suchfunktion. Nach Eingabe eines Begriffes werden nur noch die Beiträge angezeigt, die dieses Wort beinhalten. Dies kann als Ergänzung zum `Filtern nach Thema` angesehen werden. Ein Beitrag kann nicht immer nur einem Thema eindeutig zugeordnet werden.

Sortierung ▶ Der Hyperlink `Datum` sortiert die Beiträge nach Datum, neuester Beitrag oben. Dies ist die Standard-Sortierung nach der Anmeldung. Sie wird nur benötigt, falls vorher eine der beiden anderen Sortierungen genutzt wurde.

▶ Die beiden Hyperlinks `Name` und `Thema` bieten eine alphabetische Sortierung der Beiträge nach Benutzernamen beziehungsweise Thema des Beitrages.

▶ Es folgen die einzelnen Beiträge, gemäß der aktuellen Sortierung. Dabei werden Datum, Uhrzeit und Name des beitragenden Teilnehmers automatisch ermittelt. Er muss nur Thema und Beitrag hinzufügen.

Eine Einschränkung: Die Filter-, Such- und Sortierfunktionen können nur einzeln genutzt werden. Sie sind nicht additiv, das heißt, es ist nicht möglich, nur die Beiträge eines Teilnehmers anzuzeigen und diese gleichzeitig nach Thema zu sortieren. Hier wurde im Sinne des »Extreme Programming« der schnellen Lösung der Vorzug vor der komplexen Lösung gegeben. Die erweiterte Funktionalität könnte hinzugefügt werden, falls sich diese Notwendigkeit ergibt.

G.2.3 Darstellung, Neuer Beitrag

Der Link `Neuen Beitrag eingeben` führt zum unteren Ende der Seite. Hier können Thema und Beitrag eingegeben und abgesendet werden:

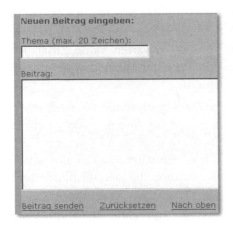

Abbildung G.7 Eingabe neuer Beitrag

Die Bezeichnung des Themas sollte nicht länger als 20 Zeichen sein. Die Länge des Beitrages ist nicht begrenzt, da (nach einem kurzen Versuch mit maximal 255 Zeichen) der MySQL-Datentyp `BLOB` (Binary Large

Binary Large Object

Object) zur Speicherung gewählt wurde. Mit Hilfe dieses Datentyps können Beiträge »unbegrenzter« Länge gespeichert werden.

Unter der Textarea für den Beitrag finden sich Hyperlinks zum Absenden und Zurücksetzen des Formulars beziehungsweise zum Rücksprung Nach oben, zum Kopf der Seite.

Neuer Beitrag Nach dem Absenden eines neuen Beitrages wird die Seite neu geladen. Es ist kein Filter aktiv, die Beiträge sind nach Datum fallend sortiert, der soeben abgesendete Beitrag erscheint oben. Die Liste des Menüs Filtern nach Thema ist bereits unmittelbar ergänzt worden, falls es sich um einen Beitrag zu einem neuen Thema handelte. Die Liste des Menüs Filtern nach Name ist ebenfalls bereits unmittelbar ergänzt worden, falls es sich um den ersten Beitrag des angemeldeten Teilnehmers zum Forum handelte.

G.2.4 Datenbank, Tabelle der Teilnehmer

Teilnehmer-
struktur

Nachfolgend zunächst die Struktur der Datenbanktabelle für die Teilnehmer:

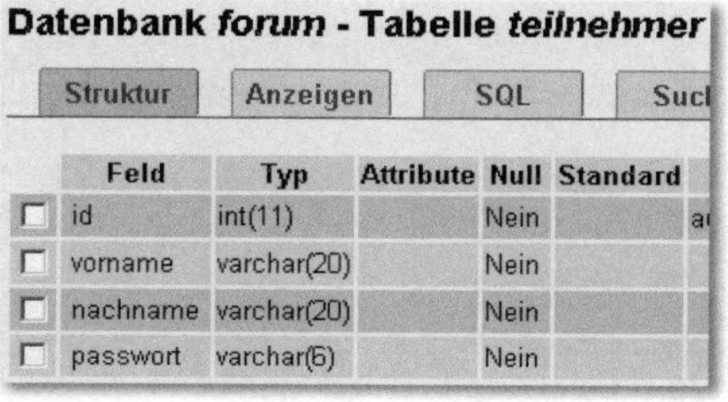

Datenbank *forum* - Tabelle *teilnehmer*

	Struktur	Anzeigen		SQL		Suc
	Feld	Typ	Attribute	Null	Standard	
☐	id	int(11)		Nein		a
☐	vorname	varchar(20)		Nein		
☐	nachname	varchar(20)		Nein		
☐	passwort	varchar(6)		Nein		

Abbildung G.8 Tabellentruktur Teilnehmer

Zu jedem Teilnehmer werden ID, Vorname, Nachname und Passwort gespeichert. Nachfolgend einige Beispieleinträge:

id	vorname	nachname	passwort
1	Markus	Müller	krt956
2	Theo	Schüller	pth620
3	Wolfgang	Petersen	ikr652
4	Astrid	Gerth	hkw649

Abbildung G.9 Daten Teilnehmer

G.2.5 Datenbank, Tabelle der Beiträge

Die Beiträge werden in der Tabelle `eintrag` gespeichert. Diese hat folgenden Aufbau:

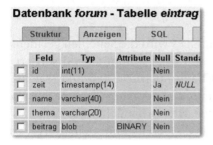

Datenbank *forum* - Tabelle *eintrag*

Feld	Typ	Attribute	Null	Standa
id	int(11)		Nein	
zeit	timestamp(14)		Ja	*NULL*
name	varchar(40)		Nein	
thema	varchar(20)		Nein	
beitrag	blob	BINARY	Nein	

Abbildung G.10 Tabellenstruktur Eintrag

Neben der eindeutigen ID werden Datum/Uhrzeit, Name des Teilnehmers, Thema und Text des Beitrages gespeichert. Wie bereits erwähnt, wurde für den Beitrag der MySQL-Datentyp `BLOB` (Binary Large Object) zur Speicherung gewählt, so dass auch sehr lange Beiträge gespeichert werden können. Einige Beispieleinträge (Ausschnitt):

zeit	name	thema	beitrag
)225090508	Markus Müller	E-Mail-Adresse	[BLOB - 70 Byt(
)225111614	Wolfgang Petersen	Adabas	[BLOB - 54 Byt(
)225120749	Astrid Gerth	Betreuung	[BLOB - 149 Byt
)225140904	Theo Schüller	Adabas	[BLOB - 147 Byt

Abbildung G.11 Dateneintrag

Das Programm PHPMyAdmin lässt in der Standard-Einstellung das Anzeigen beziehungsweise Editieren eines Feldes vom Typ `BLOB` nicht zu. Falls man als Entwickler dieses Sicherheits-Feature umgehen möchte, kann man in der Datei `config.inc.php` im PHPMyAdmin-Installationsverzeichnis folgende Änderungen vornehmen:

```
$cfg['ShowBlob'] = TRUE;
$cfg['ProtectBinary'] = FALSE;
```

Damit wird es erlaubt, sich `BLOB`-Einträge anzusehen (`ShowBlob`) und alle Einträge von Binärtypen auch zu verändern (`ProtectBinary`).

Einige Beispieleinträge, nachdem diese Änderungen vorgenommen wurden:

zeit	name	thema	
0225090508	Markus Müller	E-Mail-Adresse	Hallo Leute, hier m
0225111614	Wolfgang Petersen	Adabas	Hallo Kollegen, ich
0225120749	Astrid Gerth	Betreuung	Guten Morgen, hier mir mit drei Hiwis " Astrid
0225140904	Theo Schüller	Adabas	Hallo Wolfgang, im vielleicht kann man Gruss Theo

Abbildung G.12 Nach Änderung in config.inc.php

Mit Hilfe des T (oben links) können die Einträge, die zunächst nur teilweise angezeigt werden, auch vollständig dargestellt werden. Ein einzelner Eintrag wird ebenfalls vollständig änderbar angezeigt.

G.2.6 Passwort-Vergabe

Wie bereits geschildert, ist der Zugang nur über ein individuelles Passwort möglich. Die Teilnehmer erfahren die Adresse und ihr individuelles Passwort als Antwort auf eine Mail, die sie von ihrem Praktikumsplatz aus gesendet haben.

Passwort-Ermittlung

Dazu ist es vorher notwendig, für jeden der 50 Teilnehmer ein eigenes, eindeutiges Passwort zu erzeugen. Das Passwort besteht immer aus drei Kleinbuchstaben und drei Ziffern. Dadurch ergeben sich circa 17,5 Millionen verschiedene Kombinationen. Das Passwort ist fest, es kann nicht vom Teilnehmer geändert werden. Dies erscheint zunächst als Nachteil, aber:

▶ Durch eine zufällige Auswahl werden schwer erratbare Passwörter festgelegt.

▶ Es wird vermieden, dass die Teilnehmer eigene, eventuell zu einfache Passwörter auswählen.

▶ Der Aufwand bei der Anmeldung ist geringer.

Das Programm zur Erzeugung der 50 verschiedenen Passwörter setzt auf der bereits dargestellten Tabelle teilnehmer auf. In dieser Tabelle sind bereits 50 Datensätze vorhanden, bei denen Vorname und Nachname eingetragen sind.

Das Programm:

```php
<html>
<body>
<?php
/* Zufallsgenerator initialisieren */
mt_srand((double)microtime()*1000000);

/* 50 zufällige Kombinationen erzeugen */
for($i=1; $i<=50; $i++)
{
   /* Keine Kombination doppelt erzeugen */
   do
   {
      $vorhanden = 0;
      $pw[$i] = "";

      /* Kombination besteht
               aus 3 kleinen Buchstaben */
      for ($k=1; $k<=3; $k++)
         $pw[$i] .= chr(mt_rand()%26+97);

      /* ... und drei Ziffern */
      for ($k=1; $k<=3; $k++)
         $pw[$i] .= chr(mt_rand()%10+48);

      /* Mit allen bisherigen
               Kombinationen vergleichen */
      for($m=1; $m<$i; $m++)
      {
         if($pw[$m] == $pw[$i])
         {
            $vorhanden=1;
            break;
         }
      }
   }
   while($vorhanden==1);
   echo $pw[$i] . "<br>";
}
```

```
/* Kombinationen in die Datenbank schreiben  */
mysql_connect();
mysql_select_db("forum");

$num = 0;
for($i=1; $i<=50; $i++)
{
    mysql_query("update teilnehmer set passwort
        = '" . $pw[$i] . "' where id = " . $i);
    $num += mysql_affected_rows();
}
echo "$num Datensätze geändert";
?>
</body>
</html>
```

Listing G.9 Datei pw.php

Zur Erläuterung:

▶ Zunächst wird der Zufallsgenerator initialisiert.

▶ Es wird eine for-Schleife 50-mal durchlaufen, für jeden Datensatz einmal.

▶ Für ein Passwort wird eine Kombination aus drei kleinen Buchstaben und drei Ziffern ermittelt und in einem numerisch indizierten Feld gespeichert.

▶ Dazu wird für die Buchstaben eine ganze Zahl zwischen 0 und 25 erzeugt. Das Ergebnis wird um 97 verschoben, so dass eine ganze Zahl zwischen 97 und 122 zur Verfügung steht. Das Zeichen mit dem betreffenden ASCII-Code wird dem Passwort hinzugefügt.

▶ Die Erzeugung der drei Ziffern verläuft analog. Die Ziffern liegen im Code-Bereich zwischen 48 und 57.

▶ Anschließend wird das neue Passwort mit den bisher ermittelten Passwörtern in dem Feld verglichen. Falls es bereits vorhanden ist, wird die do-while-Schleife, in der die gesamte Ermittlung eines Passwortes eingebettet ist, noch einmal durchlaufen. Dies wird so oft wiederholt, bis ein neues Passwort gefunden wurde.

▶ Zur Kontrolle wird das Passwort auf dem Bildschirm ausgegeben.

▶ In einer weiteren for-Schleife werden die Datensätze der Tabelle in der Datenbank mit den Elementen des Feldes aktualisiert.

- ▶ Zur Kontrolle wird die Anzahl der vorgenommenen Änderungen mit Hilfe der Funktion `mysql_affected_rows()` in der Tabelle festgehalten und am Ende ausgegeben.

Hinweis: Das Programm sollte nach einem Lauf auskommentiert oder umbenannt werden, damit die Passwörter nicht versehentlich durch neue Zufallswerte überschrieben werden können.

G.2.7 Forum, CSS

Die Darstellung des Forum-Programms wird aufgrund der Größe unterteilt. Die Datei-Inhalte werden der Reihe nach abgebildet und erläutert. Hier zunächst die Beschreibung der CSS-Formatierung:

CSS-
Formatierung

```
<html>
<head>
<title>Fachinformatiker Praktikums-Forum</title>
<style type="text/css">
    body        {font-family:Verdana; font-size:10pt;
                 color:#a52a2a; background-color:#b3b3b3}
    td          {font-family:Verdana; font-size:10pt;
                 color:#a52a2a; background-color:#d3d3d3;
                 vertical-align:top}
    td.ub       {background-color:#c3c3c3}
    td.kl       {font-size:8pt}
    a:link      {color:#a52a2a}
    a:visited   {color:#a52a2a}
    a:hover     {color:#a52a2a; background-color:#d3d3d3}
</style>
```

Listing G.10 Datei index.php, CSS

Zur Erläuterung:

- ▶ Für das Dokument wird die Schriftart Verdana in 10 Punkt, dunkelrot eingestellt. Der Hintergrund ist dunkelgrau.
- ▶ In einer Standard-Tabellenzelle wird die gleiche Schrift-Formatierung gewählt. Sie hat allerdings einen hellgrauen Hintergrund, dadurch wird die Aufteilung der Seite vor dem Dokument-Hintergrund stärker hervorgehoben. Auf diese Weise hat die CSS-Formatierung nicht nur einen optischen, sondern auch einen funktionellen Charakter.

- Beiträge gehen meist über mehrere Zeilen innerhalb einer Zelle. Die Informationen zu Datum, Uhrzeit, Name und Thema dienen durch die vertikale Ausrichtung (oberer Rand) als optische »Einordnung« der gesamten Tabellenzeile.

- Tabellenzellen der Klasse `ub` werden bei Überschriften eingesetzt. Diese Zellen haben einen mittelgrauen Hintergrund. Der Eigenschaftswert hellgrau wird hier überlagert. Die restlichen Eigenschaften einer Standard-Tabellenzelle bleiben erhalten.

- Tabellenzellen der Klasse `kl` werden für die Angaben Datum, Uhrzeit und Name eingesetzt. Diese Zellen haben eine etwas kleinere Schriftart. Der Eigenschaftswert 10 Punkt wird hier durch den Wert 8 Punkt überlagert. Die restlichen Eigenschaften einer Standard-Tabellenzelle bleiben erhalten.

- Hyperlinks haben die gleiche Schriftfarbe wie normale Texte. Nur beim Überstreichen bekommen sie zusätzlich einen hellgrauen Hintergrund.

G.2.8 Forum, JavaScript-Funktion

Es folgt die JavaScript-Funktion `send()`, mit deren Hilfe die gewünschte Aktion beziehungsweise der Darstellungsstatus eingestellt wird:

```
<script type="text/javascript">
function send(p)
{
   if (p==1)
   {
      if (document.tb.thema.value == ""
         || document.tb.beitrag.value == "")
         alert("Bitte Thema und Beitrag eintragen!");
      else
      {
         document.tb.aufruf.value = "beitrag";
         document.tb.submit();
      }
   }
   else if (p==2)
   {
      document.tb.aufruf.value = "sdatum";
      document.tb.submit();
```

```
   }
   else if (p==3)
   {
      document.tb.aufruf.value = "sname";
      document.tb.submit();
   }
   else if (p==4)
   {
      document.tb.aufruf.value = "sthema";
      document.tb.submit();
   }
   else if (p==5)
   {
      document.tb.aufruf.value = "filter_t";
      document.tb.submit();
   }
   else if (p==6)
   {
      document.tb.aufruf.value = "filter_n";
      document.tb.submit();
   }
   else if (p==7)
   {
      document.tb.aufruf.value = "filter_w";
      document.tb.submit();
   }
}
</script>
</head>
```

Listing G.11 Datei index.php, JavaScript-Funktion

Zur Erläuterung:

Die Funktion send() wird von vielen verschiedenen Hyperlinks aufgerufen. Der dabei übermittelte Parameter p legt die Art der Aktion fest:

Unterschiedlicher Seitenaufruf

1. p=1: Es handelt sich um das Absenden eines neuen Beitrages. Falls
   eines der beiden Elemente für Thema beziehungsweise Beitrag leer
   ist, so wird darauf aufmerksam gemacht und nicht gesendet. Anderenfalls wird dem versteckten Element aufruf zur Auswertung im

empfangenden Programmteil der Wert `beitrag` zugewiesen. Anschließend wird gesendet.

2. p=2: Die Tabelle soll nach Datum fallend sortiert werden. Das versteckte Element aufruf bekommt den Wert `sdatum`.

3. p=3: Die Tabelle soll nach Name sortiert werden. Das versteckte Element bekommt den Wert `sname`.

4. p=4: Die Tabelle soll nach Thema sortiert werden. Das versteckte Element bekommt den Wert `sthema`.

5. p=5: Die Tabelle soll nach dem ausgewählten Thema gefiltert angezeigt werden. Das versteckte Element bekommt den Wert `filter_t`.

6. p=6: Die Tabelle soll nach dem ausgewählten Namen gefiltert angezeigt werden. Das versteckte Element bekommt den Wert `filter_n`.

7. p=7: Die Tabelle soll nach dem eingetragenen Wort gefiltert angezeigt werden. Das versteckte Element bekommt den Wert `filter_ w`.

Nach Durchführung einer der Aktionen 2 bis 7 wird ebenfalls das Formular abgesendet.

G.2.9 Forum, Anmeldung

Der erste Teil des Hauptdokumentes dient zur Aufnahme der Datenbankverbindung und der Darstellung des Anmeldebildschirmes:

```
<body>
<?php
/* Datenbankverbindung */
mysql_connect();
mysql_select_db("forum");

/* Keine Parameter gesendet: Zur Anmeldung */
if(!isset($aufruf) || !isset($pw))
{
    echo "<form name='anm' action='index.php'";
    echo " method='post'>";
    echo "Passwort:<br>";
    echo "<input type='password' name='pw'>";
    echo "<input type='hidden' name='aufruf'";
    echo " value='login'><br>";
    echo "<a href='javascript:document.anm.submit();'>";
```

```
    echo "Anmelden</a>";
    echo "</form></body></html>";
    exit;
}
```

Listing G.12 Datei index.php, Anmeldung

Zur Erläuterung:

Anmeldung

▶ Es wird die Datenbank `forum` ausgewählt.

▶ Falls kein Passwort übermittelt oder keine Aktion aufgerufen wurde, so wird unmittelbar die Anmeldeseite generiert.

▶ Diese besteht aus dem Formular mit dem Namen `anm`. Das Formular beinhaltet das versteckte Element `aufruf`, dem der Wert `login` zugewiesen wird, und ein Passwort-Element.

▶ Der Hyperlink dient zum Absenden des Formulars.

▶ Weitere Elemente beinhaltet die Anmeldeseite nicht, daher kann das Dokument beendet werden.

G.2.10 Forum, Zugangsprüfung und Überschrift

Dieser Teil des Hauptdokumentes dient zur Zugangsprüfung und leitet die Überschrift ein:

```
/* Prüfung auf gültiges Passwort */
$sqlab = "select * from teilnehmer";
$sqlab .= " where passwort like '$pw'";
$res = mysql_query($sqlab);
$num = mysql_num_rows($res);

if($num==0)
{
    echo "<script type='text/javascript'>";
    echo "location.href='index.php'</script>";
    echo "</body></html>";
    exit;
}


/* Formular beginnt nach erfolgreicher Anmeldung */
echo "<form name='tb' action='index.php'";
echo " method='post'>";
echo "<input type='hidden' name='pw' value='$pw'>";
```

```php
echo "<input type='hidden' name='aufruf'>";

/* Kopfzeile mit Teilnehmer-Name */
$vn = mysql_result($res,0,"vorname");
$nn = mysql_result($res,0,"nachname");
$name = "$vn $nn";

echo "<table width='100%'>";
echo "<tr><td colspan='4' class='ub'>";
echo "<a name='oben'><b>";
echo "Fachinformatiker Praktikums-Forum, $name";
echo "</b></a></td></tr>";

echo "<tr>";
echo "<td width='25%' class='ub'><a href='#neu'>";
echo "Neuen Beitrag eingeben</a><br> <br>";
echo "<a href='index.php'>Abmelden</a></td>";
```

Listing G.13 Datei index.php, Zugangsprüfung und Überschrift

Zugangsprüfung Zur Erläuterung:

▶ Mit Hilfe einer `select`-Anweisung wird ermittelt, ob das Passwort in der Tabelle existiert. Falls kein passender Datensatz gefunden wurde, ruft das Dokument sich selbst auf. Da dabei keine Parameter übermittelt werden, gelangt man so zur Anmeldeseite zurück.

▶ Falls dagegen die Anmeldung erfolgreich war, wird das Haupt-Formular mit dem Namen `tb` begonnen. Das erste versteckte Element (`pw`) übermittelt das Passwort zum nächsten Aufruf weiter. Das zweite versteckte Element (`aufruf`) dient zur Übermittlung der gewünschten Aktion (Sortieren, Filtern, Eintragen ...) mit der Java-Script-Funktion (siehe oben).

▶ Der Name des Teilnehmers wird aus dem Datensatz ermittelt, in dem das Passwort gefunden wurde.

▶ Es folgt die Überschrift, in der auch der Name des Teilnehmers erscheint.

▶ Anschließend folgt der Hyperlink zum Ankerpunkt #neu im unteren Teil des Dokumentes (`Neuen Beitrag eingeben`).

G.2.11 Forum, neuen Beitrag speichern

Ein neuer Beitrag wird als Erstes gespeichert, so dass das restliche Dokument ihn mit einbeziehen kann:

```
/* Neuen Beitrag in Datenbank schreiben */
if($aufruf == "beitrag")
{
   $sqlab = "insert eintrag (name, thema, beitrag) ";
   $sqlab .= "values ('$name', '$thema', '$beitrag')";
   mysql_query($sqlab);
}
```

Listing G.14 Datei index.php, Neuen Beitrag speichern

Zur Erläuterung:

Neuen Beitrag speichern

▶ Falls ein Beitrag gesendet wurde, so hat $aufruf den Wert beitrag.

▶ Es wird die Systemzeit formatiert ermittelt.

▶ Der neue Beitrag kann eingetragen werden, mit der Systemzeit, dem vollen Namen des Teilnehmers, Thema und Beitrag.

G.2.12 Forum, Filterung auswählen

Es wird erläutert, wie die Elemente zur Filterauswahl dargestellt werden:

```
/* Thema als Auswahlfilter */
$sqlab = "select thema from eintrag";
$sqlab .= " group by thema";
$res = mysql_query($sqlab);
$num = mysql_num_rows($res);
echo "<td width='25%' class='ub'>";
echo "Filtern nach Thema:<br>";
echo "<select name='filter_t'>";
echo "<option>- alle -</option>";

for($i=0; $i<$num; $i++)
{
   $optt = mysql_result($res, $i, "thema");
   echo "<option>$optt</option>";
}
echo "</select><br>";
```

```
echo "<a href='javascript:send(5);'>";
echo "anzeigen</a></td></td>";

/* Name als Auswahlfilter */
$sqlab = "select name from eintrag";
$sqlab .= " group by name";
$res = mysql_query($sqlab);
$num = mysql_num_rows($res);
echo "<td width='25%' class='ub'>";
echo "Filtern nach Name:<br>";
echo "<select name='filter_n'>";
echo "<option>- alle -</option>";

for($i=0; $i<$num; $i++)
{
    $optn = mysql_result($res, $i, "name");
    echo "<option>$optn</option>";
}
echo "</select><br>";
echo "<a href='javascript:send(6);'>";
echo "anzeigen</a></td></td>";

/* Wort im Beitrag als Auswahlfilter */
echo "<td width='25%' class='ub'>";
echo "Filtern nach Wort:<br>";
echo "<input name='filter_w'><br>";
echo "<a href='javascript:send(7);'>";
echo "anzeigen</a></td>";
echo "</tr>";
echo "</table>";
```

Listing G.15 Datei index.php, Filterung auswählen

Zur Erläuterung:

group by ▶ Mit Hilfe einer `select`-Anweisung werden alle Themen, die bereits eingegeben wurden, gesammelt. Die `group`-Klausel sorgt dabei für eine Gruppierung, dadurch wird jedes Thema im Abfrage-Ergebnis nur einmal aufgeführt.

▶ Mit den Daten des Abfrage-Ergebnisses wird das HTML-Select-Menu `filter_t` gefüllt. Als erste Option der Optionsliste wird `- alle -` eingetragen. Falls kein anderes Listen-Element ausgewählt wurde, werden alle Beiträge angezeigt. Die Filterung wird dadurch aufgehoben.

▶ Unterhalb des HTML-Select-Menüs wird der zugehörige Hyperlink `anzeigen` dargestellt. Bei Betätigung wird die JavaScript-Funktion `send()` mit dem Parameter 5 aufgerufen. Dadurch wird dem versteckten Element `aufruf` der Wert `filter_t` zugewiesen, so dass beim nachfolgenden Neuanzeigen der Tabelle dieser Filter genutzt wird.

▶ Auf die gleiche Art und Weise wird das zweite HTML-Select-Menü `filter_n` mit den verschiedenen Namen der Teilnehmer, die bereits etwas eingegeben haben, gefüllt. Die Funktion `send()` wird mit dem Parameter 6 aufgerufen, `aufruf` bekommt dadurch den Wert `filter_n`.

▶ Für das gesuchte Wort steht das Eingabe-Element `filter_w` bereit. Unterhalb wird wiederum der zugehörige Hyperlink `anzeigen` dargestellt. Die Funktion `send()` wird mit dem Parameter 7 aufgerufen, `aufruf` bekommt dadurch den Wert `filter_w`.

G.2.13 Forum, Sortierung durchführen

Die Beiträge werden nach dem gewünschten Kriterium sortiert:

sortieren

```
/* Alle Beiträge darstellen, sortiert
   nach Zeit (fallend) */
if($aufruf == "sdatum" || $aufruf == "beitrag" ||
   $aufruf == "login")
{
   $sqlab = "select * from eintrag";
   $sqlab .= " order by zeit desc";
   $res = mysql_query($sqlab);
   $num = mysql_num_rows($res);
}


/* Alle Beiträge darstellen, sortiert      */
/* nach Name (steigend) und Zeit (fallend) */
else if($aufruf == "sname")
{
   $sqlab = "select * from eintrag";
   $sqlab .= " order by name asc, zeit desc";
   $res = mysql_query($sqlab);
   $num = mysql_num_rows($res);
```

```
}

/* Alle Beiträge darstellen, sortiert        */
/* nach Thema (steigend) und Zeit (fallend) */
else if($aufruf == "sthema")
{
    $sqlab = "select * from eintrag";
    $sqlab .= " order by thema asc, zeit desc";
    $res = mysql_query($sqlab);
    $num = mysql_num_rows($res);
}
```

Listing G.16 Datei index.php, Sortierung durchführen

Zur Erläuterung:

Es folgen drei verschiedene Sortierungen:

▶ Falls die Sortierung nach Datum gewünscht oder ein neuer Beitrag eingegeben wurde oder ein Teilnehmer sich angemeldet hat, wird die Standard-Sortierung durchgeführt, neuester Beitrag oben.

▶ Falls nach Name sortiert werden soll, gilt als zweiter Sortierschlüssel das Datum (fallend).

▶ Das Gleiche gilt für die Sortierung nach Thema: zweiter Sortierschlüssel ist das Datum (fallend).

G.2.14 Forum, Filterung durchführen

filtern   Die Beiträge werden nach dem gewünschten Kriterium gefiltert:

```
/* Nur Beiträge zum ausgewählten Thema       */
/* darstellen, sortiert nach Zeit (fallend) */
else if($aufruf == "filter_t")
{
    if ($filter_t == "- alle -")
    {
        $sqlab = "select * from eintrag";
        $sqlab .= " order by zeit desc";
        $res = mysql_query($sqlab);
    }
    else
    {
        $sqlab = "select * from eintrag where";
```

```
      $sqlab .= " thema like '$filter_t'";
      $sqlab .= " order by zeit desc";
      $res = mysql_query($sqlab);
   }
   $num = mysql_num_rows($res);
}


/* Nur Beiträge zum ausgewählten Namen      */
/* darstellen, sortiert nach Zeit (fallend) */
else if($aufruf == "filter_n")
{
   if ($filter_n == "- alle -")
   {
      $sqlab = "select * from eintrag";
      $sqlab .= " order by zeit desc";
      $res = mysql_query($sqlab);
   }
   else
   {
      $sqlab = "select * from eintrag where";
      $sqlab .= " name like '$filter_n'";
      $sqlab .= " order by zeit desc";
      $res = mysql_query($sqlab);
   }
   $num = mysql_num_rows($res);
}


/* Nur Beiträge mit ausgewähltem Wort aus */
/* Beitrag, sortiert nach Zeit (fallend)  */
else if($aufruf == "filter_w")
{
   if ($filter_w == "")
   {
      $sqlab = "select * from eintrag";
      $sqlab .= " order by zeit desc";
      $res = mysql_query($sqlab);
   }
   else
   {
      $sqlab = "select * from eintrag where";
```

G

```
        $sqlab .= " beitrag like '%$filter_w%'";
        $sqlab .= " order by zeit desc";
        $res = mysql_query($sqlab);
    }
    $num = mysql_num_rows($res);
}
?>
```

Listing G.17 Datei index.php, Filterung durchführen

Zur Erläuterung:

Es folgen drei verschiedene Filterungen:

▶ Falls nach Thema gefiltert werden soll, so wird zunächst untersucht, ob die erste Option (alle) ausgewählt wurde. In diesem Fall wird die Filterung aufgehoben, es werden alle Beiträge angezeigt. Anderenfalls gilt der Wert des HTML-Select-Menüs `filter_t` als Wert für die `where`-Klausel.

▶ Das Gleiche gilt für die Filterung nach Namen, mit dem Wert des HTML-Select-Menüs `filter_n` als Wert für die `where`-Klausel.

▶ Falls mit einem eingegebenen Wort gefiltert werden soll, so wird zunächst untersucht ob eventuell kein Zeichen eingegeben wurde. In diesem Fall wird die Filterung aufgehoben, es werden alle Beiträge angezeigt. Ansonsten gilt der Wert des Eingabe-Elementes `filter_w`, umrahmt von zwei Prozentzeichen, als Wert für die `where`-Klausel. Die Prozentzeichen sind die Platzhalter für »beliebige Zeichen«. Es ist also nicht wichtig, an welcher Stelle das gesuchte Wort im Beitrag steht.

G.2.15 Forum, Sortierung auswählen

Die Darstellung der Hyperlinks, die der Benutzer zur gewünschten Sortierung auswählen kann:

```
<table width="100%">
<tr>
    <td width="15%" class="ub">
        <a href="javascript:send(2);"><b>Datum</a> /
        <a href="javascript:send(3);">Name</b></a>
    </td>
    <td width="15%" class="ub">
        <a href="javascript:send(4);"><b>Thema</b></a>
```

```
    </td>
    <td width="70%" class="ub">
        <b>Beitrag</b>
    </td>
</tr>
```

Listing G.18 Datei index.php, Sortierung auswählen

Zur Erläuterung:

▶ Die drei Hyperlinks zur Auswahl der Sortierung rufen die Funktion
  `send()` auf, mit den Parametern 2 (= Sortierung nach Datum, `auf-ruf=sdatum`), 3 (= Sortierung nach Name, `aufruf=sname`) beziehungsweise 4 (= Sortierung nach Thema, `aufruf=sthema`).

G.2.16 Forum, Beiträge darstellen

Die eigentliche Tabelle der Beiträge, gegebenenfalls sortiert beziehungsweise gefiltert:

Darstellung

```php
<?php
for($i=0; $i<$num; $i++)
{
    $tabz = mysql_result($res, $i, "zeit");
    $ausz = substr($tabz,6,2) . "."
        . substr($tabz,4,2) . "."
        . substr($tabz,2,2) . " "
        . substr($tabz,8,2) . ":"
        . substr($tabz,10,2);
    $tabn = mysql_result($res, $i, "name");
    $tabt = mysql_result($res, $i, "thema");
    $tabb = mysql_result($res, $i, "beitrag");
    echo "<tr><td class='kl'>$ausz<br>$tabn</td>";
    echo "<td>$tabt</td><td>$tabb</td></tr>";
}
echo "<table>";
?>
```

Listing G.19 Datei index.php, Beiträge darstellen

Zur Erläuterung:

▶ Unabhängig davon, welcher Vorgang (Sortierung, Filterung, Anmeldung ...) stattgefunden hat, steht ein Abfrage-Ergebnis bereit. Die

verschiedenen Inhalte der Felder werden aus den Datensätzen extrahiert. Der MySQL-Timestamp wird formatiert. Alle Daten werden
ausgegeben.

G.2.17 Forum, Neuen Beitrag eingeben

Das Eingabeformular für einen neuen Beitrag:

```
<table width="100%">
<tr>
<td width="100%" class="ub"><a name="neu">
  <b>Neuen Beitrag eingeben:</b></a>
  <br> <br>
Thema (max. 20 Zeichen):<br>
<input name="thema" size="30" maxlength="20">
<br> <br>Beitrag:<br>
<textarea name="beitrag" rows="10"
  cols="70"></textarea><br> <br>
<a href="javascript:send(1);">
  Beitrag senden</a>    
<a href="javascript:document.tb.reset();">
  Zurücksetzen</a>    
<a href="#oben">Nach oben</a><br> <br>
</td>
</tr>
</table>
</form>
</body>
</html>
```

Listing G.20 Datei index.php, Neuen Beitrag eingeben

Zur Erläuterung:

▶ Es wird ein einzeiliges Textfeld für das Thema und eine Textarea für
den Beitrag dargestellt. Weitere Daten werden nicht benötigt. Der
Timestamp wird in der Datenbank erzeugt. Der Name des Teilnehmers ist nach der Anmeldung bekannt.

▶ Der Hyperlink `Beitrag senden` ruft die Funktion `send()` mit dem
Parameter 1 auf (`aufruf=beitrag`).

H HTML

H.1 HTML für PHP 527

A
B
C
D
E
F
G
H
I

A	Einführung
B	PHP-Programmierkurs
C	Daten senden und auswerten
D	Datenbanken
E	Erweiterungen in PHP 5
F	Weitere Themen
G	Projekte
H	HTML
I	Anhang

H HTML

Die Sprache HTML bildet die Grundlage zur Programmie-
rung mit PHP. In diesem Abschnitt wird eine Kurzeinführung
zur Wiederholung angeboten.

H.1 HTML für PHP

In diesem Abschnitt werden die Bestandteile von HTML, die zum Bear-
beiten der PHP-Programme notwendig sind, dargestellt. Dies sind:
Dokumentaufbau, Formulare und Tabellen. Eine ausführliche HTML-
Anleitung findet sich in Form einer PDF-Datei auf der CD zum Buch.

Mit Hilfe von HTML (Hypertext Markup Language) werden Dokumente im Internet dargestellt. Innerhalb der Dokumente sind Zeichen,
Wörter und ganze Bereiche durch HTML-Befehle markiert. Ein Webbrowser formatiert den Text gemäß den Markierungen und stellt ihn
auf dem Bildschirm dar.

Einzelne Bereiche des Dokumentes können als Hypertext markiert wer- **Hypertext**
den. Dadurch wird es möglich, diese Bereiche mit anderen Bereichen
oder anderen Dokumenten zu verknüpfen. Diese Verknüpfungen werden Hyperlinks oder einfach Links genannt.

Zum Erlernen der Programmiersprache PHP, zum Ausprobieren der
Beispiele und zum Lösen der Übungsaufgaben muss man nur wenige
Grundlagen von HTML beherrschen, die in diesem Abschnitt vermit-
telt werden. Man benötigt zum Testen einen Texteditor und einen
Webbrowser.

Zum Erzeugen von ansprechenden Websites, also mehreren miteinander verknüpften Seiten mit Bildern, formatierten Tabellen und Frames,
sind allerdings genauere Kenntnisse notwendig.

H.1.1 Die erste Seite

Betrachten wir ein erstes Beispiel:

Abbildung H.1 Erste Internetseite

Nachfolgend der HTML-Programmcode:

```
<html>
<head>
<title> Meine erste Internetseite </title>
</head>
<body>
Das ist der Text meiner ersten Internetseite
</body>
</html>
```

Listing H.1 Datei uho1.htm

Container Innerhalb einer HTML-Seite befinden sich Text und Markierungen, die in spitzen Klammern eingebunden sind (< und >). Viele dieser Markierungen sind so genannte »Container«, das heißt, es gibt jeweils eine Anfangsmarkierung und eine Endmarkierung. Bei der Endmarkierung wird ein zusätzlicher Forward-Slash (Schrägstrich /) eingefügt.

html, head, body Innerhalb des Containers <html> befindet sich das gesamte Dokument. Es besteht aus den Containern <head> und <body>. Im Container <head> können sich Angaben über das Dokument befinden wie zum Beispiel der Titel innerhalb des Containers <title>. Im Container <body> steht der eigentliche Inhalt des Dokumentes.

HTML-Markierungen können groß- oder kleingeschrieben werden, die Auswirkungen sind die gleichen. Sie können zur Abgrenzung des Dokumentrumpfes also auch <BODY> und </BODY> schreiben. Sowohl im vorliegenden Buch als auch innerhalb von beliebigen Internetseiten finden sich beide Schreibweisen.

Übung UH01

Geben Sie das angegebene Beispiel mit Hilfe eines Texteditors ein. Achten Sie dabei besonders auf das korrekte Setzen der spitzen Klammern
und Schrägstriche. Ein geeigneter Editor kann zum Beispiel der Notepad unter MS Windows oder KEdit unter Linux mit der KDE-Oberflä-
che sein. Speichern Sie es unter dem Dateinamen `uh01.htm` in einem
Verzeichnis Ihrer Wahl ab. Starten Sie einen Webbrowser, laden Sie die
Datei und überprüfen Sie die korrekte Darstellung von Titelzeile und
Dokumentinhalt.

Editor

Adresse in Screenshots

Die Adresse des Webservers ist `http://127.0.0.1` beziehungsweise
`http://localhost`. Die Funktionsweise aller Dateien, sowohl der
HTML-Dateien als auch der PHP-Dateien, wurde über den Webserver
kontrolliert, obwohl dies bei reinen HTML-Dateien nicht notwendig
wäre. Daher lautet die Adresse im Screenshot für das erste Beispielprogramm `http://127.0.0.1/KapH/uh01.htm`.

localhost

H.1.2 Formulare

Eine besondere Stärke von PHP ist die einfache Auswertung von Formularinhalten. Durch eine solche Auswertung wird die Informationsübermittlung vom Betrachter der Website zum Webserver ermöglicht.
Dem Betrachter wird zunächst ein Formular vorgelegt, in dem er
eigene Einträge vornehmen kann beziehungsweise unter vorgefertigten Einträgen auswählen kann. Er füllt das Formular aus, sendet es ab
und bekommt eine Antwort vom Webserver.

Daten senden

Ein Beispiel für eine HTML-Datei mit einem Eingabeformular:

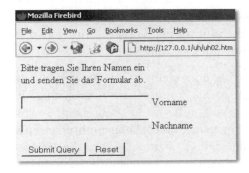

Abbildung H.2 Formular

Der HTML-Programmcode:

```
<html>
<body>
Bitte tragen Sie Ihren Namen ein<br> und senden Sie das
Formular ab.<p>
<form>
    <input size="30"> Vorname <p>
    <input size="30"> Nachname <p>
    <input type="submit">
    <input type="reset">
</form>
</body>
</html>
```

Listing H.2 Datei uh02.htm

In diesem Formular kann der Betrachter zwei Eintragungen vorneh-men und das Formular absenden. Der Webserver wird allerdings noch nicht antworten, da es dort kein passendes Server-Programm gibt. Zumindest kann man aber schon den Aufbau eines Formulars erken-nen. Falls der Betrachter den Anfangszustand des Formulars wiederher-stellen möchte, zum Beispiel weil er Fehleingaben gemacht hat, kann er die Schaltfläche Zurücksetzen betätigen.

submit, reset   Innerhalb des <body>-Containers befindet sich ein <form>-Container mit den Formular-Elementen. Dabei handelt es sich um zwei Eingabe-felder für Text mit der Größe 30 (<input size="30">), eine Schaltflä-che zum Absenden (<input type="submit">) und eine Schaltfläche zum Zurücksetzen (<input type="reset">) des Formulares.

Bei der Markierung <input> werden erstmalig Attribute und Werte verwendet. Eine Markierung kann mehrere Attribute (das heißt Eigen-schaften) haben, hier sind dies type beziehungsweise size. Diese Eigenschaften haben Werte, hier sind dies der Wert 30 für die Größe (size) des Eingabefeldes und der Wert submit beziehungsweise reset für den Typ (type) des Eingabefeldes. Ein Wert wird dem zugehörigen Attribut immer per Gleichheitszeichen zugewiesen.

Die Markierung <p> dient zur Erzeugung eines Absatzumbruches, hat also hier nur optische Bedeutung. Statt <p> hätte man auch die Markie-rung <br> verwenden können, denn damit wird ein Zeilenumbruch erzeugt. Beim Zeilenumbruch entsteht kein Abstand zur Vorgänger-zeile, wie dies bei <p> der Fall ist.

Übung UH02

Geben Sie das angegebene Beispiel mit Hilfe eines Texteditors ein und speichern Sie es unter dem Dateinamen `uh02.htm` ab. Betrachten Sie das Dokument anschließend mit Hilfe eines beliebigen Webbrowsers.

Übung UH03

Erweitern Sie das Beispiel dahingehend, dass eine ganze Adresse eingegeben werden kann (Datei `uh03.htm`). Es soll zusätzlich vier weitere, gleich große Eingabefelder für die Angaben Straße, Hausnummer, Postleitzahl und Ort innerhalb des Formulars geben. Die Seite soll folgendes Aussehen haben:

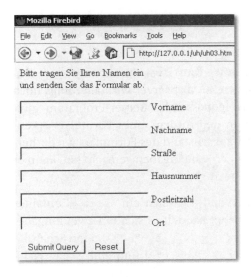

Abbildung H.3 Ergebnis der Übung UH03

H.1.3 Tabellen

Tabellen dienen zur übersichtlichen Darstellung größerer Datenmengen und zur mehrspaltigen Ausgabe in Dokumenten. Sie eignen sich besonders zur Ausgabe von Datenbankinhalten. Eine Tabelle besteht aus mehreren Containern. Die gesamte Tabelle steht im Container ⟨table⟩, eine Zeile einer Tabelle im Container ⟨tr⟩ und eine Zelle innerhalb einer Zeile im Container ⟨td⟩. Ein Beispiel:

table, tr, td

```
<html>
<body>
<table border>
```

```
    <tr>
        <td>Berlin</td>
        <td>Paris</td>
        <td>Brüssel</td>
    </tr>
    <tr>
        <td>Deutschland</td>
        <td>Frankreich</td>
        <td>Belgien</td>
    </tr>
</table>
</body>
</html>
```

Listing H.3 Datei uh04.htm

Diese Tabelle besitzt einen Rahmen (Attribut `border` innerhalb des Containers `<table>`), zwei Zeilen (Container `<tr>`), drei Zellen pro Zeile (Container `<td>`) und hat folgendes Aussehen:

Abbildung H.4 Tabelle

Übung UH04

Geben Sie das angegebene Beispiel mit Hilfe eines Texteditors ein und speichern Sie es unter dem Dateinamen `uh04.htm` ab. Betrachten Sie das Dokument anschließend mit Hilfe eines beliebigen Webbrowsers.

Übung UH05

Verändern Sie das Beispiel. Fügen Sie noch eine weitere Stadt/Land-Kombination hinzu und drehen Sie die Tabelle (Datei `uh05.htm`). Die Tabelle soll wie folgt aussehen:

Abbildung H.5 Ergebnis der Übung UH05

H.1.4 Hyperlinks

Hyperlinks dienen der Verbindung zwischen HTML-Dokumenten. Der Betrachter muss nur einen Hyperlink mit der Maus anklicken und schon gelangt er zu einer anderen Seite.

Ein Hyperlink befindet sich innerhalb des Containers ⟨a⟩ und ⟨/a⟩. Der Wert des Attributes href gibt das Ziel des Hyperlinks an, auch Verweisziel genannt.

<a href = ... > ...
</a>

Nehmen wir zunächst einmal vereinfachend an, dass sich alle beteiligten Dateien innerhalb des gleichen Verzeichnisses befinden. Durch Anklicken des Hyperlinks im folgenden Beispiel gelangt der Betrachter zur ersten Beispielseite dieses Abschnitts.

```
⟨html⟩
⟨body⟩
Zur ⟨a href="uh01.htm"⟩ersten⟨/a⟩ Datei⟨p⟩
Klicken Sie mit der Maus auf das unterstrichene Wort⟨p⟩
⟨/body⟩
⟨/html⟩
```

Listing H.4 Datei uh06.htm

Anmerkung: Bilder können auch als Hyperlinks dienen (siehe Abschnitt H.2.13 auf der CD). PHP-Programme können auch Ziele von Hyperlinks sein (siehe Abschnitt C.4.7, Daten an Hyperlinkziel anhängen).

Übung UH06

Erweitern Sie das oben angegebene Beispiel. Fügen Sie vier weitere Hyperlinks hinzu, die zu den restlichen Dateien dieses Abschnittes führen (uh02.htm bis uh05.htm). Die Seite soll wie folgt aussehen:

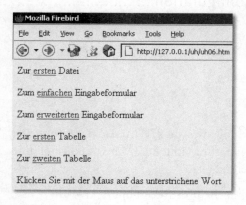

Abbildung H.6 Ergebnis der Übung UH06

I Anhang

I.1   Installation und Konfiguration 537

A   Einführung

B   PHP-Programmierkurs

C   Daten senden und auswerten

D   Datenbanken

E   Erweiterungen in PHP 5

F   Weitere Themen

G   Projekte

H   HTML

I   Anhang

I Anhang

In diesem Anhang finden sich Empfehlungen zur Installation und Konfiguration der notwendigen Software.

I.1 Installation und Konfiguration

Die nachfolgenden Empfehlungen zur Installation und Konfiguration der verschiedenen Programme, mit deren Hilfe PHP erlernt und angewendet werden kann, beziehen sich auf einen Einsatz unter dem Betriebssystem Windows 2000.

Als Minimalausstattung werden benötigt:

Apache, PHP

▶ Ein Webserver, z.B. Apache 2.0.52 für Windows,

▶ PHP selbst, z.B. PHP 4.3.10 oder PHP 5.0.3.

Empfohlen wird:

▶ ein Texteditor, z.B. TextPad 4.7.3.

Zum Bearbeiten von Datenbanken:

▶ ein Datenbank-Server, z.B. MySQL 4.1.9,

▶ eine Benutzeroberfläche, z.B. PhpMyAdmin 2.6.1-rc2.

Alle genannten Programme stehen in der jeweils neuesten Version auf der CD zum Buch zur Verfügung.

Eine sehr einfache Möglichkeit zur Installation bietet XAMPP (auch auf der CD), zu beziehen über http://www.apachefriends.org. Hier stehen vorkonfigurierte Komplett-Pakete zur Verfügung. Diese Pakete beinhalten Apache, PHP, MySQL, PHPMyAdmin und weitere Programme in der jeweils neuesten Version. Der Texteditor TextPad und das FTP-Programm WS_FTP LE sind nicht enthalten.

XAMPP

Falls man die Programme allerdings einzeln installieren und individuell konfigurieren möchte, so ist das Studium der nachfolgenden Abschnitte zu empfehlen.

I.1.1 Apache Web Server

Nach dem Aufruf der Apache-MSI-Datei müssen auf dem vierten Bildschirm (Server Information) einige Eintragungen vorgenommen werden:

Domain-Name, Server-Name und E-Mail-Adresse des Server-Administrators. Falls man den Server nur zum Erlernen von PHP nutzt, können diese beliebig sein.

als Dienst Es empfiehlt sich, die Option `for all Users ... as a Service` zu nehmen. Auf diese Weise wird der Apache Web Server beim Starten des Betriebssystems automatisch ebenfalls gestartet und steht permanent als Dienst zur Verfügung.

Auf dem Bildschirm `Setup Type` genügt die Option `Typical`. Auf dem Bildschirm `Destination Folder` empfiehlt es sich, über den Button `Change` ein anderes Verzeichnis einzustellen: Folder Name `[Laufwerks-Bezeichnung] Doppelpunkt`, also zum Beispiel `C:`. Damit wird der Webserver im Verzeichnis `C:\Apache2` installiert.

Apache Service Monitor Nach vollendeter Installation erscheint in der Taskleiste ein Symbol für den Apache Service Monitor, eine Feder mit einem grünen Pfeil. Mit Doppelklick beziehungsweise Rechtsklick auf das Symbol kann der Monitor angezeigt werden. Hier kann man

▶ den Apache Web Server starten, beenden oder neu starten (zum Beispiel nach einer Konfigurationsänderung),

▶ alle Dienste verwalten, die auf dem Rechner derzeit laufen.

Zum Testen wird ein Browser gestartet und eine der beiden nachfolgenden Adressen eingegeben:

```
http://localhost/index.html.de
http://127.0.0.1/index.html.de
```

Es erscheint:

Abbildung I.1 Startbildschirm des Apache Web Server

Die Datei `index.html.de` liegt im Basisverzeichnis des Webservers, hier ist dies `C:\Apache2\htdocs`. Alle Dateien, die über Ihren Webserver angezeigt werden sollen, zum Beispiel PHP-Dateien, sollten in diesem Verzeichnis oder in Unterverzeichnissen davon abgelegt werden.

Basisverzeichnis

I.1.2 PHP

Für die Installation von PHP 4 oder 5 steht jeweils ein Installer zur Verfügung.

PHP 4

Teil 1:

Nach dem Aufruf der PHP-Installer-Datei kann als Installationstyp Standard gewählt werden.

Als `Destination Folder` wird `C:\PHP` vorgeschlagen, dies kann beibehalten werden. Die vorgeschlagenen Adressen bezüglich der Mail-Funktionen können ebenfalls übernommen werden. Als Typ des http-Servers wird gemäß der vorhergehenden Installation `Apache` ausgewählt.

c:\php

Nach vollendeter Installation folgt noch ein Hinweis, dass unter dem Apache noch einige manuelle Konfigurationsschritte vorgenommen werden müssen. Diese werden nachfolgend geschildert.

Teil 2:

Die Konfigurationsdatei für den Apache Web Server heißt `httpd.conf` und findet sich im Unterverzeichnis `conf`, hier also `C:\Apache2\conf`. Diese Datei muss mit einem Texteditor, zum Beispiel dem Notepad von Windows, geöffnet werden. Am Ende der Datei sollten folgende Zeilen hinzugefügt werden:

httpd.conf

```
ScriptAlias /php/ "c:/php/"
AddType application/x-httpd-php .php
Action application/x-httpd-php "/php/php.exe"
```

Anschließend diese Datei speichern und den Apache Web Server über den Apache Service Monitor neu starten, damit die aktualisierte Apache-Konfigurationsdatei verwendet wird. Der Webserver ist nun in der Lage PHP-Dateien zu verarbeiten.

Zum Testen kann man mit Hilfe eines Texteditors das nachfolgende PHP-Programm schreiben und in der Datei `phpinfo.php` im Basisverzeichnis des Webservers ablegen (`C:\Apache2\htdocs`).

```
<?php
phpinfo();
?>
```

Listing I.1 Datei phpinfo.php

phpinfo() In diesem kleinen Programm wird die PHP-Funktion `phpinfo()` aufgerufen, die einige Informationen über die aktuelle Installation bietet:

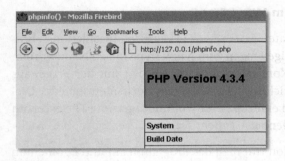

Abbildung I.2 PHP-Installations-Info für Version 4.3.4

Teil 3:

register globals PHP ermöglicht ein sehr einfaches Arbeiten mit Werten aus Formularen, allerdings nur auf Kosten der Sicherheit. Eine Erläuterung des Zusammenhangs findet sich in Abschnitt B.3.2, Auswertung mit globalen Variablen. Dazu ist es notwendig, den Schalter `register_globals` in der Konfigurationsdatei `php.ini`, die sich nach der Installation im Systemverzeichnis befindet (hier `C:\Winnt`), auf `On` zu stellen.

Die entsprechende Zeile in der `php.ini` muss dann lauten:

```
register_globals = On
```

Anschließend diese Datei speichern und den Apache Web Server über den Apache Service Monitor neu starten, damit die aktualisierte PHP-Konfigurationsdatei verwendet wird.

I.1.3 Texteditor TextPad

TextPad Nach dem Aufruf der TextPad-Installationsdatei kann den Installationsschritten gefolgt werden.

Nach erfolgter Installation sollte man

▶ im Menü Konfiguration, Einstellungen, Ordner für die Dateiart `Starten` das Basisverzeichnis des Webservers (`C:\Apache2\htdocs`) einstellen,

▶ im Menü Konfiguration, Einstellungen, Ansicht die Darstellung von Zeilennummern dauerhaft aktivieren.

I.1.4 FTP-Programm WS_FTP LE

Nach dem Aufruf der Datei `ws_ftple.exe` kann den Installationsschritten gefolgt werden. Einige Fragen zum Nutzertyp sind zu beantworten. Der erste, eigentliche Konfigurationsschritt erfolgt mit der Frage, aus welchem lokalen Verzeichnis man bevorzugt hochladen möchte. Dieses Verzeichnis wird bei einer späteren Verbindung zum FTP-Server auf der linken Seite eingeblendet.

Nach erfolgter Installation ruft man das Programm auf und könnte nun unmittelbar eine Verbindung zum FTP-Server der Herstellerfirma Ipswitch aufnehmen.

Zum Anlegen einer Verbindung zum eigenen FTP-Server wird der Button `New` betätigt. Man trägt einen beliebigen Profile-Namen für diese Verbindung ein. Anschließend werden der Name des FTP-Servers, die User-ID und das Passwort eingetragen. Diese Daten werden vom Provider zur Verfügung gestellt. Es ist ratsam, die Checkbox »Save Password« zu markieren.

FTP-Server, User-ID, Passwort

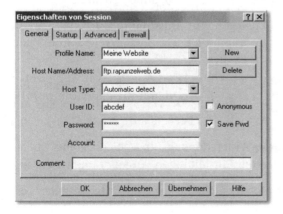

Abbildung I.3 Daten der eigenen Verbindung

Mit dem Button OK werden die Verbindungsdaten gespeichert und es wird unmittelbar versucht, eine Verbindung aufzubauen. Nach erfolgreicher Verbindung ist auf der linken Seite das lokale Verzeichnis zu sehen (Local System, wie bereits erwähnt) und auf der rechten Seite das Verzeichnis auf dem FTP-Server (Remote Site). Die weitere Bedienung kann Abschnitt C.6, PHP-Programme publizieren, entnommen werden.

I.1.5 Datenbank-Server MySQL

MySQL

Zunächst kann die MySQL-ZIP-Datei in ein beliebiges, nur temporär benötigtes Verzeichnis entpackt werden.

In diesem Verzeichnis wird die Datei setup.exe zur Installation aufgerufen. Das vorgeschlagene Installationsverzeichnis c:\mysql kann beibehalten werden.

Unter Windows 2000 wird MySQL dabei unmittelbar als Dienst eingerichtet. Dieser Dienst wird beim Starten des Betriebssystems automatisch gestartet.

Beim ersten Start wird man nach Namen und Passwort gefragt. Man kann hier beliebige Eingaben machen, sollte sich diese allerdings für spätere Zwecke notieren. Dabei wird eine Datei my.ini im Systemverzeichnis angelegt, in der die Angaben gespeichert werden.

WinMySQLAdmin

Sollte der Datenbank-Server wider Erwarten nicht gestartet worden sein, so empfiehlt sich folgende Vorgehensweise: Im Verzeichnis c:\mysql\bin findet man die ausführbare Datei winmysqladmin.exe. Diese dient zum Starten des Verwaltungs-Tools WinMySQLAdmin und des Datenbank-Servers. Man sollte eine Verknüpfung auf diese Datei erzeugen und diese Verknüpfung an einer schnell erreichbaren Stelle ablegen (Desktop oder Quick-Launch-Bereich).

Nach Aufruf über die Verknüpfung erscheint in der Task-Leiste eine Ampel, die die Funktion des Datenbank-Servers anzeigt. Sie sollte auf grün stehen und zeigt die Aktivität des Servers an.

In der PHP-Version 4 ist die Unterstützung für MySQL bereits eingebaut. Es müssen keine weiteren Einstellungen vorgenommen werden.

In der PHP-Version 5 ist dies nicht mehr der Fall. Daher müssen folgende Änderungen vorgenommen werden:

▶ In der Datei `php.ini` im Systemverzeichnis muss die Extension `php_mysql.dll` freigeschaltet werden. Das Kommentar-Semikolon zu Beginn der Zeile `extension=php_mysql.dll` ist daher zu löschen.

php_mysql.dll

▶ Die Datei `libMySQL.dll` aus dem Verzeichnis `c:\php\dlls` und die Datei `php_mysql.dll` aus dem Verzeichnis `c:\php\extensions` sind in das Systemverzeichnis zu kopieren, hier: `C:\Winnt`.

libMySQL.dll

▶ Anschließend den Apache Web Server über den Apache Service Monitor neu starten, damit die aktualisierte PHP-Konfigurationsdatei verwendet wird.

Zum Testen des Datenbank-Servers sollte man die Benutzeroberfläche PHPMyAdmin installieren. Dies wird im nächsten Abschnitt beschrieben.

I.1.6 PHPMyAdmin

Bei PHPMyAdmin handelt es sich um eine Benutzeroberfläche, die in PHP geschrieben wurde.

Nach dem Entpacken der PHPMyAdmin-ZIP-Datei in ein beliebiges Verzeichnis, zum Beispiel `C:\Temp`, sollte das Unterverzeichnis in `phpmyadmin` umbenannt werden und unterhalb des Basisverzeichnisses des Webservers (`C:\Apache2\htdocs`) abgelegt werden.

PHPMyAdmin

Im Browser kann man nun die Adresse `http://127.0.0.1/phpmyadmin/index.php` aufrufen. Es wird die Benutzeroberfläche angezeigt:

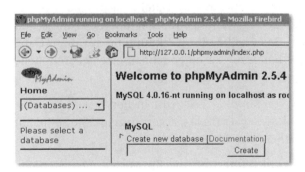

Abbildung I.4 Startbildschirm von PHPMyAdmin

Index

! 49
- 27
-- 57
!= 41
" 43, 57
$ 76, 470
$_COOKIE 440
$_GET 36, 151, 435
$_POST 35, 427
$_SERVER 148
$_SESSION 420
% 27, 199, 411
& 151
&& 48
' ' 29
() 474
* 27, 471
*/ 23
+ 27, 472
++ 57
. 29, 476
.= 29
/ 27, 528
/* 23
// 23
: 287
< 42, 198, 528
<<< XML 464
<= 42, 198
<> 198
<?php 21
<p> 22
= 198
== 41
=> 71
> 42, 198, 528
>= 42, 198
? 151, 473
?> 21
@ 305
[] 68, 475
^ 469, 479
_ 25, 199
__autoload() 302
__construct() 272

__destruct() 275
__FILE__ 296
__LINE__ 296
__METHOD__ 296
__toString() 300
{} 473
| 475
|| 47

A

a 533
a:hover 149
a:link 149
a:visited 149
Absatzumbruch 22
Absenden 33, 131
abstract 294
abstrakte Klasse 295
abstrakte Methode 296
action 33
Action application 539
add 186
add unique 188
Addition 27
AddType application 539
after 186
Aktionsabfrage 192, 228
Aktions-Element 131
align 60
alter table 184
and 199
Anmeldung 423
Anweisungsblock 43, 57
Apache Service Monitor 538
Apache Web Server 538
append 338
array() 68
array_key_exists() 313
arsort() 368
as 72
asc 202
ASCII-Code 327
asort() 368
asXML() 464
aufhängen 57

Ausnahmebehandlung 304
Ausrichtung 60
Auswahl-Element 121
Auswahlmenü 226
Auswahlmenü, einfach 125
Auswahlmenü, mehrfach 128
autoload 302

B
background-color 149
base_convert() 416
Basisklasse 267, 285
Bedingung 41
Benutzeroberfläche 240
Binary Large Object 507
bindec() 416
BLOB 507
body 21, 528
Bogenmaß 406
border 532
br 530
break 53, 64
button 135

C
call-by-reference 84
call-by-value 84
Cascading Style Sheets 139
case 53
catch 305, 308
ceil() 405
cfgServers 260
change 184
Chat 491
Checkbox 126
checkdate() 387
checked 123, 126
chr() 327
class 269
Client-Programm 17
closedir() 353, 355
color 149
cols 116
config.inc.php 260, 507
confirm() 243
connect.inc.php 257
Container 528
continue 66

Cookies 420, 439
Cookies anzeigen 441
copy() 159
count() 159
crc32() 331
create database 179
create table 182
crypt() 331
CSS 139, 240
CSS, Formatvorlagen 149
CSS-Datei, extern 149
CSV-Datei 320
CSV-Format 345

D
date() 353, 384, 389
Datei, Angabe der Position 349
Datei, Binärer Zugriff 337
Datei, Ende ermitteln 340
Datei, Existenz 348
Datei, extern 76
Datei, Formatierte Ausgabe 349
Datei, Größe feststellen 351
Datei, Informationen ermitteln 352, 353
Datei, Lese-/Schreibposition festlegen 348
Datei, Lesen 337
Datei, Öffnen 338
Datei, Schließen 339
Datei, Schreiben 342
Datei, Sequenzieller Zugriff 336
Datei, Text anhängen 344
Datei, Vereinfachtes Lesen 341
Datei, verschieben 170
Datei, Wahlfreier Zugriff 336, 348
Datei, Zeichenkette lesen 338
Datei, Zeichenkette schreiben 343
Datei, Zurückspulen 349
Dateityp 336
Datenbank 175
Datenbank, Abfrage 210
Datenbank, Abfrage, Anzahl der Datensätze 211
Datenbank, Abfrage, Datensatz speichern 211
Datenbank, Abfrage, HTML-Tabelle ausgeben 216

Datenbank, Abfrage, SQL kontrollieren 213
Datenbank, Auswahl 210
Datenbank, Erzeugung 178
Datenbank, Löschen 180
Datenbank, Umbenennen 180
Datenbankabfrage 192
Datenbank-Browser 247
Datenbank-Server 176
Datenbank-Server, Verbindung aufnehmen 210, 257
Datenbank-Server, Verbindung trennen 211
Datenfeld 175
Datenfeld, Eigenschaften ändern 183
Datenfeld, Löschen 183
Datensatz 175
Datensatz, Änderung 204, 231, 232
Datensatz, Auswahl 192, 210
Datensatz, Erzeugen 191, 227
Datensatz, Identifizierung 187
Datensatz, Löschen 207, 238
Datensatz, Sortierung 202
Datentyp 25
Datum und Zeit 383
Datum und Zeit, Datenbankspeicherung 395
Datum und Zeit, Differenz 392, 393
Datum und Zeit, Erzeugung 388, 390
Datum und Zeit, Formatieren 384
Datum und Zeit, Gültigkeit prüfen 387
Datum und Zeit, Systemzeit ermitteln 383
Datum und Zeit, Zeitdifferenz 390
decbin() 416
dechex() 416
decoct() 416
default 53
deg2rad() 406
delete 207, 239, 244
desc 202
Destruktor 275
Dezimalsystem 415
Dezimaltrennzeichen 26
Dienst 176
Division 27
Division, ganzzahlig 27
document 134

Dokumentkopf 21
Dokumentrumpf 21
Dollar 76
Dollarzeichen 25
doubleval() 38, 367
do-while 66
drop 185
drop database 181
drop index 188
drop table 190
Dualsystem 415
Dump 259
dynamische Internetseiten 15

E
e 27
echo 22
e-Funktion 402
Eigenschaft 267, 269
eindeutiger Index 232
Eingabe 32
Eingabefeld, Passwort 118
Eingabemaske 146
Einsatzbereich 17
else 44
enctype 157
endif 55
endlich 407
Entwickler-Team 21
ereg() 465
Ergebniskennung 210
Erlernbarkeit 16
Event-Handler 133
Exception-Handling 304
explode() 159, 320
Exponentialzahl 27
extends 287

F
Fachinformatiker 502
false 41, 134
fclose() 339
Feiertag 104
Feiertage berechnen 397
Feld 67
Feld von Formular-Elementen 129, 142
Feld, assoziativ 36, 70
Feld, ein- oder mehrdimensional 67

Feld, Extrema ermitteln 363
Feld, Größe ermitteln 362
Feld, numerisch indiziert 67
Feld, Operationen 361, 368
Feld, Schlüssel 70
Feld, Sortierung 361, 368
Feld, Statistische Auswertung 365
Feld, superglobal 35
Feld, Wert 71
Feld, zweidimensional assoziativ 377
Feld, zweidimensional gemischt 374
Feld, zweidimensional numerisch 372
Fenster, neu 141
feof() 340
fgets() 338
file 157
file() 341
file_exists() 348
file_put_contents() 464
filesize() 351
floor() 106, 405
font-family 149
font-size 149
fopen() 338
for 55
foreach 66, 72, 460
form 32, 530
Formatierung 97, 139
Formular 529
Formular und Programm in einer Datei
    146
Formular, auswerten 32, 113
Formular, prüfen 132
Forum 502
Forward-Slash 528
fputs() 343
Frame 139
from 192, 207
fseek() 348, 351
ftell() 349
FTP 167
func_get_arg() 92
func_get_args() 92
func_num_args() 92
function 74, 269
Funktion 73
Funktion verlassen 83

Funktion, Aufruf 76
Funktion, benutzerdefiniert 94
Funktion, Definition 75
Funktion, Parameter 76, 77, 79
Funktion, Rückgabewert 76, 82
Funktion, Übergabe von Parametern
    84
Funktion, variable Parameterliste 92

G
Gauß 106
Geldanlage 98
get 36
get_class_methods() 299
get_declared_classes() 299
getcwd() 356
GET-Parameter 432
getrandmax() 410
gleich 41, 198
Gleichheitszeichen, doppelt 42
global 89
globale Variable 34
Gregorianischer Kalender 387
Groß- und Kleinschreibung 25
größer 42, 198
group 518
Grundrechenarten 160

H
Handle 280
Hash-Tabelle 67
head 21, 528
Hexadezimalsystem 415
hexdec() 416
hidden 118, 245
Hintergrundfarbe 149
Hochkommata 29, 71
Hochladen von Daten 157
Hochladen von Datenbanken 255
Hochladen von Programmen 166
Hover-Effekt 150
href 533
htdocs 24
HTML 527
HTML, Einbettung von PHP 21
HTML-Tabelle 60
httpd.conf 539

Hyperlink 148, 533
Hyperlink, Daten anhängen 154
Hypertext Markup Language 527

I

if 41, 42
if-else 41, 43
implode() 320
inc.php 95
include 76, 94
Index 68
Index, eindeutig 187
Index, Erzeugen 187
Index, Löschen 188
input 113, 530
insert 228, 244, 396
insert into 191
Installation 537
instanceof 298
Instanz 267
integer primary key 446
intval() 38, 387
IP-Adresse 395
Ipswitch 167
is_dir() 355
is_file() 355
is_finite() 407
is_infinite() 407
is_nan() 407
is_readable() 355
is_writeable() 355
isset() 128, 130, 146, 423

J

JavaScript 132, 240

K

Kapselungsprinzip 270
KEdit 529
Key 70
Klammer, eckig 68
Klammern, geschweift 43, 57
Klasse 267
Klasse, abgeleitet 267, 285
Klasse, Definition 269
Klassendefinition 268
Klassenhierarchie 287
Klassenkonstante 291

kleiner 42, 198
Klonen 280
Kommentar, einzeilig 23
Kommentar, mehrzeilig 23
Konfiguration 537
Konfigurationsschalter 35
Konstruktor 272
Konstruktor, Vererbung 289
Kontrollkästchen 126
Konvertierung 37
Konvertierung, explizit 38
krsort() 368
ksort() 368

L

lcg_value() 410
Lesbarkeit 23
libMySQL.dll 543
like 199
limit 192
link_rel 148
localhost 24
Logarithmus 402
Login 423
Log-Tabelle 395
Lösung 18
Lotto 412

M

M_1_PI 403
M_2_PI 403
M_2_SQRTPI 403
M_E 403
M_LN10 403
M_LN2 403
M_LOG10E 403
M_PI 403
M_PI_2 403
M_PI_4 403
M_SQRT1_2 403
M_SQRT2 403
machen 449
Markierung 528
Mathematische Funktionen 401
Mathematische Konstanten 403
max() 405
Maximum 404
maxlength 114

md5() 331
mehrspaltig 531
method 33
Methode 267, 269
microtime() 383, 410
min() 405
Minimum 404
Mischen 412
mktime() 388, 394, 442
Modularisierung 73, 89
Modulo-Operator 27, 411
mt_getrandmax() 410
mt_rand() 410
mt_srand() 410
multiple 128
Multiplikation 27
MySQL 176, 542
mysql_affected_rows() 228
mysql_connect() 210, 257
mysql_fetch_assoc() 211
mysql_field_flags() 253
mysql_field_len() 253
mysql_field_name() 253
mysql_field_type() 253
mysql_list_dbs() 251
mysql_list_fields() 252
mysql_list_tables() 252
mysql_num_fields() 252
mysql_num_rows() 211
mysql_query() 210
mysql_select_db() 210

N
Nachkommastelle 26
name 113, 116, 124, 159
Namensregel 25, 76
Namensregelung 179
new 271
nicht 49
not 199
NOT NULL 182, 192
Notepad 529
NULL 182
number_format() 97

O
Objekt 267
Objekt als Rückgabewert 290

Objekt erzeugen 271
Objekt, Kopie 280
Objekt, Lebensdauer 272
objektorientierte Programmierung 267
octdec() 416
oder 47
Oktalsystem 415
onSubmit 133
opendir() 353
Open-Source-Datenbank 176
Operator, arithmetisch 27
Operator, logisch 47, 199
Operator, Rangfolge 50
Operator, Rechen 27
Operator, Vergleich 41, 198, 199
optimize table 190
option 126
Options-Schaltfeld 122
Options-Schaltfeld, Gruppe 123
or 199
ord() 327
order by 202
Ostersonntag 104, 399

P
p 530
Parameter, optional 277
Parameter, voreingestellt 303
parent 287
parent::__construct() 289
password 118
Passwort 424
PHP Hypertext Preprocessor 15
PHP, Nutzung, Anzahl 15
PHP, Nutzung, Gründe 16
PHP, Umfrage 16
php.ini 35, 540
php_mysql.dll 543
PHP_SELF 148
phpinfo() 540
PHPMyAdmin 176, 177, 543
PHPMyAdmin, Internetnutzung 256
PHPMyAdmin, Konfiguration 260, 507
Pizzabestellung 163
Platzhalter 199
post 33
Potenzrechnung 402
Preis 17

Priorität 28
private 270
Programmierstil 21
ProtectBinary 507
protected 270
Provider 166
public 270
publizieren 166
Punkt 29

R
rad2deg() 406
radio 122
Radio-Button 122, 222
Rahmen 532
rand() 62, 410
read 338
readdir() 353
readfile() 341
readonly 114, 116
Referenz 84, 107
register_globals 35, 540
Reguläre Ausdrücke 465
rekursiv 74, 356
REMOTE_ADDR 395
rename 189
require 76
reset 33, 131, 530
return 83
return, JavaScript 134
rewind() 349
round() 405
rows 116
rsort() 362

S
Schleife 55
Schleife fortsetzen 66
Schleife, Abbruch 64
Schleife, bedingungsgesteuert 62, 66
Schleife, Endlos 57
Schleife, geschachtelt 58
Schriftart 149
Schriftgröße 149
ScriptAlias 539
SEEK_CUR 351
SEEK_END 351
SEEK_SET 351

select 125, 128, 192, 210
selected 125
self 294
Separator 320
Server-Programm 17
session_destroy() 421
session_id() 423
session_start() 421
Session-ID 422
Session-Management 420
set 204
setcookie() 439
ShowBlob 507
shuffle() 412
Sicherheitsrisiko 35
similar_text() 325
SimpleXML 456
simplexml_load_file() 458
simplexml_load_string() 463
size 113, 159, 530
sizeof() 362
Skat 412
sort() 362
SORT_NUMERIC 363
SORT_REGULAR 363
SORT_STRING 363
Spiel 64
sprintf() 349
SQL 176
SQLite 446
sqlite.exe 447
sqlite_array_query() 450
SQLITE_ASSOC 450
sqlite_close() 448
sqlite_fetch_array() 450
sqlite_open() 448
sqlite_query() 448
srand() 62, 410, 415
ß 25
Startwert 56
stat() 352
Statische Eigenschaft 292
Statische Methode 292
Stellenwertsystem 415
Steuertabelle 101
str_replace() 317
str_rot13() 331
strcasecmp() 325

strcmp() 325
strftime() 384
String-Funktionen 317
stristr() 322
strlen() 317
strpos() 324
strrchr() 322
strrev() 317
strrpos() 324
strstr() 322
strtolower() 317
strtotime() 390
strtoupper() 317
strtr() 317
submit 33, 131, 530
submit() 137
substr() 322
Subtraktion 27
Suchformular 217
Suchmuster 465
switch-case 52
Systemvoraussetzungen 18
Systemzeit ermitteln 383

T
Tabelle 175, 531
Tabelle erzeugen 181
Tabelle, Export 258
Tabelle, Feld erzeugen 186
Tabelle, Feld löschen 185
Tabelle, Feld umbenennen 183
Tabelle, Feldtyp ändern 184
Tabelle, Filterung 520
Tabelle, Löschen 190
Tabelle, Optimieren 190
Tabelle, Sortierung 519
Tabelle, Struktur 175
Tabelle, Struktur ändern 183
Tabelle, Umbenennen 189
Tabellenzeile 531
table 531
target 139
Tausender-Trennzeichen 98
td 531
textarea 116
Text-Eingabefeld, einzeilig 32, 113
Text-Eingabefeld, mehrzeilig 116
Text-Element 113

Textfarbe 149
TextPad 540
this-> 269
throw 304, 308
time() 383, 394
Timestamp 352, 383, 395
title 528
tr 531
Trigonometrische Funktionen 406
true 41, 135
try 304, 308
type 159, 530

U
Überladen 277
Übungsaufgabe 18
ucfirst() 317
ucwords() 317
Umlaut 25
und 48
unendlich 407
ungleich 41, 198
unique index 187
Unterstrich 25
Unterverzeichnis 169
update 204, 232, 244
Upload 157
URL, Daten anhängen 151

V
Value 71
value 114, 124, 128, 132
values 191
var 270
Variable 25
Variable, Existenz 128, 146, 228
Variable, global 88
Variable, Gültigkeitsbereich 88
Variable, lokal 88
Variable, superglobal 88
Vererbung 285
Verkettung 29
Verknüpfung 47
Verschlüsselung 328, 331
verstecktes Element 118, 151, 236, 245
Verzeichnis, Aktuellen Namen
   ermitteln 356
Verzeichnis, Info ermitteln 353, 356

Verzeichnis, Lesen 355
Verzeichnis, Öffnen 355
Verzeichnis, Schließen 355
Verzeichnisschutz 256
Verzeichnisstruktur 168
Verzweigung 41
Verzweigung mit HTML 54
Verzweigung, mehrfach 50, 52
Verzweigung, verschachtelt 50

W

Warenkorb 429
Webcounter 347
Webserver, Hauptverzeichnis 24
Webshop 429
where 197
while 62
Wiederholung 55
Wildcard 199
Winkelfunktionen 406
WinMySQLAdmin 542
write 338
WS_FTP 167
WS_FTP LE 541
Würfel 62
Wurzel 402

X

XAMPP 537
XML 455
XML-Datei, hierarchische Struktur 457
XML-Zeichenkette 463

Z

Zahl 26
Zahl, formatierte Ausgabe 97
Zahl, Ganzzahlkonvertierung 404
Zahl, Nachkommastellen 98
Zahl, Prüffunktionen 407
Zeichen, Codierung 327
Zeichenkette 29
Zeichenkette, Drehen 317
Zeichenkette, Länge 317
Zeichenkette, Teile ersetzen 317
Zeichenkette, Teile extrahieren 322
Zeichenkette, Umwandlung 37, 317
Zeichenkette, Vergleichen 325
Zeichenkette, Zeichen suchen 324

Zeichenkette, Zerlegen 320
Zeichenkette, Zusammenfügen 320
Zeichenkettenfunktionen 317
Zeilenumbruch, nicht erlaubter 30
Zeitangabe, Formatierung 353
Zend 268
Zufallsgenerator 62
Zufallszahlen-Generator 508
Zufallszahlengenerator 409
Zugriffsrechte 179
Zugriffszähler 347, 421
Zurücksetzen 33, 131

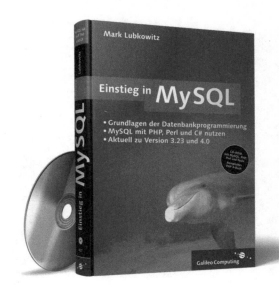

Hat Ihnen dieses Buch gefallen?
Hat das Buch einen hohen Nutzwert?

Wir informieren Sie gern über alle
Neuerscheinungen von Galileo Computing.
Abonnieren Sie doch einfach unseren
monatlichen Newsletter:

www.galileocomputing.de

Galileo Computing

Professionelle Bücher. Auch für Einsteiger.